FLORANSA VE BAĞDAT

DOĞU'DA VE BATI'DA BAKIŞIN TARİHİ

Koç Üniversitesi Yayınları: 60

Floransa ve Bağdat: Doğu'da ve Batı'da Bakışın Tarihi
HANS BELTING

Çeviren: Zehra Aksu Yılmazer

Redaksiyon: Vedat Çorlu
Yayıma hazırlayan: Defne Karakaya
Kapak tasarımı: Gökçen Ergüven
Mizanpaj: Sinan Kılıç
Kapak tasarımı: Gökçen Ergüven
Kapak görseli: Andrea Mantegna, Christophorus Efsanesi'nden detay (kralın körleşmesi), 1448-57, Chiesa degli Eremitani, Padova, Cappella Ovetari

Florenz und Bagdad, Eine westöstliche Geschichte des Blicks 3. baskı
© Verlag C.H.Beck oHG, Münih 2009
Türkçe yayın hakları: Koç Üniversitesi Yayınları, 2012

Baskı:Yılmaz Ofset • sertifika no: 15878
Nato Caddesi 14/1 Seyrantepe Kâğıthane/İstanbul • tlf. 0 212 284 0226

Koç Üniversitesi Yayınları • sertifika no: 18318
İstiklal Caddesi No:181 Merkez Han Beyoğlu/İstanbul • tlf. 0 212 393 6000
kup@ku.edu.tr • www.kocuniversitypress.com • www.kocuniversitesiyayinlari.com

Koç University Suna Kıraç Library Cataloging-in-Publication Data
Belting, Hans
    Floransa ve Bağdat : Doğu'da ve Batı'da bakışın tarihi / Hans Belting ; Almanca aslından çeviren: Zehra Aksu Yılmazer.
320 pages; 16.5 x 24 cm.
    Includes bibliographical references and index.
    ISBN 978-605-5250-44-7
        1. Perspective—History. 2. Art, Renaissance—Islamic influences. 3. Aesthetics, Comparative. 4. Optics—Islamic countries—History. 5. Art, Renaissance—Italy—Florence. 6. Science, Renaissance. 7. Art—Mathematics. 8. Art and science. 9. Yılmazer, Zehra Aksu. I. Title.
        NC748.B4520 2015

Floransa ve Bağdat

Doğu'da ve Batı'da Bakışın Tarihi

Hans Belting

Almancadan Çeviren:
ZEHRA AKSU YILMAZER

KÜY

İçindekiler

Giriş: *Blickwechsel* Üzerinden Bir Kültür Tasviri   9

1 Resimde Perspektif Meselesi
Doğu ile Batı Arasındaki Yollar

Simgesel Biçim Nedir?   21
Arap Matematiği ve Batı Sanatı   34
Geometri ve Süsleme Sanatı: Arabesk   42
Perspektifin Küreselleşmesi   49
Blickwechsel: Orhan Pamuk ve Bir "İhanet" Olarak Perspektif   56

2 Ehlileştirilmiş Göz
İslamda Görme Eleştirisi

Resim Yasağı ve Din   63
Canlı Varlıklara İhanet Olarak Resim   69
Allah'ın Kelamı ve Kuran Yazısı   75
Allah'ın Bakışları Altında: Hikâye Olarak Resim   84
Blickwechsel: Canlı Bakışlı Resimler   90

3 İbnü'l-Heysem'in Işık Ölçümü
Arap İcadı *Camera Obscura*

İbnü'l-Heysem'in Optik Kitabı: *Perspectiva*   97
Antikçağ Görme Kültüründen Uzaklaşma   106
Işığın Yolları ve Cisimlerin Özellikleri   109
İslam Sanatında Matematik ve Geometri   118
Blickwechsel: Kepler'in Yeniden İcat Ettiği *Camera Obscura*   131

4 Bilgi Olarak Algı
Görme Teorisinin Resim Teorisine Dönüşmesi

Skolastizmde Algı ve Bilgi Çatışması   135
Perspektiften Önce: Giotto'nun Resmindeki Bakış   141
Pelacani'nin Matematiksel Mekânı İcadı   151
Ghiberti'nin *Yorumlar*'ı ve Piero'nun Matematiksel Sanatı   156
Blickwechsel: İbnü'l-Heysem mi, Euklides mi? Bir Seçenek de Vitrivius   164

5 Brunelleschi'nin Bakışı Ölçmesi
   Matematiksel Perspektif ve Tiyatro
   Floransa'da İki Mucit   169
   Mekân: Bakışın Mimarisi   178
   Tiyatro Sahnesinin Görünümü   189
   Urbino Panoramaları   204
   Blickwechsel: Mukarnasın Geometrisi   209

6 Resimdeki Özne
   Simgesel Biçim Olarak Perspektif
   Bir Simgenin Çalınması: Bakışın Timsali Göz   215
   Cusanus ve Tanrı'nın Bakışının Egemenliği   225
   Yeni Narcissus Olarak Özne   231
   Ufuk ve Pencere Bakışı   242
   Blickwechsel: Meşrebiyenin Simgesel Biçimi   255

Sonuç: Kültürler Arası Bakış Karşılaştırması   **265**

   Sonsöz   270
   Notlar   273
   Kaynakça   296
   Resim Kaynakçası   308
   Resim Listesi   311
   Dizin   315

Görülebilen nesnelerde gözlerimizle gördüğümüz sadece ışık ve renktir. Nesnelerin diğer tüm niteliklerini muhakeme yoluyla biliriz. [...] Görülebilen tüm nesneler oluş ve yokoluş dünyasındaki değişimlere tabidir ve bu değişim bizim algımızı da belirler; bu nedenle hiçbir şeyi aynı biçimde görmeyiz, ikinci bakışta farklı görürüz.

İBNÜ'L-HEYSEM, BATI'DA BİLİNEN ADIYLA ALHAZEN, 965-1040
"OPTİK KİTABI" (KİTÂBÜ'L-MENÂZIR) (SABRA, 1989, CİLT I, S. 82 VE 222).

Perspektif kod bir izleyicinin fiziksel varlığından yola çıkar. Bu anlamda kaçış noktası, izleyiciyi temsil eden ve görünür kılan bir sistemin çapasıdır. Merkezi görme ışını bakışı yine bakışa yönlendirir.

BRYSON, 1983, S. 106

Sıfırın rakamlarla ilişkisi neyse, kaçış noktasının resimle ilişkisi de odur. [...] Kaçış noktası görsel bir sıfır işlevi görür. [...] Sıfır izleyici için biçilmiş kaftandır, çünkü ancak hiçbir şeyin olmadığı ama olabileceği yerde o kendisidir.

ROTMAN, 2000, S. II, 23, 47

İnsanın fazla yaklaştığı ya da fazla uzaklaştığı resimler (etkilerini yitirirler). Sadece tek bir noktada doğru yerde durursunuz. Diğer tüm noktalarda ya çok uzakta ya da çok yakında, ya çok yüksekte ya da alçakta duruyorsunuzdur. Resim sanatında perspektif bize görme noktasını tahsis etmiştir. Ama gerçeklikte ve etik olarak bunu kim benimsiyor?

PASCAL, PENSÉES, NR. 85/83

Başka ne tür kavrayışlar ve perspektifler olabileceğini bilmeyi istemek umutsuz bir meraktır. En azından biz bugün o gülünç küstahlığa düşmüyor, kendi köşemizde dururken insanın sadece bu noktada bir perspektifi olabileceğini iddia etmiyoruz.

NIETZSCHE, DIE FRÖHLICHE WISSENSCHAFT, 374

Giriş

BLICKWECHSEL* ÜZERİNDEN BİR KÜLTÜR TASVİRİ

I.

Bu kitabın konusu, bakışın tarihini inceleyen ve ilk başta Batı kültürüyle sınırlı olan araştırmalardan doğdu. Kitabın başlığındaki "Floransa" Rönesansı temsil etmektedir, zira Batı kültürünün resim konusunda herhalde en parlak fikri olan perspektif Floransa'da icat edilmiştir. "Bağdat" ise Rönesansta derin izler bırakan Arap bilimini simgelemektedir. Bizim bağlamımızda sözü edilen Bağdat, Abbasi halifeliğinin başkenti olarak uzun süre Arap dünyasının merkezinde yer alan tarihi Bağdat'tır. New York'taki Columbia Üniversitesinde bilim tarihi dersleri veren George Saliba'nın yeni kitabının başlığı, benim kitabımın konusunu özetler. Saliba'nın kitabı *Islamic Science and the Making of European Renaissance*[1] [İslam Bilimi ve Avrupa Rönesansının Oluşumu] başlığını taşır. Bu kitabın tezi Rönesansa dair genel anlayışla çeliştiği için okur buradaki argümanların kanıtlanmasını isteyecektir. Nitekim aşağıda geliştirilen tez için de geçerlidir bu. Bu teze göre, perspektif sanatı Arap kökenli bir teoriye, görme ışınları ve ışığın geometrisinin matematik kuramına dayanmaktadır.

---

* (Alm.) Bakışma/bakış açısını değiştirme—çn.

Perspektif araştırmalarında böyle bir argümanı boşuna ararsınız. Fakat bilim tarihi ve sanat tarihinde farklı anlamlar taşıyan bu kavramın kökenleri araştırıldığında, bu tezin akla yakın olduğu görülür. "Perspektif" (*perspektiva*) kavramı Rönesansta sanata girmeden önce, ortaçağda bilim insanları arasında yaygın biçimde kullanılan bir kavramdı. *Perspektiva* Arap kökenli bir görme teorisinin adıydı ve antikçağın "optik" kavramıyla ancak 16. yüzyılda ilintilendirilmişti. Daha sonra perspektif kavramı, resimleri bir izleyicinin izdüşümü olarak gören sanat teorisinde kullanıldı sadece ve eski anlamı bilim tarihi dışında unutuldu. Fakat hem algı kuramı hem de sanat kuramıyla yakından ilgili olmasaydı, kavramın iki alanda da kullanılması pek bir anlam ifade etmezdi. Sanattaki perspektif, algıyı tasvirin ölçütü haline getirme iddiasındaydı. Oysa, bizzat icat etmediği, bir Arap matematikçinin Batı'ya da ulaşan terekesinden aldığı bir algı kavramından yola çıkıyordu. Erken Rönesans döneminde Floransa'nın önde gelen sanatçılarından Lorenzo Ghiberti, sanat yorumlarını yazarken perspektif kavramını henüz iki anlamda kullanıyor, bilimsel görme teorisini konu alan Arapça bir makalenin İtalyanca çevirisinden uzun pasajlar alıntılıyordu.

Perspektif Batı sanatının en önemli meselelerinden biri olsa da, bu kitapta sadece sanat bağlamında ele alınmaz. Perspektifin önemi ancak ilk baştaki geniş bağlamına oturtulduğunda anlaşılır. Kültürel boyutu ancak bir resim meselesi olarak ele alındığında gözler önüne serilir. Sanatta bile tek başına ele alınamaz perspektif, zira yeniçağ portresiyle yakın bir ilişki içindedir. Sahne dekorunun icadıyla, başından beri bir parçası olduğu dindışı tiyatroda da önemli bir rol oynamıştır. Yeniçağın pencere kavramı, sanatsal ve felsefi anlamlarından ötürü, perspektif algı modeli kavramından ayrı tutulamaz. Ufuğun keşfi ve yeni bir mekân kavramı da perspektifin türediği bağlamdan çıkmıştır. Ama bu zengin panoramanın tamamlanması için, perspektif resminin önünde kelimenin tam anlamıyla pozisyon alan ve kendini bu konumdan keşfeden yeniçağ insanına da söz hakkı tanınması gerekir. İzleyicinin o konumdaki faaliyeti, bakışının faaliyetidir; burada, perspektifin temelinde yatan görme teorisinde bir rol oynamamış, hatta perspektif araştırmalarında da halen temel tartışmaların ötesine geçememiş bir faktör devreye girer.

Filippo Brunelleschi'nin icat ettiği, 15. yüzyılın başında Leon Battista Alberti'nin tanımladığı şekliyle perspektif sadece sanatçının meselesi olsaydı, genel bir yaklaşım izlenebilir, tek bir kültür içinde ele alınabilirdi. Ama resmin en önemli meselesi olarak bir başka kültürü daha devreye sokmakta, elinizdeki araştırmada incelenen yeni sorular ortaya atmaktadır.

Burada söz konusu olan, bugün çok sık sözü edilen iki "bilim kültürü," yani doğa bilimleri ile beşeri bilimler değildir sadece; doğa bilimlerinin felsefe ve sanatla, dolayısıyla toplumla ilişkisine de değinmek elbette kaçınılmaz olsa da, bu incelemede daha ziyade, Batı'nın Arap kültürüyle tarihi karşılaşması sonucunda Arap kültürünün Batı'da kalıcı izler bıraktığı vurgulanmaktadır.

Fakat Arap kültürünün Batı kültürü üzerinde ancak uzun bir dönemden sonra etkili olduğunu belirtmek gerekir. Şu sıralar sanat tarihinde İslam sanatı ile ortaçağ sanatı arasında paralelikler kurmak, örneğin minyatür resmindeki benzerlikleri öne çıkarmak âdettendir. Ne var ki benim burada ele aldığım konu farklı. Arap biliminin altın çağına damgasını vuran rasyonellik Batı'da ancak yeniçağda serpildi, çünkü rasyonellik her tür teolojik yükten arınmış bilimsel deneye dayanıyordu. Batı'da ortaçağ dediğimiz dönemde Arap dünyası, daha sonra pençesine düştüğü dogmatik baskılara henüz maruz kalmamış, matematik ve astronomiyi popülerleştirmişti. Endülüs'te üç kültürün yan yana var olması hatta birbiriyle iç içe geçmesi, üçüncü bölümün ayrıldığı İbnü'l-Heysem'in (Latince adıyla Alhazen'in) optik üzerine makalesi gibi pek çok Arapça metnin çevrilmesini sağladı. Ama hepsi de kesinlikle Yunanca orijinallere dayanmayan bu metinler ancak uzun bir kuluçka döneminden sonra muazzam bir etki yarattı ve yeniçağda Kopernikus'ta ya da *camera obscura* örneğinde Kepler ve Descartes'ta meyve verdi.

Nitekim Arap görme teorisinin çığır açan etkisi de ancak uzun bir dönemden sonra gün ışığına çıktı. Bu konu kitabın dördüncü bölümünde ele alınacak. Ayrıca, Skolastik çevrelerde teologlar ile doğa bilimciler arasındaki idrak ve algı tartışmalarına ve İbnü'l-Heysem'den yola çıkan Biagio Pelacani'nin matematiksel mekânına değinilecek. Fakat resim pratiği kadar bakışın toplumsal pratiğinde de birbirinden çok farklı olan iki kültür arasında, resim meselesinden yola çıkarak bir ilişki kurmayı amaçlayan bu araştırmanın temel konusuna, ezelden beri resimsiz olan Arap görme teorisinin Batı tarzı resim teorisine dönüşmesiyle birlikte geleceğiz. İki kültür arasındaki fark sanattaki perspektifte açıkça gözler önüne serilir, zira Yakındoğu sanatında perspektifin bir karşılığı yoktur ve kitapta göreceğimiz gibi olması da mümkün değildir. Yakındoğu'da resim kavramı çok farklı biçimlenmiş, gerçeği bire bir çoğaltan tasvirler uzun süre dışlanmıştır. Arap görme teorisinde her şeyin imgesiz ışığın tekelinde olduğuna, resimlerin salt zihinde bulunduğuna, yani fiziksel resimlerle somutlaştırılamadığına ya da çoğaltılamadığına işaret etmekle yetineyim şimdilik.

2003 ilkbaharında Paris'teki Collège de France'da bakışın kültür tarihi konusunda bir dizi ders verirken perspektifle karşılaşmam kaçınılmazdı. Çünkü yeniçağın görsel kültürünü geniş çapta ve kalıcı bir biçimde değiştiren perspektif, esasında bir kültür tekniğinden başka bir şey değildi. Asıl atılım, perspektifin bakışı ve bakışla birlikte bakan özneyi de resme sokmasıydı. Rönesansta sanat kendini tam da bu yüzden "sanat," yani teorik yetkinliğe sahip bir meslek dalı olarak görüyordu, çünkü görsel algının matematik kuramını benimsemiş uygulamalı bir bilimdi. Dolayısıyla, sanatın bilim tarihiyle ilintisi yeniden kurulduğunda, tarihi kökenleri bize daha da çelişkili görünür. Geometrik soyutlamaya dayalı Arap görme teorisinin Batı'da tamamen farklı bir anlama bürünmesi ve insan bakışını her tür algının odağı haline getirerek resme yerleştiren bir resim teorisine dönüşmesi, yani fotoğrafta "analog resimler" dediğimiz şeyi gerçekleştirmesi nasıl açıklanabilir? Elinizdeki araştırmanın izleyeceği yolu bu soru çizdi. Ve kültürler arasında karşılaştırmalar yaparken kendi yetkinlik sınırlarımın dışına çıkmam kaçınılmazdı. Batı'nın resim kültürünü bir başka kültürün ışığında görmek ve bu şekilde her iki tarafı da aydınlatmaya çalışmak hâlâ cesaret isteyen bir girişim. Ama bu çifte temayı ele alma ve Rönesans ile Arap kültüründen aynı bağlamda söz etme denemesinin tek anlamı *Blickwechsel*, yani bakışmak ve bakış açısını değiştirmektir. Fakat bu tam olarak ne anlama gelir?

II.

Bakışma genellikle iki insan ya da bir tartışmanın tarafları arasında olur. Arap kültürü ile Batı kültürü arasında da zaman zaman böyle bakışmalar oldu, ama bunlar çok farklı türden bakışmalardı ve bildiğimiz gibi her zaman barışçı değillerdi. Fakat ben bu araştırmada iki kültürün bakışmasından değil, iki kültüre bakış açısının değiştirilmesinden söz etmek istiyorum. Zira Batı kültüründe alışılageldiği üzere, iki kültüre salt kendilerinden yola çıkıp ayrı ayrı bakmak yerine yan yana bakıldığında, karakteristik özellikleri çok daha net görülebiliyor. Ayrıca, metinde devamlı etki ya da farklardan söz etmek yerine, *Blickwechsel*, yani bakışma ve farklı bir açıdan bakma daha uygun düşüyor ele aldığım konuya. Metnin mimarisi, her bölümün sonunda diğer kültürle bakışmayı, o kültüre farklı bir açıdan bakmayı, böylece devamlı bir gerekçe öne sürmeden argüman ve bakış açısının değişmesini sağlayan bir *Blickwechsel* kısmına yer verilecek şekilde kuruldu.

Amacım, iki kültürü, olumlu ya da olumsuz karşılaştırmalarda bulunmadan yan yana koyup değerlendirmekti. Batı'nın diğer kültürlere bakışına uzun zamandan beri damgasını vuran o kaçınılmaz Avrupa-merkezcilik ancak bu şekilde engellenebilir ya da en azından sınırlandırılabilirdi. Bu denemenin biraz olsun başarılı olup olmadığını okurun takdirine bırakıyorum. Fakat tüm zorluklarına ve akademik alanda belirli bir rol oynayan yetkinlik sorularına yol açmasına rağmen, böyle bir denemede bulunmak kaçınılmazdı. Benim konumda çareyi "etkiler"den söz etmekte bulabilirdim, ki zaman zaman bu yola da başvuruyorum. Fakat gayet aşina olduğumuz bu kavramda, farklı bir ölçütten yola çıkarak "etkilenen" tarafı yüceltme, diğer tarafı ise "etkileyen" ama o kadar da önemli olmayan bir konuma indirgeme eğilimi vardır. Bu koloniyal bakıştan kaçınılması gerekir. Elinizdeki kitaptaki bakışmanın/bakış açısını değiştirmenin ardında böyle bir niyet yoktur; tek amacı, her iki kültürü de karşılaştırarak daha iyi tasvir etmektir. O zaman kimin kimi etkilediği, hangi tarafın "etki"ye daha açık olduğu gibi zor bir soruyla cebelleşmek de gerekmez. En nihayetinde *Blickwechsel* konuya iki farklı açıdan ya da okur grubundan bakılmasına, perspektifle ilgili Batılı okurların Arap kültürüyle, Yakındoğu'dan okurların da Batı perspektifinin kültürel profili ve koşullarıyla tanışmalarına olanak tanır.

Farklı bir açıdan bakmak, burada ele alınan iki kültürün uzun bir ortak geçmişi olduğunu, geçmişte sık sık karşılaştıklarını, birbirlerine ilham verdiklerini ya da meydan okuduklarını da gözler önüne serer. Bu nedenle, iki kültürün Akdeniz'deki tarihine bir göz atmak gerekir. Bunu yaparken de, bugün gazeteleri dolduran bütün o görüş ayrılıkları rahatlıkla bir kenara bırakılabilir. Yersiz bir anakronizm Batı'nın aydınlanmış din kavramını zedelese de, dinsel alanda da görülen ortaklıklar, en iyi "monoteizm" başlığı altında toplanabilir. Arap, Yahudi ve Hıristiyan kültürünün ortak yaşamındaki mutlu dönemleri anımsamak için Endülüs kavramı yeterlidir. Öte yandan, bu mutlu dönemlerle ilgili fazla kuvvetli bir coşku tarihi eksiltme ya da çarpıtma tehlikesini barındırır. Nitekim Avrupa'nın Yunan edebiyatıyla Arapça çeviriler üzerinden tanıştığına dair yaygın klişe, Arap kültürünün tarihsel rolüne yapılmış bir haksızlıktır. Alhazen'e, namı diğer İbnü'l-Heysem'e adanan üçüncü bölümde bu klişe çürütülür. Antikçağ optiğini geliştirerek bir devrim yaratan İbnü'l-Heysem Arap kültürünün sadece bir çeviri kültürüne indirgenemeyeceğini gösteren kanıtlardan biridir.

George Saliba yukarıda anılan araştırmasında, Kopernikus'un bile Arapça metinlere âşina olduğunu gösteren yeni kanıtlar ortaya koydu.

Hindu kökenli "Arapça rakamlar"ı inceleyen matematikçiler ve özellikle de el-Kindî gibi filozof ve astronomlar Arap biliminin Batı'da otorite kazanmasını sağladılar.[2] Bu bağlamda, optik teorisi ya da "görünüşler teorisi" (*'ilm-i menâzır*), var olanın ötesinde "görünen"in ilmi olarak büyük bir öneme sahipti.[3] Bu kuram el-Farabi (ö. 950) gibi ünlü şahsiyetler tarafından temsil ediliyordu, ama 1572 tarihli Risner baskısının da kanıtladığı gibi, Batı'da en büyük yankıyı İbnü'l-Heysem ve onun başyapıtının *Perspectiva* adıyla bilinen Latince çevirisi yaratmıştı. *Camera obscura*'yı icat eden İbnü'l-Heysem, araştırmalarıyla bilimsel yöntemin öncüsü olmakla kalmadı, psikolojisi ve estetiğiyle döneminin kültürünün dünya görüşüne de ifade kazandırdı.

III.

İslam konusu günümüzün heyecanlı tartışmalarıyla güncellik kazandı, fakat bu güncellik konunun tarihsel açıdan ıskalanması, hatta çarpıtılması tehlikesini de barındırıyor. Siyaseten doğru tartışma ve mümkün mertebe haklı görünme ya da aksini ispat etme çabalarının başarısızlığa uğraması, farklı pozisyonlar için gereken alanın açılmamasından ve ortak tarihe derinlemesine bakılmamasından kaynaklanıyor. Siegfried Zielinsky'nin jeolojiden ödünç aldığı bir metaforla medya arkeolojisinde kullandığı "deep time" [derin zaman] kavramı, bugünkü tartışmalarda unutulan ya da yok sayılan sınırları ve ortaklıkları gözler önüne seriyor. Karşılıklı suçlamaların hüküm sürdüğü bir ortamda kimsenin karşısındakini dinlediği yok. Fakat "kültürler ittifakı"nı düstur haline getiren ve İslam dünyasıyla birlik ve beraberliği göklere çıkarmaktan başka bir şey düşünemeyenler kervanına katılmak da anlamlı değil. Her kültürün kendini ifade edebilmesi ve diğerleriyle bilginin iddialardan daha büyük bir önem taşıdığı bir diyaloğa girebilmesi için gereken ayrımlar ancak bir adım daha atıldığında yapılabilir.

Bundan kısa süre önce filozof Régis Debray, kültürler arası diyaloğun "çağdaş bir masal" olduğunu ilan etti.[4] Ortak dünyamızı bilim ve teknik oluşturur, ama "karşı karşıya gelmenin doğal ortamı kültürdür, çünkü kimliğin demirci dükkânıdır kültür ve bunun koşulu da bir nebze görüş ayrılığıdır." Yazar, Claude Lévy-Strauss'u alıntılayarak, "uygarlık birbirinden çok farklı kültürlerin yan yana var olmasıdır; onu ayakta tutan da bu yan yana var olmadır," der. Gerçi Debray bugün kapıların açılmasını ve önyargılardan oluşan duvarların yıkılmasını her zamankinden daha elzem bulur, ama devamlı ortak yönler bulmaya çalışılmaması gerektiğini, ancak farklılıkların bizi yanlış anlamalardan koruyacağını savunur.

Benim bu kitapta ele aldığım konu da yanlış anlaşılmayı hesaba katmak zorunda. Giderek savunmacı bir tavrı benimseyen Batı, evrensel kültür olduğu algısını yitirmekten ve başka kültürlerle temas etmekten korkar hale geldi. Karşı taraf ise kültürler arası karşılaştırmalarla tehdit edildiği duygusuna kapılıyor, çünkü bu noktada kaybedeceğinden korkuyor. Ve tahrik edici "İslami" sözcüğüne, Batı'nın da bir Hıristiyan kültürü ya da biliminden söz edemeyeceği itirazı getiriliyor. Bugün resim konusunda İslami kültürler arasında dönemsel ve coğrafi bir ayrım yapsanız bile, Avrupa-merkeziyetçi bir yaklaşım sergilemekle itham edilebiliyorsunuz. Avrupalıların, her kültürün sahiplenmeye hakkı olduğu bir şeyi, yani resimleri Yakındoğu'nun elinden almak istediğinden kuşkulanılıyor. Görsel kültürün, Batı'nın bu konudaki ölçütü olan resimlerle değil, başka bir ölçütle de tanımlanabileceği itirazı getirilebilir buna. Elinizdeki inceleme, Yakındoğu kültüründe resmin yerini neyin aldığı ve yazı ya da geometrinin matematiksel modellerle nasıl bir estetik standart oluşturduğu sorusunu sorarak yeni bir yol açmayı amaçlıyor. Bizim bağlamımızda sorulacak soru, perspektif resminin neden başka kültürlerde de olmadığı sorusu değildir. Tersine, Batı kültüründe perspektif resminin hangi koşullarda ortaya çıktığını sormak gerekir.

Bu kitaptaki gibi farklılıkların ortaya konulabilmesi, bunların bir bütün içine oturtulmasını gerektirir. Ancak ortaklıkların da olduğu yerde farklılıklardan söz edilebilir. Fakat bunun için, "kültürler çatışması"nın etkisinde kalmayan, kendi akışkan sınırlarını inceleyen ve bunları tarihsel süreçte görünür kılan bir kültür anlayışı gerekiyor. Nitekim Ilija Trojanow ve Ranjit Hoskoté *Kampfabsage* (Savaşa Son) adını verdikleri coşkulu kitapta Samuel Huntington'a karşı çıkarlar.[5] Çatışmayı reddeder ve Avrupa'nın Arap kültüründen ve Hindistan'dan etkilendiği ortak bir tarih olduğunu kabul ederler. Bugün dünyayı ikiye bölen o mutlak düşünce bariyerleri ancak modern sömürgecilikle birlikte çıkmış gibidir.

IV.

Matematiksel perspektif, Erwin Panofsky'nin 1927'de yayımlanan incelemesinden sonra sevilen bir tema haline geldi.[6] Fakat perspektifin yeniçağda hangi bağlamda bir kültür tekniği haline geldiği şimdiye kadar pek araştırılmadı. Panofsky matematiksel perspektife "simgesel biçim" diyordu.

Sanatta bundan başka bir simgesel biçim olmadığı izlenimi oluşmuştu. Bildiğim kadarıyla, başka "simgesel biçimler" de olup olmadığı sorusu, hele hele başka kültürler bağlamında şimdiye kadar hiç sorulmadı. Bu kitabın son iki bölümünün sonundaki *Blickwechsel* kısmında, üç boyutlu geometrisiyle *mukarnas* ve *meşrebiye* adıyla bilinen pencere ve cumba kafesinin Arap sanatının simgesel biçimleri olarak kabul edilmesi önerilmektedir. Batı kültüründe, yeniçağ tiyatrosundaki kültürel tüm pratiklerle birlikte dekor ya da yine yeniçağa özgü pano resimleri ve özellikle de portreler simgesel biçimler olarak görülebilir. Pano resmi başka kültürlere ancak sömürge döneminde zorla dayatılmış bir yabancı cisimdi.

"Simgesel biçim" kavramını yaratan Ernst Cassirer, sadece sanatı değil; dil, mitos ve bilimi de "simgesel biçim" ilan ederek kavramın alanını daha geniş tutmuştu. Belki de sanat her kültür ve toplumda bir "simgesel biçim"di, nitekim yeniçağ sanatı özellikle de perspektiften ötürü "simgesel biçim"dir, ki yeniçağ sanatının ortaçağ sanatından farkı da zaten budur. Sanattaki perspektife bir "kültür tekniği" olarak bakıldığında Cassirer'in görüşleri benimsenebilir, zira kültür tekniği kavramı, daha geniş bir bağlamda da olsa, "simgesel biçim"in belirli özelliklerini kapsar. Fakat burada öncelikle sorulması gereken, böyle bir "biçim" ya da "teknik"in ne ifade ettiği ve ne şekilde "simgesel" olduğudur. Panofsky, yine Cassirer'den yola çıkarak, bunun "mekân" olduğuna karar vermiş, ama kavramı muğlak bırakmıştır (Birinci Bölüm). Bu kitaptaki incelemelerin odak noktasında ise "mekân" yerine "bakış" vardır.

Panofsky'den yarım asır sonra vurgunun mekândan bakışa kayabilmesi, Norman Bryson sayesinde oldu.[7] Bryson'a göre, bakışın anlam değişikliğine uğradığı iki farklı perspektif dönemi vardır. Rönesansın favorisi, bir izleyicinin bedeniyle ilintili olan uzun, sakin "bakış" (*gaze*) idi, oysa 17. yüzyılda bu "bakış"ın yerini, resmin önündeki izleyicinin bedenini ortadan kaldıran hızlı, üstünkörü "göz atma" (*glance*) aldı. Resim ile somut izleyici arasındaki fiziksel bağ ortadan kalkınca, resmin temsil ettiği bakış soyutlaştı. Aşağıda bu değişim, bir kültür tekniği olarak perspektifin ve simgeselliğinin krizi olarak ele alındı (Altıncı Bölüm). Bryson Avrupa sanatının bize dünyayı gösterme tarz ve biçimini ve "sunumu"nu, yani *deixis*'ini tasvir etmek için Uzakdoğu sanatından yola çıkarken, aşağıda bu görevi Arap kültürüne yönelik *Blickwechsel* kısmı üstlendi.

Bryson'a göre, Batı perspektifinde resim bir izleyiciyle ilintilidir, çünkü izleyicinin bakışını temel alır ve bu bakışı yine ona yönlendirir. Bakışlarımızı rastgele gezdirdiğimiz mekân bir geometrik noktada odaklanırken, özne resmin önünde hem ressamı hem izleyiciyi temsil eder. Burada izleyici, Bryson'ın Roland Barthes'ın kavramıyla açıkladığı gibi, *punctum* ile karşı karşıyadır. Ama bakış bir noktaya sahip değildir, iki gözü olan bir bedende oluşur. Bu yüzden Rönesans soyut *göz noktası* ile somut beden arasındaki çelişkiyi, bakışı göz noktasında sabitleyen *kaçış noktası* ile çözmek istemişti. İzleyiciyi resimde temsil eden kaçış noktasıdır, çünkü izleyiciyi resimde simgesel bir yere koyar. Kaçış noktasında ufukta birleşen görme ışınları, resmin önünde gözün bulunduğu noktada, göz noktasında, birleşirler; perspektifin geometrisinde göz noktası izleyicinin gözlerinin tam önüdür.

Bryson okuru olan matematikçi Brian Rotman dört yıl sonra, 1987'de, Bryson'ın tezini geliştirmiştir.[8] Rotman, sıfırı kaçış noktasına, kaçış noktasını da sıfıra benzetmek gibi şaşırtıcı bir öneride bulunur. Rotman, sıfırın Arap rakamları arasına alınmasının ve kaçış noktasının icadının birbirine paralel süreçler olduğunu düşünür. Sıfır gibi kaçış noktasının da iki anlamı vardır. Sıfır nasıl diğer tüm rakamlar gibi bir rakamsa, kaçış noktası da bir resimdeki diğer tüm işaretler (yani nesneler, figürler vs) gibi bir işarettir. Öte yandan, bambaşka türden bir işaret, diğer tüm işaretleri değiştiren "işaret ötesi bir işaret"tir. Sonsuz sayıda rakam türeten sıfır gibi, sonsuz sayıda resim türetebilen bu işarete Rotman "meta-işaret" der.[9] Kaçış noktası, somut motiflerin içinde soyut olmasına rağmen ya da tam da bu yüzden, resimde ne tasvir edilirse edilsin, resim için vazgeçilmezdir.

Rotman, resmi bedenin giremediği bir yer, bakışın mekânı olarak betimlerken, beden ile resim arasında gidip gelen bakışın kararsızlığını da ifşa eder. Kaçış noktası bedenin "işgal edemeyeceği" bir yerdir. Ama izleyicinin "kendini nesneleştirme"sine, yani kendini dışarıdan bir özne olarak algılamasına olanak tanır. Perspektif, "şöyle der: Burada ve şimdi böyle görüyorum."[10] Rotman'a göre, varlık ile yokluk arasındaki ayrılmaz ilişki sıfır için de geçerlidir, zira sıfır ancak olmayan-rakam olarak bir rakamdır. Ve izleyici kendini tam da olmadığı yerde deneyimler, çünkü resim ona, aynı zamanda bir boşluk da olan bir yer açar. "Sıfır izleyici için biçilmiş bir kaftandır. Çünkü ancak hiçbir şeyin olmadığı ama olabileceği bir yerde o kendisidir."[11] Sıfır 13. yüzyıla kadar "Arap kültürünün sınırları içinde kaldı. Hıristiyan Avrupa ve özellikle de eğitimliler sıfıra direndi; zira rakamlar, o anlaşılmaz ve gereksiz simgeler, o zamana kadar sadece onların tasarrufundaydı." Fakat ticaret kapitalizminin oluşumuyla birlikte rakamlar "ticaret ve teknolojide aritmetikten yararlanan tüccarların, bilim adamları ve mimarların eline geçti."[12]

Perspektif de yine İtalya'da, aynı çevrelerde icat edildi. Dolayısıyla, bir adım daha atılmalı ve Bryson ile Rotman'ın tezlerine, Batı'ya Arap aritmetiğiyle birlikte giren Arap görme teorisinin soyağacı da eklenmelidir. Rotman kaçış noktasında bu bağlantıyı kurmuş, ama delilleri arasına İbnü'l-Heysem'in teorisinin Arapçadan yapılan çevirisini katmamıştır. Rotman'ın sıfır ile kaçış noktası arasında kurduğu paralellik bu yüzden daha inandırıcı olsa da, kültür tarihi açısından anlamı, ancak önemli bir farkın da ortaya konulmasıyla anlaşılabilir. Sıfır, Arap matematiğinde de sıfırdı, ama kaçış noktası Batı sanatında icat edildi, çünkü kaçış noktasının ancak resimlerde bir anlamı vardı, oysa Arap kültüründe resim söz konusu olamazdı. İbnü'l-Heysem'in tasarladığı görme alanının geometrisinde göz ile dünya arasındaki bir resim düzlemine yer yoktu. Işık nesnelerin yüzeylerindeki sayısız noktayı görme ışınları aracılığıyla gözün yüzeyinde birleştiriyordu. En tepesinde "göz merkezi" bulunan "hayali koni," perspektifin resim düzlemini ikiye bölen bir görme piramidi değildi.[13] İbnü'l-Heysem'in teorisi için bir kaçış noktasına ihtiyacı yoktu, zira kaçış noktası sadece bakışta vardır, dünyada yoktur. Yine de, dünyayı bir resme dönüştüren geometrik nokta, ancak matematiksel olarak hesaplanabilen bir sistem çerçevesinde mümkün oldu.

V.

Bu kitap, her biri *Blickwechsel* kısmıyla sona eren altı bölümden oluşmaktadır. İlk üç bölümde ele alınan konularda Arap kültürü ön plandadır. Diğer üç bölümde perspektifin kültür tarihinin bir taslağı çizilmektedir. Giriş niteliğindeki Birinci Bölümde konu sanat kavramı ve bilim kavramı çerçevesinde incelenmekte, "simgesel biçim" kavramı eleştirel bir biçimde sorgulanarak kültür tekniği kavramıyla ilişkilendirilmektedir. Batı ile Doğu karşılaştığı zaman resim sanatı Batı'da salt "sanat" olarak görülüyordu ve Doğu ile Batı arasında daha kolay taşınan zanaattan farklı koşullara sahipti. Orhan Pamuk'tan esinlenilen bu bölümdeki *Blickwechsel* kısmında, Osmanlı toplumuna ve Osmanlı toplumunun Batı'daki moderniteye yaklaşımı üzerine yoğunlaşılmaktadır. İkinci Bölümde, şu anda İslam kültürü uzmanları arasında bile tartışmalı olan resim meselesi ele alınmaktadır. İkinci *Blickwechsel* kısmında, bakışın Batı sanatı üzerindeki hâkimiyeti ile İslam dinindeki bakma tabuları karşılaştırılmaktadır. Üçüncü Bölümde, perspektif araştırmalarına İbnü'l-Heysem'in matematiksel görme teorisi de ilk kez katılmakta, bu teorinin kültürel arka planını aydınlatma girişiminde bulunulmaktadır. Arap sanatının büyük teması geometri olduğundan, bu bölümde matematiğe geniş yer verilmektedir. Bölüm sonundaki *Blickwechsel* kısmında, İbnü'l-Heysem'in ışığın ulaşım yollarını incelediği karanlık odası ile—doğrudan resim izleyicisine yönelik olmasıyla da farklı olan—yeniçağın karanlık odası arasındaki farklar gösterilmektedir.

Batı'nın perspektifinin incelendiği Dördüncü Bölüm, eski Arap görme teorisinin Rönesansın yeni resim teorisine dönüşerek bir çığır açtığı dönemin tasviriyle başlamaktadır. Parma'da filozof Biagio Pelacani'nin icat etmeyi başardığı matematiksel mekân bu süreçte kilit bir rol oynamaktadır. *Blickwechsel* kısmında, antikçağın mirasını yüceltme çabası içindeki Rönesansın kültürel belleğinde İbnü'l-Heysem'in Euklides'in nasıl gölgesinde kaldığı anımsatılmaktadır. Beşinci Bölümde perspektif teması sanat tarihinin sınırlarının dışına çıkılarak genişletilmekte ve perspektifin örneğin sahne dekorundaki önemi ve tiyatronun Batı'nın görsel kültüründeki rolü irdelenmektedir. Son iki bölümün sonundaki *Blickwechsel* kısmında Arap sanatının *mukarnas* geometrisinde ve *meşrebiye* cumba kafesinde tezahür eden "simgesel biçimler"i gösterilmektedir. Altıncı Bölümde perspektifin etki alanı, öznenin tarihiyle bir kez daha genişletilmektedir. Bakışın simgeselliği gözün bir simge haline gelmesiyle gözler önüne serilmekte ve antikçağın bakma korkusunu aşan yeni bir Narcissus'la doruğa ulaşmaktadır.

1.

Resimde Perspektif Meselesi

Doğu İle Batı Arasındaki Yollar

Simgesel Biçim Nedir?

Yeni sorular. Perspektifi, daha doğrusu "doğrusal" ya da "matematiksel" perspektifi Almanya'ya tanıtan ilk kişi Albrecht Dürer'di. Sözcüğün "içinden bakmak" anlamından da anlaşılacağı gibi, perspektif şeffaflık yaratıyor, dünyayı içinden bakarak tasvir ediyordu. Merkezi perspektiften kasıt, resmin merkezinde herhangi bir önemli konunun değil, izleyicinin bakışının yer almasıdır. İnsan bedeninin oranları bakımından Dürer için büyük önem taşıyan "ölçme," perspektif resminde "konstrüksiyon"u ya da "rekonstrüksiyon"u yapılabilen *bakışın ölçümü* idi. Perspektif sanatçısı, izleyicinin bakışına benzeterek yaptığı bu yeni resimleri, yine izleyicinin bakışına sunuyordu. Nürnberg'de bu sanatın yeni bir İtalyan modası olduğu düşünülüyordu ve Dürer bu sanatla Venedik'te tanışmış olsa da, perspektifin Floransa'da icat edildiği konusunda herkes mutabıktı. Bu yeni modanın Batı resmine damgasını vuracağını, onun en ayırt edici özelliği haline geleceğini kim bilebilirdi ki? Fakat bunun anlamı, burada ele alacağımız konunun, öncelikle sanatta tartışılsa da, sadece *sanatla* ilgili bir mesele olmamasıdır. Kültürel önemi, ancak konuya bir *resim* meselesi olarak baktığımızda gözler önüne serilecektir. Kültürlerin resimlerle ne yaptığı ve dünyayı resimlere nasıl yansıttıkları bizi onların düşünme biçiminin merkezine götürür.

Perspektif dediğimiz resim icadı, görmenin tarihinde bir devrim yarattı.[1] Bakışı sanatın hakemi yapınca, Heidegger'in daha sonra ifade ettiği gibi, dünya *resim* oldu. Bir izleyicinin dünyaya çevirdiği bakış ilk kez perspektif resmiyle tasvir edildi ve perspektif dünyayı *dünyaya* *bakış*a dönüştürdü. İçinde bulunduğumuz dijital çağda bize şimdiden nostaljik gelen *analog resim* kavramı ilk önce fotoğrafçılıkta kullanıldı. Fakat perspektif tekniğiyle yapılan yeni tarz resimlerin görme algımızla analog olduğu erken yeniçağda bile anlaşılmıştı. Daha sonraki modern dönemin tüm teknik resimleri gibi perspektif resmi de, aslında sadece resimde gördüğümüz şeyi kendi gözlerimizle gördüğümüz izlenimini yaratıyordu. Resimdeki ve gerçeklikteki algının analog olduğu yönünde bir kanaat vardı. Yeni resim teknikleri daha sonra büyük bir zafer kazanarak gerçekliğin bizim gözlerimize kapalı olan tüm alanlarını fethettiler. Ama ondan çok önce, perspektif resmi de gerçeği yansıttığı ya da çoğalttığı iddiasındaydı. Perspektifin yarattığı *ikonik bakış*, bir ikonanın bakışı değil, *resme dönüşmüş bir bakış*tır.

Kültür tekniği olarak perspektif muazzam bir etkiye yol açtı. Resme doğal algıyı koymayı amaçlayan perspektif yalnızca sanatı değiştirmekle kalmadı, bir kültürü tepeden tırnağa dönüşüme uğrattı. Resimlerin en büyük özelliği, içinden çıktıkları kültürden hem etkilenmeleri hem de o kültürü etkilemeleridir. Görselliğe eğilimi nedeniyle hep yeni resim teknikleri icat eden Batı kültürü için de geçerlidir bu. Uzun süre evrensel kültür olarak gördüğümüz Batı kültürüne ancak şimdi, küresel çağda farklı gözlerle bakabiliyoruz. Resimlerin öteden beri göze hitap ettiği itirazında bulunulabilir elbette. Ama perspektifin farkı, bakışın kendisini resme koymasıdır. Burada hep bir kurgu söz konusudur, çünkü göz etrafta gezinirken vücudun esaretinden kurtulmayı pek sevse de, bakışımız bedenimize bağlıdır. Bakışlar bir artefakta basitçe aktarılamaz. Dolayısıyla perspektif, özünde tasvir edilemeyen bir bakışın resimlerini tasarlar.

Eleştirmenler perspektifi "görsellik bağımlılığı"mızın sorumlusu olarak görür, sahte vaatlerde bulunmakla suçlarlar. Fakat erken yeniçağın bu mirasından ne kadar uğraşsak da kurtulamıyor, tüm dünyada Batı'nın icadı sayılan görsel "anlaşmalara" bağlı kalmayı sürdürüyoruz. Bir zamanlar sömürgeci yönetimlerin ifade aracı olan perspektifin gücü küreselleşme çağında daha da arttı. Fotoğrafın icadı, tek odaklı perspektifin hâkimiyetini iyice pekiştirdi. Eskiden sanatçıların büyük zahmetlerle yarattıkları imgeleri şimdi kameralar otomatikman kaydediyorlar. Kameranın tek gözlü objektifi, perspektifteki "tek odaklı" bakışın ikizidir; nitekim fotoğraf, perspektif modelin uzun süre aranmış teyidi olarak göklere çıkarılmıştı. Perspektif bakış alışkanlıklarından dijital çağda da vazgeçilemiyor. Bilimsel temellerini daha 17. yüzyılda yitirdiyse de, perspektifin popülerliği hiç azalmadan devam ediyor. Sanat ve bilim tarafından kökünden değiştirilmiş olsa da, günümüz imge tüketiminde küreselleşen bir görme biçimine itiraz etmek, yel değirmenleriyle savaşmak anlamına gelirdi.

Bakışın kültür tarihine sık sık yöneltilen bir itiraz da, bakışın doğuştan geldiği, bu nedenle tarih ve kültüre tabi olamayacağıdır. Bu savın ardında, kültür ve doğayla ilgili o bildik tartışma saklıdır. Fakat böyle bir karşıtlık konuyu ıskalar, çünkü her kültür insan doğasını (dolayısıyla da gözü) boyunduruğu altına alır; kamusal ve özel yaşamın toplumsal normlarına tabi kılar. Gerçi Rönesansın perspektif kuramı doğayı temel alıyordu ve bakışı, tartışılmaz biçimde doğal bir organ olan gözün işleviyle açıklıyordu: Gözlerimiz olduğu için bakabiliyoruz. Ama aynı zamanda da, kendine simge olarak kanatlı bir göz seçen hümanist Alberti gibi, bakışı bir "kendini yorumlama" simgesi haline getirmişti (**Resim 87**, s. 216). Bu simgeyle görsel algıya dünyanın kavranmasında ayrıcalıklı bir yer bahşedildi.

Simgesel Biçim. Perspektif bir kültür tekniğiydi, sadece sanatın meselesi değildi. Zira herkesin dünyayı kendi gözüyle algılayabilme hakkının simgesi haline gelmişti. Bu anlamda perspektifin yeniçağ kültürünü ifade eden "simgesel biçim" olduğu söylenebilir. Ne paradokstur ki, perspektif resminde, doğada mevcut olmayan düz bir yüzeyde üç boyutlu bir mekân tasvir edilir. Fakat bu mekân bakıştan ayrı tutulamaz ve bakışın üstüne konamaz, zira o bakışın bir işlevidir, tersi değil. Perspektifte mekân sadece bakışla ve bakış için yaratılır, çünkü aslında bir mekân olmayan bir yüzeydir. Biz somut ve mekânsal olarak görürüz, ama perspektif bakışımızı iki boyutlu olarak simgeleştirir ve resim yüzeyini simge olarak kullanır. Resimde mekânın olmasının nedeni, bakışın bir mekâna ihtiyaç duymasıdır. Perspektifte resim düzlemi izleyicinin varlığının metaforudur ve izleyici de resmin bir işlevi olarak tasarlanmıştır.

Sanat tarihçisi Erwin Panofsky meşhur bir incelemesinde resimdeki perspektifi "simgesel biçim" olarak tanımlarken, Ernst Cassirer'in bir kavramından yola çıkmıştı. Panofsky'nin makalesi 1927'de yayımlandığında, Cassirer *Philosophie der symbolischen Formen*[2] [Simgesel Biçimlerin Felsefesi] adlı eserinin üçüncü cildi üzerinde çalışıyordu. Panofsky, "Ernst Cassirer'in bulduğu isabetli bir kavramın sanat tarihi bağlamında da kullanılmasını" istemişti.[3] Fakat filozof *sanatı genel olarak*—hem dil hem mitos itibarıyla—simgesel biçim olarak görürken, perspektifin lafını bile etmez.[4] Oysa Cassirer'in düşüncesi bir adım öteye götürüldüğünde, yeniçağ sanatı tam da perspektifle birlikte gerçek anlamda "simgesel biçim" olmuştur. Sanat zaten kendi doğası gereği simgesel biçimse, bu özellikle de yeniçağdaki Batı sanatı için geçerlidir, zira perspektifin icadıyla o dönemin sanatı hem başka kültürlerin hem de Batı ortaçağının sanatından tamamen ayrılmıştır. Öte yandan, simgesel biçim kavramı perspektifle ve Batı sanatıyla sınırlanamaz. Ayrıca, Panofsky'nin, neden perspektifle ilgili en eski metinlerde bile sözü edilen bakışı değil de, mekânı vurguladığını da sormak gerekir.

Bu sorunun yanıtını, *Simgesel Biçimlerin Felsefesi*'nin her cildine, "Kant'tan yola çıkarak mekân ve zaman incelemesi"yle başlayan Ernst Cassirer'de aramamız lazım.[5] Cassirer üçüncü ciltte mekânı "salt bir görüş (*Anschauung*) dünyası" olarak ele alır.[6] Böylece, Panofsky'nin incelemesinde neden bakışı değil de mekânı ölçüt aldığı anlaşılır. Panofsky "sistematik mekân" derken, "homojen mekân"ın asla kendiliğinden var olmadığını, hep oluşturulması gerektiğini saptayan Cassirer'in—ki o da Ernst Mach'dan yola çıkmıştı—düşüncesini biraz daha geliştirmiştir.[7] "Matematiksel mekânın yapısının bizim mekân algımızın tam zıddı olduğunu" Panofsky de itiraf eder, ama bundan çıkarılması gereken sonucu çıkarmaz, yani perspektifin işte tam da bu şekilde bir mekân oluşturduğunu, ama bir mekân olmadığını söylemez. Ernst Cassirer homojen mekânı salt bir "mantık problemi" olarak görüyor, fakat görmenin mekânı ve dokunmanın mekânı gibi fizyolojik mekânlarda homojenlikten söz edilemeyeceğini savunuyordu.[8] Gerçekten de, perspektifteki geometri, Panofsky'nin de itiraf etmek zorunda kaldığı gibi, "bilincimizin de etkide bulunduğu görsel imge" ile retinaya düşen imge arasındaki ayrımı dikkate almaz.[9] Fakat simge ile gerçek arasındaki fark işte tam burada kendini gösterir. Bu ayrımı kabul etiğimizde, geometrik perspektif algının bir aracı değil, bakışın bir simgesidir. Kesintisiz bir görüntüler ırmağı olan doğa hiçbir mantık şemasına oturtulamaz, oysa perspektif dünyayı ancak düşüncede olabileceği gibi tasvir eder. Perspektif dünyayı simgesel bir bakış için inşa eder.

Böyle bakıldığında perspektif bir keşiften ziyade bir icattır. Fakat antikçağda da bir tür perspektif olduğunu düşünen ve antikçağ resminde "tamamen farklı bir mekân anlayışı" olsa da, "böyle bir yöntem kullanıldığı olasılığı"nı hesaba katan Panofsky bu icadın eşsizliğinden ve yeniliğinden kuşkuludur.[10] Ama antikçağ "böyle bir yöntem"i uygulamış olamazdı, çünkü Batı'nın ancak Arap kuramları sayesinde edindiği matematik bilgisine sahip değildi. Rönesansta, Vitruvius'un "skenografi" kavramının anlamıyla ilgili şiddetli tartışmalar yaşanmıştı; kimileri bu kavramda perspektifi görüyordu (s. 166). Oysa Romalının "skenografi"den kastı, resimli yüzeylerle mimari yaratılması, yani illüzyonla kurulan sahne dekoruydu. Antikçağdan kalma benzer metinlerde, sütun sıralarındaki "kısaltma"dan, bunun imkânsız olduğu bilinse de, göze öyle görünmesinden, yani optik yanılsamadan söz edilir. Seneca, "görme duyumuzdan daha güvenilmez bir şey olmadığından"[11] yakınır. Pompei'deki duvar resimleri sahne dekorunu evlere de taşımıştı. Duvar resmi yanılsama yaratmanın bir aracıydı; ama o dönemde normlaşmış bir perspektif olduğunu kanıtlamaz, zira duvar resimlerinde kullanılan yöntem kuşaktan kuşağa değişiyordu. Gerçi Rönesans-perspektifi tiyatro sahnesine de uyarlanmıştı, ama perspektifin matematiksel temeli de bilimsel amacı kadar bir yenilikti.

Öte yandan Panofsky perspektifi, "farklı sanat dönemleri"ni birbirinden ayıran bir "üslup özelliği" olarak görüyordu. Fakat bu sav, perspektifin kültürel önemini ortadan kaldırır, hele hele bilimsel arka planını hiç dikkate almaz.[12] Panofsky perspektifin "resimsel mekânı ampirik optik mekânın şemasına göre kurduğunu"[13] söyler; ama başka bir yerde, perspektifle gördüğümüz imge arasındaki analojinin "gerçekliğin çok cesur bir soyutlaması" olduğunu kabul ederken bu iddiasıyla çelişir. Çünkü ona göre, gördüğümüz imgenin "fiziksel gözümüzde resimlenen, mekanik koşullara bağlı retina görüntüsü"yle pek bir ilgisi yoktur.[14] Bu yüzden Panofsky mekânı, ampirik bir temel deneyim olmayan "özerk bir simgesel biçim" olarak görüyordu. Ama Euklides'in geometrik mekânından farklı olarak matematiksel mekânın ancak yeniçağın eşiğinde Biagio Pelacani tarafından Parma'da icat edildiğini göz önünde bulundurmuyordu (s. 151).

Yeniçağın perspektifi simgesel biçimdi, zira resimle ilgili yepyeni bir görüşün temelini atmıştı. Gottfried Boehm perspektifte "bilişsel bir devrim"in ifadesini görüyordu. Perspektif, izleyiciye resmin önünde ayrıcalıklı bir yer vererek, onu dünyada da ayrıcalıklı bir yere koymuştu.[15] Böylece perspektif, ortaçağın din merkezli düşünme biçiminden kurtulan insan merkezli düşüncenin ifadesi haline geldi. Rönesans, birey olarak yücelttiği insanı bir hamlede iki kez koydu resme: Hem portresini yaptı hem de resimde kendisiyle göz göze gelmesini sağladı. Portre ve perspektif resmi birbirinden bağımsızdır gerçi, ama aynı dönemde icat edilmişlerdir. Her ikisi de resimdeki insanı simgesel bir biçimde var eder, zira insan portrede yüzüyle, perspektif resminde ise dünyaya bakışıyla karşımıza çıkar. Perspektif de portre sanatı da simgesel biçimdir.

Perspektifle ilgili sorunlar. Ortaçağ sanatında ya da Doğu Ortodoks kilisesi sanatında farklı bir perspektif olduğundan söz etmek âdet haline gelmiştir. Fakat farkına varmadan perspektifi tek ölçüt olarak alırsanız ve karşıt örnekleri de buna göre verirseniz, perspektifin kendi tuzağına düşersiniz. Dolayısıyla, perspektif "eksikliği" kavramını sorgulamak gerekir, çünkü Rönesanstan önce ve de Batı dışında neden "perspektif olmadığını" açıklamak zorunda kalmak gibi bir durum ortaya çıkar. "Anti-perspektif" ya da "tersten perspektif" gibi kavramlar için de aynı şey geçerlidir. Alman sanat tarihçisi Oskar Wulf bu kavramlarla ortaçağı karakterize ediyor, onu örnek alan Rus filozof Pavel Florenski ise ikona resmini tanımlamakta kullanıyordu. Fakat henüz icat edilmemiş bir şey nasıl "tersten" olabilir ki? "Anlam perspektifi" denen kavram da, burada perspektif metaforik anlamda kullanılmamışsa, yine sorgulanması gereken bir kavramdır. "Perspektif," istenildiği gibi genişletilecek ya da tersine çevrilecek bir kavram değildir. Ayrıca, resimleri dışardaki izleyiciye göre değerlendirmek yerine, kendi içlerindeki anlamları ve farklı unsurlarına göre sınıflandırmak çok daha doğaldır. Kısacası, perspektif normundan kurtulmak ve diğer her şeyi sapma olarak nitelemekten vazgeçmek gerekir. Arap kültüründe de simgesel biçimler vardır, ama Batı tarzı bir resim sanatı üretmeyen Arap kültürünün simgesel biçimleri çok farklı türdedir. Bunu *mukarnas* ve *meşrebiye* örneklerinde göreceğiz (s. 209, 255).

Nietzsche'nin adıyla birlikte anılan modern dönemdeki *perspektivizm*, mecazi anlamıyla tek bir perspektifin, tek bir bakış açısının gerçeği temsil edemeyeceğini savunan felsefi bir eleştiriydi. Buradaki perspektif, belli bir dünya görüşünün, "doğru" olduğuna inanılan bir bakışın metaforudur ve tam da bu nedenle eleştirilir. Eleştirilere göre böyle bir şey yoktur, hepsi de birbirinden farklı olan ve karşılıklı bir görelik yaratan açılar vardır sadece. Blaise Pascal, bu kitabın başındaki alıntıda da ifade ettiği gibi (s. 7), perspektifin hakikate ve ahlaka da aktarılamadığına üzülüyordu. Barok dönemde yaşadığı için perspektif sanatının yanılsamalarla dolu hayal dünyasıyla, özellikle de anamorfozuyla çevriliydi Pascal; bu yüzden de gerçeklik için sabit bir bakış açısı arıyordu. Oysa Nietzsche'de durum değişmiştir, her bakış açısının keyfi olduğunu düşünür o.[16] Nietzsche'ye göre, dünyaya doğru perspektiften bakılan bir "köşe" yoktu (s. 7) ve "mono-perspektivizme karşı muhalefetinde" de yalnız değildi.[17]

Modern sanat, ancak popüler kültürün perspektivist tüketimine karşı çıktığı zaman kendini buldu ve perspektifi "ilerleme"ye engel olan gereksiz bir eşya gibi kaldırıp attı. Fritz Novotny; Cézanne'ın, resim sanatını çok uzun bir süre zincire vuran perspektife karşı verdiği mücadelede modernitenin doğuşunu görüyordu.[18] Werner Hofmann, perspektif öncesi ortaçağa meyleden modern sanatın çoklu bakış açısını, köhne bir bakışın baskısından kurtulmak olarak kavrıyordu.[19] Hofmann'ın bu konuyu enine boyuna ele aldığı incelemesinde, ortaçağ sanatıyla modern sanat arasındaki uzun bir *intermezzo* gibidir perspektif. Gerçekten de, doğa bilimcilerin fiziksel dünya imgesini yerle bir ettikleri dönemde, sanatçılar da perspektif gerçekliğe isyan bayrağını açmışlardı. Yine 20. yüzyılın başlarında, doğa halklarının "primitif" sanatının keşfedilmesiyle ortaya çıkan ve kübizmin temellerini atan bir sanat hareketi olan "primitivizm," genç Picasso'nun ve sanatçı dostlarının perspektifin akademik geleneğini kırmaya duydukları özlemin bir ifadesidir. Ne paradokstur ki, o dönemde bu gerçekçilik dünyanın başka yerlerinde modernitenin başarısı olarak gururla tanıtılmıştı (s. 52).

André Malraux'nun evrensel sanat kavramını eleştiren[20] filozof Maurice Merleau-Ponty, perspektifin kendini kültürel engeller arasına hapsettiğini, bu nedenle de evrensel olamayacağını hatırlatıyordu.[21] "Malraux, 'algının koşulları' sanki hiç değişmemiş, klasik perspektif kendini otomatikman dayatmış gibi konuşuyor bazen. Oysa perspektif, algılanan dünyanın izdüşümünü yaratmak için insan tarafından icat edilmiştir." Perspektif algının özgürlüğünden vazgeçerek, kendini tek bir konuma sabitlemiş, tek bir "hareketsiz göze indirgemiştir. Ancak mevcut sentezde tümüyle sahip olunan ve hükmedilen bir dünyanın icadıdır perspektif." Perspektif evrensel değildir, belirli bir kültüre bağlıdır.

Günümüzde açıkça kurgu olarak karşımıza çıkan perspektif klişeleriyle bol bol oynanıyor. Akla gelen ilk örnek, kariyerine ressam olarak başlayan sinemacı Peter Greenaway. Filmlerinde "perspektif tiyatrosu" yapan Greenaway, halüsinasyon benzeri bu tuhaf sahnelerde kullandığı perspektif oyunlarını Barok sanatından öğrenmiştir. Burada perspektif, hile, illüzyon, aynı zamanda da—Warburg'un kavramıyla söylersek—"pathos formülü"dür. Bu özellikle de 1991 tarihli *Prospero's Books* [*Prospero'nun Kitapları*] için geçerlidir; Shakespeare'in *The Tempest* [*Fırtına*] adlı oyunundan uyarlanan bu filmde Greenaway, çok zengin şifrelerle dolu bir illüzyon dünyasında gözümüzün önünde hayali bir ada yaratıvermek için pseudo-perspektifler kullanır.[22] 1993 tarihli *The Baby of Macon* [*Macon Bebeği*] adlı filminde bu oyunlara devam eden Greenaway, bir karakolda geçen 39. sahnede, satranç tahtası desenli zemin karolarıyla ve olay örgüsüyle ilgili olarak yazgının hapishanesini simgeleyen 208 büyük koniyle bir perspektif dekor kurmuştur (**Resim 1**).[23] Buradaki espri, konilerin fallik sembol olması ve perdenin arkasındaki şiddet dolu yatak sahnesiyle ilişkilendirilmesidir. Her koninin üstünde bir göz olduğunu,

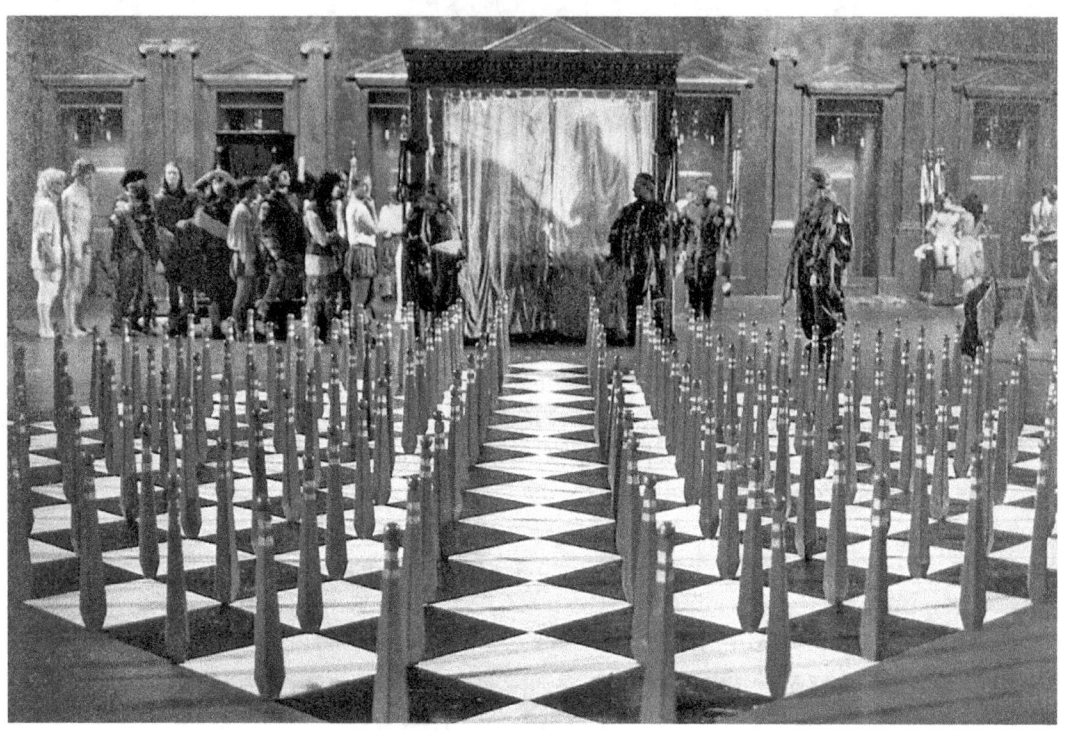

Res.1 Peter Greenaway, *The Baby of Mâcon* (Macon Bebeği), 1993, 39. sahne

sırada bekleyen müşteriler gibi gözlerini yatağa diktiklerini de düşünürsek, esprinin gücü daha da artar.

Perspektif klişeleri, kitle iletişim araçlarının illüzyonları belgesel gerçeklermiş gibi göstermek için sık sık başvurduğu bir reçetedir. Medyadaki resimlerde perspektif alışkanlıklarının dışına çıkılamamasının en önemli nedeni, Batı'nın ihraç malları olarak küreselleşmiş olmalarıdır. Televizyon gibi görüntü medyaları, teknolojiyi Batı'nın resim geleneğine uyarlar ve çıraklık dönemini geride bırakmış küresel toplumun illüzyon ihtiyacını karşılarlar. "Televizyon ekranı, kaçış noktasını imge jeneratörü olarak katot ışınlarında cisimlendirerek merkezi perspektif kavramını içselleştirmiştir." Üstelik de, görüntünün bambaşka bir biçimde oluşmasına, yani "mekâna hızla fırlatılmasına, katalizatörler tarafından yakalanıp, bir yüzeyde kısaca frenlenmesine rağmen. Dolayısıyla, sekanslardaki kaçış çizgileri gibi ekran da değişmiş bir perspektifin yeni yeridir. Şimdi bakışımız kalabalık bir monitörün yapay ufkuna düşmektedir."[24]

Görme piramidi ve perspektif reçetesi. Bu noktada, yöntem olarak neyin perspektif sayılabileceğini kısaca hatırlatmakta yarar var. Perspektif konusunda bir fikri olan okurlar, bu zorunlu dersi atlayabilirler. Perspektif ilkesini anlatmak için öteden beri pencere metaforu kullanılmıştır.[25] Camlı bir pencere hem yüzeydir (cam) hem de duvarda, bir mekânın içine doğru bir açıklıktır; nitekim yeni Rönesans resmi de, sanki gözlerimizle gördüğümüz şeyin bir kopyası olabilirmiş gibi, içine hayali bir mekânın yansıtıldığı bir yüzeydi. İngiliz Robert Fludd bir sanatçı değildi, ama 1618 tarihinde yayımladığı ansiklopedisinde, perspektif ilkesini genel bir okur kitlesi için grotesk bir biçimde basitleştirerek tasvir etmişti: Karelere bölünmüş yansıtıcı yüzeydeki (*tabula*) kent görünümü, ressamın gözüyle (*oculus*) gördüğü mesafededir (**RESİM 2**). Göze tutturulmuş resim kalemi (*stilus*) gözün gördüğü görüntüyü kare kare kâğıda aktarır. Böylece, masanın üzerindeki kâğıtta (*carta*) bir resim oluşur.[26] Göz, el ve resim arasındaki karmaşık etkileşim bu şemada basit bir mekanizmaya indirgenmiştir.

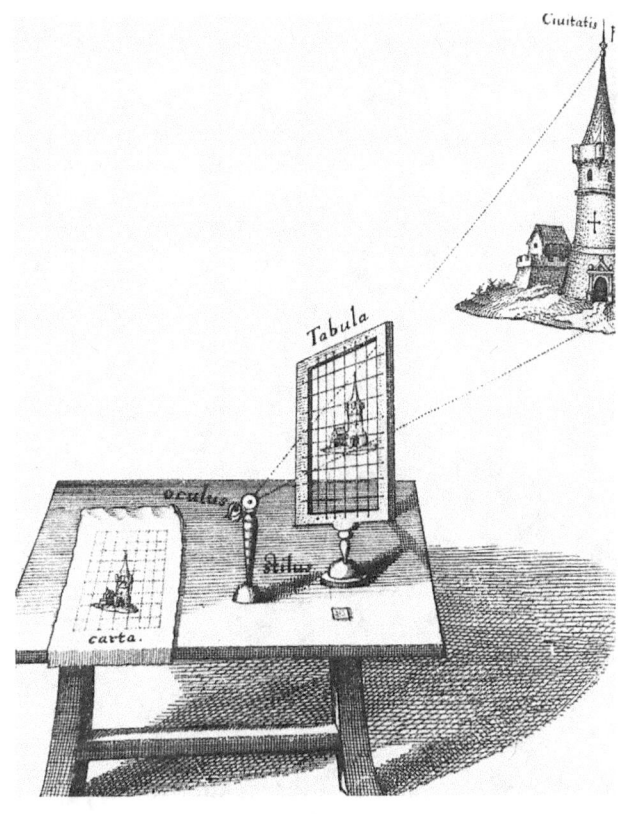

RES.2 Robert Fludd, *Utriusque cosmi historia* (Cilt 2, 1618, s. 293): Bir sistem olarak perspektif: Kâğıt, kalem, göz, resim düzlemi ve motif

Bu illüstrasyonun ardındaki tasavvur, resmin görme piramidinin bir kesiti olduğudur. Buna göre, tepe noktası göz olan "görme piramidi" görme ışınlarından oluşur ve farazi "kesit," yani resim düzlemi, görme piramidinin herhangi bir yerinde olabilir. Perspektif, görme mekânı "yaratma" yöntemi olarak tarif edilebilir. Nitekim perspektif genellikle mimarlar tarafından kullanılıyor, bir binanın "bakış açısı"na göre kesiti çıkarılıyordu. Sebastiano Serlio (1475-1554) meşhur mimarlık kitabında perspektif ilkesini Romalı Vitrivius'un "skenografi"siyle özdeşleştiriverir (s. 167).[27] Buna eşlik eden ahşap oyma gravürdeki (**RESİM 3**) göz, bir mimari unsuru görme ışınları yelpazesiyle on iki ölçüye böler.[28] Burada anatomik göz değil, "göz noktası" devreye girer, çünkü Serlio'nun dünyadaki me-

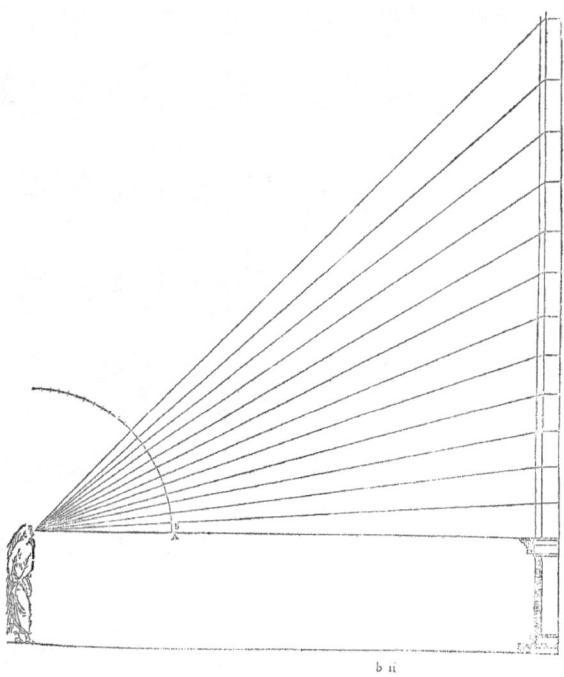

RES. 3 Sebastiano Serlio, *Livre d'architecture*, Paris, 1545, Cilt I ve II, perspektif illüstrasyonu

safeleri ölçmek için sabit bir ölçme noktasına ihtiyacı vardı. Ressamın geometrik nokta olarak gördüğü bu nokta bedende değil, bedenin önündedir ve Serlio'nun gözden ayrı tuttuğu kontrol bakışını imler: "Mesafe daima *göz hizasından* ölçülmelidir," yani gözün kendisinden değil. "Bakışımızın (*veduta*) uzağında olan her şey, atmosfer görüşümüzü zayıflattığı oranda küçülür." Göz ile bakış ayrımı önemliydi, zira perspektif geometrik bir tasvir modelidir ve fizyolojik değil, matematiksel olarak işler.

Bolognalı matematikçi Egnatio Danti 1583'te "uygulamadaki perspektifin iki kuralı"nı anlatan kitabını yayımladı; bu kurallar mimar Vignola tarafından hesaplanmıştı.[29] Birinci kural, ufuk çizgisinde bulunan *uzaklık noktası*yla ilgilidir. Kavramlar bile aksiyomatik, yani belitseldir ve canlı bedenlerde geometrik noktalar saptarlar. Vignola'nın bunu tasvir eden çiziminde törensel giysiler içinde bir kadın görülür (**RESIM 4**). Kadının belli belirsiz çizilmiş yüzündeki *göz noktası* (G) görme ışınlarının ucunu oluşturur, resimdeki *uzaklık noktası* (C) ise kadının bedeniyle resim yüzeyi arasındaki mesafedir (A-B); resim yüzeyi görme piramidinde yatay kesit olarak verilmiştir. Mekân salt resimdir ve yalnızca bakışta meydana gelir. Çizilmiş mekândaki görme mekânı ve resim düzlemi, gerçekte birbirlerine hiç benzemeseler de bakışta özdeşleşirler. Bir yüzeye bakılsa bile bir mekân görülür. "Ama biz bir şeye bakarken kendimizi göremediğimizden," diyagram ile kendi algımız arasında bir seçim yapmamız gerekir. "Resim ya da çizim ideal göz noktasını görmemizi sağlar, ama bunu görmemiz, aynı zamanda da onu bakışlarımızla delip geçerek (dünyayı) görmemiz olanaksızdır."[30] Ya dışarıdan izleyiciyizdir ya da bakışın bizzat sahibi. Ama o zaman da perspektifteki konstrüksiyonu göremeyiz.

Bu bağlamda üçüncü ve son kişi olarak Fransız Jean-François Niceron'u da anmak isterim. Niceron perspektif yöntemlerinin resimli

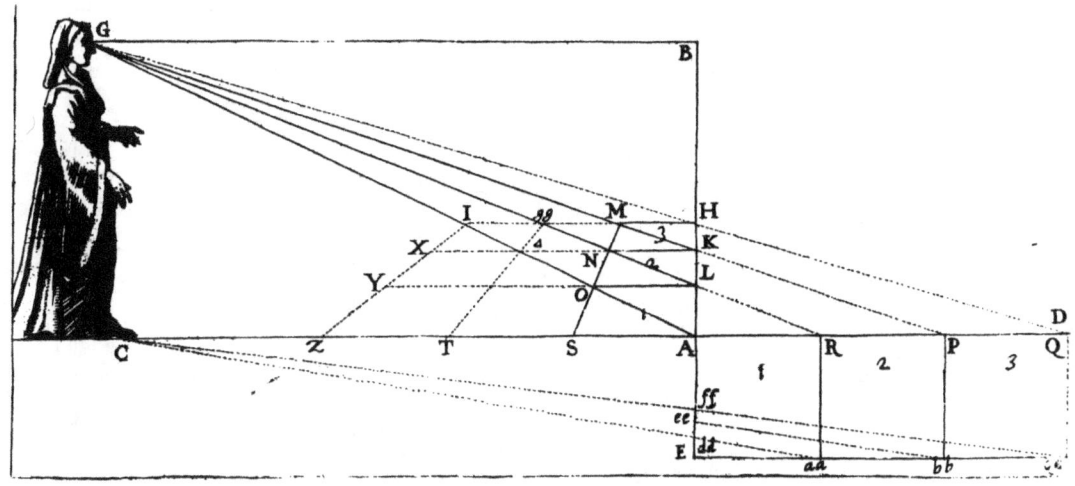

RES.4 Jacopo Barozzi da Vignola, *Le due regole della perspettiva practica*, 1583. Birinci kuralın illüstrasyonu

sözlüğü olan *La perspective curieuse* adlı kitabında "kurallar"ı değiştirmiş, hatta bazen baltalamıştır. Niceron "bildik" ya da "sıradan" perspektifle dilediği gibi oynar. II. Kitap'ta, izdüşüm yüzeyinin şimdiye kadar hep göz ile nesne arasındaki kesişme yüzeyi olduğunu, ama nesneyi göz ile resim arasına koyan yöntemleri de denemek istediğini söyler. Ona göre, kaçış çizgileri izleyiciden çıkıp derinliğe uzanmak yerine, izleyiciye doğru da uzanabilir. Göz bir sürü yeni oyun kuralıyla şaşırtılacak ve oyalanacaktır. Kitaptaki **TABLO 3**'te, Vignola'nın ikinci "kural"ında değişiklik yapar ve uzaklık noktası F'yi, yani izleyicinin gözünü, üstteki iki sırada olduğundan farklı bir biçimde konumlandırır (**RESİM 5**).[31] Kısacası, ilk başlarda perspektif kuralları kesin olarak saptanmamıştı. Perspektif, Niceron'un anamorfoz gibi efektleri de baş tacı ettiği bir dizi efekt "panoptikon"u için bir oyun malzemesi haline gelmişti. Bu yaklaşım, resim kuramını bir oyun kuramına dönüştüren uzun bir gelişimin başlangıcıydı.

Perspektif resminde göz noktası ve kaçış noktası—ki her ikisi de geometrik kavramdır ve doğada yoktur—karşı karşıyadır.[32] Sonuçta bizim iki gözümüz olduğundan, bedende göz noktasının yeri belirlenemediği gibi, gerçek dünyada da bakış yörüngesinin sonundaki kaçış noktasının yeri belirlenemez. Sonsuz bir menzile sahip olan bakış, kaçış çizgilerinin buluştuğu o sonsuz uzaklıktaki noktaya yönelir. Böylece, *burası* ile *orası* arasında bir kutuplaşma olur. Bu süreçte bakış gerçekte görebildiği uzaklığın ötesine odaklanır. Robert A. Romanyshyn kaçış noktasına, öznenin astronota dönüştüğü bir tür "fırlatma rampası" der.[33] *Bakışta*, bir izleyici

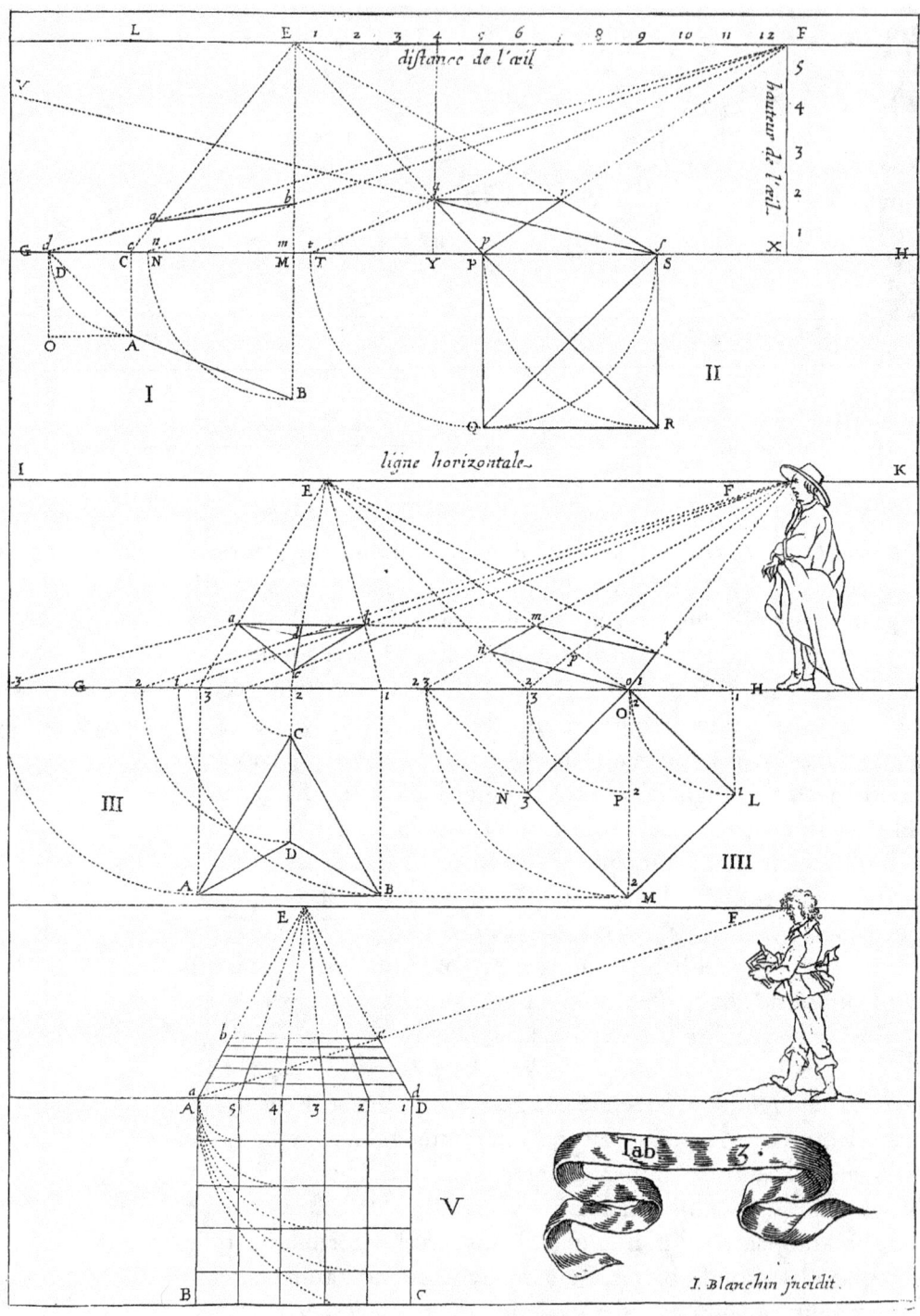

dünyayı adeta dışarıdan gözlemleme hakkına sahip olur. Bakışının yöneldiği yere bedeniyle de gidemez.[34]

Perspektif resmi gibi bir yüzey ne küresel retinada vardır ne de kafada. Descartes ressamları, retinanın eğimini dikkate almamakla ve gerçekte sadece eğrilerin görüldüğü yerde sadece düz görme ışınları kullanmakla suçluyordu (s. 131). Bizim gördüğümüz imgeler, Joel Snyder'ın de dediği gibi, perspektifin temsil ettiği "imgeler gibi değildir."[35] Nitekim Kepler retina imgesini ineğin gözünde bile bulduğunda, bu keşfi pek de hoş karşılanmamıştı (s. 132). Rönesansta perspektif resmi ile görme süreci, *pictura* ile *visio* kavramları arasında hâlâ bir fark vardı. Fakat Kepler retinada dış dünyada veya kafada bir karşılığı olmayan salt optik bir imge keşfedince, *pictura* ile *visio*'yu aynı kefeye koydu. Kepler'in retina imgesinin perspektifteki resim kavramıyla bir ilgisi yoktur artık, zira göz ile algı arasında—daha sonra göreceğimiz gibi—Kepler'in ilk kez Arap biliminde karşılaştığı bir boşluk açılmıştır (s. 114).[36] Gözlerin kas hareketi durağan bir bakış imgesiyle taban tabana zıttır. İnsanın görüş netliği harekete ve netlik alanına göre değişirken, perspektifte statik bir imge üretilir. Zaten bu nedenle, bir tablonun boyutunun gözün görme açısının dışına çıkmaması gerekiyordu.[37] Görüntüler değiştikçe, algımız da kesik kesik olur ve muğlâklaşır. Bütün bunlar perspektif yönteminde göz ardı edilmişti.

Kepler ve Descartes gibi isimlerin damgasını vurduğu bu dönüm noktasından henüz birkaç yıl önce sanatçı Giovanni P. Lamazzo'da her şey hâlâ eskisi gibidir. Lamazzo *Idea del tempio della pittura* (Resim Tapınağı Fikri) adlı kitabında "evrensel denen" bir perspektif ile spesifik bir perspektif arasında ayrım yapar ve spesifik perspektifin algıların tasvirine hizmet ettiğini yazar. Ona göre, sanatsal "görmenin mantığı" (*ragion del vedere*) dünyayı mesafelerle ölçen "gözle uyum içinde olmak"tır. Böyle bir sanatla "gerçekte gördüğümüzden ne daha az ne de daha fazla görürüz."[38] Bu sanatın bir düzlemdeki (*in piano*) cisimleri tasvir yönteminde (*ragione*) gözün "objeleri en iyi görebildiğimiz yerde konumlandırılması (*si colloca*) gerekir." Bu konum ise perspektiftir ve sanatta "kısaltmaların yaratılabildiği" geometrik bir pozisyondur. Her iki durumda da "resmin, resim düzleminin derinleştirilmesinden başka bir şey olmayan bir derinlik icat etmesi gerekir. Resim sanatı duvarlara zor kullanırken, ortada aslında duvar olmadığı izlenimini yaratır."

RES.5 Jean-François Niceron, *La perspective curieuse*, 1651, Tablo 3. Çeşitli perspektif seçenekleri

Arap Matematiği ve Batı Sanatı

Şimdi perspektif tarihinin bildik yollarından ayrılalım ve konuyu yeni bir ışıkta görmemizi sağlayan bir meseleye eğilerek, bir zamanlar ortak bir teoriye sahip olan iki kültürün bir profilini de çizelim. Geometrik perspektifin Rönesansta "icat edildiği" bir efsanedir. Gerçekte perspektif, Avrupa'da daha ortaçağda bile Arap teorisi olarak biliniyordu ve Latinceye *perspectiva* kavramıyla çevrilmişti. Matematikçi İbnü'l-Heysem'in (965-1040) başyapıtı 1572'deki baskısına kadar *Perspectiva* adını taşıyordu; o tarihten sonra, Yunanca bir kavram olan ve ışığı inceleyen algı öğretisi olarak bilinen *Optik* başlığıyla yayımlandı (s. 98). "Perspektif" kavramı tarihinin bu evresinde resimlerle ilgisi olmayan bir görme teorisinin adıydı. Bu gerçek, bilim tarihi uzmanlarını saymazsak, kültürel bellekten tamamen silinmiştir. Optik biliminin Arap kökenli olması, kendini klasik antikçağın tek mirasçısı olarak gören Rönesansın kendine bakışına—ve bizim Rönesans anlayışımıza—uymuyordu. Fakat "sanatsal pratik"in "bilimsel teori"ye, "Arap görme teorisi"nin "Batı resim teorisi"ne dönüşmesi ışık hızıyla oldu. Bu noktada, resim ve bakışla ilişkisi birbirine taban tabana zıt iki kültürün tarihte nasıl olup da karşılaşabildikleri sorusu ortaya çıkıyor.

Yeniçağda, görme ışınlarının görünmez koordinatlarına göre yapılan resimlerin görmeyi resimlerde somutlaştırmasıyla muazzam bir değişim yaşandı. "Perspektif" kavramı bilimsel anlamının dışına çıkarak yeni bir resim pratiğinin anahtar sözcüğü haline geldi. Genellikle göz ardı edilen bu ilişki bizi doğrudan kültür tarihine götürür. Kültürler, teoride ve pratikte tercih ettikleri modellerle ifade ederler kendilerini. Konuya açıklık getirmek için şöyle de diyebiliriz: Işığın yasaları Arap görme teorisinin bir mevzusuydu, ama bakışın ölçüldüğü bir optik imge ancak Batı teorisiyle tasvir edilebildi. Bu nedenle, kitabımızda Arap bilimini ışığın ölçülmesi kavramıyla, yeniçağın Batı sanatını ise *bakışın ölçülmesi* kavramıyla ayırt ediyoruz (Üçüncü ve Beşinci Bölüm).

Fakat matematiksel görme teorisinin Batı'ya aktarımı bilim ile dünya görüşü arasındaki karmaşık ilişkiyi de gözler önüne serer. Arap kültüründeki *anikonizm* (resim yasağı), Arap biliminin antikçağın görme teorilerinin imgelerinden tamamen uzak durarak imgesiz ışığın geometrisine yoğunlaşmasını sağlamıştı. Buna karşın, Rönesansta resimlerle dolup taşan bir ortamda bilim yapılıyordu. Perspektifle birlikte Rönesans, görme koşullarını herkes için anlaşılır kılmayı ve resimlerle ortaya koymayı amaçlayan yeni bir resim pratiğinin donanımını geri kazandı.

Bu yüzden Rönesansta sanat uygulamalı bilim olarak görülüyordu ve optik ile sanat arasında, ancak Kepler'in döneminde feshedilen bir ittifak kurulmuştu (s. 131). Batı'da, kendini resimlerle ifade eden kültürel bir düşünme biçimi görürüz, oysa Arap görme teorisi resimlerden uzak durmuştu. Arap dünyasındaki resim yasağını ve Batı dünyasındaki resim güdüsünü ciddiye aldığımızda, resim meselesinin neden bu kadar hassas bir mesele olduğunu anlarız. Burada, özellikle de resim konusunda birbirinden ayrılan iki görme kültürü söz konusudur. Bugün bu farklılık medyanın küreselleşmesi nedeniyle arka plana itilse bile iki kültürün düşünce biçiminde yaşamaya devam ediyor.

Doğa bilimlerini genellikle ayrı bir tarih ve kategori içinde ele alırız; ama manevi bilimler ve doğa bilimleri aksini iddia etse de, bilim ve kültür birbirinden ayrı tutulamaz. Hiçbir bilim dalı, serpilip geliştiği kültüre ve bu kültürün dünya imgesine karşı bağışıklık kazanmış değildir. Dolayısıyla, burada ikili bir kültür kavramı, bir yandan farklı bilimlere özgü düşünce biçimleri, öte yandan tarihsel toplumların farklı kültürleri söz konusudur. Batı'dan birkaç adım uzaklaştığımızda ve o dönemin Yakındoğu kültürüyle karşılaşmayı göze aldığımızda, Batı kültürü anlayışımız bambaşka bir netlik kazanır. Fakat bu karşılaşmayı "yabancı" bir kültürün "bizim" kültürümüze "etkisi"ne indirgersek, bu buluşmanın hakkını verememiş oluruz. İki kültürün özellikle de aynı bilgiden yararlandığı alanda birbirini nasıl yansıladığını görebilmek için karşımızdakiyle aynı hizada göz göze "bakışmamız" gerekiyor.

Fakat Rönesans perspektifinin temelindeki optik teorisinin mucidi olan Arap kültürüyle bakışırken, hiç bilinmeyen bir alana adım atarız. Filozofların iki asır boyunca kafa yorduğu bu görme teorisi ancak Rönesans sanatında bir resim teorisine dönüştü ve *prospettiva* İtalyan sanatçıların ölçme yöntemi haline geliverdi. Bilim ile sanatın bu ittifakının sonucunda, bugün "analog" diyeceğimiz—sanatçıların kopyasını üretmek istedikleri doğal "görüntü" anlamında analog—bir resim ortaya çıktı. Perspektif ilkelerine göre kurulan bu resim hem bir artefakttır hem de gördüğümüz imgenin kopyasıdır. Fakat Arap teorisi resim kavramına yabancıydı. Gözü; yanıltılabilen, algı işlevini ancak *içsel* duyular sayesinde tam olarak yerine getirebilen bir organ olarak görüyordu.

Arap görme teorisi ile Batı'nın resim teorisi arasındaki karşıtlık bilimsel değil, kültürel nedenlerden kaynaklanıyordu. Batı tarzında resimler yapmak Yakındoğu kültüründe uzun süre tabu sayıldı, oysa Batı'da bu resimler bilgiye ulaşmanın en ideal yolu olarak yüceltildi. Arap görme teorisinde resimler değil, minicik görsel imgelerden oluşan bir mozaiği nokta nokta göze ileten görme ışınları söz konusuydu. Bu anlamda, Batı'nın attığı adım gerçekten büyük bir adımdı; çünkü dikkati, yanıltılabilen edilgen gözden, etkin bakışa kaydırdı; bu bakış kendini yanıltmıyor, algısını ölçerek kontrol ediyordu. Bu esnada yeni bir mekân kavramı oluştu; bir izleyiciye ve onun bulunduğu fiziksel konuma bağlı bir ölçüm mekânı, ölçülebilir bir mekân icat edildi. Böyle bir mekânın koordinatlarındaki bir dünya, izleyicinin görebildiği, yönünü bulabildiği, algısıyla simgesel olarak özdeşleştirdiği bir dünyadır. Görselliğin iki kültürde ne kadar farklı kavrandığı burada açıkça görülmektedir.

İçinde yaşadığımız kültürü yorumlarken, ona başka bir kültürün mesafesinden bakmak, kültürümüzü kendi bütünselliği içinde kavramamızı kolaylaştır. Batı kültürüne Arap kültürünün penceresinden baktığımızı varsayalım; o zaman, Batı'da resmin neden bu kadar büyük bir öneme sahip olduğu ve bu önemin tarihin her evresinde nasıl korunabildiği sorusu çıkar karşımıza. Bu soru sadece moderniteyle yanıtlanamaz, çünkü yanıt çok daha öncesinde verilmiştir. David Summers duyuların tarihini ele aldığı eserinde, antikçağın düşünce örüntülerinin kendini Batı'da daima kabul ettirdiğine işaret eder.[39] Nitekim görme duyusu galip gelmiştir. Antikçağda görme duyusuna, görmenin sevinçleri ve korkularına aşırı derecede odaklanılması, insanın kendini bakışlardan korumak istemesine, dolayısıyla bakışların gücünü ister istemez kabullenmesine yol açtı (s. 108). Hıristiyanlık, Yahudi kökenlerine rağmen, Greko-Romen resim kültürünü benimsedi ve resimlere, zaman zaman tartışmalı da olsa, bir ayrıcalık tanıdı. O noktadan itibaren "resim kültü" kadar "kült resmi"nden de söz edilebilir.[40] Yeniçağın resimleri kilisenin kontrolünden çıkarmaya ve resimlerin ayrıcalığını sanat ve bilim gibi, kilise dışı alanlarda sürdürmeye bu kadar kararlı olması ancak böyle açıklanabilir. Nitekim resim, hiçbir metnin elinden alamayacağı bir ayrıcalığa sahip oldu sanat ve bilimde. Fakat resimlerin bakışla ittifak kurması tehlikeli bir duruma yol açtı, zira kişisel bakışa, devlet ve kilisenin resmi bakışının iktidarından kurtulma hakkı tanınmış oldu. Perspektif resimleri bakışın tasviridir ve izleyiciye dünyayı bir resim olarak kavramayı ya da kendi resmine dönüştürmeyi öğretir.

Arap bilimciler ışık ve görme ışınlarının geometrik sistemini matematikten ve yaptıkları deneylerden yola çıkarak oluşturmuşlardı; bu sistem kendi kültürlerinin soyut ruhaniliğiyle mükemmel bir biçimde örtüşüyordu. Arap bilimcilerin teorisine göre "görme" ucu açık, sonu belirsiz bir *süreç* idi, zira atmosfer ve başka koşullara da bağlıydı. Bu nedenle, görmeyi somutlaştıran resimlere şüpheyle yaklaşıyorlardı. İmgelerin sonsuz nehrinden tek bir imgeyi çekip almak istemiyor, bunun imkânsız olduğuna inanıyorlardı. İbnü'l-Heysem'e göre, imgeler insanın gözünde değil, hayal gücünde oluşuyordu; hayal gücü ise içsel duyularla zuhur ettiğinden, dışsal duyulara hitap eden imgelerle tasvir edilemezdi. İmgeler ancak hayal gücü ile göz arasındaki engelin ötesinde, beyinde oluşuyordu, ama hiçbir görme teorisinin ulaşamadığı bir alandı bu. İbnü'l-Heysem'in büyük eserinin III. Kitap'ında yer verdiği gözün "kusurları" (sanattaki illüzyonu da bunlar arasında sayar elbette), II. Kitap'ında incelediği içsel duyuların senteziyle aşılır (s. 114). Biraz abartılı bir ifadeyle söyleyecek olursak, Yakındoğu'nun düşünce biçiminde görsel imge, insanın *gözlerinin önüne* koyabileceği bir imge değil, insanı *gördürten* zihinsel bir imgeydi. Görünür kılınması mümkün değildi, çünkü dış dünyada mevcut değildi. Batı'da *analog resim* tüm resimlere model oluştururken, İbnü'l-Heysem için bir olasılık bile değildi.

Hayal gücü de çok farklı değerlendiriliyordu iki kültürde. Batı'da hayal gücü hep gözle ilintiliydi ama Arap kültüründe çok daha kararlı bir biçimde ve hiç taviz vermeden başlı başına bir dünya haline geldi. Batı kültüründe bakış ve resim birbirinden ayrı düşünülemez. Görsel algıda bakışın kendisi aktiftir. İmgeler tasvir edilebilmektedir, çünkü izleyici de dünyayı resimler halinde görür. Bir resim teorisinin daima özneye ihtiyacı vardır, zira görme süreci ancak öznenin bakışıyla başlar. Oysa diğer kültürde dünyaya ışık hükmeder ve göz ışığa duyarlı bir organdır. Bu nedenle İbnü'l-Heysem algı matematiğinin optik kanıtlarını, içsel duyuların psikolojisiyle tamamlar. İçsel resimler farklı türden resimlerdir. Batı'nın algısında bunlar resim bile değildir, oysa İbnü'l-Heysem'e göre, yegâne resimler bunlardır, dünyada onlardan başka resim yoktur.

İçsel resimleri üreten hayal gücü iki kültürde tamamen farklı roller oynadı. Batı kültürü hayal gücü ile algı arasına bir sınır koyar ve hayal gücünün örneğin düşlerde, dışsal duyular uykuda görevini yerine getiremeyip bloke olduğunda devreye girdiğini varsayar.[41] Buna karşın, Arap teorisinde görsel algı gündüzleri de içsel duyulardan ayrı düşünülemez. Gördüklerimizin, görünür dünyayı tasvir eden resimlere hapsedilememesinin nedeni tam da budur zaten. Bakış ve göz arasında kurulan ilişki iki kültürün dünya imgesine yansımıştır. Bakış ve göz yalnızca Batı'da bir bütündür. Burada bakış, dünyaya adım atmasını sağlayan gözle birlikte hareket eder. Meraklıdır, cesurdur, baştan çıkarılabilir, o nedenle kontrol altına da alınamaz. Ve kendini bulacağı resimler peşindedir. Bu noktada, Arap kültüründe bakışın olumlu bir anlamı olup olmadığı sorulabilir. Bakışa bir sürü toplumsal ve dinsel engel konmuş olması, daha ziyade bunun tersini kanıtlar gibidir.

Bu argümanların resim meselesine kazandırdığı önem bilim tarihi tarafından henüz teslim edilmedi. Arap kültürü, hayal gücünü duyulardan korumak istediği zaman dış dünyanın görsel cazibelerinden kaçar. İçsel resimlerin insan eliyle yapılmış birebir tasviri ancak put olabilirdi, çünkü sahte bir resimden başka bir şey değildi. Göz bütünsel imgeler göremez, noktasal "optik biçimlerin" görsel cazibesiyle resimlere hammadde sağlayabilirdi sadece. Bu nedenle, perspektif tekniğine göre yapılmış resimlerin Arap dünyasında put olarak algılanması kaçınılmazdı. Bu resimler ne içinde yaşadığımız canlı kâinatla ne de insan doğasının bir sırrı olan içsel imge üretimiyle boy ölçüşebilirdi.

Merkezi perspektif deriz, çünkü perspektif resminde "merkez" daima izleyicidir. İzleyicinin bakışı "görme piramidinin tepesi"ni oluşturur. O nedenle böyle bir bakışın, eğer izleyici bizzat biz değilsek, perspektif şemada yer alması şarttır. Daha önce gördüğümüz gibi, perspektifte bakış aynı zamanda geometrik bir noktadır ve göz bu noktanın kendisi olmadan oradadır: Aksi takdirde, algımızı kaçış çizgileriyle ve kaçış noktasıyla değiştiren bir görüş alanının geometrisi kurulamazdı bile (**Resim 4**). Çizgiler ve açılar fizyolojik gözle değil, ancak bir noktayla oluşturulabilir. Bu süreçte dünya, görülen dünya olarak ölçülüp hesaplanır. Perspektifi resme koyan geometri, farklı bir tarihi ve farklı bir algısı olan Arap geometrisinden ayrılır. Arap geometrisi ışık huzmelerinin filtresi ve karmaşık bir matematiğe sahip yüzey düzenlemelerinin anahtarı olarak görev görüyordu. Dolayısıyla, insan bakışıyla ilintili değildi; Batılı bir izleyicinin kendisiyle ilintilendiremediği için soyut bulduğu özerk bir yapıya sahipti.

Bu iki kültür, sanatta matematiğe biçtikleri rolle de ayrılır birbirinden. Matematiğin duyusal dünyaya ne kadar hâkim olduğunu görmek, matematiğin estetiğe aktarımını modern dönemden önce bilmeyen Batılı gözler için çok şaşırtıcıdır. Binaların ve eşyaların yüzeyini hiç boşluk bırakmadan kaplayan çizgisel örüntülerin ardında matematik vardır. Bir zamanların sömürgeci efendilerinin gözleriyle baktığımız ve zanaat eserleri diye küçümseyip el işçiliği olarak sanattan ayırdığımız şeylerin Arap kültüründeki statüsü, resimler Batı kültüründe neyse odur ve anlambilimsel olarak da bizim sanata atfettiğimiz öneme sahiptir. Yani, bunlar bir anlam taşımayan, hatta anlamsız bezemeler (Lat. *ornare* sözcüğünden türeyen *ornament*'in anlamı süslemedir) değil, anlamı ifade etmenin bambaşka bir tarzıdır. Bu eserlerdeki geometri öyle denklemlerle kurulur ki, yüzeylere tam denk gelir. Bu nedenle, sadece mukarnaslı niş ve tonozlarda üçüncü boyuta geçerek ışıkla ittifak kuran bu sanatın simgesel yeri yüzeydir (s. 209). Buradaki matematik denklemleri soyut ile figüratif değil, soyut ile soyut arasında kurulan denklemlerdir.

Arap kültüründe geometri, erken yeniçağdaki perspektif resmi gibi bir simgesel biçim haline gelmiştir (s. 23). Geometri dünyayı tasvirde temsil etmez; matematiği kozmik bir yasa mertebesine çıkarmasıyla simgesel bir biçimdir. Matematiğin Bağdat'taki sarayda çok popüler olması, hatta bunun yazı reformuna da yansıması, onun bir kültür pratiği olarak oynadığı rol üzerinde düşünmeye davet eder bizi (s. 120). Buna karşın Batı'da matematik, resimleri daha da somut göstermek için kullanılır. Burada matematik resimlerin alt metnidir, anlamı değil. Alt metnin (matematik) ve metnin (resim) bu düalizmi yeniçağın resim dünyasında bir bölünmeye, akabinde de teknik resmin doğmasına yol açtı. Teknik resim önceleri yeni resim kültürünün sadece bir yan ürünüydü, fakat bilimin hareketlenmesiyle birlikte sanat resminin ya da sanat eserinin tekelini kırdı. Nitekim diyagram ve tabloların 17. yüzyıldan itibaren sanata rakip olmalarının bir nedeni de, doğanın görünürlüğünün giderek azalması ve birebir tasvir olmayan yeni ifade biçimlerine ihtiyaç duyulmasıydı. Gerçeklik sayılan ve belgelenmek zorunda olanın "iki cepheye ayrılması," Rönesanstan sonra sanat ve bilimin yollarını ayırdı.

İki kültür arasındaki bakışmanın girizgâhı niteliğindeki bu eskizde, birbirinden tamamen farklı iki geometri pratiğinden de söz edilmeli belki. Biri, *tasarlanmış* geometridir ve daha sonra üzerinde duracağımız nedenlerden ötürü resmi sanatın da konusudur. Bu geometrinin motifleri, kapladıkları yüzeylerde buluşan, ayrılan, iç içe geçen çokgenler ve dairelerdir. Yüzeyi doldurmak ve bölmek için (biri diğerini de gerektiriyordu) yüzeyin ne kadar küçük ya da büyük olduğundan bağımsız olarak temiz çözümler bulunması gerekiyordu. Geometri bu konseptte evrensel bir ilkedir ve ister mimaride, isterse de el sanatlarında olsun, uygulanacağı her düzlemde geometriye öncelik tanınır.

İstanbul'daki Topkapı Sarayı'nda keşfedilen, 1500 civarından kalma bir Osmanlı mimari çizimler albümünün (s. 130) ana teması geometrinin tasviri, yani geometrinin ta kendisidir. Bunun bir örneği, çizgilerden oluşan ızgaranın ve on iki ışınlı dairelerin matematiksel hesaplamalar sayesinde mükemmel bir biçimde bütünleştiği kare alandır (**RESİM 6.**)[42]

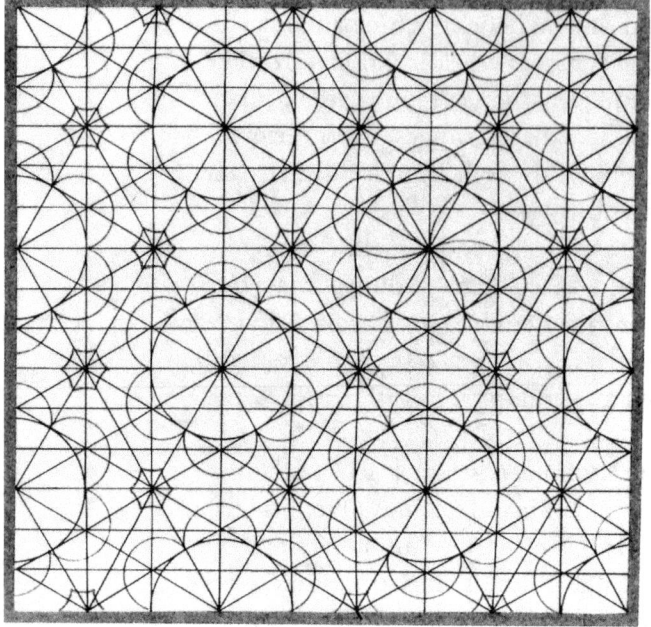

Res.6 Mimari çizim rulosu, İran, 1500 civarı, Topkapı Müzesi, İstanbul (MS H. 1956/Necipoğlu, 1995, No. 114)

Res.7 Bursa'da dokunmuş duvar halısı, 16. yüzyıl, Gulbenkian Vakfı, Lizbon

Tasvirin çerçevesi resim sanatındaki gibi içerikten ayrı değildir, sistemin bir parçasıdır. Ölçme noktasıdır ama sınır değildir, daha doğrusu açık bir sınırdır. Bizim bildiğimiz anlamda resim burada ortadan kalkmıştır. Fakat 16. yüzyıla ait bir Osmanlı duvar halısında alttan alta gösterir kendini. Duvar halısının hiç boşluk bırakılmayan iki renkli deseni el sanatının bir ürünü olsa da, prensipte mimari çizimle yakın akrabadır (Resim 7).[43] Birdenbire, halıda her şeyi değiştiren incecik bir çerçeve olduğunu fark ederiz. Desenin üstüne yerleştirilen bu çerçeve hiç kuşkusuz bir *resim çerçevesi*dir ve kendi içinde bir bütün olan deseni biz şimdi bu çerçevenin "ardında" gördüğümüz için, desen tam karşısında duran izleyici için bir resim haline gelmiştir. Burada, Rönesansla çakışan bir dönemin Bursası'ndaki bir Osmanlı imalathanesinde iki farklı görme düzeni ve iki farklı kültür tek bir eserde birleşmiştir.

Şimdi Batı kültüründeki geometriye dönelim; Batı kültüründeki geometri *tasarı* geometrisidir, zira resimlerin temelini oluşturur ve dünyanın tasvirine, yani görünür dünyanın geometrik olmayan düzeninin bire bir resmedilmesine hizmet eder. Geometri bu amaca ulaşmak için, bedenlerimizle yaşadığımız üç boyutlu mekânı ele geçirir ve sadece tek bir bedenin bulunabileceği bir yeri, dünyaya bakar gibi resme bakan bir kişinin bulunduğu yeri ölçme noktası olarak kullanır. Cisimler ile göz arasındaki mesafe böyle bir noktadan yola çıkarak geometrik olarak hesaplanır (Resim 4). Cisimler kendi büyüklüklerine göre değil, bakıştaki büyüklüklerine göre belirlenir. Boyutları, ancak görüş alanındaki yerleri kaçış çizgileriyle geometrik olarak ölçüldüğünde hesaplanabilir. Bunun için de kenar çizgileri olan bir yüzey değil, mesafelerin olduğu bir mekân gerekir. Bu sürecin sonunda, yeniçağdan beri resim dediğimiz şey, yani

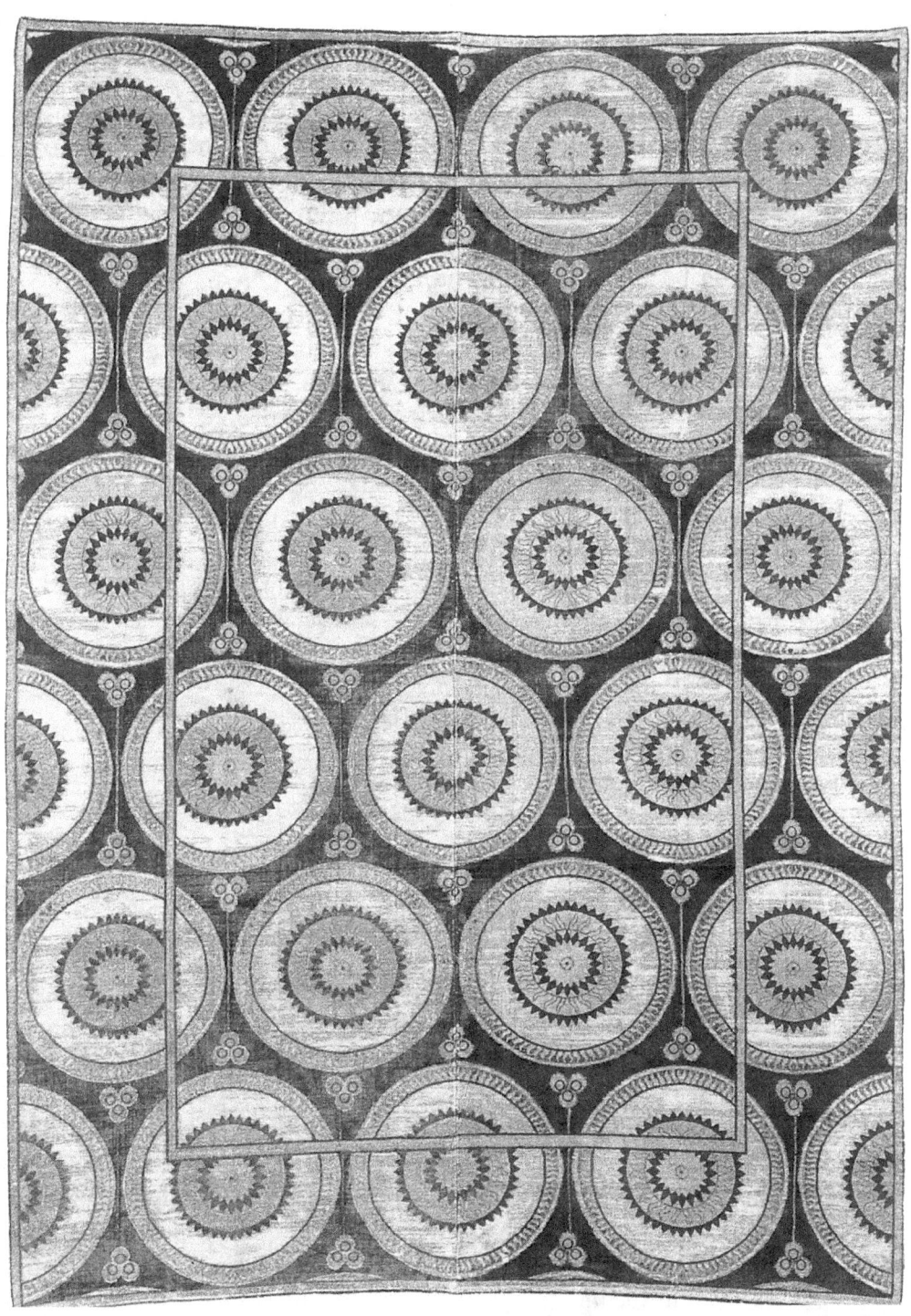

resimdeki bakış oluşur. Ve ne kadar geometrik bir yapıda da olsa, figüratif ve üç boyutludur.

Bu iki kültür tekniği—saf geometri ile resim perspektifinin uygulamalı geometrisi—farklı düşünce biçimlerini temsil eden simgesel biçimlerdir. Bu nedenle, algıladığımız şeyler tamamen farklı bir statüye sahiptir. Arap teorisinde cisimlerin bir mozaikte nokta nokta erimesi algımızı değişken ve muğlak kılar. Onları gördüğümüz mesafe de ayrı bir belirsizlik yaratır (s. 112). Oysa Batı'nın resim teorisinde mesafe her şeyin tasvir edilebildiği güvenilir bir ölçüm faktörüdür: Bir şeyin gözümüzden ne kadar uzakta olduğunu bilirsek, biçimini ve boyutunu da hesaplayabiliriz. Cisimlerden, ancak mekânda hesaplanabilen bir yerde olduklarında emin olabiliriz (bu, yanıltılabilen göze karşı kazanılan bir zafer gibi görülmüştür). Böyle bir mekân daima bakışla ilintilidir. Cisimlerin bizimle, izleyiciyle ilişkisi, birbirlerine karşı konum ve açıları bakışta düzenlenir. Bunun ardında, Parmalı Biagio Pelacani'nin icat ettiği mekân kavramı yatar (s. 151). Kaçış noktasının da bulunduğu ufuk aynı mekânın bir faktörüdür. Aynı anda hem görme deneyimi hem de ölçüttür. Arap sanatında sadece bir izleyicinin gözünde oluşan bir ufuk olamaz, olması da gerekmez. Geç dönem minyatüründe ufuk, dünyanın önümüzde bir harita gibi açılması ve ancak Allah'ın görebileceği bir biçimde görünebilmesi için tepededir.

Geometri ve Süsleme Sanatı: Arabesk

İki kültür arasındaki fark Batı ile Doğu'nun zanaat ve el sanatlarında da görülür. Zanaatı sanattan ve figüratif resimden ayıran sınır Rönesanstan önce ne Batı'da vardı ne de Doğu'da. Nitekim Arap süslemeleri Batı'da sevilen bir moda haline geldiğinde, bu alanda Doğu ile Batı arasında sınırlar değil, sadece ortak yönler var gibiydi. Rönesanstan itibaren iki kültürün el sanatları birbiriyle karıştırılabilecek kadar benzerdir (araştırmacılar, Arap ürünleri ile Venedik kopya ya da taklitlerini ayırt etmekte zaman zaman zorlanmışlardır), ama yine de aynı anlam ve öneme sahip değillerdir. Sanat ve zanaat (Batı'daki anlamıyla) Arap kültüründe birbirinden ayrı düşünülemezdi, ama Batı'da Rönesansın sanat anlayışından sonra ayrılmışlardı. Kullanım eşyaları, sanatın evrensel estetiğini temsil eden geometriyle soylulaştırılırken işlevselliklerini de yerine getiriyorlardı. Buradan yola çıkarak, iki kültürün sanat anlayışı üzerinde düşünmeye devam edelim.

RES.8 Lorenz Stoer, *Geometria et Perspectiva*'nın taslak çizimi, 1967, Graphische Sammlung, Münih (Env. No. 21268)

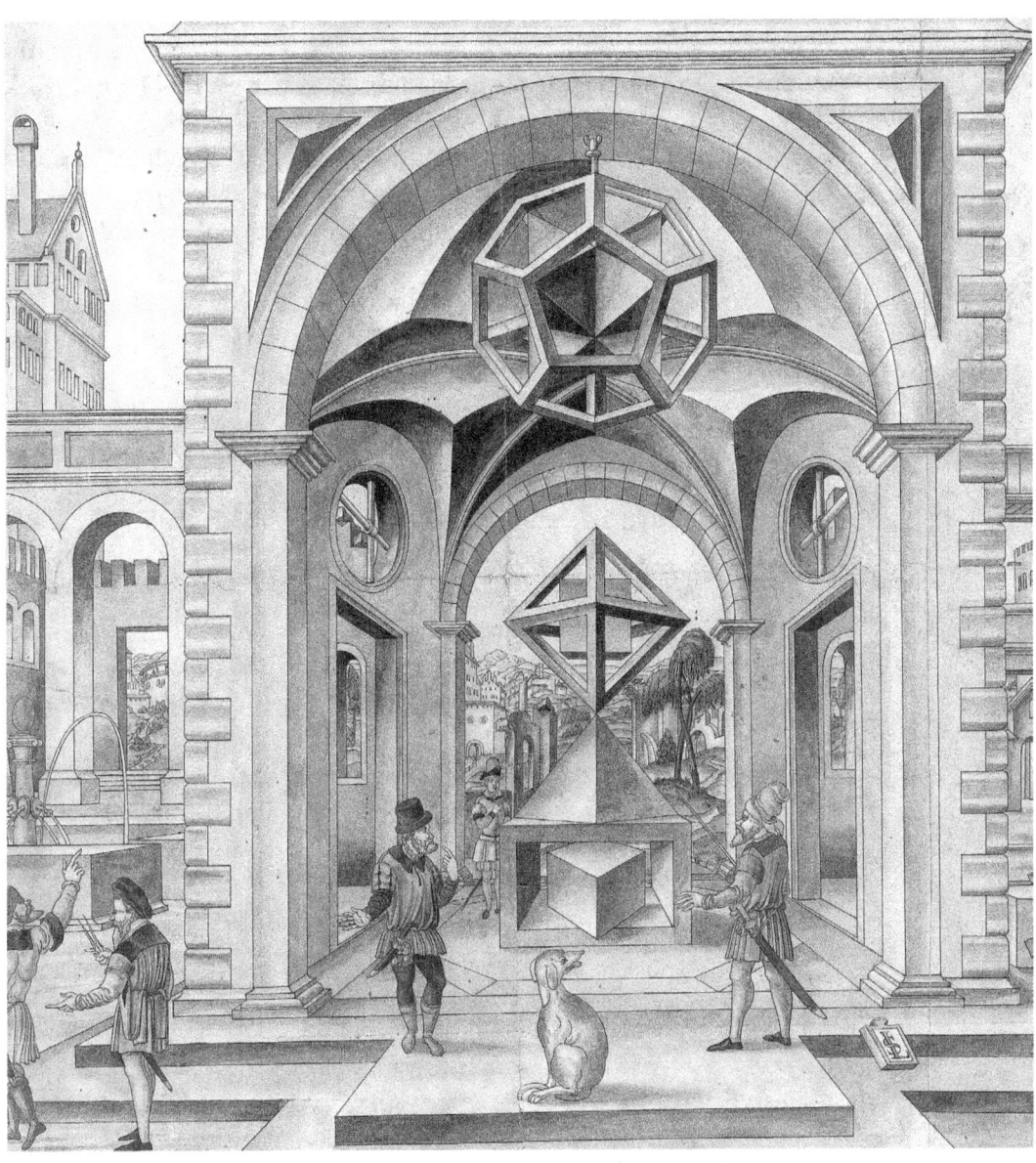

Doğu ile Batı'nın resim anlayışında birbirlerinden ne kadar uzaklaştıkları yine burada da görülür. *Resim anlayışı* keskin hatlarına *sanat anlayışı* içinde kavuşur. Yeniçağda perspektifle birlikte resim kavramı da icat edildiğinde, "serbest sanatlar" ile dünyayı resmetmek yerine süsleyen "uygulamalı sanatlar" arasında derin bir uçurum açıldı. Resim kavramı Batı'daki el sanatlarında da ortadan kalktı. Burada izleyici, dünyaya resim görmek için bakan bir bakışla karşı karşıya değildi. Geometri resmin sadece altyapısını oluşturmuyordu, ayrı bir sistem ya da biçim diliydi. Fakat günümüzde de olduğu gibi, *sanat* Batı'da *resim sanatı* demekti. Arap geometrisinin perspektif resminde önemli bir yer edinmesi düşünülemezdi. Bu geometri, resimlerde birer aksesuar görevi gören ve ne de olsa egzotik ithalat ürünleri olan halı ya da dekoratif eşyalarda küçük bir rol kapabilirdi ancak.

Resim ile zanaat arasındaki bölünme Batı'da tam olarak gerçekleşmemişti gerçi, ama istisnalar kaideyi bozmaz. Bu istisnalardan birine yakından bakalım. 1568 yılında Augsburg'da *Geometria et Perspectiva* adlı bir eser yayımlandı. Bu kitapta hiç metin yoktur, sadece illüstrasyonlardan oluşur.[44] Daha en başta, kapaktaki resimde gördüğümüz "parça parça yapılar" oyuncak bloklar gibi yan yana dizilmiştir ve özellikle de harabeleri andıran iskeletimsi yapılarıyla geometrik bir bakış sergilerler (**Resim 8**). Fakat saf geometri sadece tonozlardan sarkan ya da içlerinden yükselen çokgen nesnelerde görülse de, uzaklıkları, yükseklikleri ve açıları da yine bizim bakışımız içindir. Ön planda figüran görevi gören insanlar bu sahnede bizim adımıza hareket ederken, gözlerine ya da perspektif bakışa işaret ederler ama resimdeki köpek onların perspektif bakışının dışında kalmıştır. Kitabın yazarı Lorenz Stoer'in arzusu, eserinin "kakma işleri yapan marangozlara faydalı olması"ydı. Gerçekten de, kapı ve mobilya kakmacılığı, resim sanatının pratiklerini benimseyen, bu nedenle de perspektife ihtiyaç duyan tek zanaattı. Bu özel durumu önemsemek gerekir. Zira dolaplar ve kapılar özel türden resimlerdi. İnsanların onlardan beklentisi, bir resim gibi açılmaları, kapalıyken bile artlarındaki odayı ya da dış dünyayı gözler önüne sermeleriydi.

Seramikte, daha sonra porselende de zaman zaman resimlere yer verilmiştir, ama bunların en büyük rakibi, bir Şark modası olarak "arabesk" kavramıyla popülerleşen geometrik ya da bitkisel desenlerdir. Resim ve resimsiz desen dışındaki bir seçeneğe verilebilecek en iyi örnek, 1559 yılında yayımlanan ve çömlek sanatı için bir el kitabı olan *L'Arte del Vasaio*'da bulunur.[45] Kitabın başlığındaki "Arte" sözcüğü sanat anlamında değil, eskiden de olduğu gibi, hüner anlamında kullanılmıştır. Burada bizim için ilginç olan, el sanatlarının Janus gibi iki yüzünü tek bir şemada etkileyici bir biçimde gözler önüne seren tahta oymadır (**Resim 9**). Yuvarlak bir tabağın yüzeyi ortadan geçen düz bir çizgiyle ikiye ayrılmıştır. Tabağın sağ yarısında bir arabesk, sol yarısında ise antik zafer ganimetleri görülmektedir. Burada resim anlayışı birbirinden farklı olan iki dünya bir

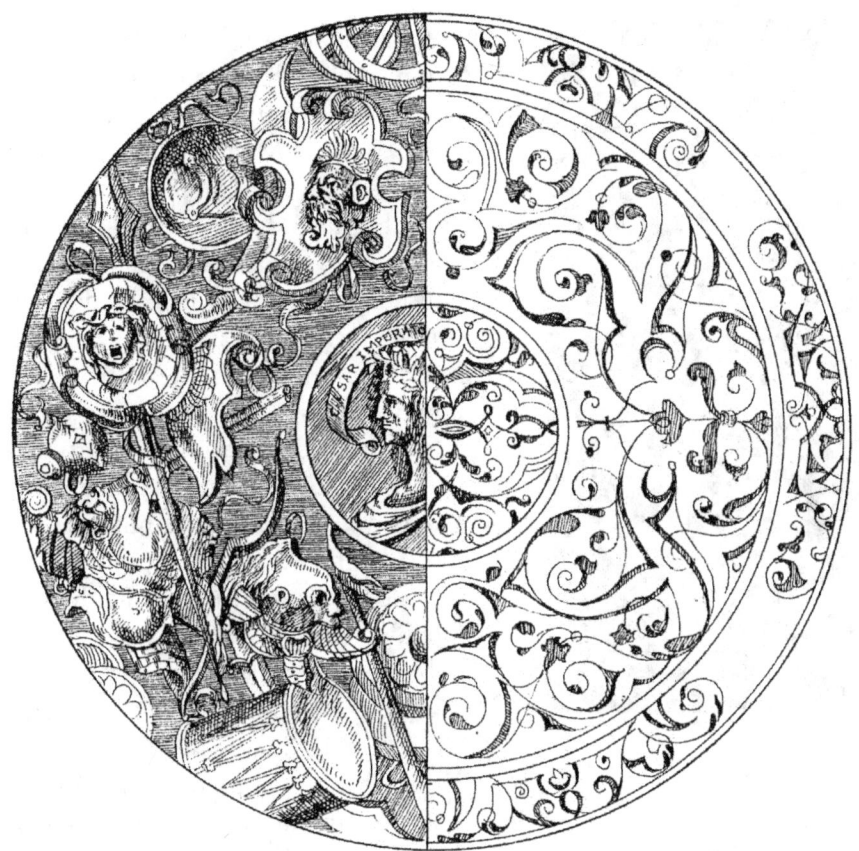

RES.9 Cipriano Piccolpasso, *L'Arte del Vasaio*, 1559. Savaş ganimetleri ve arabeskler

araya gelmiştir. Resim kavramı sadece sol yarıda vardır; kompozisyonun ortasında yer alan *Caesar Imperator*'un portresinin etrafındaki silahlar, zırhlar, bayraklar (savaşta kazanılan "ganimetler") yüzeye dekoratif bir biçimde dağılmıştır, ama yine de gayet somut bir izlenim uyandırırlar, hatta üzerinde uçuştukları izlenimini veren koyu zemin tasvire bir derinlik de kazandırır. Tabağın diğer yarısı sadece figürsüz olmasıyla değil, keza geometrik bir düzendeki yaprak öbekleri de soyuttur, izleyiciye hitap etme tarzıyla da çok farklıdır. Aslında sadece ganimetlerin olduğu kısımda, resmin karşısında durup figürlere bakan bir izleyiciden söz edilebilir. Buna karşın, diğer kısımdaki desen yatay simetri aksının iki yanında tekrarlanır ve süslemeyi diğer aksta devam ederek tamamlar. Tabağın bu yarısı "arabesk" olarak tanıtılır. Tasvirin yanındaki metinde, ganimetlerin Urbino'daki atölyelerde satıldığı, arabesklerin ise Venedik ve Cenova'da popüler olduğu yazar. Gerçekte, burada bir Rönesans modası

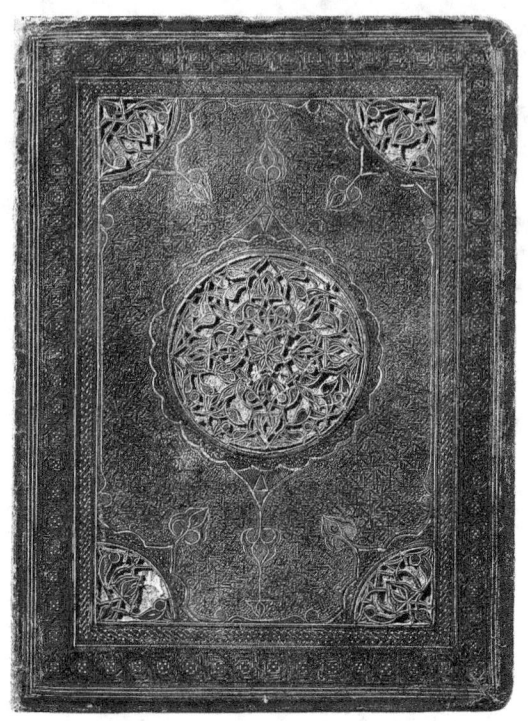

Res. 10 Vergilius, *Opera*, kitap kapağı, Venedik, 1460 civarı, The British Library, Londra (Env. MS Harley 3963)

ve kavramdan da anlaşılacağı üzere, bir "Arap" modası söz konusudur.

Kökeni adından da anlaşılan "arabesk"in, Mağribî İspanya'dan Avrupa'ya yayılan "moresk" bezemeyle de bir tutulduğu oluyordu. Adını Şam'dan alan "Şam işi" genellikle metal işçiliğiydi, ama bu ürünler de Arap süsleme sanatı ailesindendi. Arabesk hakkında zengin bir literatür vardır; konuyla ilgili görüş ayrılıkları ancak son zamanlarda açıklığa kavuşturulmaya başlamıştır. Araştırmalarda gelinen son nokta, geometrinin kurallarına sıkı sıkıya bağlı arabeskin Şark'ta daha 12. yüzyılda gelişmesini tamamladığıdır. Doğu'da Farsça "düğüm" (*girih*) adıyla bilinen bu süsleme sanatının girift örgüleri ya da düğümleri, hem yapılış biçimini hem de evrensel deseni karakterize eder.[46] Geometrik şerit örgüsü Venedik'te—başka bir teknikle de olsa—zaman zaman taklit edilen girihin mutlak iktidarı 13. yüzyıla kadar sürdü.[47] Arabeske sonradan giren tomurcuklar ya da asma filizleri henüz ortaya çıkmamıştı.[48]

Arabesk bezeme ancak 13. yüzyılda, Moğolların Arap âlemini istila etmesinden sonra, el sanatları Uzakdoğu'nun dağarcığıyla zenginleşince ve Çin motiflerinin yanı sıra yeni gelişen minyatür resmi de benimseninçe tam bir zafer kazandı. Bitkiler ve filizler de bu dağarcığın bir parçasıydı ama bunlar Arap bölgesinin üslup diline "çevrilirken" son derece geometrik biçimlere dönüştürüldü.[49] Arabeskin Rönesansta popüler bir desen haline gelmesi, ancak iki kültürün bir araya geldiği somut ve geometrik biçimlerde yeni bir denge kurulmasıyla oldu ve bu esnada yeni bir değişim yaşandı. Daha eski, saf geometrik biçimler marjinalleşti. Geometri, bitki filizlerinin geometrik bir düzene çevirisiydi artık. 16. yüzyılın başından itibaren arabesk özellikle de İtalya'da desen kitaplarında yaygınlaştı. Kitaplardaki ahşap gravürler, nakış ve seramik şablonlarıydı, yani zanaatçıların ve kadınların faaliyet gösterdikleri el sanatlarında kullanılıyorlardı.[50] Mayolikanın tarihini anlatan 18. yüzyıla ait bir kitaba göre, arabesk "rakamlarla, örgüler ve düğümlerle küçük çiçekler resmetme" yöntemidir.[51] Daha Rönesansta ahşap oymalarla kitap sayfalarına da giren arabesk, sayfaların kenarlarını süslüyordu. Nitekim matbaacılık sayesinde ilk basılı Kuran da Venedik'te yayımlandı.[52]

"Arabesk" kavramı Batı'da her tür yüzeyin geometrik süslemesi için de kullanılıyordu bazen. Buna karşın, arabeskin atası olan düğüm üslubu İslam dünyasında dünyanın simgesi ve temsiliydi ve bu anlamda—İbnü'l-Heysem'in optikle ilgili eserinde de yazdığı gibi—en genel anlamıyla sanattı (s. 122). Batı'nın bakışı geometrik bir mekâna dönüştürmesi, serbest geometrinin hareket alanını daraltmıştı. Bu sınırlama, sadece resimle yetinmek istemeyen sanatçıların hayal gücünü sık sık harekete geçirdi ve disiplinli perspektif hocası olarak bilinen Albrecht Dürer'in bile zaman zaman pençesine düştüğü bir nostaljiye yol açtı. 1506'da düğüm üslubunda bir dizi ahşap oyma yaparken, İtalyan gravürlerinden—zaten salt çizgilerden oluşan bir janrdan—esinlenmişe benzeyen Dürer, çizgi tekniğini daha da ileri götürerek İtalyan örneklerini gölgede bırakmak istemişti. Hollanda seyahati günlüğünde yazdığı gibi, o zamanlar bu "altı düğüm"ü, gravürleri kendi sanatında kullanmak isteyen bir vitray ustasına hediye etmişti (**RESİM 12**).[53] Gerçi Dürer bu ahşap oymaları ancak zanaatçılara şablon olarak sunabilirdi, ama ona cazip gelen, bu desenlerin uygulanabilirliği değil, çizgilerden oluşan bir organizmayla serbestçe oynayabilmek, bezemenin ve geometrik anlamda "figürün" sembiyozunun gizlendiği bir yüzey yaratmaktı. Burada Dürer'in kendini tamamen oyuna verdiği, 'resim'den ve 'somut' mekândan kurtulup kombinasyon sanatına teslim olduğu izlenimine kapılırız. Dürer'in ressamlara ısrarla tavsiye ettiği "insan bedeninin ölçümü" burada hükmünü kaybetmiş, yerini bir yüzeyin zengin çeşitlemeli çizgilerle doldurulmasına bırakmıştır.

Belki de Dürer Venedik'teyken Şark'tan gelme bronz işlerini görmüş, Mahmud adlı bir ustanın yaptığı söylenen bu eserleri hayranlıkla seyretmişti. Filigran işçiliğin sonsuz biçim zenginliğiyle göz alan "Şam işi" bu büyük tabaklar hem Arapça hem de Latince harflerle imzalandıklarından, tabakların Venedik taklitleri oldukları düşünülmüştü. Fakat bu eserlerin bugünkü İran'ın kuzeybatısında, Batılı müşterilere ihraç etmek için üretildiği artık kesinleşmiştir.

Bu eserler arasında güzelliğiyle öne çıkan ve bugün Londra'daki British Museum'da sergilenen 29 cm büyüklüğündeki Memluk işi tabak 15. yüzyıldan kalmadır. Tabağın üzerindeki dört madalyonda, Allah'tan

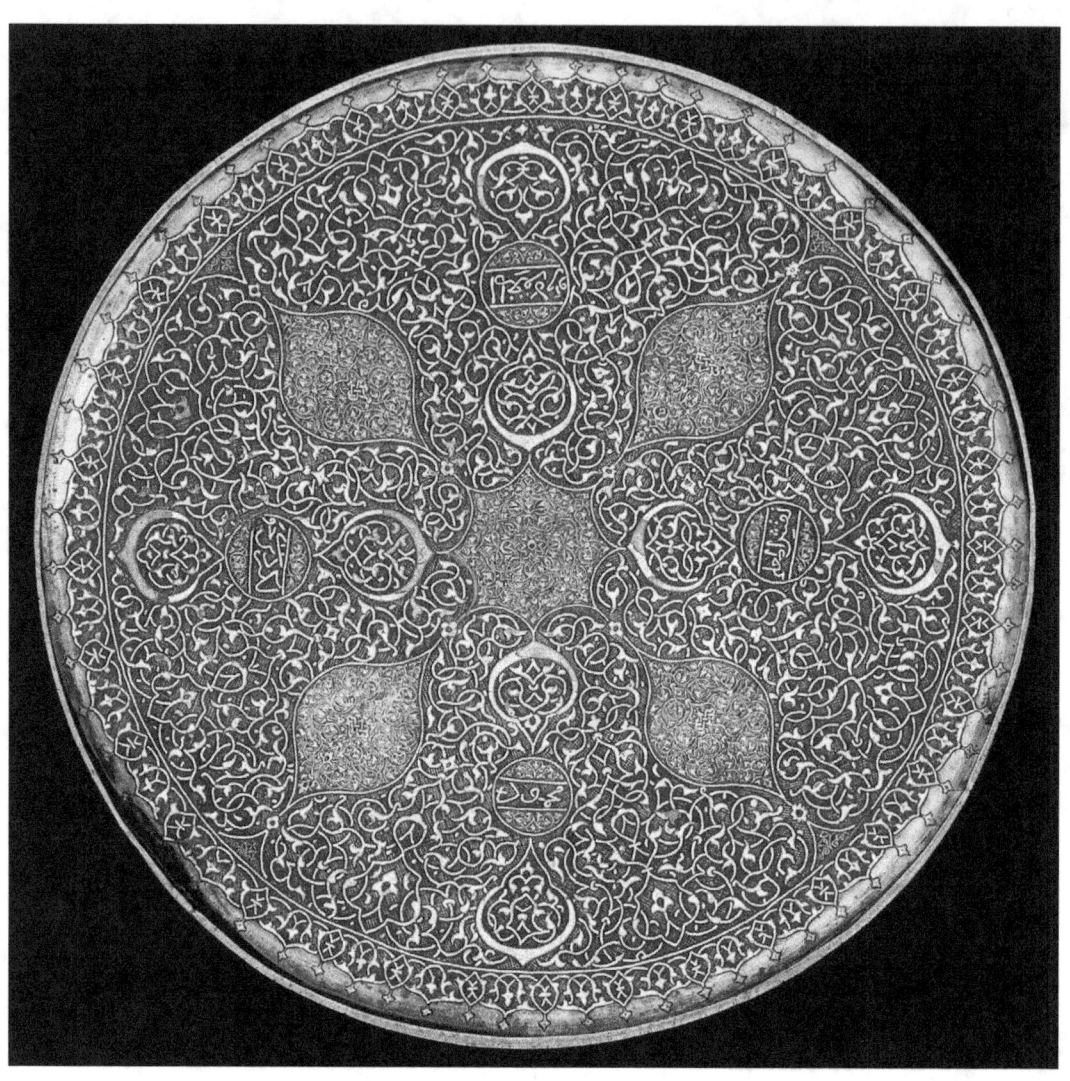

Res. 11 Mahmud el-Kürdî'nin bronz tabağı, 15. yüzyıl sonu, British Museum, Londra

rahmet dileyen Üstat Mahmûd el-Kürdî'nin kitabesi yer alır (**Resim 11**).[54] Zamanla bu tür parçalar Venedik'te, mucizevi eserlerin prestijinden faydalanmak isteyen kişiler tarafından çokça taklit edildi. Bu tabakların soyluların evlerinde ya da kiliselerde tepsi olarak kullanıldığını biliyoruz; ama hiçbir resim kavramına bağlı olmayan, özgür bir estetik sergileyen ve özel bir maharet gerektiren eserler olarak hayranlık uyandırdıklarını da biliyoruz. Eserlerin geometrisi, bakışın ancak yavaş yavaş, neredeyse okuyarak çözebildiği matematiksel bir hesaba dayalıdır.

Memluk kökenli bu soyut geometri Rönesansta ciltçilikte de moda olmuş, Padovalı kitapçılar bu amaçla büyük bir dağıtım ağı kurmuşlardı. Bazı kitapların deri cildi Şark üslubundaydı ama içeriği antikçağ metinlerinden oluşuyordu. Kitapların içi resimlerle dolu olsa da, dış görünüşleri resimsiz ve geometrikti. Bu gelişme matbaacılıktan önce başladı. Vergilius'un eserlerini içeren ve bugün Londra'da muhafaza edilen bir el yazması Venedik'te üretilmiş ve ressam Christoforo Cortese'nin zengin resimleriyle bezenmişti; daha sonra 1460 civarında ciltlenen kitabın kapağı (**Resim 10**) arabesk deseniyle bir Kuran kapağından farklı değildi.[55] Uzmanlar bile bu kapağın Memluk işi mi, yoksa Venedik'te üretilmiş bir taklit mi olduğu konusunda bir süre kararsız kalmışlardı. Bu örneğin de gösterdiği gibi, zanaatın kendine özgü bir desen hazinesi, kendi nesnel sesi vardır.

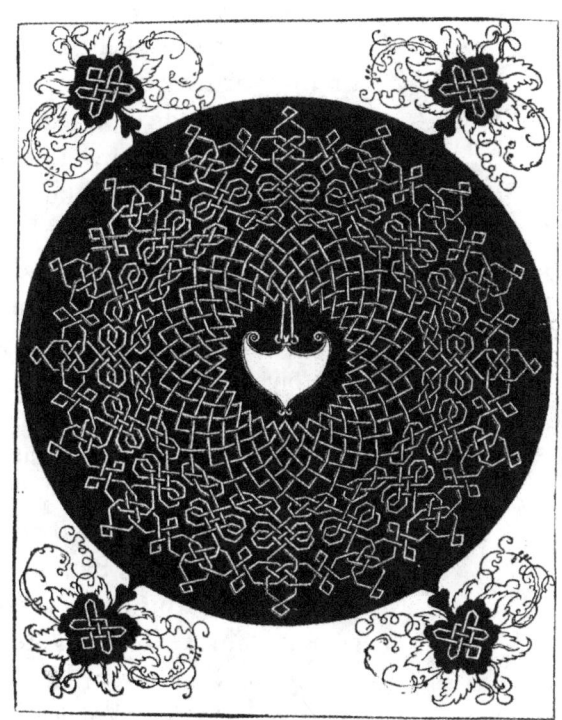

Res. 12 Albrecht Dürer, *Altı Düğüm*'den biri, 1506, ahşap oyma (B. 140), Staatliche Museen Preussischer Kulturbesitz, Berlin, Gravür Salonu

Fakat Rönesansta resim sanatı ile el sanatlarının coğrafi ve dönemsel yakınlığı, iki geometri—perspektifteki ve bezemedeki geometri—arasındaki farkın daha da net bir biçimde görülmesini sağlar. Memluk geometrisi Batı'da sadece el sanatlarında, Rönesansın sanat kavramının geçerli olmadığı bir alanda benimsendi. Batı'daki sanatın merkezinde, görme ışınlarından geometrik bir yapı kuran perspektifin icadından sonra izleyicinin bakışına yoğunlaşan resim sanatı vardı. Arap kültürüne iki farklı noktadan yaptığımız bu keşif gezisinden sonra tekrar yeniçağ sanatındaki perspektife dönelim.

Perspektifin Küreselleşmesi

Bugün Batı'nın tekelindeki televizyon ve basınla tüm dünyada küreselleşen perspektifin, gerek Batı sömürgeciliğinde gerekse de Hıristiyan misyonerliğinde şaşırtıcı derecede uzun bir tarihöncesi vardır. Bu süreçte diğer kültürlerin görme alışkanlıkları hiçe sayılmış, perspektif onlara adeta zorla dayatılmıştır. Cizvitlerin Çin misyonu ilk meyvelerini vermeye başlayınca, Çin'e 1583'te gelen Peder Matteo Ricci yeni Hıristiyanlar kazanmak amacıyla *Propaganda Fidei*'yi (inanç propangandası) bilim ve teknikte de sürdürmüş, dini sefere perspektif resmini de katmıştı.[56] Cizvitlerin 1601'de Pekin'de kurdukları kütüphanede, aralarında Venedikli Daniele Barbaro ve Romalı Cizvit Andrea Pozzo'nun eserlerinin de bulunduğu on dokuz perspektif kitabı vardı. Çinli kütüphane ziyaretçileri dil engelinden ötürü kitapları okuyamıyorlardı ama kendilerine hayli yabancı gelen gerçekçi resimlere hayretle bakıyor, bu bakır gravürlerin gerçekte tuhaf heykeller olup olmadıklarını soruyorlardı, zira figürlerin kitapların sayfalarından böyle nasıl dışarı taşabildiklerini bir türlü anlayamıyorlardı. Çok geçmeden Peder Ricci Euklides'in *Geometri*'sini Çinceye çevirdi ve kitaba yazdığı önsözde ülkesi İtalya'yı "tabiat olaylarını başarıyla araştıran okullarında eşsiz bir disiplin kurmasıyla" göklere çıkardı. Ricci'nin Roma'daki üstü olan Peder Alessandro Valignano, ilk başlarda Çinli sanatçıların doğrusal perspektif konusunda eğitilmelerinde ısrarlıydı, ama daha sonra bu eğitimin Japonya'da uygulanmasına karar verdi. Japonya'da yerli sanatçıların perspektif eğitimine yönelik ilk atölyeler 1591-1614 yılları arasında Peder Giovanni Nicolao tarafından kuruldu.

Ama perspektif modasının Japonya'da tutması 18. yüzyılı buldu. Batı sanatını Nagazaki'deki Hollanda ticaret temsilciliğinden öğrenen Shiba Kokan (1747-1818) o dönemde şunları yazmıştı: "... tek bir doğru görme biçimi vardır; Batı resimleri bu amaçla çerçevelenip duvara asılır. Resimlere kısa bir bakış atmak için bile olsa, tam önlerinde durmak gerekir." Shiba Kokan'a göre, "gökyüzünü yeryüzünden ayıran" ufuk çizgisinin gözlerin tam hizasında olmasına dikkat edilmeli, bir resme doğru mesafeden bakmaya özen gösterilmelidir. "Bu kurallara uyulduğu takdirde, böyle bir resmin gerçeklikten hiçbir farkı olmayacaktır."[57] Perspektif resimleri Japonya'da "akan dünyanın resimleri" (*ukiyo-e*) ya da "derin resimler" (*kubomi-e*) kavramlarıyla tanındı. Belli ki, Japon izleyici bakışının resmin içine "aktığı" ya da resme kurgusal bir mekâna girer gibi "gömüldüğü" izlenimine kapılıyordu.[58] Bazı ressamlar bir orta yol buldular ve bir resmin bir kısmında yeni modayı uygularken, resmin geri kalanında Japon görme biçimine sadık kaldılar.

Batı perspektifinin en az dirençle karşılaştığı yer Japon kitle iletişim araçlarıydı, çünkü bu alanın estampları yüksek sanat olarak görülmüyordu.

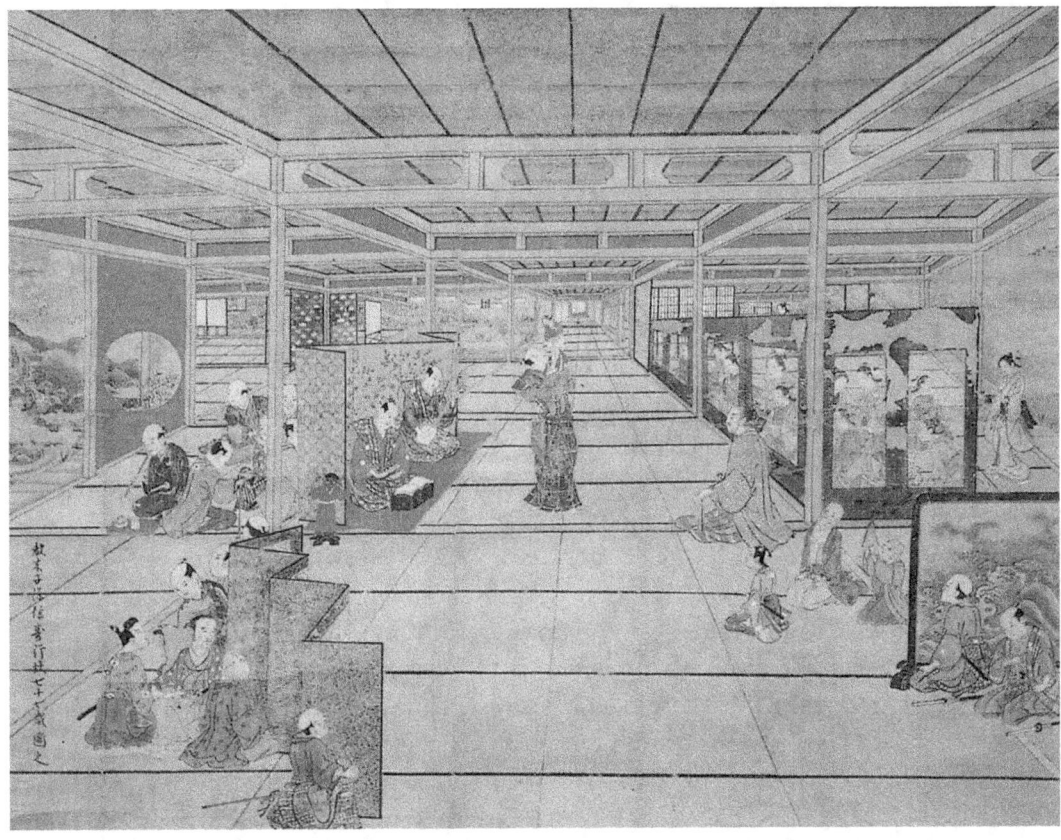

Batı resimleri çoğu zaman estamplarla bir tutuldu. Ressamlar seçkinler için Japon geleneğinde resimler yapmaya devam etti, halkın önüne ise Batı tarzında "röportaj" resimleri konuldu. Halk için perspektif, Batı'da *vues d'optique* adıyla bilinen "resim kutusu"nda (*Guckkasten*) gördükleri resimlerdi ve Japonya'da bunlar genellikle *ukiyo-e* ile bir tutuluyorlardı. Japonya'nın eski ahşap oymalarındaki perspektif tasvir biçimi bazen rulo resimlerde de görülür; bunlardan biri de "bu sahneyi hayatının sonbaharında resmeden"[59] 77 yaşındaki bir ressamın eseridir (**Resim 13**). Katı perspektif kurallarına göre yapılan bu resimdeki çayhanenin kapıları dış dünyaya açıktır, içeride bir kukla tiyatrosu gösterisi yapılırken, izleyiciler paravanların arkasında oturmaktadırlar. Burada dikkati çeken, iç mekândaki figürlerin perspektif yapıyla uyumsuzluğudur. Sanatçı perspektif mimariyi ayrı bir yere koymuş, resmin tamamını geometrik mekâna göre düzenlemeyi gerekli bulmamıştır.

Res. 13 Bir çay evindeki kukla gösterisi, Japonya, 18. yüzyıl (Muzeum Narodowe, Varşova)

Perspektif resmi Hindistan'da sömürgeci eğitimin temel taşlarından biriydi. Yazar Rudyard Kipling'in babası Lockwood Kipling 1865 yılından beri Bombay'deki *School of Art and Industry*'de [Sanat ve Endüstri Okulu] ders veriyordu (okulun adı, İngiltere'nin tasarım eğitimiyle yeni yeni ilgilendiğine de işaret eder). Londra'da sanat akademisinin yanında bir de *School of Ornamental Art* [Bezeme Sanatı Okulu] kurulurken, Bombay'da tam tersine, figüratif sanatta perspektif öğretiliyordu. Gerçi Lockwood Kipling Hintlilerin Batı tarzında sanat üretebilecek kapasitede olmadıklarına inanıyordu, ama Sir Richard Temple son derece sıkı bir Batı sanatı eğitimi uyguladı. Hintliler "önceki asırlarda asla öğrenmedikleri bir şeyi, yani düzgün resim yapmayı öğrenmeliydi. Tabiatlarındaki zihinsel kusurlardan (*mental faults*) bu sayede kurtulabilir, dikkatlerini pek sevdikleri doğanın görkemlerine (*glories of nature*) yöneltmeyi öğrenebilirlerdi."[60] Ama havuç ve kırbaca rağmen perspektife karşı direnç devam etti. Sömürgecilerin görme biçimini değiştirme eğitimi uyguladıkları dönemde, Hindistan'daki ilk fotoğrafçılar Batı'nın perspektif kodlarını reddetmeye devam ediyor, fotoğraf kurgusunda Hint resim geleneğini sürdürmeyi tercih ediyorlardı.[61] Perspektifin bir sömürgeleştirme aracı olarak kullanıldığına hiç kuşku yoktur. Avrupalılara göre perspektif "doğal görme biçimi"nin normuydu ve gerçekçiliği, modernliğin nimetlerini sömürgelere de getirecek olan ilerlemeyi temsil ediyordu.

Fakat Avrupa gerçekçiliği Asya kültürüne girerken, Avrupa'daki sanat çevrelerinde Asya sanatının serbest "öznellik"ine ve fırça darbeleriyle yapılan mürekkep resminin yaratıcı ruhuna hayranlık duyuluyor, modern sanatta tuhaf bir karşı hareket yaşanıyordu. Japon ağaç baskılarının alışılmadık, görünüşte naif ama bir o kadar da anlatımsal perspektifi Paris sanat çevrelerinde coşkuyla karşılanıyordu. Biraz olsun geçinebilmek için 1880'li yıllarda Japon ağaç baskılarının ticaretini yapan Vincent van Gogh, Japon sanatçı Hiroshige'nin *Yağmurda Köprü* gibi baskılarını yağlıboya resme "çevirmeye" başladı.[62] Akademik perspektif baskısından istenmeyen bir miras gibi kurtulmak isteyen bir estetik isyanın önü yavaş yavaş açılmıştı. O yıllarda Japonya Batı'dan yağlıboya resim ithal ederken, Paris sanat çevrelerinin geleneksel Japon sanatıyla tanışması bambaşka etkilere yol açtı. Van Gogh hiç gitmediği Japonya hakkındaki tüm kitapları okudu ve Güney Fransa'daki Arles'de yaşarken, sanat özgürlüğünün olduğu hayali bir Japonya'nın düşünü kurdu.

Asya'yla kurulan bu çelişkili diyaloğa bugün Çin'in çağdaş sanat literatüründe belli bir özeleştiriyle yaklaşılır. 1980'den sonra yeni avangardın sözcülerinden biri olan Çinli eleştirmen Li Xiang Ting, Batı realizminin—19. yüzyılın sonlarında ülkeye sokulduğunda—"Çin sanatını kurtaracağı yanılgısına düşüldü" der. "Böyle bir diyalogda adeta bir zıtlaşma"dan söz edilebilir. Zira her iki sanat da "diğer kültürün sanatından esinlenerek bir karşı akım yaratmıştır." Batı, Çin sanatındaki "öznel özgürlük"e kendisini "realizm baskısı"ndan koruyan bir yaklaşım olarak hürmet ederken, "anlatım özgürlüğüne sahip Doğu, nesnel tasvirin kurallarını bir görev bilinciyle benimsedi."[63] Bu süreçte, hem Doğu'daki hem de Batı'daki modernizm anlayışı değişime uğradı. Batı sanatı kendi imgeler dünyasının köhnemiş klişelerini ıskartaya çıkarırken, Uzakdoğu bu klişelere modernizmin simgeleri olarak kucak açtı.

Fakat modern dönem İslam dünyasında perspektifin inançlıların direnciyle karşılaşacağını hesaba katmak gerekiyordu. Ortada bir resim sorunu vardı ve geniş halk kitlelerinin dini kimliklerine ters düşen figüratif resim hâlâ tabuydu. Nitekim figüratif resim modernizmin simgesi oluverdi ve kamuoyu bu konuda ikiye bölündü. Realizm çağdaş dünyanın tasviri, perspektif de onun bayraktarı olduğu sürece, hoş görme ya da reddetme tartışması, bedeli gericilikle suçlanmak da olsa, kaçınılmazdı. Öte yandan, belgeleme, mimari tasarım ve savaş stratejisinde de kullanılan perspektif, yeni teknolojilerden ayrı düşünülemezdi. Resim sorunu özellikle de teknik resim alanında büyük ölçüde göz ardı edildi. Gerçi Osmanlı İmparatorluğu Batı sömürgesi değildi, ama modernleşme sürecinde—dünyaya modern gözlerle bakılacaksa—sömürge sorunlarıyla karşı karşıya kalmıştı. Bu arada paradoks bir durum da ortaya çıktı: Oryantalizm Batı'da adeta düşler kolonisi gibi gelişip serpilirken, Şark'ın kendine ait resimleri bile yoktu, çünkü dünyayı resimlerle tasvir etmek istemiyordu.

Yakındoğu'da perspektif ancak bölgede açılan sanat akademilerinde öğretilmeye başladıktan sonra kendini kabul ettirdi, ama 19. yüzyılda imparatorlukta sanat akademileri henüz yoktu. İstanbul'da ilk sanat akademisi ancak 1881'de, Kahire'de ise daha sonra kuruldu. 1908'de Kahire'deki akademiyi kuran Fransız Guillaume Laplagne'ın karşılaştığı direnç, 1913'te *art musulman*, yani Müslüman sanatın batılılaşmasını eleştiren bir protesto yazısında ifade buldu.[64] İstanbul Akademisi kıdemlilerinden Celal Esad Arseven (1875-1971), Batı sanatıyla ilk kez bu akademide tanıştığını söyler.[65] Fakat perspektif çizim askeri akademilerde bir hayat memat meselesiydi, zira burada konu sanat değil, strateji ve silah teknolojisiydi. Halil Şerif Paşa (1831-79) Bab-ı Âli'yi, Osmanlı okulları için Paris'teki Mısır askeri akademisinin model alınması konusunda ikna etmeye çalışmıştı.

RES. 14 Gentile Bellini, bir Osmanlı nakkaşının ya da kâtibinin eskizi, 1479/80 civarı, parşömen üzerine tüy kalem ve guaj, 18 × 14 cm, Isabella Stewart Gardner Museum, Boston

Paris'teki avangart resimlerin koleksiyonunu yapan ilk Doğulu olan Halil Şerif Paşa, 1860'lı yıllarda Paris'te sanat eğitimi alan ilk üç Türkle de karşılaşmış olabilir. Bu sanatçılar İstanbul'a döndükten sonra ilköğretim okullarında ya da anatomi dersi verilen tıp akademilerinde öğretmenlik yapmaya zorlanmışlardı. Osmanlı hayatından sahneleri resmeden ilk kişi olan Ressam Osman Hamdi Bey (1842-1910) de onlardan biriydi. Osman Hamdi Bey İstanbul'da güzel sanatlar akademisi Sanayi-i Nefise Mektebi'ni kurdu ve Müze-i Hümayun'un (bugünkü İstanbul Arkeoloji Müzesi) ilk müdürü oldu.[66]

Batı sanatının Osmanlı sarayına Rokoko tarzında duvar bezemeleri ve figürsüz manzara resimleriyle girmesi, 18. yüzyılın sonunda gerçekleştirilen bir reform hareketi sonucunda olmuştu. Fransız Gérard de Nerval, Şark'ı gezerken 1843'te İstanbul'a da geldiğinde bu dekorlardan söz etmiştir.[67] Deniz savaşları sarayda sevilen temalardandı, çünkü "bu resimlerde insan tasvirine gerek yoktu," gemilerle yetiniliyordu. "Savaş sahnelerinin önünde yüzen dev balıklar" savaş gürültülerinden hiç etkilenmemiş gibilerdi. Nerval, "Türklerin bizim anladığımız anlamda bir resim sanatı" olmadığını söyler. Galata Köprüsü'nün üzerinde resim stantlarına rastlamıştı gerçi, ama bunların çoğu dünyayı kuşbakışı gösteren resimler ve Mekke manzaralarıydı. Yine de, İstanbul'un zengin ailelerinin yabancı ressamlara bir süreden beri gizlice sipariş verdiklerini, tablo olarak sadece sultanların tekelinde olan portreler yaptırdıklarını biliyordu Nerval. Sanat koleksiyonerleri ise genellikle izin verilen temalarla yetiniyorlardı. Okuduğumuza göre, bunlardan biri ölmeden önce portresinden alelacele kurtulmak için tabloyu bir Avrupalıya hediye etmişti.

Orhan Pamuk İstanbul adlı kitabında meslektaşı Nerval'i İstanbul'da gördüğü her şeyi aşağılamakla suçlar. Yine de, Pamuk *Benim Adım Kırmızı* romanının adında Nerval'in bir anekdotundan esinlenmişe benziyor. Nerval'in anlattığı anekdota göre, ülkenin diline vâkıf olan Fransız ressam Camille Rogier bir gün Beyazıt Camii'nin önünde caminin resmini yapan bir nakkaş görür. Nakkaş çok maharetlidir ama caminin göğe bembeyaz uzanan minarelerini "gerçekte olduğu gibi değil," kırmızıya boyamıştır. Rogier bunun nedenini sorunca, Türk meslektaşı siparişi veren kişinin, yüksek rütbeli bir subayın, "kırmızı rengi çok sevdiğini, resme kırmızı koymasını istediği"ni söyler. "Herkesin çok sevdiği bir renk vardır, ben de resmi onun zevkine göre yapmaya çalışıyorum."[68] Anekdot uydurulmuş olabilir ama gerçekçilik meselesiyle birlikte perspektif konusunu da çok güzel özetler.

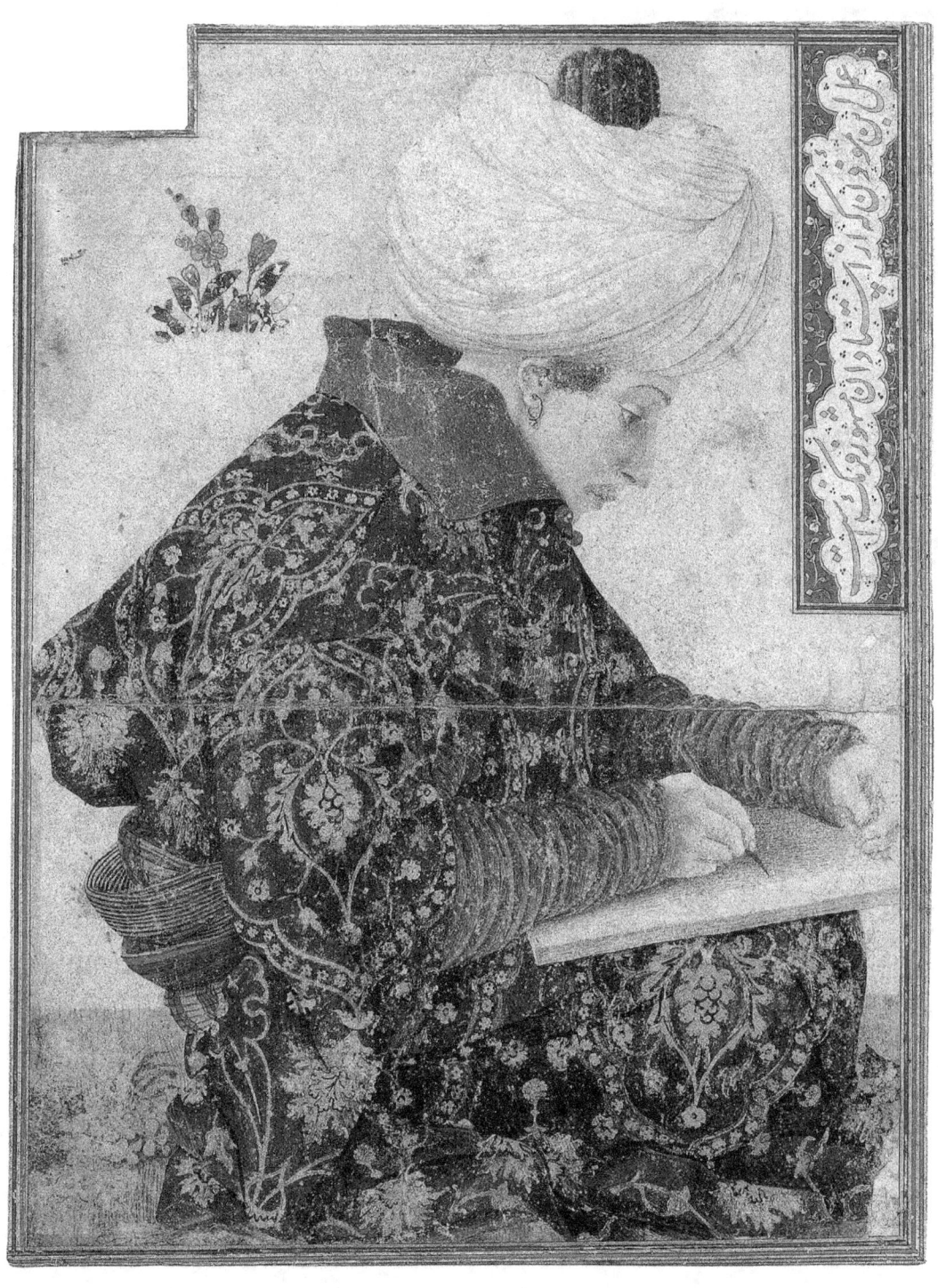

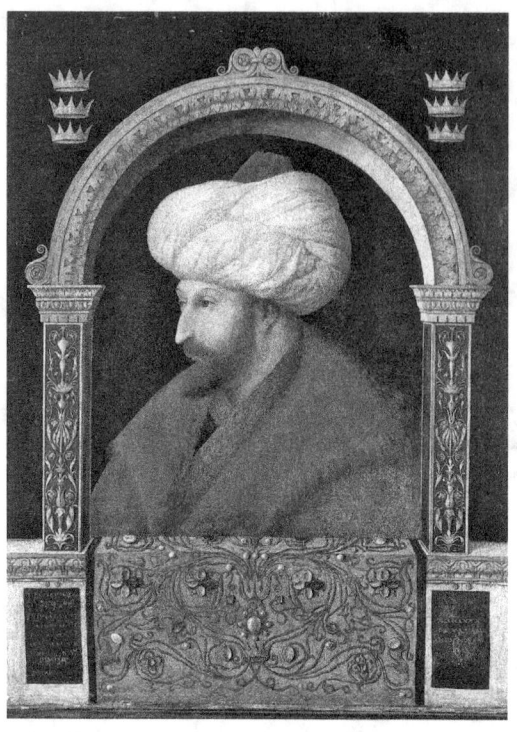 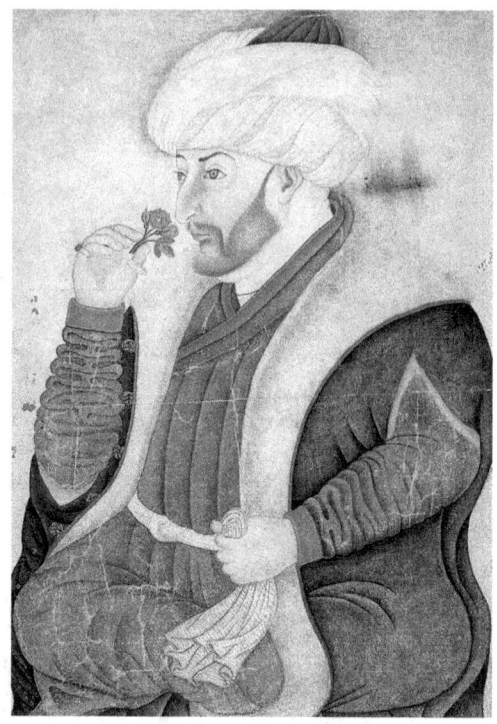

Res. 15 Gentile Bellini, *Sultan II. Mehmed'in portresi*, 1480, tuval üzerine yağlıboya, 70 × 52 cm, National Gallery, Londra

Res. 16 Şiblizâde Ahmed (?), *Sultan II. Mehmed gül koklarken*, 1480 civarı, kağıt üzerine suluboya, 39 × 27 cm, Topkapı Müzesi, İstanbul (H. 2153, fol. 10r)

Blickwechsel: Orhan Pamuk ve Bir "İhanet" Olarak Perspektif

Bu kitabın her bölümünü bir *Blickwechsel* kısmıyla kapatacağımızdan, bu kez küreselleşme bağlamında incelediğimiz Osmanlı İmparatorluğu'yla bakışacağız. Konuyu ele alırken modernleşmeye yoğunlaşmıştık, ama şimdi iki ayrı başlık üzerinde duracağız. İslam dünyasının modern dönemden çok önce Batı sanatıyla temas eden ilk bölgesi Osmanlı İmparatorluğu'ydu. Kültür tekniği perspektif icat edildildikten on yirmi yıl sonra Venedikli sanatçılar tarafından İstanbul'daki saraya da getirilmişti. Pek kısa süren bu ilk temas, bir asır sonraki Nakkaş Osman'ın dönemi gibi dikkate değer. Bu gezintide bize yine Orhan Pamuk eşlik edecek.

Bin yıllık imparatorluk şehri Konstantinopolis'i 1453'te fetheden ve şehrin emperyal parıltısında güneşlenen II. Mehmed, namı diğer Fatih Sultan Mehmed, aradan on yirmi yıl geçtikten sonra sarayını Batı sanatına da açmanın hayalini kurmaya başladı. Fakat 1481'de ölünce ve tahta dindar oğlu geçince, bu girişim yarıda kaldı. Arabesk süsleme Batı el sanatlarında kayda değer bir dirençle karşılaşmamıştı, ama ikona, özellikle de portre odaklı Batı resim anlayışı Osmanlı sarayında öyle çatışmalara yol açtı ki,

Rönesansın toptan reddedilmesi kaçınılmazdı. Kültürel alanda barışçı bir işbirliği kurulması hayalleri çok geçmeden sönüverdi. Osmanlılar Balkanlar'daki sınırlarını Batı'ya doğru genişletmeyi sürdürdüler ve 16. yüzyılda Viyana kapılarına dayandılar. Savunmaya geçen Batı ise savaşı kendi lehine çevirmek için dinden medet umdu. Bir zamanlar Yahudilerin de suçlandığı gibi, kutsal resimlere saygısızlık eden "inançsızlar"a karşı ikonalar devreye sokuldu.

Esasında Osmanlı İmparatorluğu'nda sanat literatürü olmadığı için, Batı sanatıyla ilgili deneyimler hakkında pek az bilgi vardır. Orhan Pamuk bu boşluğu son derece zengin bir kurguyla doldurmuştur ve bu kurgu o kadar akla yatkındır ki, romanından ilham alabiliriz. Orhan Pamuk'un daha önce de sözünü ettiğimiz romanı *Benim Adım Kırmızı*'da, "kâfir Frenk üstatlar"ın perspektifini gizlice öğrenen nakkaşların ihaneti anlatılır. Müminleri galeyana getirecek bu ihanetin gün ışığına çıkmasını engellemek için bir cinayet işlenir.[69] Elbette burada Pamuk mutaassıp çoğunluğun uyguladığı baskıyı işler. Ama konuyu, yasak resimlere bakmaya davet ettiği için bir tabuya dokunan Batı perspektifinden yola çıkarak anlatır. İslam resminde "âlem Allah'ın gördüğü yerden, yukarıdan, ufuk çizgisi çizilerek" resmedilir, oysa yenilikçiler "âleme sokaktaki murdar köpeğin gözünden perspektif ile bakıp, bir atsineği ile bir camiyi—cami arkadadır bahanesiyle—aynı büyüklükte" resmetmeye cüret etmişlerdir. Cinayet kurbanı, "perspektif ilmiyle resim yapmanın, Frenk üstatlarının usullerinden yararlanmanın Şeytan ayartması olduğunu" söyleyerek ölüme davetiye çıkarır. Bir resmin "Allah'ın bakışından sokaktaki itin bakışı"na indirilmesi, "bizleri saflığımızdan edecek, onların kölesi durumuna düşürecek bir Şeytan ayartması"dır.

Sadece perspektif değil, herhangi bir bakışı tasvir eden ve bunun için perspektiften yararlanan portre resmi de tabuydu, zira bir ikona olarak resimle doğrudan yüz yüze gelmeye, herhangi birini tasvir eden cansız bir resimle bakışmaya davet ediyordu. Oysa, bir okurun okumak için üzerine eğildiği kitapta başka koşullar geçerliydi; o nedenle ancak sultan—sadece o—minyatürde tasvir edilebilir ve giysilerinden ve nişanlarından tanınacak şekilde nakşedilebilirdi. Romanda "Dayı" elçi olarak gönderildiği Venedik'te gördüğü portreleri yeğeni Kara'ya dehşet içinde anlatır. Gördüklerinin "hepsi birbirinden ayrı, tek başına, benzersiz insan yüzleri"dir. Ressamlar onlara "bir sihir katmış," onu bununla "korkutmak" istemişlerdir. "İslam nakşı portre merakıyla sona erecek"tir.

Osmanlı sarayında bu tarzda yapılan ilk portre Venedikli bir ressamın eseriydi. Gentile Bellini'nin II. Mehmed'in daveti üzerine geldiği

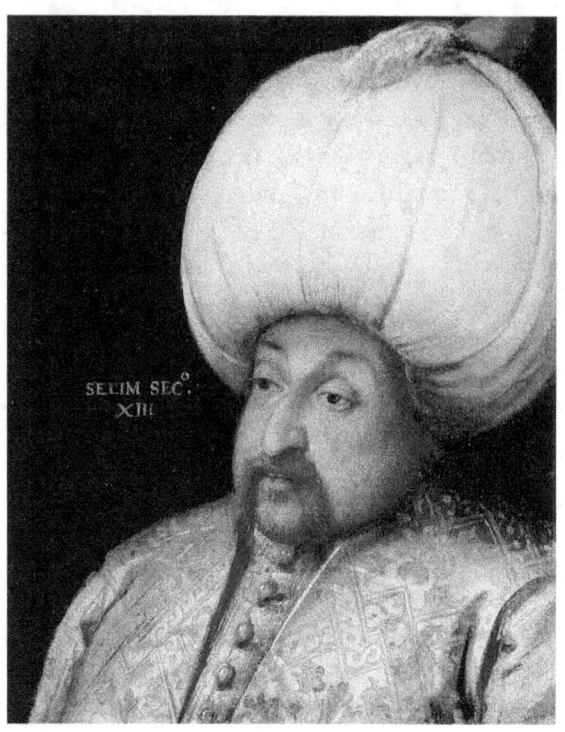

Res. 17 Verona Okulu, *II. Sultan Selim*, 16. yüzyılın son çeyreği, tuval üzerine yağlıboya, 69 × 54 cm, Alte Pinakothek, Münih

İstanbul'da yaptığı eserin üzerindeki tarih 25 Kasım 1480'dir. Bugün Londra'da sergilenen tablo, padişahın sarayında yabancı bir cisim gibiydi; eserin saray koleksiyonunda muhafaza edilmemesinin nedeni bu olabilir (Resim 15).[70] Tablo minyatür resmiyle herhangi bir uzlaşmaya girmez; obje olarak bile daha ziyade Venedik'e uyan, baştan aşağı perspektif tekniğiyle yapılmış bir resimdir. Malipiero'nun naklettiğine göre, Osmanlı İmparatorluğu 1479 yılında Aziz Markos Bayramı'nda Venedik'le barış antlaşması imzalarken bir elçi, sultanın "portre resminde usta olan iyi bir ressamı kendisine göndermelerini" rica ettiğini söylemiştir. Gentile Bellini, Venedik'te devletten aldığı siparişler olsa da, Osmanlı sarayına gönderildi ve orada kendisini şövalye ilan eden padişahın bugün Londra'da bulunan portresini yapmakla kalmadı, üzerinde Fatih'in resminin bulunduğu bir madalyon da hazırladı.[71]

Bellini'nin Fatih portresi, II. Mehmed'in eski saray koleksiyonundaki bir albümde yer alan iki tasvirine de esin kaynağı olmuşa benziyor. Kâğıt üstüne suluboyayla yapılan, dolayısıyla eski resim tekniklerine dönüldüğünü gösteren bu resimler, 1467'den itibaren İstanbul'da faaliyet gösteren ressam Costanzo da Ferrara'ya mal edilmişse de, bugün bunların Fatih'in portresini model alan bir Türk ressamın ya da ressamların elinden çıktığı düşünülmektedir. Resimlerden birinde yarım figür portre şeması izlenmiş, diğerinde ise sultan bir gülü koklarken, portre ile oturan figür arası hibrid bir tarzda resmedilmiştir (Resim 16).[72]

Bellini'nin parşömen üzerine guajla yaptığı Türk ressam (yoksa kâtip miydi) ise yerli ressamlar arasında sansasyon yaratmışa benziyor. Bellini'nin genç meslektaşı kucağındaki tahtanın üzerindeki kâğıda ayrıntılı bir desen çizerken (ya da yazı yazarken) tamamen işine yoğunlaşmıştır (Resim 14). Resimde iki normun birden dışına çıkıldığı görülür: Hem Osmanlı geleneğine hem de Bellini'nin sanatına uymayan bir tasvir söz konusudur. Zira resimde padişah değil, bir ressam ya da kâtip tasvir edilmiştir; ayrıca kişi alışılageldiği gibi oturur pozisyonda değil, tesadüfen gözlemlenmişe benzeyen bir anında resmedilmiştir. Öte yandan, Bellini'nin çalışma tarzına da uymaz bu resim, çünkü ne yağlıboyadır ne de renksiz bir eskizdir. İnce ince çalışılmış renkleriyle, Osmanlı'nın kâğıt üstüne resimlerini—onları taklit etmeden—apaçık yankılayan bir resimdir. Resimdeki genç Türk Batılı bir bakışa modellik etmiştir.

Bu küçük eser (18 × 14 cm) koleksiyoncular arasında çok revaçtaydı ve Şark'ta eşi benzeri yoktu ama sonra kâğıdın arkasına Arapça bir not düşüldü: "Frenklerin en ünlü üstatlarından İbn Müezzin'in eseridir."[73] Kısa süre sonra Bellini ülkesine dönmüş, sultan ölmüştü. Oğlu II. Bayezid (1482-1512) Rönesans sanatıyla yaşanan flörtü haşince sona erdirdi ve babasının koleksiyonunu dağıttı. Osmanlı-Venedik Savaşı patlak verince de İstanbul'daki bütün Venediklileri zindana attırdı.[74]

Fakat Orhan Pamuk'un, Osmanlı sarayında hemen hemen yüz yıl sonra cereyan eden olaylardan yola çıktığını belirtmeden geçmeyelim. Sarayın "eşsiz" başnakkaşı Üstat Osman ve Şehnameci Lokman Efendi gibi isimler bu konuda hiçbir kuşkuya yer bırakmaz. Bu iki üstat, Osmanlı hanedanının kurucusu I. Osman'la başlayarak, dönemin kitapsever padişahı ve meseni III. Murad'a (1574-95) kadar uzanan bir methiye üzerinde çalışmıştı. Bu görkemli eserin başlıca konularından biri karakter incelemesi anlamında fizyonomiydi. O nedenle, Batı tarzı pano resminden uzak durulmaya devam edilse de, portre meselesinin göz ardı edilmesi mümkün değildi. Gördüğüm kadarıyla, o dönemde tartışmalar perspektif etrafında dönmüyordu, ama İtalyan Rönesansıyla bir kez daha karşılaşılması Osmanlı sarayında, burada kısaca özetlenecek yeni bir "İslamcı" dalgaya yol açmıştı.[75]

1578 ve 1579'da yaşanan bu olaylar kaynaklarda da ayrıntılarıyla belgelenmiştir. O dönemde Başnakkaş Osman, fiziksel görünüşleri iyi belgelenmemiş eski sultanların portrelerinin Batı'daki sanatçılardan temin edilmesi için Sadrazam Sokullu Mehmed Paşa'dan, yardım ister. Sadrazamın bu işle görevlendirdiği Venedik elçisi Ağustos 1578'de Venedik hükümetine, eski padişahların portrelerinin acilen gönderilmesi çağrısında bulunur. Sadrazam, gönderilecek eserlerin Batı'da üretilen baskılardan bildiği ahşap oymalar değil, gerçeğe tıpatıp uygun yağlıboya portreler olmasını ısrarla belirtir. İstenilen tarzda bir dizi portre bir yıl sonra gemiyle İstanbul'a gelir. Bugün bu portrelerin Paolo Veronese'nin atölyesinden çıktığını biliyoruz; İstanbul'da bu serinin sadece bir iki nüshası günümüze

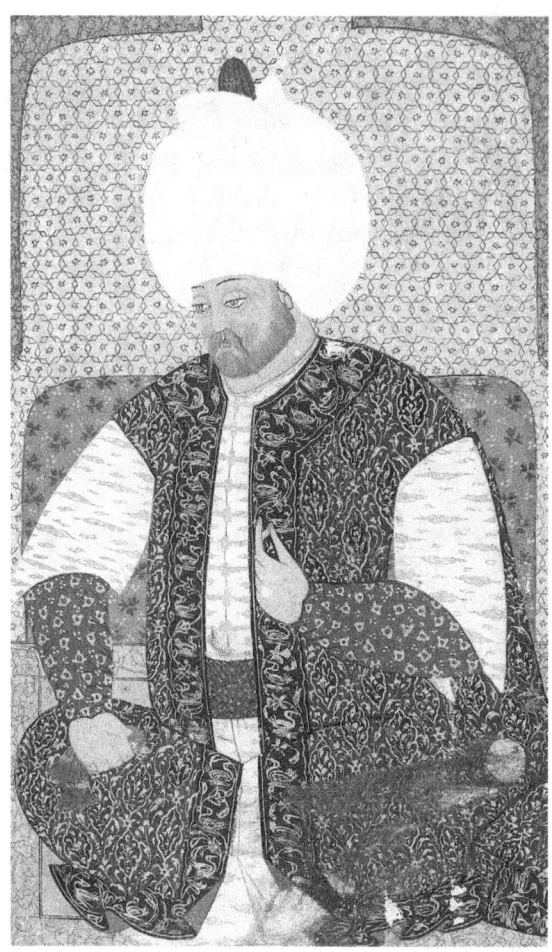

RES. 18 Nakkaş Osman, II. Sultan Selim, fizyonomi kitabı *Şemâ'ilnâme*'den bir minyatür, 1579, Topkapı Müzesi, İstanbul (H. 1663)

ulaştı, ama ikinci bir serinin tamamı Münih'te muhafaza ediliyor. Bunlardan biri de, saltanattaki hükümdarın selefi olan II. Selim'in (1566-74) çok canlı bir portresidir[76] (**RESİM 17**).

Bu padişah portrelerinin güvenilir örneklere göre yapılmadığı ya da hayal ürünü oldukları bellidir. Portreler padişahların fiziksel özelliklerini yansıtmazlar—söz konusu sultanlar 15. yüzyılda yaşamış olduğundan, böyle bir şey pek mümkün değildir zaten—ama Venedikli portre ressamlarının çok az bilgiden hareketle son derece canlı ve etkileyici portreler yapmakta ne kadar usta olduklarını gösterirler. Venedikli ressamların model aldıkları tasvirler, Türk ressam Haydar Reis'in (Nigarî), 1543'te bir Türk amirali tarafından Venedik Cumhuriyeti'ne hediye edilen minyatürleridir. Paolo Giovio 1575'te Basel'de yayımlanan, savaş kahramanlarını anlattığı büyük eseri için sultan portrelerinin ahşap oymalarını yaptırırken bunlardan yararlanmıştı. Venedik'ten daha kaliteli portreler isteyen sadrazam bu kitabı da görmüş olmalı. O dönemde saraydaki herkesin hâlâ hatırladığı II. Selim'in portresi (**RESİM 17**) diğerlerine nazaran daha gerçekçiydi hiç kuşkusuz; zira şehirde, padişahın görünüşü hakkında fikir sahibi olan yeterince Batılı ressam yaşıyordu.

Başnakkaş Osman, sultanların fizyonomi ve karakterlerini tasvir etmeyi planladığı eserin on iki minyatürü arasına II. Selim'in portresini de almak için Batı'dan gelecek bir portreye muhtaç değildi, çünkü padişahı zaten şahsen tanımıştı; ama belki de kendi tasvirini yeterince farklı kılmak için bakmıştır o portreye. Başnakkaş Osman'ın II. Selim tasvirinde, sultanın Venedik serisindeki gibi hımbıl bir hava yoktur; karşımızda dimdik oturan güçlü padişahın bakışları dikkatlidir (**RESİM 18**).

Ayrıca, portrelerin Venedik'ten gelmesi gecikmişti; görkemli eserin tamamlanmasından ve sadrazamın Ekim 1579'da öldürülmesinden bir iki hafta önce saraya ulaşan portreleri incelemeye vakit kalmamıştı. Nakkaş Osman'ın yaptığı resim tabii ki kitap minyatürüydü ve padişahı tam figür olarak bağdaş kurmuş otururken gösteriyordu. Osman'ın Batılı portreye bir göz atmak istemesinin nedeni sadece fizyonomiyle ilgiliydi, yoksa resim konseptinde bambaşka ideallerin peşinden gidiyordu. Osman yaptığı resmin Lokman'ın metniyle örtüşmesini istiyordu, çünkü metinde sultanın karakteri sadece saraydakilerin anlayabileceği bir ikonografiyle betimleniyor, ünlü halefleriyle ilintilendirilerek anlatılıyordu.

İki portre arasındaki farkın perspektiften kaynaklandığını bir kez daha vurgulamak gerekir. Venedikli ressam perspektif semboller kullanmamıştır, ama mekândan ve yandan düşen ışıktan ötürü resme adeta kendiliğinden girmiştir perspektif. Başnakkaş Osman'ın minyatürünün en büyük özelliği, perspektifi bilen ama tam tersi bir strateji izlediği için iki boyutlu bir mekânı seçen birinin elinden çıkmasıdır. Özellikle de belirli renkleri seçmesi çok şey anlatır. Kendine ait bir ifade gücü olan ve görkemli giysi ve arka planla birlikte minyatürün tamamına ışığını boca eden bezemeyi daha da vurgular renkler. Nakkaş Osman, Batı realizmini reddetme anlamına da gelen bu yaklaşımla, Osmanlı tasvir sanatına iki asır boyunca damgasını vurdu. Resminin sultana ne kadar "benzediği" tartışma konusu olsaydı, Venediklilerle büyük bir anlaşmazlığa düşerdi. Ayrıca, Şehnameci Lokman'ın metninde fizyonomi "bilimi"nden yola çıkması ve bunu Osman'ın nakışlarıyla desteklemek istemesi de hassas bir durumdu. Ama Lokman, antik kaynaklara dayanan ve yeniçağ portresinin icadından çok önce Batı'da ortaçağda bile popüler olan karakter öğretisinden (kartal burun, aslan tabiatı, vs) yola çıkıyordu. Osman'a göre, Lokman'ın metni kitapta konuyu nasıl anlatıyorsa, metne eşlik eden resmin de bir şey "anlatma"sı gerekiyordu (bkz. II. Bölüm, 4). Aksi takdirde okurlar kendilerini, gerçek kişinin yerine geçen bir "put"a teslim olmuş gibi hissederlerdi.

2.

Ehlileştirilmiş Göz

İSLAMDA GÖRME ELEŞTİRİSİ

Resim Yasağı ve Din

İslam dinindeki resim yasağının ne anlama geldiği şimdilerde pek çok tartışmaya yol açıyor. Araştırmacılar arasındaki yeni bir resim tartışmasının konusu, Arap kültüründe figüratif tasvirin (ne zaman, nerede) olduğu ya da olmadığı.[1] Yukarıda gördüğümüz gibi, bu tartışma modern dönemle ilgili olamaz. Zira resimlere inatla karşı çıkılsa da, 19. yüzyılda Osmanlı İmparatorluğu'nda bu direnç ortadan kalkmıştı (s. 54 vd). Son dönemde yaşanan karikatür tartışmasında ise farklı bir sorun ortaya çıktı. İslam dininin resme ve Muhammed'in resimlerine yaklaşımı ve İslamda resim olup olmadığı konusunda ateşli tartışmalar yaşandı. Tarihsel olgularla pek ilgisi olmayan çeşitli argümanlar ve ideolojiler de bir rol oynadı bu kavgada.[2] Fakat modern dönem öncesine baktığımızda, Batı dünyası ile Arap dünyasının resim anlayışında bile birbirinden ayrıldığını görürüz, ki elinizdeki kitabın konusu da budur. Bu farklılık, izleyicinin bakışıyla ayrılmaz bir bütün olan perspektifin icadıyla doruğa ulaşmıştır. Perspektifin bakışla kurduğu ittifak, pek çok İslam toplumunun bakışa koyduğu sıkı kural ve yasaklarla taban tabana zıttır.

Ön açıklamalarla daha fazla oyalanmamak için iki örnek vermekle yetinelim. İstanbul'daki Ayasofya—eski Hagia Sophia—müzeye çevrilince, Türklerin asırlar boyunca alçıyla kapattıkları Bizans mozaiklerini görmek nihayet mümkün oldu. Ondan önce de reformcu Sultan I. Abdülmecid (1839-61) 1847'de, bina halen cami olarak kullanılırken, mozaiklerin üstündeki sıvayı kazıttırmıştı. Sultanın mozaikleri görünce, "Ne kadar güzellermiş! Ama yine alçıyla kapatılmaları lazım, çünkü dinimiz bunları

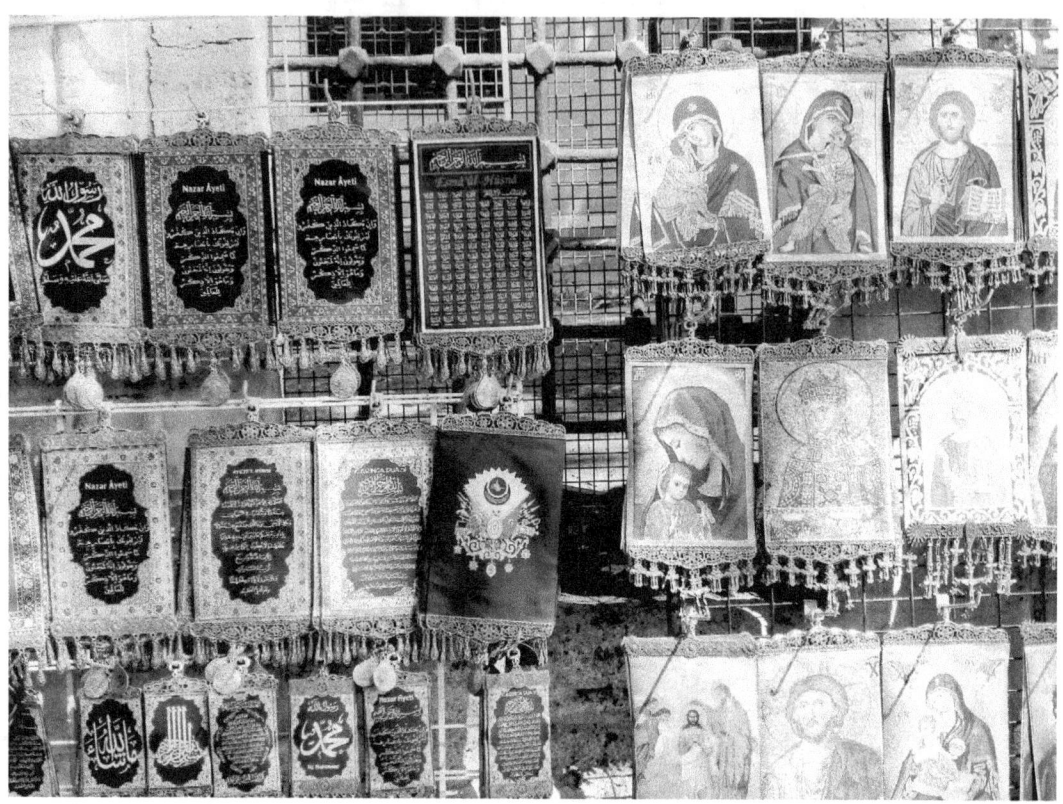

Res. 19 İstanbul'da bir hatıra eşyası standı, 2007

görmemizi yasaklıyor," dediği söylenir. Yine de sultan mozaiklerin üstünün açılabileceği daha hoşgörülü bir dönem gelir diye umut ediyordu. O zamana kadar da camiye Arapça yazılarla süslü yuvarlak levhalar koydurdu.[3] Bugün Ayasofya'nın önündeki hatıra stantları bölünmüş bir dünyanın tanıkları olarak görülebilir (Resim 19). Bir zamanların kilisesinin mozaik ve ikonalarının reprodüksiyonları bu stantlarda yabancı turistleri bekler. Müslümanlara ise Kuran'dan alınma kaligrafiler satılır. Her iki dinden müşterilerin de seçim konusunda kararsız kalacaklarını sanmıyorum.

İslamdaki resim yasağı tartışmasında kimileri bunun topyekûn bir yasak olduğunu iddia ederken, kimileri de boş bir efsane olduğunu söyler; iki görüş de abartılıdır. İslam âleminde, özellikle de Şiilerde resme genel bir yasak konmamıştı gerçi, ama insan suretinin, hele hele üç boyutlu resimlerin dinde tabu olduğuna hiç kuşku yoktur. Fakat metne resimlerin eşlik ettiği kitaplar için saray çevrelerinde 13. yüzyıldan itibaren farklı kurallar geçerliydi. Ama karşılarında durup bakan birinin canlı varlıklar sanabileceği ikonaların duvarlara asılması tabuydu. Yasak olan, bu resimlerin yapılması değildi sadece, onlara bakmak bile büyük bir günahtı. Bakışın aldanmasından, resmin canlı sanılmasından korkuluyordu. Muhammed'in dönemine ait olan ve bazı metinlerde toplanan hadislerde bu yasağın gerekçesi, resimlerin hayatı taklit etmesiydi. Buna göre, resimleri yapanlar kadar onlara sahip olanlar da Allah'ın yarattıklarını taklit ederek dine küfretmiş oluyorlardı.[4]

İslamdaki resim yasağı ile ikonoklazm farklı meselelerdir. İslam dininin gelişmesini tamamlamasının ve Hıristiyan azınlıklarla çatışmaların sona erdirilmesinin ardından ikonoklazm için bir gerekçe kalmamıştı. Arap kültürü artık resimsiz bir kültürdü. Arap egemenliği altında yaşayan ve kilise resimleriyle tepki uyandıran Hıristiyanlara karşı yerel bazı önlemler alındı. Benzer şekilde—ama tam tersi koşullarda—Hıristiyan toplumundaki resimsiz Yahudiler de saldırılara maruz kalmışlardı. Her iki durumun da nedenleri apaçık ortadadır, zira resimler doğrudan doğruya egemen dinin kimliğiyle alakalıdır. Burada İsa figürü kilit bir rol oynuyordu. Yahudiler İsa'yı Mesih olarak kabul etmeyip Mesih'in gelmesini bekleyerek Eski Ahit'e bağlı kalmışlardı. Öte yandan, Muhammed'e inen Tanrı kelamı vahiyleri de reddediyorlardı. Müslümanlar ise İsa'ya tanrısallık atfeden ve onu ete kemiğe bürünmüş Tanrı kelamı olarak gören Hıristiyanları çoktanrıcılıkla itham ediyorlardı. Resim meselesi hassas bir meseleydi, çünkü Tanrı meselesiydi. Tanrı'nın İsa olarak tasvir edilebilmesi için İsa'ya bir "parça" tanrısallık tanınmış olması gerekiyordu; İslami kaynaklarda durum bu şekilde özetlenir. Bu nedenle, Hıristiyanların tektanrıcılığı, İslami açıdan bakıldığında, maskelenmiş bir çoktanrıcılık gibi görünüyordu.

İslamdaki resim yasağı İslam dinini bir değil, iki yönden ifade eder. Bir kere, Muhammed'in Mekke bölgesindeki İslam öncesi kabilelerin tapınaklarını resim ve putlardan "arındırmasının" ve tektanrıcılığı ısrarla uygulayarak kabile kültürü üzerinde zafer kazanmasının devamlı hatırlanmasını sağlıyordu. Dolayısıyla, vahiy öncesi pratiklere geri dönenler, inanç kimliğinden vazgeçmiş oluyorlardı. 630 yılında Mekke'deki büyük tapınak Kâbe'yi tavaf ettiği zaman, kabilelerin tapınakta yan yana sıralanan ve her birine yılda bir gün tapınılan putlarını kırıp parçalayan Muhammed'in dinin ikonoklastik temellerini attığını söyleyebiliriz. Siyah bir göktaşının etrafına inşa edilen Kâbe kadim bir kült nesnesiydi. Rivayete göre, İbrahim bu göktaşını, oğlu İsmail sürgüne giderken onunla vedalaştığı yere dikmişti. Bugün Kâbe hâlâ tavaf edilir, ama Kâbe'nin görünümü daha

Muhammed'in döneminde değişmişti. Kâbe'nin resimlerden arınmış yeni hali, Kuran'da putlara karşı benzer eylemlerde bulunduğu anlatılan İbrahim'in dinine de işaret eder (Enbiya Suresi, 58). Muhammed "din" (İslam) adına "Hak" çağrısında bulununca "Cahiliye Devri" ve putların dönemi sona ermiştir (İsrâ Suresi, 81).[5] Fakat Mekke'nin bugünkü görünümüne bir başka müdahale damgasını vurmuştur. Suudi liderliğindeki Vahabiler 1803'te Mekke'yi yerle bir etmiş, Büyük Cami'nin içini, İslam büyüklerinin mezarlarını yıkmış, hatta bir yıl sonra da Muhammed'in Medine'deki mezarını da tahrip etmişlerdir.[6]

Resim yasağı Hıristiyanlıkla Müslümanlık arasındaki çatışmada da kilit rol oynuyordu. İsa sadece bir peygamberse, yani bir insansa, o zaman onun resmine tapınmak puta tapmak anlamına geliyordu, çünkü tasvir edilmesi *uygunsuzdu*. Yok eğer Tanrı'ysa, tektanrıcılıkta Tanrı görülemez olduğundan, *tasvir edilemezdi*. Emevi hanedanından birinci halife Muaviye'nin 1661'de hanedanlık merkezini Şam'a taşımasının ardından komşu imparatorluk Hıristiyan Bizans'a karşı savaşa girmesiyle, teolojik tartışma daha da büyüdü. Yakındoğu'nun büyük bir bölümü "ehl-i sünnet" Sünnilerin eline geçti ve Sünnilik-Şiilik ayrışması gerçekleşti. Putperest Bizans'la girişilen savaşın inancı siyasileştirmesi, İslami yönetimlerde yaşayan Hıristiyanların baskı görmesine de yol açtı. Yerleşik Hıristiyanların inancıyla her türden uzlaşma iktidardaki din için bir risk haline gelebilirdi.

Resim düşmanı bu ortamda, sonradan Doğu Kilisesi'nin en ateşli resim teoloğu olan ünlü Şamlı Yuhanna da yaşıyordu (675 civarı-749). Babası gibi büyükbabası da halifelik sarayında yüksek mevkilerde bulunmuştu. Yuhanna da onların izinden gidiyordu ama sofu bir Müslüman olan II. Ömer'in (717-20) halifeliğinde ortam sertleşince görevinden istifa etmek zorunda kaldı. Araplaştırılan yönetimde Yunan bir Hıristiyana yer yoktu. Yuhanna Kudüs yakınlarındaki Aziz Sabas Manastırı'nda inzivaya çekildi ve orada geçirdiği uzun yıllarda kaleme aldığı eserlerle resimler ve Hıristiyanlık için mücadele etti.[7] I. Velid, halifeliğinin merkezi Şam'daki Yuhanna Kilisesi'ne el koyarak kiliseyi camiye çevirdi. II. Velid ise Şam'da uzun süre boş kalan patrikhanenin başına geçen Yunan patriğini din şehitleri arasına kattı. Müslümanların, "kitap kulları" dedikleri Yahudi ve Hıristiyanlarla yan yana yaşamaları zorlaşmıştı.

Fakat Şamlı Yuhanna'nın resim teolojisi, 730 yılından itibaren İslamın resim düşmanlığını benimseyen ve resimlerle birlikte İslam karşısındaki en görünür farklılığından da vazgeçen Bizans'a karşıydı. Hıristiyanlıktaki vücut bulma öğretisi Tanrı'nın ete kemiğe bürünmüş imgesiyle canlı tu-

tulabiliyordu. İslama "İsmaililerin dini" diyen Yuhanna, *Sapkınlar Kitabı* ve *Bir Müslüman (Saraskenos) ile Bir Hıristiyan Arasındaki Polemik* adlı eserlerinde nispeten daha yeni olan İslam diniyle polemiğe girer. "Haçın önünde diz çöktüğümüz için bize putperestler denmesi"ne karşı çıkar. Gerçekten de, Kuran İsa'nın çarmıhta öldüğünü kabul etmiyordu. Buna karşılık Yuhanna da Müslümanları Mekke'deki kara taşa tapınmakla itham ediyor, "biraz daha dikkatle bakıldığında, orada bir resmin izleri (*enklyphidos aposkiasma*) hâlâ görülebilir," diyordu.[8] Yuhanna bununla, Kâbe'nin içindeki Meryem ve İbrahim tasvirlerinin korunduğunu ima eder ve her iki metnin odağına İsa'yla ilgili görüş ayrılığını koyar. Ona göre, Kuran bile "İsa Mesih'in Allah'ın Kelamı ve Ruhu" olduğunu söylüyorsa, onun "yaratılmadığını," yani sadece bir insan olmadığını kabul etmek gerekirdi.[9] Yuhanna'nın öğretisine göre, kelamın ete kemiğe bürünmesi tasvir edilebilirliği anlamına geliyordu. Metinlerinde—herhalde dikkatli olmaya çalıştığından—resimlere yer vermemiştir, ama polemiklerinde resimler önemli bir konu olsa gerek. Tanrı kavramındaki temel anlaşmazlık iki dinin dış görünümüne bile damgasını vurmuştu. Eski Ahit gibi Kuran da Tanrı'nın İsa'nın şahsında görülebilirliğini reddediyordu.

Şamlı Yuhanna metinlerini yazdığı sıralarda, Müslümanlarla Hıristiyanlar arasında resim meselesinden ötürü sık sık anlaşmazlık yaşanıyordu. İlk ihtilaf Halife Abdülmelik (685-705) döneminde çıkmıştı. Abdülmelik'in Mısır valisi olan kardeşi oradaki Hıristiyanları resimlerinden ötürü tehdit ediyordu. Hıristiyanların yorumuna göre, bir Kıptî manastırındaki Meryem tasvirine tükürdüğü için çok geçmeden ölen vali, Hıristiyanların resimlerini, "Bu İsa kim ki, ona Tanrıymış gibi tapıyorsunuz?" sözleriyle açıkça aşağılamıştı.[10] Bu soru iki din arasındaki anlaşmazlığı çok iyi özetliyordu. İsa ve Muhammed'le ilgili meseleler İslami bölgelerde halen çok hassas konulardı, çünkü henüz tam anlamıyla açıklığa kavuşturulmamışlardı. Bu olaylardan söz eden Severus adındaki Kıptî bir keşiş, 721 yılında ikonoklastik bir ferman çıkaran Halife II. Yezid'in "her yerde haçları kırdığı ve kiliselerdeki resimleri kazıttığı için" ani bir ölümle cezalandırıldığını anlatır. II. Yezid Mısır'daki putların (*esnâm*) ve heykellerin kırılmasını gerçekten de emretmiş olsa gerek. Halefi II. Velid de fermanı geri çekmemiş, Hıristiyan cemaatler üzerindeki baskıyı daha da artırmıştır.[11]

Resimsiz bir kültürün dayatılması, eski Roma İmparatorluğu'nun Akdeniz havzasındaki resim geleneğinin toptan reddedilmesi anlamına geliyordu. Hıristiyanlarla çatıştığını bildiğimiz Abdülmelik ilk İslami sikkeyi bu amaçla bastırdı. Sikkelerin üzerine, kendine istinaden "Hak dinine inananların efendisi" ve "Allah'ın halifesi" yazdırdı. Böyle bir bağnazlık, sistemler savaşında komşu Bizans'ı "ortodoksluk"u ideolojik bir silah olarak kullanmaya zorladı. Bizans imparatoru misilleme yaparak kendi paralarının üzerine "İsa'nın hizmetçisi" unvanını bastırdı. Tanrı yerine İsa'nın adını anması, Allah adına hüküm süren bir iktidara verilebilecek en sert yanıttı. O zamana kadar hükümdarların resmine İslami sikkelerin üzerinde de yer veriliyordu. Fakat 695'ten itibaren altın sikkelerde, 698'den itibaren de gümüş sikkelerde resmin yerini, biricik Allah'ı anan ve İslami misyonu vurgulayan Arapça kitabeler aldı. Halifeler, Bizans sikkelerindeki İsa ikonalarını böylece hepten reddetmiş oldular.[12] Ete kemiğe bürünmüş "Tanrı kelamı" İsa, tek Tanrı olan Allah'a şirk koşmaktı.

İslamın resimsiz üslûbu, ilk halife Muaviye zamanında iktidarı ele geçiren Emevi Hanedanı'nın mimarisinde de görülür. Kudüs'teki Kubbet-üs-Sahra'da ya da Şam'daki Büyük Cami'de duvar süslemeleri henüz geç antik dönem ve Akdeniz resim kültürü geleneğindedir. Nitekim İslam sarayının siparişiyle bu süslemeleri yapanlar, bu gelenekten yetişmiş sanatçılardı. Fakat Muaviye döneminde bu tarihin altına kalın bir çizgi çekilir ve tüm süslemelerden çıkarılan insan figürlerinin yerini bitkisel ya da soyut bezemeler alır. Eski kilise resimlerinden geriye sadece boş bir altın zemin kalır. Figürden arındırılan yeni sanatın arka planını bu zemin oluşturur.[13] Greko-Romen dünyada bu şekilde hiç kullanılmayan yazı, duvar mozaiklerinin ayrılmaz bir parçası haline gelir. Bu müdahale resimsiz süsleme sanatını yeni inancın aracına dönüştürmüştür.

Kudüs'teki eski tapınak alanında yükselen Kubbet-üs-Sahra, sikke reformunu uygulayan Abdülmelik'in en iddialı projesiydi. İç mekânı çevreleyen 240 metre uzunluğundaki kuruluş kitabesinde binanın 692'de yapıldığı yazar (**Resim 20**). Kuran'ın en eski vecizelerinin yer aldığı kitabede kelime-i şahadet getirilerek "Allah katında din İslamdır" (Âl-i İmran Suresi, 18, 19) denir.[14] "Hamd o Allah'a ki, hiçbir çocuk edinmedi; O'na mülkte bir ortak da olmadı" (İsrâ Suresi, 111) ifadesi devamlı tekrarlanır. Doğrudan "kitap kulları"na hitap edilerek, Tanrı hakkındaki gerçeği artık söylemeleri istenir. "İsa Meryem'in oğluydu ve Allah'ın elçisiydi" ama Tanrı'nın üç şahsından biri olduğu doğru değildir, "zira tek bir Allah vardır." Müminlerin onu "çoktanrılıların yalanları"ndan korumaları gerekir.

Metinle yüklü bu anıtsal kitabe, görkemli bezemelerle süslü, mermer levhalar ve altın mozaiklerle kaplı anikonik iç mekânın bayraktarlığını yaparak mimarideki figürsüz süsleme anlayışını temsil eder. İnsanlar

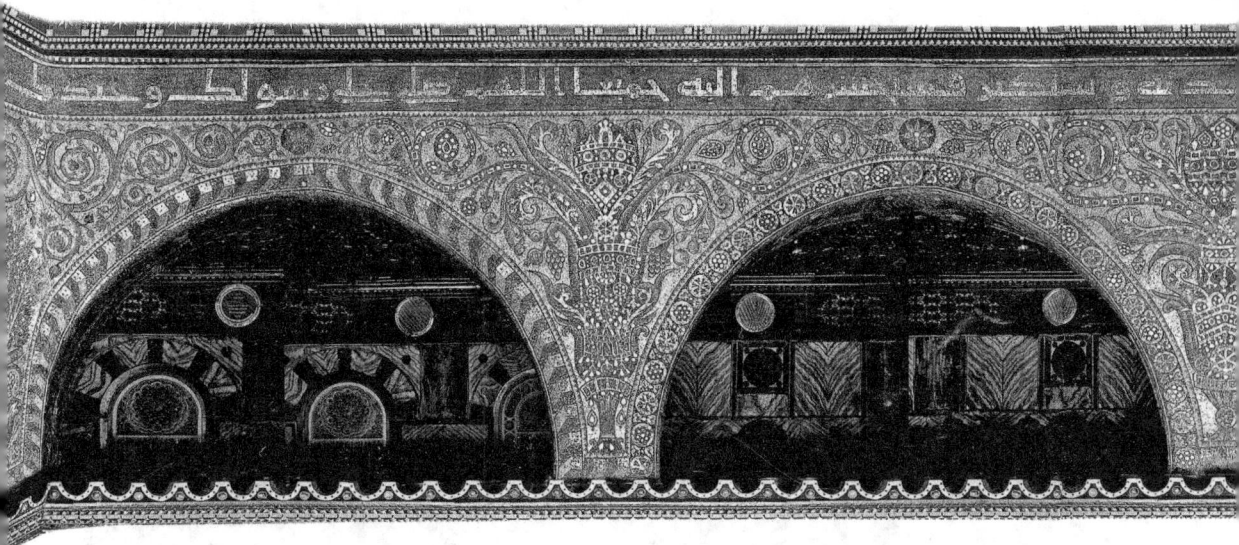

RES. 20 Kubbet-üs-Sahra, Kudüs: Sekizgen iç mekândaki mozaikler, kuzey kemerleri, 700 civarı

böyle görkemli süslemelere Hıristiyan kiliselerinden alışkınlardı gerçi. Ama burada, bildik antropomorf resimler olmadığı halde varlığı daha da kuvvetli hissedilen görünmez bir Tanrı'nın mekânına adım atılıyordu. Resim ve süsleme iki ayrı şeydir: Süsleme burada da muhafaza edilmiştir, zira duyuları arındırmakta ve düşünceleri görülemeyene, O'na yönlendirmektedir. Tüm motifler geç antikçağ kökenlidir, ama vazolar ve bitkilerle sınırlı tutulmuştur (RESİM 21). Bu revizyonda asma dalları altın ve değerli taşlardan oluşan anorganik şeritlere dönüşmüşlerdir ya da hepsi de birbirinin aynı vazolardan fışkırırlar. Dallarından sarkan meyveleriyle doğal görünümde olanlar sadece bazı palmiyelerdir. Hadislerde, bitki ve ağaçların canlı varlıklardan sayılmadığını, bu nedenle tasvirlerinin yasaklanmadığını görürüz. Titizlikle düzenlemiş yüzeyin hareketsiz bir parçası haline gelen bitki ve ağaçlar, sonraki dönemde İslam sanatına hâkim olan biçimsel soyutlamanın öncüleridir (s. 122). Işık dolu aydınlık iç mekânda durup o muazzam yüzeyleri hayranlıkla seyrettiğinizde, adeta sonsuzca tekrarlanan süslemelerin tüm sınırları ortadan kaldırdığını görürsünüz.

Canlı Varlıklara İhanet Olarak Resim

İslamda resim yasağının büyük bir önem kazanması, yeni dinin kendini kavrayış biçiminden kaynaklanır. İslamın, antikçağın resim kültürünü

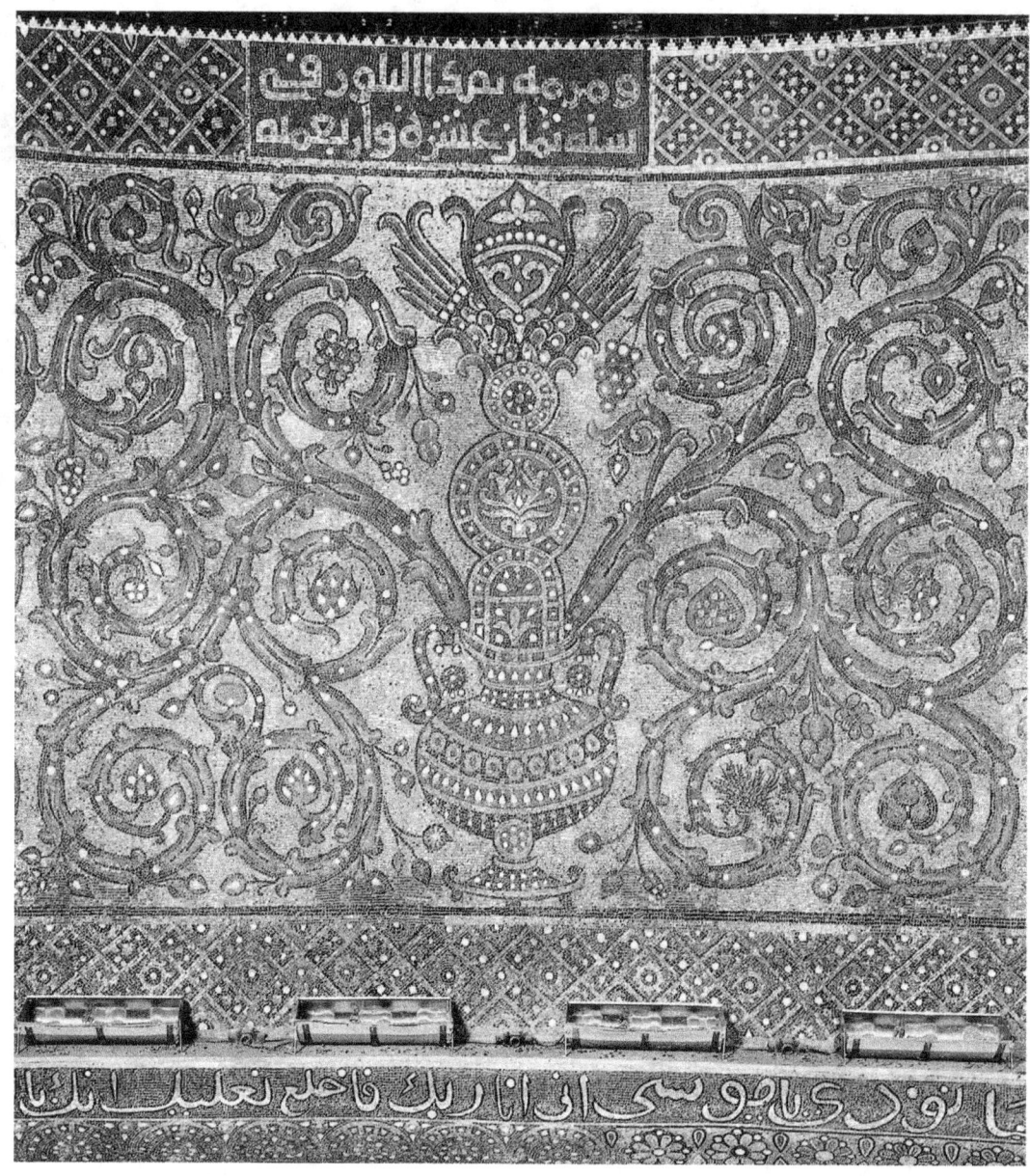

Hıristiyanlıkta da yaşatan bir dünyada kendini kabul ettirmesi gerekiyordu. Ayrıca, Hıristiyanlığın kendi tarihi olarak gördüğü Yahudilikle de rekabet etmek zorundaydı. İslamın evrenselleşmesinin önündeki en büyük engel, mevcut dinlerle karıştırılmasıydı. İslami bakış açısına göre, Kuran hem Hıristiyanlıktaki hem Yahudilikteki müjdeleri vermekle kalmıyor, bunun da ötesine geçiyordu. İslamın kendini kabul ettirmesi ancak senkretizmden korunması ve diğer dinlerle arasına sınırlar koymasıyla mümkündü. Hıristiyanlıktaki resimlerin tehlikeli olmasının bir nedeni de buydu. Allah'ın her tür antropomorf tasvirini yasaklayan vahyin saflığını bozabilirdi resimler.

Bu noktada hemen akla gelen soru, Kuran'da resimlerden neden hiç söz edilmediğidir. Bu sorunun yanıtı için metnin hangi koşullarda oluştuğuna bakmak gerekir, zira metnin kökeni Roma ya da Bizans'a değil, putlarını çoktan kırmış olan kabile kültürüne dayanıyordu. Kuran resimlerin kendisini tehlikeye atabileceğini hesaba bile katmaz. Fakat bu resim meselesi ortaya çıkınca, referans alınabilecek bir otoriteye ihtiyaç duyuldu ve İslami toplumda adeta kanun gücüne sahip olan, Muhammed döneminden kalma "sözlü gelenek"e, yani hadislere başvuruldu. Konunun uzmanı Rudi Paret'e göre, çeşitli yazarlar tarafından kaleme alınan bu "sözlü gelenek"in metne dökülmesi daha 8. yüzyılın ortalarında tamamlanmıştı.[15] Dolayısıyla, resim yasağının Muhammed'in en yakın çevresinden çıktığı düşünülebilirdi. Böyle bir güvence ise resim yasağını Muhammed'in korunmuş mirası haline getirdi.

Hadis metinlerine daha yakından baktığımızda, resim yasağının, Tanrı kavramının yanı sıra, genellikle gözden kaçırılan başka bir nedeni de olduğu izlenimine kapılırız. Ben bu nedene *Canlı Kuramı* diyeceğim. Böyle bir teori İslamdaki yaradılış kavramından rahatlıkla türetilebilir. Tanrı'nın yaratma eyleminin doruk noktası canlı varlıklardır, ama onlar da sadece mahluklardır, mahluk olan bir şey de yaratıcı olamaz. Daha dar anlamda bunlar "ruh üflenmiş," yani bitki ve ağaçların tersine, bakışa, harekete ve sese sahip mahluklardır. Bu ayrım resimlerle de ifade edilmeliydi, zira bitkiler, Tanrı tarafından yaratılmışlarsa da, hayatın bu özelliklerine sahip değillerdi. Allah'ın eseri olarak tanımlanan doğada artefaktlar biçimindeki insan eserlerine yer yoktu. Resim ve heykeller doğayı *tasvir edebilirlerdi* ama asla doğa *olamazlardı*. Canlı mahlukların (*hayvân*) tasvirleri Allah'a küfretmek demekti, çünkü bu tasvirler Allah'ın eserlerinin sadece bir taklidiydi, zira onlara ruh üflenmemişti.

Yine birer mahluk olan ressamlar resim yasağına uymadıklarında, Yaradan gibi davranmış oluyorlardı. İnsanların mezarlarında tekrar dirileceği gün bu yasağın çiğnendiği apaçık görülecekti. Allah onlara "yarattıklarınıza can verin" dediğinde, bunu yapamayacaklarını, çünkü onları sadece canlıymış gibi gösterdiklerini utanarak itiraf edeceklerdi.

RES.21 Kubbet-üs-Sahra, Kudüs: Kubbe kasnağındaki mozaikler, 700 civarı (1207/08 restorasyon tarihinin bulunduğu kitabe)

Yaradılışı taklit ederek onu aşağılamış da oluyorlardı. Sanatçılar kendilerini resimle ifade etmek istiyorlarsa, "ağaçlarla ya da ruhu olmayan şeylerle" yetinsinlerdi.[16] Bu tür resimlerin bir sakıncası yoktu, çünkü "bunlar nakış idi ve kumaşın desenleri (*alem*) gibi"ydi. Dolayısıyla, kap ya da giysilerin üzerine uygulanan bu tür motifler fena bir taklit oldukları kuşkusundan arınmıştı. *Mimesis* (taklit) burada olumsuz bir anlama bürünür, ama dünyanın taklidi değil, Yaradan'ın taklidi olduğu için. Eski Ahit'te Musa'nın ikinci emriyle karara bağlanmıştı bu. Sadece "başka ilahlar"ın olması değil, "yukarda göklerde olanın, yahut aşağıda yerde olanın, yahut yerin altında sularda olanın" suretini yapmak da yasaktı (Çıkış, 20.4). Nitekim matematikçi İbnü'l-Heysem "figürler"den söz ederken canlı bedenlerin suretini değil, bir obje ya da duvardaki geometrik desenleri kasteder (s. 116).

Resim yasağı, sesi ve nefesi olan canlıların cansız resimlere aktarıldığı resimler için geçerlidir. Resimlerin kem gözleri, nazarı çekmesi korkusundan da kaynaklanır bu yasak. İslami metinler bu tehlikeyi ortadan kaldırmak için, göz teması kuran ya da bakmaya davet eden tüm tasvirleri yasaklar. Tasvirin, ancak canlı insanlar arasında olabilecek bir bakışmaya meydan vermemesi gerekiyordu. Bu tür resimlere sırf bakmak bile, onları canlı varlıklar olarak görmek ya da canlı varlıklarla karıştırmak için yeterliydi. Bu nedenle, bakma yasağı da üretim yasağı kadar önemlidir. Resimler yerde ya da bir halıda mütevazı bir hayat sürerken, bakışı yoldan çıkaramazlardı. Ayağınızla üzerlerine bastığınızda, onlara doğrudan bakmaz, canlı varlıklarla karıştırmazdınız. Oysa "bir duvara ya da bir perdeye astığınızda, adeta puttur (*sanem*)" onlar. Bir müminin bu tür resimlerin olduğu bir odaya girmesi bile yasaktı. Ama canlıların resimlerinden korunmak için kafaları kesilebilirdi, yüzleri silinebilirdi, zira "resim kafa demektir. Kafasız bir resim resim değildir artık."[17] Resim ve kafanın eşleştirilmesi antropolojik açıdan da önemlidir. Resimdeki kafa bize bakar ya da bakar gibidir. Canlı bir varlıkla karıştırılmasının nedeni de budur zaten. Bir resim bakışsızsa, o zaman tabu değildir; cansız bir şey ya da nötr bir süstür.

Rudi Paret Muhammed'in dönemine ait 180 hadis tespit etti ve bunları tematik gruplara ayırdı. Bu hadislerden birinde "üzerinde resimler bulunan bir perde"den ve resimli yastıklardan söz edilir. Muhammed'in karısı perdeyi evin kapısının önüne asınca, peygamber ona perdeyi kaldırmasını emretmişti. Bir başka versiyonda, meleklerin "resim olan hiçbir eve (*beyt*) girmeyeceği" söylenir, "ama süslemelerin bir sakıncası yoktur." Farklı bir versiyonda "içinde bir köpeğin yahut kirli bir şey"in olduğu bir yere de girilmeyeceği söylenir. Resimler kirlidir, çünkü canlı ile artefakt arasındaki sınıra tecavüz ederler, yani ne gerçek canlılardır ne de cansız nesnelerdir. Bir başka versiyona göre, ilk başta sadece üç boyutlu, "bir gölgesi olan" resimler yasaktır. Bunlar iki anlamda intihaldi, zira hem bir cismi tasvir ediyorlardı hem de sahte bir cisme sahiplerdi. Aynı hadiste, daha önce sözünü ettiğimiz tehdit tekrarlanır: "Kim resim yaparsa, Allah ona Kıyamet Günü, yaptığı resim sebebiyle, onlara ruh üfleyinceye kadar azab eder."[18]

Abbasi devletinde İslamı savunma (*kelâm*) baskın çıkınca, hadislerdeki resim yasağı daha da sıkılaştırılır. Nitekim Nevevî'nin bir fetvası söyledir: "Mezhebimizin büyük âlimleri her tür canlının resmini yapmayı kati surette yasaklamış ve en büyük günahlardan biri olarak görmüşlerdir. İster duvarda asılı olsun, isterse bir elbisenin üzerinde, canlı bir mahlukun tasvir edildiği herhangi bir cismin resmini yapmak da yasaktır. Bu bakımdan, gölgesi olanla, gölgesi olmayan arasında bir fark yoktur."[19]

Bu tür İslami metinlerde resimler hayatla rekabete giren taklitler olarak eleştirilirler. Yunancadaki resim kavramı bile infial yaratmış olabilir, zira Yunancada resim *zoographia*, ressam ise *zoographos* idi ve yaşam (*zoon*) ile resim yapmak ya da yazı yazmak (*graphein*) sözcüklerinden oluşuyordu. Bunun anlamı, "hayatın resmini yapmak" değildi sadece; resmin, başka hiçbir sanatın yapamayacağı şekilde gerçek hayatı yakaladığı ya da kendine çektiği biçiminde de anlaşılabilirdi. Philostratus, antik Roma döneminin resim koleksiyonuyla ilgili meşhur eserine, *zoographia*'yı hor görenin gerçeğe de katlanamayacağı ve edebiyatı takdir edemeyeceği cümlesiyle başlar.[20] İslamın buna yanıtı, ressamların sadece gerçek hayattan ödünç alınan ya da taklit edilen bir hayatı tasvir ettikleri olurdu.

Resimdeki *mimesis* Platon tarafından da eleştirilmişti. Platon, yazıyı ve resmi cansız araçlar diye reddediyor, hayatı taklit eden resim gibi yazarları da canlı konuşmayı sahteleştirmekle suçluyordu. Ona göre, yazı (*graphe*), bozuk ürünlerini (*ekogna*) canlıymış gibi sunan resim kadar soysuzdu. Resimdeki insanlara bir soru sorulsaydı, "vakarla susmaya devam ederlerdi." Aynı şey yazılı sözcükler için de geçerliydi: "Sanırsın ki, konuşabiliyor ve anlattıkları her şeyi anlıyorlar. Ama ne anlama geldiği sorulduğunda" cevap veremiyorlar. Bu bağlamda Iris Därmann "zoografik bir çarpıtma"dan ve resim ile yazının "varlık ve yokluğun kesiştiği nokta"da çift anlamlı olduğundan söz eder. Platon'a göre, resim gibi yazı da başarısız olmak zorundadır, çünkü her iki araç da olsa olsa "canlı bir illüzyon, hayatın illüzyonu"nu yaratır.[21]

Fakat Babil sonrası Kitabı Mukaddes yazıyı Tanrı'nın bir aracı olarak ne kadar yücelttiyse resmi de Tanrı'nın iradesine saygısızlık olarak bir o kadar aşağılamıştır. Kitabı Mukaddes çoktanrıcılığın utanç verici simgesi diye alay ediyordu resimle, zira her kabile kendi putunu yaratmıştı, oysa tek ve görünmez Tanrı sadece yazıda evrensel ve eşsiz olabilirdi. Régis Debray'ın yazdığı gibi, yazı sarsılmaz tekelini ancak tektanrıcılığın "alfabetik çıkışıyla" kurdu.[22] İslam bu mirası devraldı. Kabile kültüründe daha sonra Hinduizmde gördüğümüz gibi köklü bir geleneğe sahip olan "canlı resme" karşı başlattığı amansız savaşı da bununla meşrulaştırdı.[23] Elimizde bunu belgeleyen yazılı kaynaklar yoktur elbette, zira büyük zafer kazanan İslamın mağlup tarafın resimlerini tartışmasına gerek kalmamıştı. Resimler yok edilmişti. Buna karşın Hıristiyanlık dini resimlerini teolojik bir gerekçeye dayandırınca, İslam tarafından çoktanrıcılığa dönmekle suçlandı.

Batı'da Roma'nın yeni misyonerlik bölgelerinde, örneğin İngiltere ve İrlanda'da yaşanan resim anlaşmazlığı, özetle söylemek gerekirse, Eski Ahit ile Yeni Ahit'teki farklı yaklaşımlardan kaynaklanıyordu. Bu çatışmada bir karara varılması ya da bir uzlaşma sağlanması gerekiyordu. "Muhterem" unvanına sahip İngiliz teolog Bede, 731'de Kudüs'teki Süleyman Tapınağı hakkında yazdığı eserinde bu konudan da söz eder. Eski Ahit'te tapınağın zengin süslemelerinden bol bol bahsedilmesi, Bede'nin Yahudilikteki resim yasağını sorgulamasına neden olur. Musa'nın havaya kaldırdığı "demir yılan"ından da söz eder Bede, çünkü bunun "çarmıhtaki kurtarıcı" imgesinin muştusu olarak yorumlandığını bilmektedir. Sonra çarhıma gerilen İsa imgesinin, okumayı bilmeyenler için selamet tarihinin "adeta canlı bir tasviri ya da dersi (*vivam lectionem*)" olduğunu kavrar. "Zira resim sanatına Yunancada *zoographia*, yani canlı yazı (*viva scriptura*) denir."[24] Bede bu tezini, resim sanatı için kullanılan Yunanca "hayat" ve "yazmak" sözcüklerinin düz çevirisiyle güçlendirmek istemiştir.

Fakat Bede'nin sözleri İslami çevrelerde—İsa'nın çarmıhta öldüğünü reddetmeleri bir yana—asla kabul görmezdi. Bede, resmi yazıdan üstün tutmakla suçlanırdı. Resim, Tanrı'nın canlı kelamını ileten yazıya nasıl can verebilirdi ki? Ama Bede'nin döneminde Anglosaksonlar için yazı henüz çok yeni bir araçtı, ülkeye Hıristiyanlıkla birlikte gelmişti. Bede bir misyonerdi ve yazı ile resim arasında, Tanrı kelamını yaymaya hizmet ettikleri sürece, bir çelişki görmüyordu,;zira o da geç antikçağ kültürünün bir varisiydi. Oysa İslam bu mirası reddetmişti. Allah'ın vahiylerinin aracı olan kelam, resmi bertaraf ederek tekelini kurmuştu. Allah'ın ancak yazıyla aktarılabilen ve kaydedilebilen özgün bildirisiydi kelam. Yazıda, kendini cismen göstermeyen görünmez bir Tanrı "konuşuyordu." Bu nedenle, en uygun araç yazıydı. Soyutluğuyla cisimler dünyasına o kadar yabancıydı ki, her tür putperestliğe kapalıydı ve Allah'ın insanların bir kavramına ya da insan görünümüne indirgenmesine engeldi.

Allah'ın Kelamı ve Kuran Yazısı

Kelamın İslamdaki tekeli, peygambere ayetler halinde inen Kuran'la kuruldu. Arapça *Kur'ân* kelimesi "okumak" ya da "sesli okumak" fiilinden türetilmiştir, zira müminlerin Allah'ın kelamını ezberlemeleri için Kuran'ın sesli okunması gerekiyor, Kuran'ın "koruyucusu" anlamına da gelen hafız Kuran'ı ezberden okuyordu. Kelamın sabitlenip korunması için de yazı gerekiyordu. "On Emir" Musa'ya bir tablette verilmişti, oysa kelam Muhammed'e yazılı biçimde teslim edilmemişti. Kuran'ın eski yorumcuları, Muhammed'in okuma yazma bilmediğini, kutsal metinlerden esinlenmediğini, inen ayetleri yazdırmak için kâtipler tutmak zorunda kaldığını vurgularlar. Gerçi Kuran'da Allah'ın insanlara "kitap verdiği" (Tevbe Suresi, 29) yazar. Ama bu metaforik ifadenin anlamı, "yazı ve kitap" olarak Kuran'ın benimsenmesi gerektiğidir. Bir başka yerde "peygamber"e kelamı Cebrail'in getirdiği belirtilir; ama burada "kelam" ve "getirdi" ne anlama gelir? Kelam nasıl iletilmiş olursa olsun, yazıya dökülmesiyle birlikte yazı kelamın ta kendisi olmuştur.

Bugünkü Kuran metninin yazıya ne zaman döküldüğü henüz tartışmalı olsa da, böyle bir "ilk metin"in Muhammed hayattayken oluşturulmadığı kesin, yoksa eski halifeler Kuran'ın editörlüğüyle uğraşmazlardı.[25] Nitekim Kuran'ın *kelam* ile *yazı*, ilahi vahiy ile insan eseri ilişkisinde halen bir gerilim vardır. Allah Kuran'ı yazılı metin olarak göndermediğine göre, Kuran, peygamberin dikte etmesiyle bile olsa, insanlar tarafından yazıya dökülmüştür. Dolayısıyla, yazılı biçimi, Allah'ın kelamını ileten araçtır ama *kendisi değildir*. Ayrıca, Kuran yazılırken çeşitli yazı üsluplarının kullanılması, yazı biçiminin esas ya da kutsal görülmediğini kanıtlar. İlahi ya da esas olan sadece kelamdır. Yine de, ya da tam da bu nedenle, yazının münferit kâtiplerin zevkine bırakılmamasına, metnin özgünlüğünün korunmasına ve kelamın olağanüstü otoritesini simgeleyen standartlaşmış görkemli bir kaligrafiyle sunulmasına büyük önem veriliyordu.

İlahi kelam adeta yazıda vücut bulmuştu. kelamın tek aracı olarak hürmet ediliyordu yazıya, ama yine de ikisi arasında gizli bir mesafe

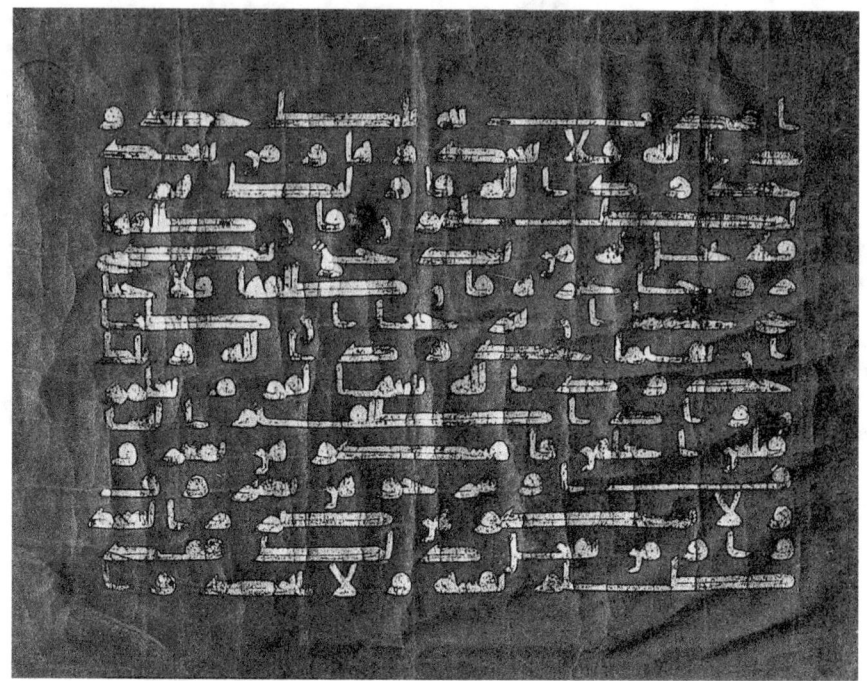

RES. 22 "Mavi" Kuran'dan bir sayfa, muhtemelen Tunus, 10. yüzyıl, Harvard University Art Museum, Cambridge/Mass. (1967.23)

kalmıştı. Daha sonra göreceğimiz gibi, yazı ilahi kelamın sadece *kaydı* değil, aynı zamanda da *nişanıydı* ve bu özelliğiyle kendi kültünü kurdu. İnsan eliyle yapılmış tüm resimleri alaşağı eden bu kült, kitabın güzelliğine resimlerden daha fazla değer veriyordu. Bu açıdan bakıldığında, insanlar arasındaki iletişimi değil, Tanrı ile insanlar arasındaki iletişimi sağlıyordu. Zira Allah'ın işitilemeyen, sadece sessiz ya da yüksek sesle okunabilen kelamını müminler için—resimlerden farklı bir tarzda—görünür kılmıştı. Yazının neden kitapla sınırlı kalmadığını da açıklar bu. Kuran'dan alıntılar kamusal alana, yani camilerin ve türbelerin duvarlarına taşınmış, herkes için görünür kılınmıştır.

"Kelam" insan tarafından "yaratılmamıştı." Bu konuda mutabakata varılmıştı, ama Kuran konusunda aynı mutabakat sağlanamamıştı. Kuran'ın her nüshasına kült objesi gibi hürmet edilse de, Hıristiyanların ikonalara tapmasından farklı bir hürmetti bu, zira burada orijinal bir nüsha söz konusu değildi. Fakat metnin orijinal olması yeterliydi. Böylece, yazı kelamdan yine ayrıldı. Peki, "ilahi kelam"la hangi fikirler bağdaştırılıyordu? Kelam doğadaki gibi bir mahluk değildi, Allah'ın dili ve kendini ifade etme biçimiydi. Ama Hıristiyanlıkta İsa'da vücut bulan

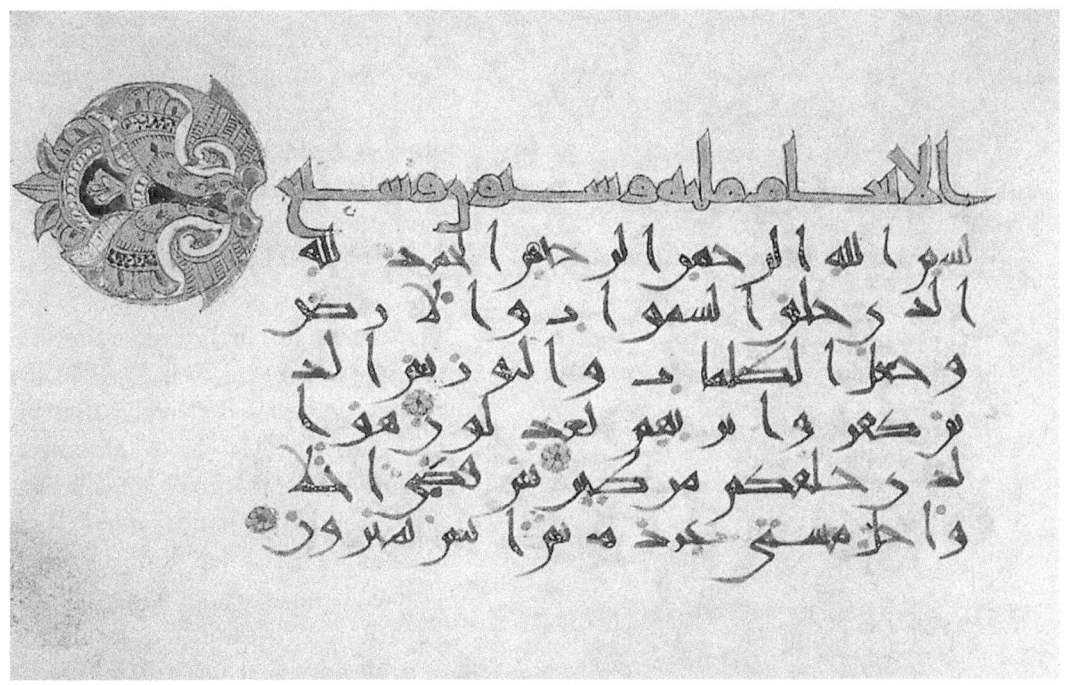

RES.23 Kadim bir Kuran sayfası, 9. yüzyıl (?), Metropolitan Museum of Art, New York, Rogers Fund (62.152.2)

"Kelam" kavramıyla tezat oluşturması da önemliydi. Yuhanna İncili'nin Latince çevirisinde Tanrı'nın "logos"u için *verbum* (söz) sözcüğü kullanılır. "Kelamın Allah nezdinde" olması İslamda da kabul görürdü muhakkak, ama cümlenin ikinci kısmındaki "Kelam Tanrı idi" sözü İslamda sıkıntı yaratır, sıkıntı metnin devamında doruğa ulaşırdı: "Ve kelam beden olup inayet ve hakikatle dolu olarak aramızda sakin oldu," böylece herkes onu "görebildi" (*vidimus*) (Yuhanna 2.14). Görülen kimdi peki?

İslam tektanrıcılığında "Kelam" ne kişiydi ne de insan bedenine sahipti. Kelamın "vücut bulma"sı kesin olarak reddediliyordu, çünkü İslamiyete göre, İsa Allah'ın bir "elçisi"ydi, o kadar. Harry A. Wolfson bu tezat için yeni bir kavram yarattı. İslamda kelamın "inlibrasyon"u (*inlibration*) söz konusuydu.[26] Bu kavram vücut bulma (*incarnation*) gibi kolayca çevrilemez ama anlamı açıktır ve çevirisi kulağa tuhaf gelse de "kitaplaşma" denebilir. Tanrı'nın kelamı bir bedende değil, bir kitapta, yani Kuran'da vücut bulmuştu. Bir adım daha atıp Hıristiyanlıkta İsa'nın yeri neyse, İslamda da Kuran'ın yerinin o olduğunu, yani kelamın vahyi olduğunu söyleyebiliriz.

İkisi arasındaki temel fark resim meselesinden kaynaklanır. Zira yazıya dökülmüş kelamda İsa'nınki gibi resimler yoktur. İslam sanatındaki

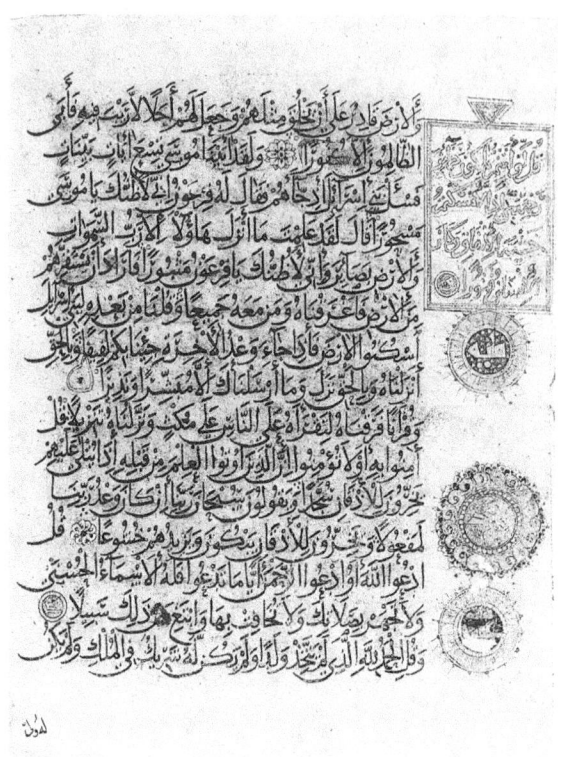

Res. 24 İbnü'l-Bevvab, elyazma Kuran, metin sayfası, 1000/01, Chester Beatty Library, Dublin (K. 16, fol. 138v)

kaligrafi, Erica Dodd'un bir kitabına verdiği isim gibi, sık sık "kelamın resmi" olarak nitelendirilir.[27] Fakat bu bir metafordur. Başka dinlerde resimle uygulanan tüm kült pratikleri İslam kültüründe yazı ve kitapla gerçekleştirildiyse de resim kavramı basitçe yazıya aktarıldığında fazlaca zorlanmış olur. İnsan bedeninin ve fiziksel yaşamın tasviri için kullanılan resim kavramı, işaretlerden oluşan bir dil olan yazı için de kullanılamaz. İslami metinlerde fiziksel tasvire yaradılışın taklidi olarak şiddetle karşı çıkılması, resim kavramının dil ve yazıya aktarılmaması için güçlü bir uyarıdır. Yazı taklit değildir, ifade ettiklerine karşı belli bir mesafede durur. Tanrı gibi Kelam da görünür kılınamaz. Sadece konuşmadır. Kaleme alınmış konuşmadır yazı; konuşanı tasvir etmez.

Ama "insan eliyle yaratılmamış" Kelam İslamda kitapla ve yazıya vücut veren her bir kitap sayfasıyla yüceltildi. Gerçi Kuran kapların ve binaların üstüne "taşınabiliyordu" ama Allah onun yerini *kitapta* ve *kitap olarak* belirlemişti. Kuran'da devamlı tekrarlandığı gibi, Allah vahiylerini Arapça indirmişti ve kitap olarak planlamıştı. Yazı, kelamın "vücudu" ise; kelamın yazıldığı kitap da öyleydi. Kitapta her kelime yerli yerindeydi. Kitap kendi içinde sarsılmaz bir bütün olarak vahyin aynasıydı. Kuran'ın daha ilk nüshalarındaki metin kelime sayısına göre ölçüldü ve kapalı bir organizma olduğu teşhis edildi. Kuran 114 sureden, 6236 ayetten, 77.460 kelimeden, 321.250 harften ve 156.051 işaretten oluşuyordu.[28] Bu rakamlar hem Kelam hem yazıyla ilgilidir, çünkü harfler ve işaretler konuşma dilinde değil, sadece yazıda bulunur.

Ayet, kelime ve harfler arasındaki orantı ve uyum, resimsiz olmasını telafi eden bir estetik kalite kazandırır kitaba. Orantılar İbnü'l-Heysem'in görme teorisinde de önemli bir rol oynar (s. 114). 10. yüzyılda Bağdat'taki Abbasi sarayında uygulanan büyük yazı reformunda da orantılar söz konusudur. Açık seçik olan, rahat okunabilen yeni standart yazı "orantılı kaligrafi" (*hattü'l-mensûb*) olarak niteleniyordu; belli ki, "hat" hem yazının karakteri hem de güzelliği anlamına geliyordu.[29] İbnü'l-Heysem o dönemde eğitim görmüştü (Üçüncü Bölüm). İslam sanatına ebediyen damgasını vuran "geometrik üslup" *girih* ya da "düğüm" de o zaman geliştirilmişti (s. 120). İslam, dini ve kültürel tüm alanlarda etkisini gösteren yeni bir tutuculuk dalgasıyla birlikte 1000 yılı civarında kesin hatlarına kavuştu.

Bu reform öncelikle, Kuran'ı okuma metni olarak standardize eden yazıda gerçekleştirildi. Harflerin orantıları için nokta, dikdörtgen ve eşkenar dikdörtgenle yeni modüller geliştiren kişi profesyonel bir hattat değil, Vezir İbn-i Mukla'nın (ö. 939) ta kendisiydi. Ama İbn-i Mukla daha 9. yüzyılda başlayan bir gelişmeyi tamamlamıştı aslında. Oleg Grabar, yeni yazının, Kuran metnindeki içerik ve biçim düzeninin bir anahtarı olduğunu söyler (**Resim 22** ve **Resim 23**).[30] Metni okuyabilmek için alfabenin (*ebced*) yapısını iyi bilmek gerekiyordu. Sözcük ve harflerden oluşan organizmada estetik bir ifadeye kavuşan bu düzen her bir harfin yapısında tekrarlanıyordu. Yazıda ünlü harf olmadığından, ünlüler harfin üzerinde entonasyon gibi görünen noktaların sayısıyla gösterilir (s. 120). İbnü'l-Heysem'in ayrıntılarıyla anlattığı gibi, yazıdaki hiyerarşi okuma ediminde spesifik bir algı pratiğini de yansıtır.

Bu yazı reformunun başyapıtlarından biri, meşhur hattat İbnü'l-Bevvab'ın 1001 yılında Bağdat'ta tamamladığı, bugün Dublin'deki Chester Beatty Kütüphanesinde bulunan Kuran'dır.[31] Bu eser her sayfada farklı bir izlenim yaratır; her sayfa kendi içinde bir bütündür ve bu kültürde olmayan resimlerin özelliğine sahiptir. Kitap çift sayfa simetrisine göre tasarlanmışsa da, sayfaların her biri farklı düzenlenmiştir. Kitabın hangi sayfası açılırsa açılsın, kendi içinde bir bütün olduğu izlenimi uyanmakta, metin izleyiciyi adeta içine çekmektedir. Metne yer verilmeyen, salt süslemeye adanmış sayfalarda kitap tasvirsiz bir meditasyona davet eder, aynı zamanda da semantik bir karakter kazanır. Metin sayfalarında iç içe geçmiş, adeta tek bir nefeste yazılmış yazı kapalı bir blok halindedir; süsleme satırları yazı satırlarına nüfuz ederken, sayfanın kenarındaki palmetler yazıya ünlem işaretleri gibi eşlik ederler (**Resim 24**).

Tezhip sayfalarında okur saf geometrik bir süslemeyle karşılaşır; metin bloğunun yerini alan bu süslemeler, tıpkı bir resim gibi çerçevelenmiştir. Buradaki palmetler daha büyük çalışılmış, ilk evresini yaşayan "düğüm üslubu"nun titiz yüzey düzenlemesinde vahiy karakterine sahip gizemli sembollere dönüşmüşlerdir. Dublin'de muhafaza edilen

Sayfa 80 | 81

Res. 25 İbnü'l-Bevvab, elyazma Kuran, tezhip sayfası, 1000/01, Chester Beatty Library, Dublin (K. 16, fol. 284v)

Res. 26 İbnü'l-Bevvab, elyazma Kuran, tezhip sayfası, 1000/01, Chester Beatty Library, Dublin (K. 16, fol. 285r)

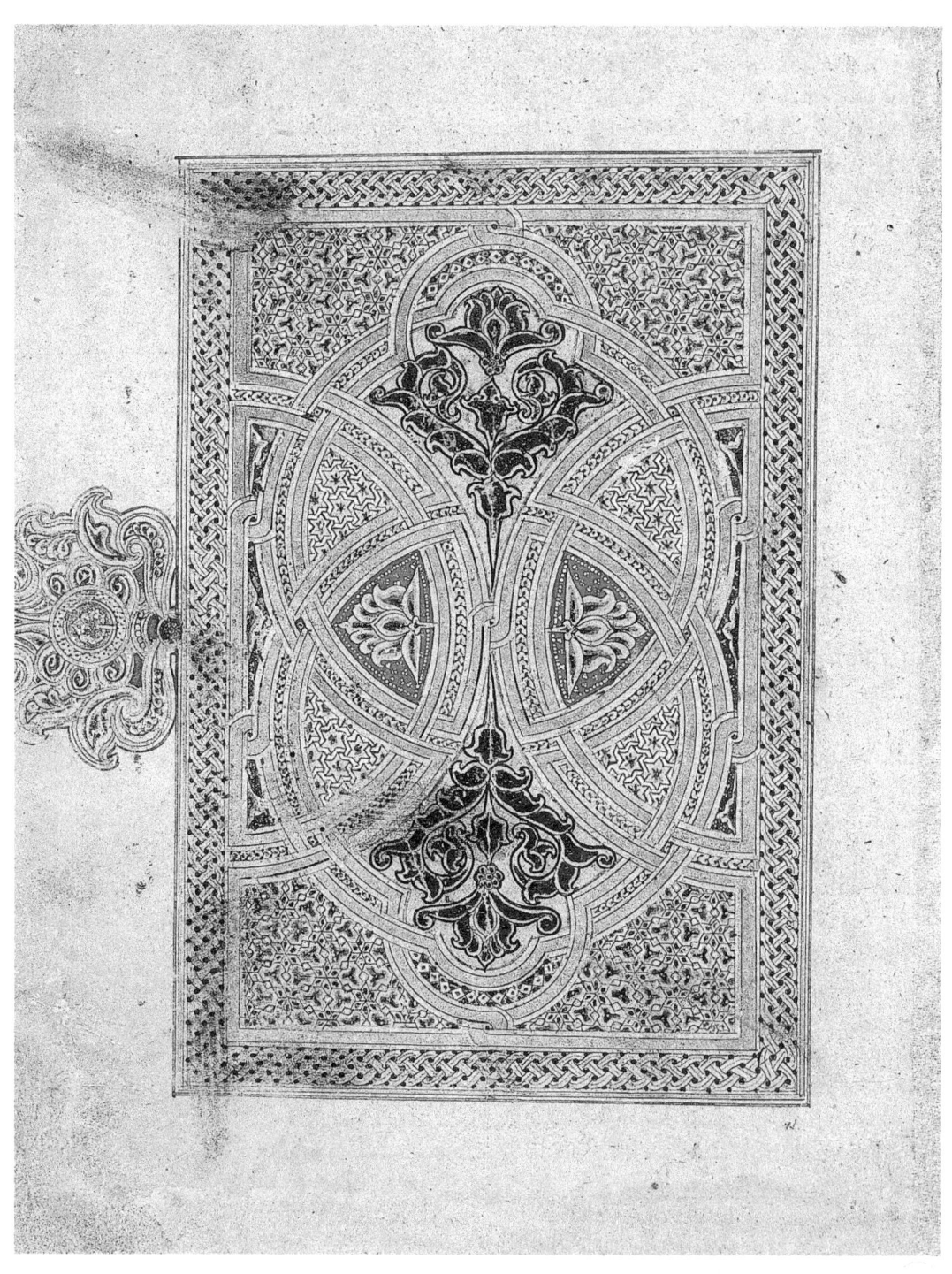

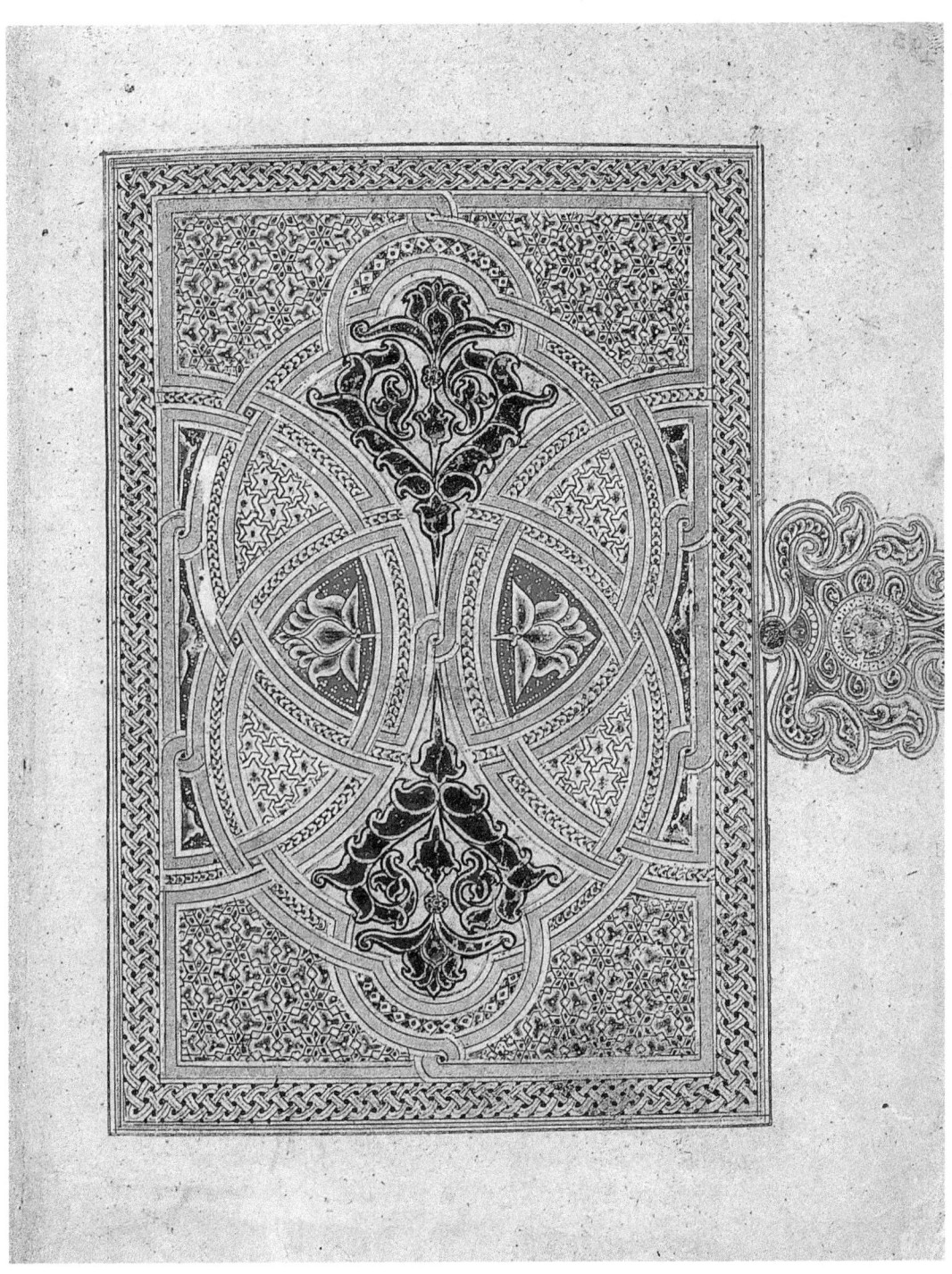

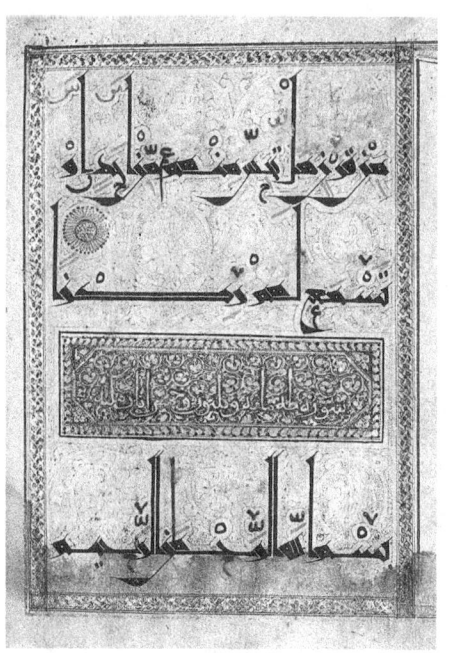

RES. 27 Kuran sayfası, 11. yüzyılın 2. yarısı (?), Topkapı Müzesi, İstanbul (EH 12, fol. 38v)

bu kitabın sayfalarını açtığınızda bir okur olmaktan çıkar, izleyici olursunuz (**RESİM 25** ve **RESİM 26**). Süslü sayfalar kitabın giriş sayfası ve bölüm başlıkları olmanın ötesinde, kitapla ilgili algıyı da değiştirirler. Yazı sayfalarındaki düzeni izleyen bu sayfalarda yazı bloğunun yerini alan geometrik alan hem ilgili sayfaya hem de kitabın bütünselliğine işaret ederek eseri paha biçilmez bir obje haline getirir. Kitaptaki geometrik düzen, izleyicinin gözlerini hem uyaran hem de disipline eden kozmik bir işaret sistemi karakterini alır. Bir resimde figür ile zemin arasında görülen ilişki, bu kitabın tezhip sayfalarında geometri ile kitap sayfası arasında kurulmuştur. Bu analojide tezhip sayfası bizim bu tarza alışkın olmayan Batılı gözlerimize son derece soyut görünür.

Alışkın gözler için okumak ve bakmak ayrılmaz bir bütündü, bu iki tutum ya da davranış birbirinden ayırt edilemezdi. İbnü'l-Heysem'in algı teorisini yazıya kolayca uyarlamasının nedeni de buydu (s. 211). Okuma ve görme, özellikle de resimler olmadığından, kendine özgü bir tür meditasyona davet ediyordu. Bu görsel meditasyon, görünmez kalması gereken ama kitapta fiziksel olarak temsil edilen bir Varlık'a yönelikti. Oleg Grabar yazıya—ve de İslam geometrisine—her tür tasvirden ve genel olarak ikonografiden kesin olarak ayrılan bir "meditatio" ya da aracılık görevi atfeder. Yazı ve süsleme görünürlüğün ve görünmezliğin, varlığın ve yokluğun sınırında yan yana durur, ama birbirlerinin saflığını bozmazlar. Bu kitapları üreten hattatlar ve sanatçılar bir şeyi tasvir etmiyorlardı; paradoks bir biçimde görsel araçlar kullansalar da, tasvir edilemeyene atıfta bulunuyorlardı. Belli ki, algıyı duyusallıktan arındırmayı ve içsel imgelere yönlendirmeyi görev bellemişlerdi.[32]

Günümüze ulaşan ciltlerin kapaklarında da aynı geometrik bezemeler görülür. Bu kapaklar kitap süslemesinden öteydi, ama bu "öte"nin ne olduğunu tam olarak söylemek zor. Kitap kapaklarında, başka sanatlarda da yaygın olan ve mimetik tasvirin tabu olduğu her yerde sanatsal enerjiye kapılarını açan bir biçim repertuarı kullanılıyordu. Dublin'deki kitaptaki gibi tezhipli sayfaların benzerlerini Viyana'daki Ulusal Müze'de muhafaza edilen ve en az bir asır daha eski olan Kuran bölümlerinde de görürüz.³³ Fakat bunlarda henüz bir standart yoktur ve Sünnilerin reformunu karakterize eden o disipline de sahip değillerdir. Zamanda biraz daha geriye gittiğimizde, kitap süsleme sanatının, daha o zaman da resimsiz bir tasvir biçimi arayışında olan erken örnekleriyle karşılaşırız.

1970'li yılların başında Yemen'deki Sana Camisi'nde, kadim Kuran fragmanlarının bulunduğu bir deponun gün ışığına çıkarılması muazzam bir keşifti. 8. yüzyıla ait elyazması bir Kuran ve olağandışı kapak sayfası büyük bir heyecan yaratmıştı. El yazmasının ön sayfasında soyut bir süsleme değil, kitabın bölüm başlarında da görülen bir bina cephesi yer alır (**RESİM 28** ve **RESİM 29**). Sayfanın tamamını kaplayan bu cami cephesinin kat kat yükselen sıra kemerlerinin içi boştur. En alt sıranın iki yanında kapalı iki kapı vardır, en tepedeki kemerli kapının iki yanında bitkiler ve ağaçlar yükselir. Dört bir yanı çerçeve içine alınan cephe gerçek bir binanın tasviri değildir, okurun Kuran'ın huşu içinde okunduğu bir yere girmesini simgeleyen mimari bir mecazdır. Canlılardan sayılmadıklarını bildiğimiz bitkiler, hemen hemen aynı tarihlerde yapılan Şam'daki Büyük Cami'nin avlu kemerlerindeki mozaikler gibi, cennet bahçelerine atıfta bulunurlar. Kuran bölümünün resimli ilk sayfası, farklı bir türde olmakla birlikte, metinde de görülen bir soyutluğa sahiptir.³⁴

Yazı ile geometrinin 10. yüzyılda doruğa ulaşan sinerjisinin bu kültürde çok önemli bir yeri vardı. Bu sinerjinin yarattığı estetik normlar kolektif algının görme kurallarını da belirledi. Arapça yazı, şekilciliği ve sağdan sola okunmasıyla, genel bir algı standardı oluşturdu; algı sadece okumayla sınırlı değildi, kitabın süslemelerine odaklanmayı da sağladı. Bu nedenle yazı zamanla metin üretiminin dışına çıktı. Çok değerli elyazma Kuran'lar daha 11. yüzyıldan itibaren sanatseverler arasında alıcı bulmaya, koleksiyonlara katılmaya başladı (**RESİM 27**). Bu çevrelerde sanat koleksiyonu neredeyse kitap koleksiyonuyla eşanlamlıydı. Bu gelişimde, estetik nedenlerden ötürü imlanın kaligrafiye feda edilmesi noktasına bile varıldı. Yazı yavaş yavaş metinle bağlarını kopararak bağımsız bir araç olarak özgürlüğünü kazandı ve biçim verdiği sözcüklerin anlamından başka bir gerçekliği ifade etmeye başladı. Başka kültürlerde resmin tatmin ettiği duyusal hazları veren "yazı, sanat haline geldi;" artık salt kendisi uğruna rağbet ve hayranlık görüyordu.³⁵ Başka bir deyişle: Yazı kendi güzelliğini anlatıyordu.

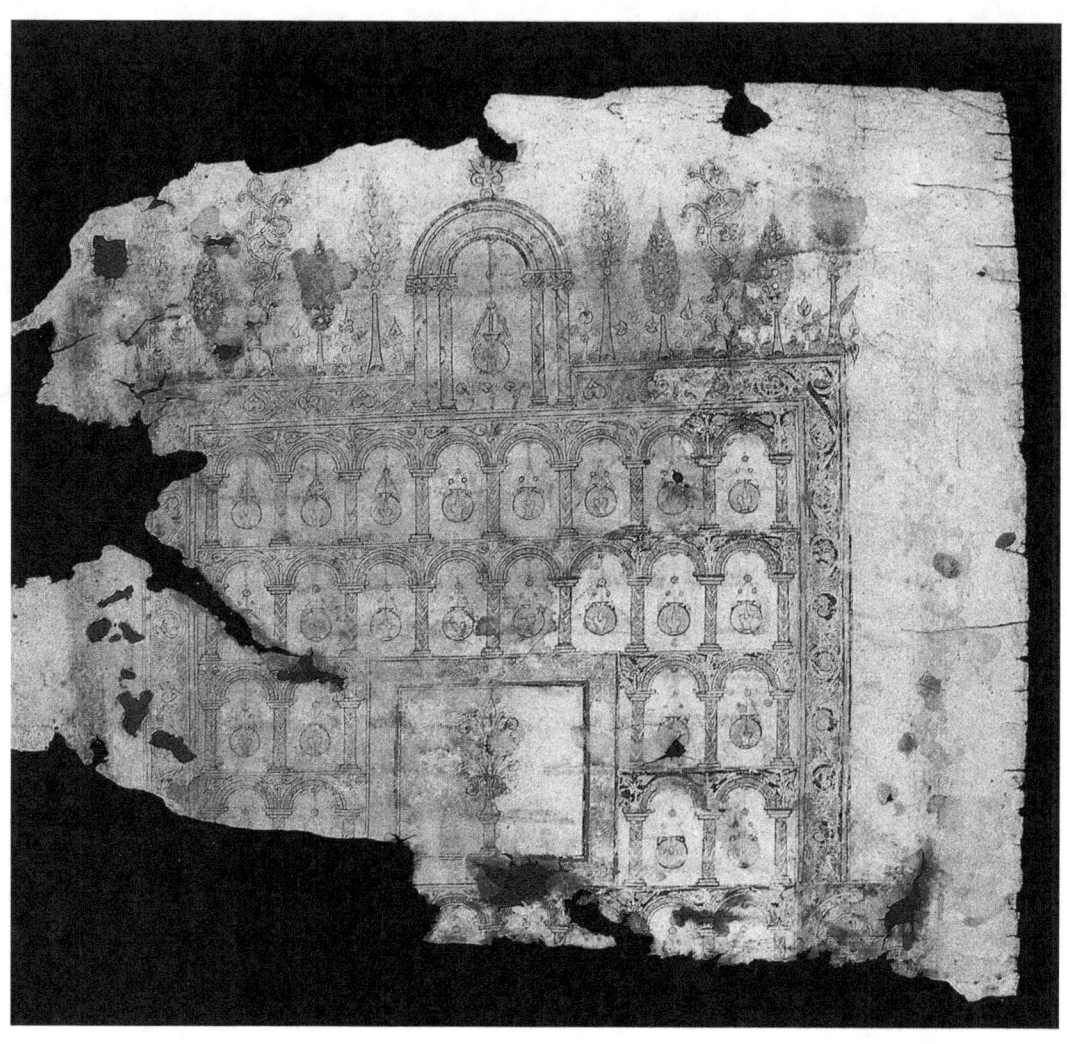

RES. 28 Kuran, 8. yüzyıl (?), Sana Ulusal Müzesi, Sana

Allah'ın Bakışları Altında: Hikâye Olarak Resim

Öyleyse, İslam kültüründe resimler her dönemde her yerden kovulmuşlar mıydı? Her yerde kaligrafiye ve geometrik fantezilere mi bırakmışlardı yerlerini? Bu sorularla, bölüm başında değindiğimiz resim meselesine dolambaçlı yollardan geri dönmüş bulunuyoruz. İran minyatürü İslam âleminin mirasını taşır. Fakat bunlar ne zaman yapıldı ve resimlerin nasıl bir rolü vardı? Biraz daha yakından baktığımızda, minyatürün saray kültüründe ortaya çıktığını ve ancak Moğol döneminde önem kazandığını görürüz. Her şeyden önce, minyatür daima kitapla ilişkiliydi,

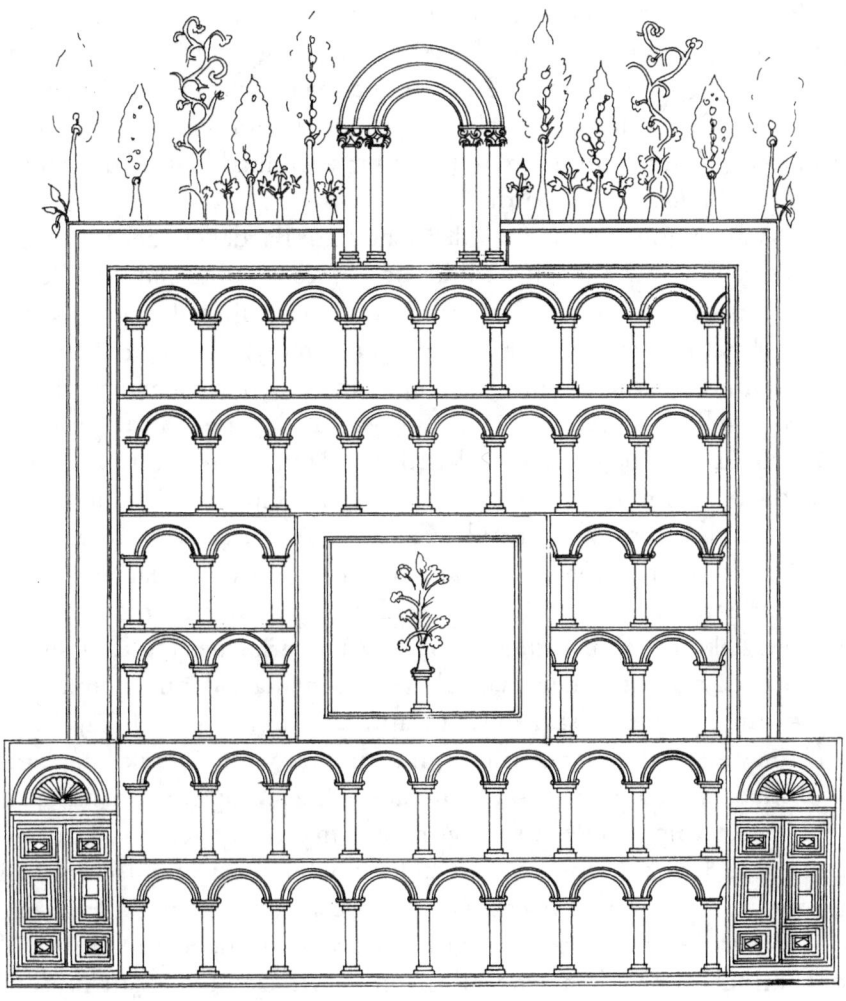

Res. 29 Kuran, 8. yüzyıl (?), ilk sayfa (bkz. Res. 28), Grabar'ın eskizi, 1992, s. 159

kitabın içindeki metnin illüstrasyonuydu. Metnin devamı, başka araçlarla anlatılmasıydı minyatür. Ya metni yansıtıyor ya da metnin anlatmadığını anlatıyordu. 16. yüzyıldaki Batı portre resminin Osmanlı sarayındaki muadili minyatürdür, zira resim kitaptan ayrı düşünülemez (s. 51). Metnin ve yazının yurdu olan kitap, 19. yüzyıla gelindiğinde bile sanatçılar için vazgeçilmezdi, çünkü resim ancak onunla birlikte vardı.

Moğol dönemi öncesinde de resimli kitaplar olsa gerek. Belki de 1171'de Fatımilerin Kahire'deki büyük kütüphanesinde çıkan yangında—antikçağın sonunda İskenderiye Kütüphanesi gibi—onlar da yanıp kül oldu. Fakat resimlere ancak özel koşullarda, tasvir gerektiren doğa bilimi kitaplarında, özellikle de resimli antikçağ literatürünün Arapça çevirilerinde yer veriliyordu. Bu antik metinlerde gök cisimleri, bitki ve hayvan tasvirleri mutlaka olurdu, ama Arapça kopya ve çevirilerde metni açıklayan yardımcı unsurlardan başka bir şey olmadıklarından yeni bir resim janrı oluşturmamışlardı.[36]

İslam sanatında ancak 1258'de Moğolların Bağdat'ı fethetmesiyle bir değişim yaşandı. Uzakdoğu, özellikle de Çin resim kültüründen etkilenen Moğollar İslam dinini kabul ettiler ama bunun karşılığında yeni tebaanın da ithal kültürü benimsemesini istediler. Dolayısıyla, İslam minyatüründeki resimli anlatım kesinlikle Avrupa sanatından esinlenmemiştir, bu nedenle de Batı'daki ortaçağ minyatürüyle karşılaştırılamaz. Fakat İslam kültürünün Uzakdoğu sanatıyla karşılaşması tamamen sorunsuz olmadı. Moğolların resim ruloları, metin ağırlıklı İslam kitap kültürünün bilmediği bir türdü. Yeni sahipleri ruloları acımasızca parçalarına ayırdılar ve rulolardaki resimleri, artık kitaplar gibi koleksiyonları yapılan albümlere yapıştırdılar.[37] O nedenle, günümüze ulaşan bu ithal resim rulolarındaki resimler hakkında fikir yürütmek zordur. Ama garipsenen bu yeni resimler zamanla minyatüre esin kaynağı oldu ve o zamana kadar hiç bilinmeyen bir türün gelişmesini sağladı. Minyatürde resimler kendi hikâyelerini anlatmaya başladılar ve metin-resim sorununu yumuşatarak kitapların yapısını da değiştiren bir ilişki kurdular metinle. Kitapta o zamana kadar geometrik tezhip ve süsleme sayfalarına ayrılan yeri artık resim sayfalarının aldığını söylersek abartmış olmayız. Nitekim bu süreçte, figürsel anlatım ile soyut süslemenin bir bileşimi olan pek çok melez biçim ortaya çıktı.

Çin'in resimden yana zengin kültürü Fars edebiyatında Moğol döneminden önce de az çok biliniyordu. Mesela büyük şair Nizâmî (1141-1209) temalarında, esinlendiği Çinlilerden sık sık söz eder. Nizâmî *İskendernâme*'sinde, Pekin'deki imparatorluk sarayında Çinli ve Yunan ressamlar arasında bir yarışma düzenlendiğini anlatır. Yarışmanın hakemleri Çin imparatoru ile sarayda misafir olan Büyük İskender'dir. Nizâmî'nin bu hikâyeyi anlatırken, resimlerini bile bilmediği iki yabancı kültüre eğilmesi önemlidir. Hikâyeye göre, bu iki kültürün resimleri kelimenin tam manasıyla birbirinin aynasıydı. Çinliler Yunan ressamların eserlerini büyük, küresel bir aynaya yansıtıyorlar ve iki taraf arasındaki perde kenara çekilince, her iki tarafta da aynı resimler görülüyordu.[38]

Nizâmî'nin bir başka eserinde, Behram Şah ile yedi karısının aşk öyküsünde, "Çin'in nakkaşhaneleri"nden söz edilir; öykünün kahramanı ilk kez ayak bastığı kilitli bir odanın duvarlarında, kendi kültüründe eşi benzeri olmayan, son derece "seçkin" resimler görür. Bu resimler, ancak şah olduktan sonra tanışacağı prenseslerin portreleridir ve yedi gezegen gibi prenseslerin sayısı da yedidir. Bu resimler gerçek birer portre olsalardı, Nizâmî hiç bilmediği bir resim türünü anlatmış olurdu, ama bunlar bizim bildiğimiz anlamda portre değildi; kahramanın gelecekle ilgili vizyonları, yani zihnindeki resimlerdi. Prens yedi kadının "sanem"inin karşısında dururken, onlar ona hiç bakmazlar, ortalarında duran ve Behram'ı şah olacağı zamanki haliyle gösteren imgeye yöneltmişlerdir bakışlarını. Bütün bunlar, onun ancak ilerideki hayatında gerçekleşecek bir hayaldir.[39]

Nizâmî'nin şiirleri, 15. yüzyılda bölgeye hâkim olan Timur İmparatorluğu'nda sanatta sevilen bir tema haline geldi. Minyatür sanatı saray hayatını tasvir eden dünyevi bir janrdı, bu nedenle dini kurallara tabi değildi. Kültürel bir önem kazanan minyatür kitaplarının değerli nüshaları hükümdarların koleksiyonlarına girdi. Bu nüshalardan biri 1410'da Timur'un torunu İskender için hazırlanan bir antolojidir. 38 minyatür arasında, Behram'ın nakış odasına girmesini tasvir eden minyatür de vardır (**Resim 30**). İranlı nakkaş bu temayı resmederken bazı sorunlarla karşılaşmıştı. Odayı bir modelden esinlenmeden yaptığı portrelerle donatmak zorundaydı, üstelik de duvarlarda bu tarz resimlerin olmaması gerekiyordu.

Nakkaş bu soruna dahiyane bir çözüm buldu: Portrelerin yerine kadınları nakşetti. Kadınlar resim çerçevesini andıran yedi kubbe altında, o sırada henüz var olmayan bir saraydaki odalarında oturur ve prensi kendilerine değil, geleceğe bakmaya davet ederler. Böylece, portrelerin yerini prensin gelecekteki hayatına bir bakış almış, yani prensin zihnindeki resimler dışarıya yansıtılmıştır. Kadınların oturduğu yarım daire biçimindeki görkemli saray odası, prensin önünde duran bir paravan gibidir. Mekân ve yüzey gibi, sarayın resmi ve saray da kesintisiz bir biçimde iç içe geçmiştir. Nakkaş bu sayede mekân sorununu da çözmüştür, çünkü oda yarım daire biçimindeki hafif eğimli duvardan ve duvarın devamı gibi görünen yer döşemelerinden ibarettir. Bezeme düzeni sarayı bir mekân olarak izleyicinin bakışına sunmak yerine, farklı yüzeyleri bir bütün haline getirir. Tasvir kendi içinde son derece durağandır ve ancak aralarında müstakbel şahın da bulunduğu ziyaretçilerle birlikte bir anlatım kazanır.

Bu nakış ile Batı'daki perspektifin icadının hemen hemen aynı tarihlere rastladığını belirtmeden geçmeyelim. Fakat nakış geri kalmış değildir, perspektif bakıştan farklı bir alternatiftir. Dolayısıyla, nakıştaki

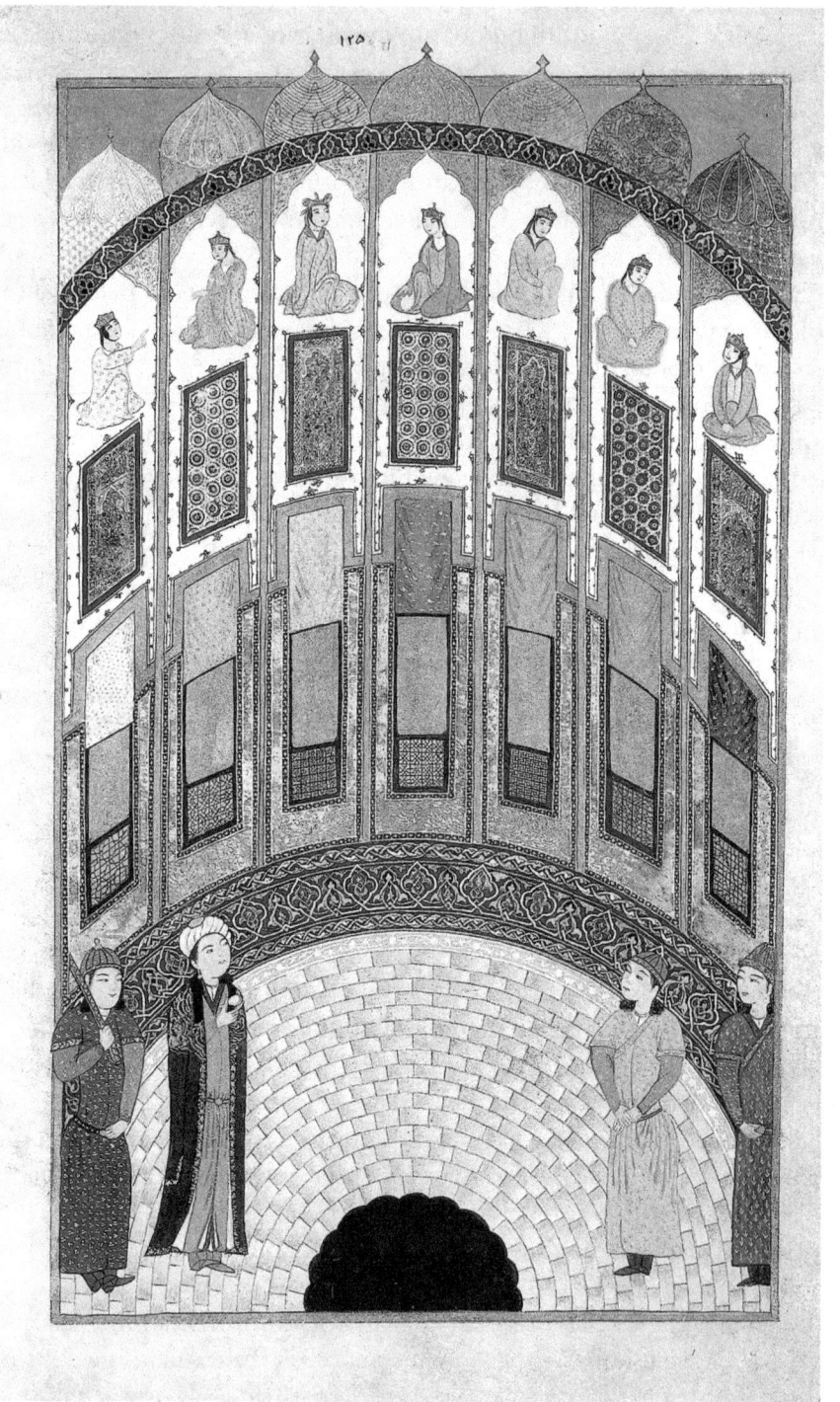

RES. 30 Nizâmî, Prens Behram Resim Galerisini ziyaret ederken, Şiraz, İran, 1410-11, Gulbenkian Museum, Lizbon.

anlatım biçimi Batı'nın kavramlarıyla anlatıldığında kendisiyle çelişir. Bu minyatür, Batı'daki ortaçağ minyatürüyle de karşılaştırılamaz; çünkü batı perspektifiyle taban tabana zıt, farklı bir sanat anlayışından beslenir. Estetiği ancak "okuma" ile paralellik kurulduğunda anlaşılıp yorumlanabilir. Metin okumak, anlatı hakkında tam bir fikir edinmek ve metni anlatıcının bakış açısından alımlamaktan ibarettir genellikle. Bazen tek bir resimde hikâyenin çeşitli aşamaları tasvir edilir, çünkü mimariyle ya da manzarayla karıştırılamayacak bir "anlatım mekânı"ndan yararlanılır.[40] Bu sadece İslam sanatına özgü değildir. Biz bunu, perspektif gibi zaman ve mekân bütünlüğüne bağlı kalmayan "süregiden resimsel anlatı"dan biliyoruz. Ama İslam nakkaşlarının yöntemi, üzerinde biraz daha düşünmeyi gerektiren spesifik bir özelliğe sahiptir.

İslamda kitapların tasvir ve metinle kurduğu ittifak gözü ehlileştirmeye devam etti. İzleyici dünyayı kendi başına araştıramıyordu, daima metnin boyunduruğu altındaydı. Kitaptaki resimlere bir okur gözüyle bakarken, neyi göreceğini önceden biliyordu; resimlere nasıl, hangi sıralamayla bakacağını öğrenmişti. Zira bu tür resimler kişisel deneyimi değil, kolektif bilgiyi yansıtıyorlardı. Metinden öğrenilen herşey resimde de görülüyor, hatta nakkaşlar metni ne kadar iyi anladıklarına göre değerlendiriliyorlardı. Nakkaşlar belli bir metni nakşetme tarzını tekrarlıyorlar, hatta nakşetme biçimlerinden kimlerin izinden gittikleri bile anlaşılıyordu. Hikâye metinde başka türlü anlatılamayacağı gibi, nakışta da özgün bir üslup geliştirilemezdi. Metindeki her tasvir kendisine nasıl bakılacağını dikte ediyor, ama otoritesine sınır da koyuyordu. Tasvire metnin aynasından bakılıyordu. Bu sayede tasvir metnin yetki alanına girmiyor, metne yeni ya da yabancı bir şey eklemiyordu. Metin gerek nakkaşa gerekse de resme bakan kişiye hem bir pranga takıyor hem de yol gösteriyordu.

Bunun pratik bir nedeni de vardı. Dünyayı bir panorama gibi gösteren kuş bakışı, ne bakan kişinin ne de nakkaşın bakışıydı; kuş bakışı, transandantal bir noktadan dünyayı herkese aynı şekilde gösteriyordu. Bir resmin bütün ayrıntıları izleyici için aynı küçüklük ve uzaklıkta olduğundan, olay örgüsü ve seyri apaçık görülebiliyordu. Bir metni okur değil başka biri kaleme aldığı gibi, resimli hikâyeyi de izleyici değil belli kurallardan—hikâye anlatmanın kuralları, okumanın kuralları ve bakmanın kurallarından—yararlanan biri nakşediyordu. İzleyici ipin ucunu kaçırmasın diye pek çok minyatürde resmin içine küçük metinler yerleştiriliyor ya da tersine, resim metnin alanına kadar girebiliyordu. Böylece resim ile metin arasındaki sınır hep açık kalıyordu. Okumak ve bakmak birbirini teyit edebilir ya da iç içe geçebilirdi. Sonuçta, hikâye demek, dünyayı açıklayan bir hikâyecinin olması demekti. Hikâyecinin otoritesi bir yazarın sahip olabileceği otoriteden çok daha büyüktü, zira hikâyecilik kurumundan güç alıyordu. Şairlerin adeta dini bir otoritelerinin olmasını da açıklar bu. Kelamın otoritesi bu kültürün geleneğiyle onlara da intikal etmişti.

Orhan Pamuk *Benim Adım Kırmızı* adlı romanında, İslam geleneğinin resimli anlatıda bulduğu resim anlayışını ele alır. Bir "resmin kitabın sayfaları arasına gizlenmesi gerekir." Resim duvara asılamaz. "Çünkü duvara astığımız bir resme, amacımız ne olursa olsun bir süre sonra tapınmaya da başlarız." Padişah, "Asıl olan hikâyedir," der. "Güzel bir resim bir hikâyeyi zarafetle tamamlar. Hikâyeyi tamamlamayan bir resmi düşünmeye çalıştığımda o resmin sonunda bir put olacağı geliyor aklıma, çünkü olmayan hikâyeye inanamayacağımıza göre, resme, o şeye inanacağız o zaman." Dayı, Kara'ya şunları söyler: "Her resim bir hikâye anlatır [...] Bu hikâyeleri okurken yorulan gözümüz resme bakarak dinlenir [...] Kimse hikâyesi olmayan bir resim düşünemez." Anlatıcı Venedik'te bir resmin önünde durup düşünür: "Hangi hikâyeyi süslemek ve tamamlamak için bu resim yapılmıştı? Resme bakarken anlıyordum ki bu resmin hikâyesi kendisiydi. Bir hikâyenin uzantısı değildi de resim, kendisi için bir şeydi." Bu onun hiç bilmediği bir şeydi. O, hikâyesi olan resimlere bakmayı tercih ediyordu. Orhan Pamuk bir Osmanlı nakkaşını şöyle konuşturur: "İslam resminin üç yüz yıl süren gücünü [...] âlemin Allah'ın gördüğü yerden, yukarıdan, ufuk çizgisi çizilerek ve içten bir acıyla resmedilmesini bu mutlu mucizeye borçluyuz." Çünkü "nakkaş kendi gördüğünü değil, Allah'ın gördüğünü resmeder."[41]

Blickwechsel: Canlı Bakışlı Resimler

Yukarıda ele aldığımız resimlere herhalde en zıt resimler Rönesansın, yani Batı'nın bize bakan ya da—lafı dolandırmadan söyleyelim—bizimle bakışan resimleridir. Bunun için resimlerde bize bakan ya da bakarmış gibi görünen, yani sanki gerçek hayatta karşılaşıyormuşuz gibi tasvir edilen figürlerin olması gerekir elbette. Figürler göz hizamızdaki resimlerden bakarlar bize. Sanatçılar, gerçek kişilerin değil, resimlerin önünde durduğumuzu unutmamız ya da inkâr etmemiz için uğraşmışlardır sanki. Perspektifin icadıyla doğan yeniçağ resmi, izleyiciden talep ettiği bu bakışma olmaksızın düşünülemez. Resimlerle göz göze gelmek, onlarla bakışmak, toplumdaki bakışma pratiğini tasvir eden ve toplum üyelerinin birbirlerine bakma biçimini resimlere yansıtan bir kültürün alameti farikasıdır. Burada resimler nesne olmaktan çıkmış ve öznenin yerini almıştır. Modern dönemden çok önce, Rönesansta bile kendilerince "canlı görüntü" olma iddiasındadırlar. Dolayısıyla, İslami öğretide günah olan bir şeye, hayatı yeniden kurgulamaya kalkışırlar. Daha önce gördüğümüz gibi, İslamda resimlerin kabul edilmemesinin en önemli nedeni, resimlerin hayatı gasp etmesiydi (s. 62).

Bakış, Jacques Lacan'ın da başlıca temalarından biridir. Lacan bakışa, burada ele aldığım konu için de önemli olan bir bağlamda, yani resimlere bakış ve resimlerle bakışma bağlamında değinir. Bu arada şunu da belirtmek gerekir ki, toplumsal bakış pratiği ile sanatsal resim pratiği arasındaki kültürel ilişki henüz bir bütün olarak incelenmedi. Lacan, "noktasal" (*punctiforme*) olduğunu ve "öznenin kendi başarısızlığıyla karıştırdığı bir kaçış noktası haline geldiğini" söylediği bakışın perspektif tarihiyle olan gizli ilişkisini açığa çıkarmıştır. Bunun anlamı, göremediğimiz bir şeyi görmek istememizdir. Lacan, "ressamlar, bakışı maskede büyük bir ustalıkla yakaladılar" derken ve bunu özellikle de Goya'nın başardığını söylerken, bakışın görünürlüğünü ve tasvir edilebilirliğini savunur.[42]

İşte, bakışmanın en önemli anı budur. "Maskedeki bakış," benim anladığım kadarıyla, resmedilen ya da fotoğrafı çekilen kişilerin bize fırlattığı, "hayat maskesindeki bakış"tır. Bir maske kullanmak zorunda kalmalarına rağmen, bize gerçek bir yüzle bakıyor gibidirler. Kurgu izleyicide başlar, ama resimdeki kişilerde karşılığı vardır. Sanki bizim varlığımızın farkına varabilirlermiş gibi, suçumuzu bilen ya da baştan çıkarıcı bakışlarla bakarlar bize. Bakışmanın bu simülasyonunda, Batı toplumunda hep yeni yeni kurallarla işleyen bir bakış tiyatrosu sergilenir. Bu nedenle, resimlerin gerçek bakışları tasvir etmesi, bakışların da resme dönüşmesi ve bakışın toplumsal ve kültürel pratiklerini ayna gibi yansıtması anlamında "bakışın ikonografisi"nden söz edilebilir. Eğer resim ve bakış bir ittifak kurmuşsa, bu ittifak perspektif modeli üzerine kuruludur.[43]

Sanat tarihine perspektif resmiyle giren portre için de geçerlidir bu. Jean-Luc Nancy, portrede resmedilen bakışta "resmin kendisi bakış olur" der, "bütün resim bakar." Oysa portrede sadece yüzün bir bakışı olabilir. Yazar, bu bakıştan "ancak o anda oluşabilecek bir mahremiyet" yayıldığını söyler.[44] Gerçek yaşamda karşılıklı bakışma ancak eşzamanlı olabilir. O nedenle izleyici portredeki kişiyi algılayabilmek için, içinde bulunduğu zamanı portreye yansıtmak zorundadır, zira onun bakışına ancak böyle inanabilir. İzleyicinin bu süreçteki payı olarak nitelenebilecek "animasyon"un özü budur ve pek çok filozof bunda bir sorun görmüştür. Nancy, Wittgenstein'dan yola çıkarak, bakışı "dışarı çıkan" (*qui sort*) şey olarak niteler; yani bakış, resimden çıkıp izleyicinin karşısına talepkâr bir biçimde dikilir. Ancak "kendisinin dışına çıkmak (*sortie*)" "bir özneyi özneye" dönüştürür. Portredeki özne resme bakan öznenin bakışına karşılık verdiğinde de aynı şey geçerlidir. Bu anlamda, sık sık sözü edilen resimden çıkan bakış, ancak yeniçağda önemli bir konu haline gelen diyalog tarzında bir bakıştı ve resim sanatını hayat adına harekete geçirdi. İslamın reddettiği hayat koyutu da buydu işte.

Alfred Neumeyer *Blick aus dem Bilde* (Resimden Çıkan Bakış) adlı kitabında, resimden fırlatılan bakışı sanat tarihinin bir konusu olarak işlediyse de, perspektif resminin icadıyla yaşanan dönüm noktasını ciddiye almadı. Neumeyer resimden çıkan bakışta, izleyiciyle resim arasındaki perspektif ilişkinin tersini gördü, oysa burada her iki eylem—resme bakış ve resimden çıkan bakış—birbirini ayna gibi yansılar. Neumeyer'in sözünü ettiği perspektif mekân, "resimdeki varlığımız" kadar "resmin önündeki varlığımız"ı da teyit eder. Resmin ve izleyicinin bakışlarının karşılaşmasıyla kurulan diyalog ile resmin izleyiciye bir şey göstermesi, yani işaret etme*si* arasında fark vardır.[45] Resimden bakan ressamın kendisiyse, o anda resmin anlatısı yarıda kesilir ve bakış farklı bir niteliğe bürünür. Ressam resimdeki sahneyi bizzat icat ettiğini, telifinin kendisinde olduğunu duyurmuş ve izleyiciyi suç ortağı yapmıştır.

Resimden fırlatılan bakışı Alois Riegel 17. yüzyıl Hollanda grup portreciliği örneğinde, sanki portre sırf bunun için icat edilmiş gibi anlatıyordu. Çok daha öncesinde İtalya'da gerçekleşen perspektif devrimiyle ilişkisine hiç yer vermiyordu.[46] Hollanda'nın burjuva toplumunun lonca ve dernek hayatını yansıtan bu resimlerdeki kişiler resme bakan kişilere öyle ısrarla bakarlar ki, sanki onları tanıklık yapmaya ya da üye olmaya ikna etmek ister gibilerdir. Ama resimlerde yer alabilmiş olmaları ve orada ebedileşmeleri de bir o kadar önemliydi belki de. Bireysel kimlik ile toplumsal bütünleşme bu şekilde bağdaştırılabiliyordu. Sonuçta, lonca ve derneklerdeki iletişim de bakış ve sesle kuruluyordu. Bir konuşmacı kendini grubundan ayırdığında, dinleyicileri onu yine grupla bütünleştiriyorlardı. İzleyici ise resimde tasvir edilen sosyal ağa kabul edildiğini hissediyordu. Böyle bir tablo bir toplantı yerinde asılıysa, kurgusal bakışma daha da yoğunluk kazanıyordu. Resmedilen lonca ya da dernek üyeleri, tıpkı hayatta da olduğu gibi, resimde bir şeyi kutlayarak ya da bir konuda tartışarak, bir grup portresinde bile bakışılabileceğini, sanat ile hayat arasındaki eşiğin aşılabileceğini Hollandalılara özgü bir biçimde ortaya koyuyorlardı.

Bakışma kurgusunun bir alternatifi de, resimlerin bakışmayı reddetmesi ve figürlerin sanki kimse onları görmüyormuş gibi davranmalarıdır. O zaman resimler bizi birer röntgenci yaparlar. Reddedilen bakış karşılık verilen bakışın sadece başka bir varyasyonudur. Bakışmada bize doğrudan "hitap edilir," bakışılmadığında ise yabancı bir mahremiyetin gözlemcileri oluruz. Bu durum, Diderot'da görüldüğü gibi, daha 18. yüzyıldaki sanat eleştirisinin de konusu oldu.[47] Her iki mizansen de Batı resim kültürünün açıktan açığa ya da gizliden gizliye bakıştan ne kadar çok etkilendiğini gösterir. Resmin önündeki koşulların resimde de olması gerektiği düşünülüyordu. Resimlerle bakışma, hayattaki bakışmayı tekrarlar. Fotoğrafta ya da filmdeki bakışma farklı deneyimlerdir: Fotoğraftaki kişinin aslında kameraya baktığını, filmde doğrudan bize yöneltilen bir bakışın filmin kurgusunu bozacağını biliriz.

Ortaçağ resim sanatında resimden çıkan bir bakışı boşuna ararız, çünkü izleyicinin ancak cemaatin kolektif mesafesinden bakmasına ya da huşu içinde tanık olmasına izin verilir. Resim ile izleyici arasındaki bu hiyerarşi geç ortaçağda adım adım ortadan kalkar. Yeniçağ kültüründeki dönüşümün önü dini resimlerle açılır ve bu gelişim ancak perspektif resmiyle, bakışın hâkimiyeti ele geçirmesiyle tamamlanır. Birini tasvir etmekten ibaret olmayan portre için de geçerlidir bu. Portre, varlık ve hayalin muğlaklığı karşısındaki korkuyu, sanatın ölümün eşiğinde teslim olduğu korkuyu kendi üstüne çekiyordu, zira resmedilen bakış daima başka bir zamandan dönüp gelir. İzleyicinin anımsama süreci ancak iki farklı zamana ait bakışların karşılaşmasıyla harekete geçer. Portrede genellikle, ölmüş olan ama canlı gibi davranan biriyle bakışılıyordu. Fotoğrafta zaman sıçraması daha da kuvvetle hissedilir, çünkü çekimin o kısa anı bir daha tekrarlanamayacak bir biçimde geride kalmıştır. Ve tüm bu sorular, ancak resmin hayatı simüle ettiği koyutuyla birlikte ortaya çıktı.

Bu konuda şimdilik gelinen son nokta, modern medyanın canlı görüntüleridir. Yaşayan kişilerle bakışmayı daha da ikna edici bir biçimde taklit eden canlı görüntüler, Batı kültürünün eski bir arzusunu gerçekleştiriyorlar. Elektronik canlı görüntü aktarımında çekim zamanı ile yayınlama zamanı arasındaki süre o kadar kısaldı ki, ufacık zaman sıçramasını algılamıyoruz bile. Yine de, bu efektler de kurgu, çünkü filme çekilen kişi ekranda bize bakmadan önce bir kameraya bakmıştır.

Televizyondaki pek çok görüntü, biz onları görmeden önce "kaydedilen" görüntülerdir. İstenildiği kadar tekrarlanabilekleri için, son kertede bizim bakışımızla ve içinde bulunduğumuz zamanla hakiki bir simetri içinde değiller. Onlara gösterdiğimiz vefaya ve meşrulaşmalarını sağlayan tek şeye, resimlere olan inancımıza muhtaçlar. Sahip olduğumuz hayatı onlara ödünç vererek analogmuş gibi görünmelerini sağlıyoruz ve toplumsal bakış pratiğini resimlerde yeniden üretmekte ısrar eden bir kültürün sınırlarında kalmaya devam ediyoruz.

Bu bölümü kapatırken Floransa'dan vereceğim bir örnek, resimde tasvir edilen bakış ile perspektifi simgesel biçim (s. 23) olarak görmeme yol açan perspektif devrim arasındaki sıkı ilişkiyi şaşırtıcı bir biçimde ortaya koyuyor. Örnek vereceğim eser, yapıldığı dönemde de büyük ilgi çekmiş, eleştirilere neden olmuştu. Ressam Ghirlandaio 1485 yılında Tornabuoni ailesi tarafından Santa Maria della Novella kilisesinin koro bölümünü resimlendirmekle görevlendirilince, yüksek duvarların ziyaretçilerin rahatça görebileceği alt kısmını İncil'den sahnelerle doldurdu ve bu sahnelerde Floransa sosyetesine adeta resmi geçit yaptırdı.[48] Bizim burada ele alacağımız örnek, Kudüs Tapınağı'nda Vaftizci Yahya'nın babası Zekeriya'ya verilen müjdenin tasvir edildiği sahnenin en sağında yer alır (**Resim 31**). Dönemin kronikçisi Giorgio Vasari figürlerin adeta canlı gibi göründüğünden övgüyle söz eder ve ressamın "o dönemde şehir-devlette üst mevkilerde bulunan çok sayıda Floransa yurttaşının yanı sıra, özellikle de Tornabuoni ailesinin gencinden yaşlısına tüm üyelerini" tasvir ettiğini söyler.[49]

Eğer bu portreler bakışlarıyla hayat kazanmasaydılar, sessiz ve hareketsiz birer figüran olurlardı. Figürler yan yana dizilmişlerdir, ama fizyonomileri gibi bakışları da birbirinden farklıdır. Onları sahnenin, hatta *proskene*'nin önüne dizen koreografide görme ışınlarının perspektif modeline sıkı sıkıya bağlı kalınmıştır. Figürlerin bakışlarına uygulanan bu model, onların bakışlarını bizimkilerle birleştirir. Resmin konstrüksiyonu o kadar açık seçiktir ki, görme ve kaçış çizgilerini görür gibi olursunuz. Konstrüksiyon sadece bedenleri değil, izleyiciyle aynı mekânı paylaştıkları izlenimi veren bakışları da kapsar. Bu nedenle, resimdeki ailenin bazı üyelerinin bakışlarını bizimle temas kurmak ister gibi bulunduğumuz yere çevirmeleri son derece tutarlıdır. Onların bize bakması, dikkatlerini tam önlerinde cereyan eden İncil sahnesine vermelerini engeller. Bu durum, canlı bakışların simülasyonunun dini resimleri yozlaştırdığını düşünen Savonarola gibi dönem ressamlarının şiddetli eleştirilerine yol açmıştı.

Res. 31 Domenico Ghirlandaio, *Zekeriya'ya Müjde* (detay), 1490 civarı, Santa Maria della Novella, Floransa, Tornabuoni Şapeli

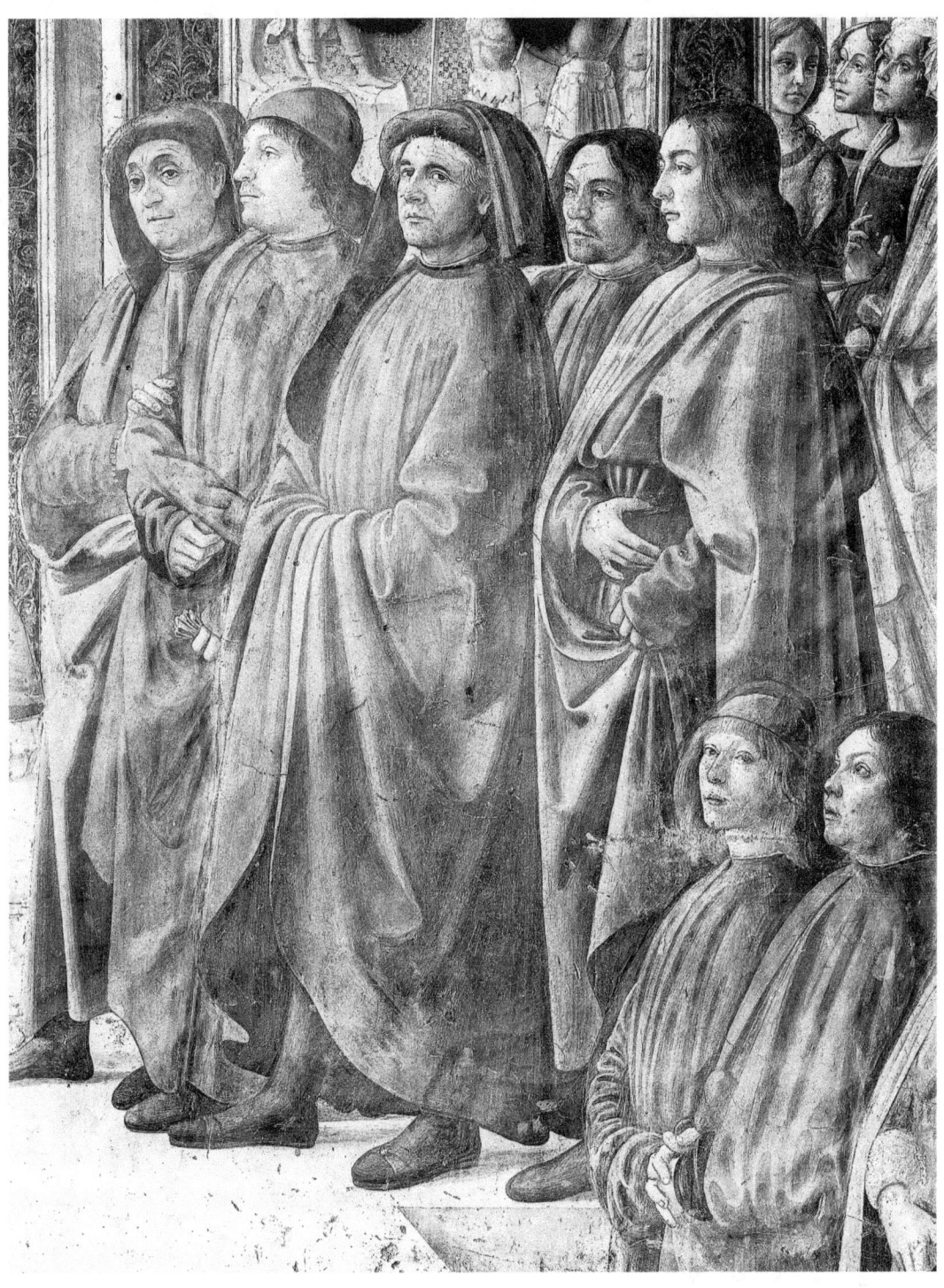

Ama böyle bir eleştiri, Savonarola'nın yeni sanatın özünü derinden kavradığını da gösterir: Yeni sanatın izleyiciyle kurduğu göz teması, hayatın resimde kurgulanması üzerine kuruludur.

III.

İbnü'l-Heysem'in Işık Ölçümü

ARAP İCADI CAMERA OBSCURA

İbnü'l-Heysem'in Optik Kitabı: *Perspectiva*

Resimdeki perspektif yeni bir icat değildi, eski bir ilim olan optik teorisine dayanıyordu. Optik teorinin *perspectiva* adıyla bilindiği, *Perspektiva*'nın ise Arapçadan Latinceye çevrilen bir optik kitabının adı olduğu genellikle unutulur. Perspektifin bayraktarlığını yapan Rönesans sanatçıları bu görme teorisini bir resim teorisine dönüştürünce, *perspectiva*'nın anlamı değişti. Bugünkü deyişle "analog" bir resim icat etmek isteyen Rönesans sanatçıları, perspektifte bizim doğada gördüğümüz imgelerin adeta birebir kopyasını görüyorlardı. Arap *görme teorisi* daha 13. yüzyılda Batı'daki üniversitelerde bilinse de, ancak 15. yüzyılda bir *resim teorisi* haline geldi. Görme teorisinin resim teorisine evrilmesinin nedenleri bilimsel değil, kültüreldi.

Aşağıda göreceğimiz gibi, resim kavramı, geometrinin hâkimiyeti altındaki Arap sanatı kadar Arap bilimine de yabancıydı. Bilim tarihçileri bunu henüz göremediler ve resimlerden söz eden Latince çevirilerin tuzağına düştüler. Bu nedenle, iki kültürdeki algı kavramını mercek altına almakta yarar var. Burada bilim ve sanat ilişkisinden ziyade, kendini bilim ve sanatta ifade eden iki kültürün karşılaşması söz konusu. Eski hegemonların sömürgeci bakışı reddedilerek Batı ile Doğu'ya eşit uzaklıktan bakan bir incelemede daha eski bir kültürün daha modern bir kültür üzerindeki "etkileri"ni kabul eden bir bakış olamaz. Çağımızdaki kültür araştırmalarına düşen önemli bir görev de, sadece Batı'yı ("modernliği") ölçüt almamak, kendi kültürünü diğer kültürün ışığında görmektir. Burada ele aldığımız resim meselesinde iki kültür birbirinden ayrılır, çünkü farklı bakış pratikleri özellikle de resme yansır. Resim sadece sanatla ilgili bir mesele değildir; resim, iki kültürün zihniyetini ve dünyayla ilişkisini de ortaya koyar.

Bu bölümde, bir süre önce yayımlanan bir kitapta "Arap Arşimed" diye nitelenen bir matematikçiyi derinlemesine ele alacağız.[1] Ebû Alî el-Hasen İbnü'l-Heysem (965-1040) Batı'da Latince Alhazen adıyla biliniyordu. Deneyleriyle ve karanlık odayı icat etmesiyle modern fen bilimlerinin öncüsü olan İbnü'l-Heysem, Euklides ile Ptolemaios'u yepyeni bir temele oturtmuştur. Onun estetik anlayışı, yaşadığı dönemin kültürünün bir temsilcisi ve yorumcusu da olduğunu gösterir. İbnü'l-Heysem burada ele alacağımız optik teorisiyle Batı bilimine de damgasını vurmuş, ondan yola çıkıp bir adım ötesine geçen Kepler ve Galilei'yi derinden etkilemiştir. Başyapıtı olan optik kitabı *Kitâbü'l-Menâzır*'ın yüzyıllarca Latince *Perspectiva* adını taşıdığı ve ancak Friedrich Risner tarafından çevrildikten sonra görsel algı öğretisine de adını veren Yunanca *Optik* adıyla yayımlandığı bilim tarihi dışında unutulmuştur.

İbnü'l-Heysem bugünkü Irak'ın Basra şehrinde doğdu; Bağdat'ta eğitim gördükten sonra, o sırada Kahire'yi kurmuş olan Fatımilerin hizmetine girdi. Nil nehriyle ilgili bir proje denemesi başarısızlığa uğrayınca, Fatımi hükümdarı el-Hâkim ile arası bozuldu. Bu olaydan sonra Azhar Camii civarındaki evine çekilen İbnü'l-Heysem, geçimini çeviri yaparak ve bilimsel metinlerin kopyalarını çıkararak sağladı. Bugün İbnü'l-Heysem'in portresi Irak'ın bir banknotunu süsler (**Resim 32**), ama gerçek görünümüne dair bir belge yoktur. İbnü'l-Heysem'in yazdığı 92 kitaptan 55'i günümüze ulaşmıştır, bunların arasında 1027 tarihli bir de otobiyografi vardır.[2] Ondan kısa süre önce Euklides geometrisinin ve Ptolemaios diyoptrikinin bir "özet"ini de yazmış, bu âlimlerin kitaplarının yeni nüshalarını çıkarmıştı. Fakat sonra, kendisinin de söylediği gibi, kendi deneylerinden elde ettiği bilgilerle bu iki Yunanı geride bıraktı.[3] Bir makalesinde "Euklides'teki sorunlara çözümler" önerdi, bir başka makalesinde, Ptolemaios'un gezegenler teorisinin yanlış olduğunu kendi yaptığı deney serileriyle kanıtladı.[4] Arapların antikçağın bilimini aktarmaktan başka bir şey yapmadıkları yönündeki yaygın görüş İbnü'l-Heysem sayesinde kökünden çürütülebilmektedir.

1028'de yazmaya başladığı *Kitâbü'l-Menâzır* ya da *Optik* adlı eserinde fizik ve matematiğin bir sentezini oluşturmaya çalışan İbnü'l-Heysem'in amacı, matematik ile ampirik gözlem arasındaki uçurumu kapatmaktı. Nitekim antikçağın görme teorisini yeni bir temele oturttu ve bu teorideki

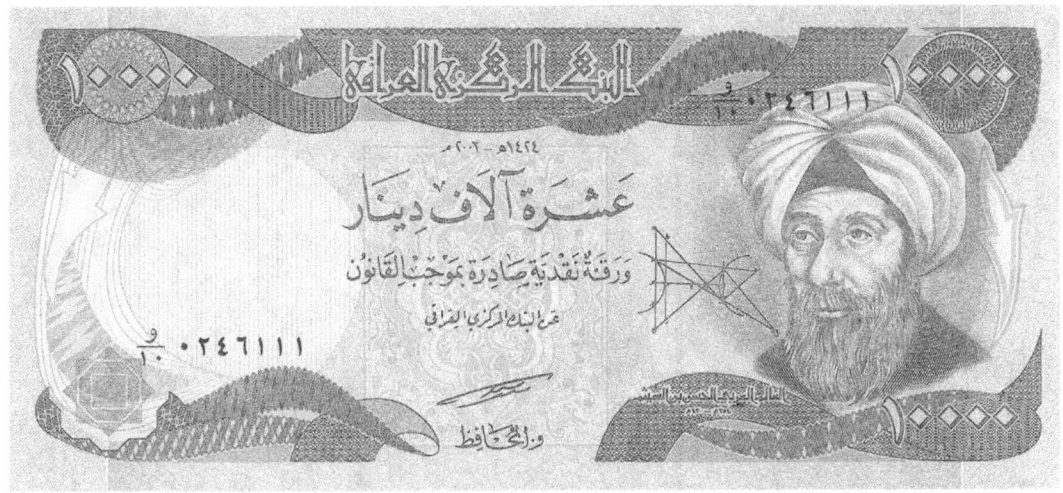

RES. 32 İbnü'l-Heysem'in portresine yer veren Irak banknotu

çelişkileri çözdü.⁵ Ona göre, ışık fiziksel bir varlığa sahipti ve algımıza hükmediyordu, çünkü ışık ışınları, deneyleriyle de kanıtladığı gibi, matematiksel olarak hesaplanabiliyordu. İbnü'l-Heysem eserinin birinci kitabında algının genel özelliklerini, ikincisinde özel koşullarını, üçüncüsünde de kusurlarını ele alır. Dördüncü ve altıncı kitapta diğer konuları, özellikle de ışık ışınlarının "yansıma"sını inceler. Yedinci kitapta ise "havanınkinden farklı tür bir şeffaflığa sahip" olan "şeffaf cisimlerdeki ışık kırılması"nı anlatır.⁶

Kitâbü'l-Menâzır muhtemelen 1200 civarında İspanya'da *De Aspectibus* ve *Perspectiva* başlıklarıyla Latinceye çevrilmişti. O dönemin kaynaklarından bildiğimiz gibi, Arapçası Endülüs'teki İslami seçkin çevrelerde "elden ele dolaşıyordu." Kitap, Aristoteles'in tartışılmazlığı hakkında şiddetli fikir ayrılıklıklarına yol açmakla kalmamış, bilimsel deneylerle sorgulanan felsefenin özerkliğini koruyup koruyamayacağı tartışmalarını da ateşlemişti.⁷ Roger Bacon, John Peckham ve Witelo'nun yorumlarında da görüldüğü gibi, kitabın çevirisinde hatalar ve eksikler vardı (Dördüncü Bölüm). Eserle ilgili yorumlarda hâlâ bu hatalı çeviriden yola çıkılıyordu. Nihayet 1604 yılında Johannes Kepler kitabı eleştirel bir gözle mercek altına aldı. Kepler bunun için Friedrich Risner'in 1572'de Basel'de yayımladığı çeviriden yararlandı (**RESİM 33**).⁸ Daha önceki çevirileri kötü birer uyarlama olan İbnü'l-Heysem'in eseri bilimde ancak bundan sonra meyve vermeye başladı. Bu özellikle de, İbnü'l-Heysem zamanında bilinmeyen retina ve merceğin keşfinden sonra retina imgesi ve optik imge ayrımı için geçerlidir.

OPTICAE
THESAVRVS.
ALHAZENI
ARABIS
libri septem, nunc primùm editi.

EIVSDEM liber DE CREPVSCVLIS & Nubium ascensionibus.

ITEM
VITELLONIS
THVRINGOPOLONI
LIBRI X.

Omnes instaurati, figuris illustrati & aucti, adiectis etiam in Alhazenum commentarijs,

A

FEDERICO RISNERO.

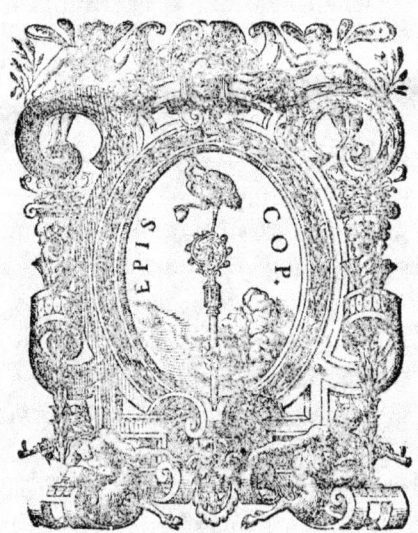

Cum priuilegio Cæsareo & Regis Galliæ ad sexennium.

BASILEAE,
PER EPISCOPIOS. M D LXXII.

İbnü'l-Heysem'in eserin yazarı olarak kesin olarak teşhis edilmesi, Eilhard Wiedemann'ın Leiden'daki Arapça bir elyazmasında, Kemâlüddîn el-Fârisî'nin İbnü'l-Heysem'i adıyla anarak onun kitabını uzun uzun yorumladığını keşfetmesiyle oldu. Aşağıda, orijinal Arapça metinden İngilizceye çevrilip 1989'da yayımlanan baskı temel alınmıştır. Yedi kitabın üçünün çevirisi, gençliğinde İskenderiye'de Karl Popper'la tanışan ve onun aracılığıyla Londra'daki Warburg Institute'a gelen Abdülhamid I. Sabra'ya aittir.[9] Batı'da bu çeviriden önce temel alınan versiyon, *camera obscura* tarifinin de eksik olduğu 16. yüzyıla ait Latince baskıydı. Arap biliminde ise Mustafa Nazif Bey'in 1942'de Kahire'de yayımlanan eleştirel baskısı temel alınıyordu. Matthias Schramm ve Fuat Sezgin'in çalışmaları gibi Saleh Beshara Omar ve Roshdi Rashed'in araştırmaları da bu baskıya dayanır. İbnü'l-Heysem'in olağanüstü önemini bilim tarihçileri açıkça görmüştür, ama Puerta Vilchez ve Gülru Necipoğlu gibi istisnaları—İbnü'l-Heysem'i estetikle sınırlasalar da—saymazsak, kültür tarihçileri tarafından göz ardı edilmiştir.[10] Perspektif sadece adını değil, başka pek çok bilgiyi İbnü'l-Heysem'e borçludur, ama Rönesans perspektifinin tarihinde onun adı hiç geçmez. Nitekim Robert Klein'ın çalışması da yankı uyandırmamış, David Summers ise İbnü'l-Heysem'den yalnızca duyular tarihi bağlamında söz etmiştir.[11]

Doğu ile Batı arasındaki kültür alışverişi İbnü'l-Heysem'le doruğa ulaştı. İbnü'l-Heysem bilim adamı olarak yeniçağın perspektif modelinin temellerini attı, ama teorisinin alımlanma (ve yeniden yorumlanma) biçimi henüz sorulmamış bazı sorulara yol açıyor. Yeniçağın biliminin onu çok sonra keşfetmiş olmasının yanı sıra, iki kültürün görsellik anlayışının birbirinden çok farklı olması da karşılaştırmalarda bulunmayı zorlaştırıyor. Bizim "resim" dediğimiz artefakt İslamda yabancı bir unsur olmaya devam etmiştir. İki kültür arasındaki anlayış farkını karanlık oda da yansıtır. Işığın duvarlara resim "yaptığı"ndan, ancak Batı'nın karanlık odayı kullanmasından sonra söz edilmeye başlandı, oysa İbnü'l-Heysem resimlerden hiç bahsetmez, çünkü Güneş ve Ay'ın kısmi tutulmalardaki "resimleri" bile bizim bildiğimiz anlamda resimler değildir. Resim meselesinin bilim tarihine soktuğu kültürel normlar, fen bilimleri ve matematik için de geçerlidir. Bu normlar İbnü'l-Heysem'in kullandığı terminolojide de görülür (s. 112).

Kültür tarihi ve bilim tarihi farklı disiplinler olduğundan, aralarındaki bağlantılar nadiren görülebiliyor.[12] Fakat Arap araştırmacıların ışık yörüngelerinin geometrisi konusunda antikçağ otoritelerini çürütmeyi

RES.33 Alhazen (İbnü'l-Heysem), *Opticae Thesaurus*, Basel, 1572, başlık sayfası

nasıl bu kadar kolay başardıkları sorusu bile, İslamın resimsiz kültürüyle ilgili sürpriz bir bağlantıyı açığa çıkarır. Mimari yapıların yüzeyinin baştan sona soyut geometrik süslemelerle kaplanması ve standart bir kaligrafisinin oluşturulması da İbnü'l-Heysem'in yaşadığı döneme rastlar (s. 128). Matematikçi İbnü'l-Heysem'in bilgisi, zanaatçılar için yazdığı bir el kitabı olan *Geometri ve Aritmetik Problemlerinin Analiz ve Sentezleri* ile popüler hale gelmişti (Sabra, Cilt II, XXIX). Zira estetik ve matematik aynı kültürü ifade ediyor, birbirlerinin önemini yansıtıyorlardı.

Memleketinin yüksek okullarındaki Kuran ağırlıklı eğitimden hayal kırıklığına uğrayan İbnü'l-Heysem, bu eğitime sırt çevirerek kendini Aristoteles'i ve antikçağ bilimini incelemeye verdi. "Yaratılmamış Kuran" Bağdat'taki aşırı tutucu halifelik sarayında Allah'ın doğaüstü eseri olarak lanse ediliyordu. En büyük tartışmalardan biri de uzaktaki Tanrı'nın yarattığı dünyayla ilişkisi üzerineydi. İbnü'l-Heysem tercihini, Tanrı'nın yarattığı doğayı araştırmaktan yana yaptı. Bilimsel deneylerle yaptığı doğa araştırmalarında rasyonel dünya görüşünü özgürce geliştirebildi.[13] Mısırlı Fatımilerin sarayı, onun araştırmalarının desteklenebileceği bir ortamdı ve Bağdat'taki halifelik sarayının Fatımilere karşı sert fermanlar çıkarmasından da anlaşılabileceği gibi, dini meselelerde de daha hoşgörülü bir iklime sahipti.[14] O dönemde Arap dünyasını sarsan din baskısı ve düşünce özgürlüğü çatışmaları İbnü'l-Heysem'in hayatına da yansımıştı. Fakat İbnü'l-Heysem ampirik gözlemlerle keşfettiği doğanın mantığını ve kanunlarını temel alıyordu.

İbnü'l-Heysem gerek ışığın yansımasında (katoptrik) gerekse de ışığın kırılmasında (diyoptrik) ışık ışınlarının geometrisini aynalardan izledi. Işık ışınlarının cilalı bir yüzeyin herhangi bir noktasından dümdüz geri yansıdığını biliyordu. Işınların izleyicinin ayna önündeki pozisyonuna göre bükülmesini içbükey aynada inceledi. "Alhazen Problemi," yansıtıcı bir yüzeydeki ışığın diğer bir yüzeye yansıyacağı noktanın matematiksel olarak hesaplanmasından ibaretti. Küresel aynaların görevi ise dairedeki ya da elipsteki yansıma noktasının belirlenmesiydi. Bu yansıma noktasını, yansıttığı ışık kaynağıyla birlikte aynı anda, üstelik de hep aynı açıda görmek nasıl mümkün oluyordu? 1695'te Constantin Huygens "Alhazen Problemi"ne yeni bir çözüm buldu.[15]

Arapça makalesi gün ışığına çıktığından beri karanlık odanın (*camera obscura*) da mucidi olarak bilinen İbnü'l-Heysem'in karanlık odasının rekonstrüksiyonu Frankfurt'taki bir enstitü tarafından yapıldı. İbnü'l-Heysem 1.30 metre yüksekliğinde olan ve bir yüzeyinin üzerinde bir delik

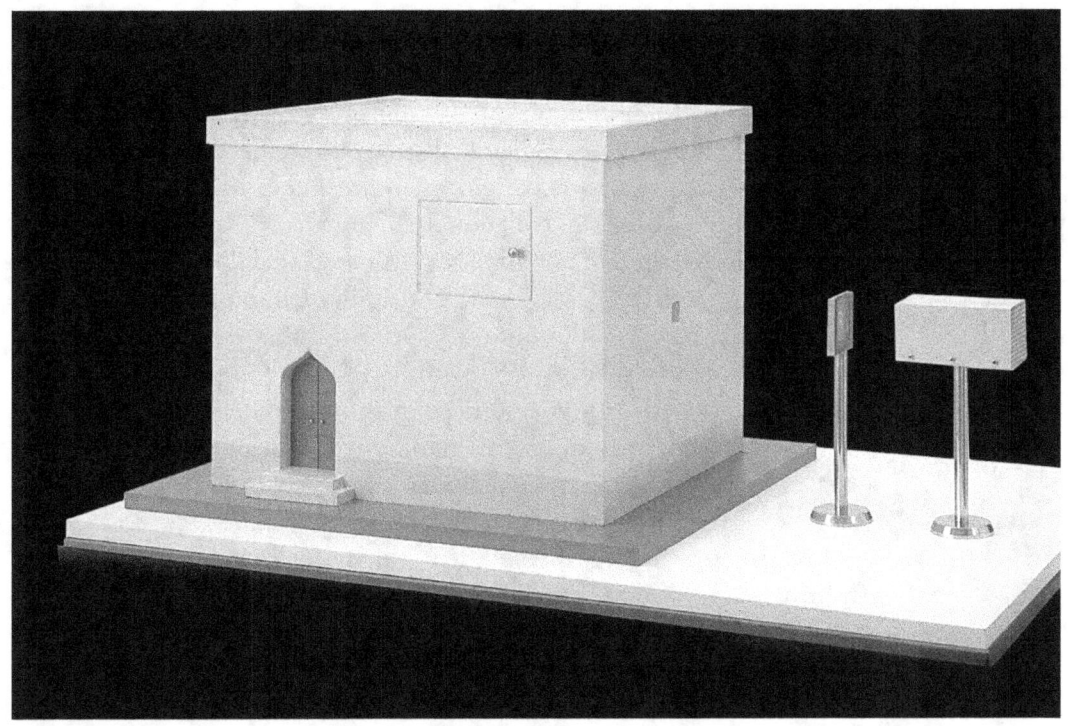

bulunan bu kutuya "karanlık oda" (*el-beytü'l-muzlim*) diyordu (Sabra, 14).[16] Diğer düzenekleri gibi bu kutuyu da birincil ve ikincil ışıkla yaptığı deneylerde kullanıyordu (**RESİM 34**). Bu düzenek sayesinde "ışık ışınlarının tozlu ya da dumanlı havada da, delikle karşı duvar arasında düz bir çizgide ilerlediği" görülebiliyordu (Sabra, 13). Hava ve ışık bölmede birbirlerine karışmıyorlarsa, o zaman gözde de kendi rotalarında kalıyorlardı. "Karanlık bir gecede odanın önüne birbirlerinden farklı uzaklıklarda yedi lamba konduğunda ve odanın kapısı aralık bırakıldığında, karşıdaki duvara lambaların sayısı kadar ışık vurur." Tüm ışınlar o küçük delikten geçtikten sonra da tekrar birbirlerinden ayrılırlar. Bu demektir ki, "ışıklar etraflarındaki havayla karışmazlar, şeffaf havada düz bir çizgide ilerlerler." Renkler de "ışıkla birlikte düz çizgiler halinde yayılır."[17]

Res. 34 İbnü'l-Heysem'in *camera obscura*'sının reprodüksiyonu, Institut für Geschichte der Arabisch-Islamischen Wissenschaften, Frankfurt (Env. No. E 2.0I)

İbnü'l-Heysem gölgelerle ilgili eserinde karanlık odayla yaptığı başka deneyleri de anlatmış, yorumcusu Kemâlüddîn el-Fârisî (ö. 1320) onun araştırmalarını sürdürmüştür. Bu deneylerde, bir güneş tutulmasında delikli "kamara"da Güneş hilal biçiminde görünürken aynı koşullarda Ay'ın neden öyle görünmediği sorusu araştırılmıştı. Araştırmacılar güneşin "resimleri"nden söz ederler, ama gördükleri aslında ışık lekeleriydi ve bunların büyüklükleri içeriye düşen ışının konisine ve ışığın geçtiği deliğe bağlıydı. Karanlık odada bir bulutun ya da kuşun resimlerini ilk kez Kemâlüddîn el-Fârisî gözlemlemiştir. İbnü'l-Heysem ise sadece ışığın "biçimleri"nden söz eder. Bir gök cisminin karanlık odadaki delikten geçen ışığı ışın konilerini (ışık daireleri) oluşturuyor, çeşitli ışın konileri üst üste bindiği için de bükülme çapları hesaplanabiliyordu.[18]

İbnü'l-Heysem gözün karanlık oda gibi işlediğini bilse de, karanlık odadaki gibi baş aşağı duran retina görüntüsünü henüz bilmiyordu. Bu nedenle, karanlık odada gözlemlediklerini tam olarak göze uyarlayamamıştı. Bir nesnenin yüzeyleri ile gözün yüzeylerinin birbirine bire bir tekabül ettiğini kanıtlamak daha önemliydi onun için.[19] Gözün anatomisinde antikçağ modellerinden yola çıkması araştırmalarını kısıtlıyordu. İbnü'l-Heysem'e göre, kristal sıvı (*crystalline humour*) (Sabra, 56) bugün göz merceği diye bilinen—ki İbnü'l-Heysem göz merceğini bilmiyordu—saydam organın işlevine sahiptir. Kristal sıvı ise ışığın kornea (*cornea*) ve üveadan (*uvea*) geçerek ulaştığı gözün merkezindeki camsı cismin (*vitreous humour*), yani gözün retinayla çevrili boşluğunu dolduran pelte koyuluğundaki saydam ve renksiz sıvının önünde bulunur (**Resim 35**). İbnü'l-Heysem'in döneminde göz merkezindeki kör nokta, hele hele netlik alanı (koni hücreleri) ve hareket algısı (çubuk hücreleri) henüz hiç bilinmiyordu. Bugün retinadaki farklı fotoreseptörlerin ışığı ölçtüğünü ve bilgileri neokortekse ilettiğini biliyoruz. Fakat İbnü'l-Heysem ışığın—beynin gözün ilettiği bilgileri değerlendirmesinden önce—göze ulaşana kadar katettiği yolları izleyerek modern bilimin temelini atmıştır.

Optik kuramlarında o zamana kadar hayalet gibi dolanan "resimler" ve "cisimler"i İbnü'l-Heysem ortadan kaldırmış ve görme süreçlerini her tür antropomorf tahayyülden arındırmıştır. Antikçağın Aristocularına göre, gözdeki "resimler" (*eide* ve *eidola*) nesnelerin bire bir kopyasıydı. Fakat İbnü'l-Heysem onları ışık noktalarından oluşan bir mozaiğe dönüştürdü ve I. Kitap'ta matematiksel olarak hesaplamaya koyuldu.[20] Tamamen farklı bir yol çizebilmesini resimsiz bir kültürde yaşamasına borçluydu. İbnü'l-Heysem "görme biçimleri"nden söz ederken, bizim bugün anladığımız anlamda imgeleri kastetmez. Ayrıca, bunlar hep münferit nesnelerin özellikleridir ve bulundukları ortam epistemik bir niteliği olan ya da bir izleyicinin işgal ettiği bir mekân, alan değildir. İbnü'l-Heysem mekândan değil, mesafelerden ve havada ile sudan geçen ışığın üzerindeki etkiden söz eder. Mesafeler yanıltıcı ve değişken olabildiğinden, son kertede sa-

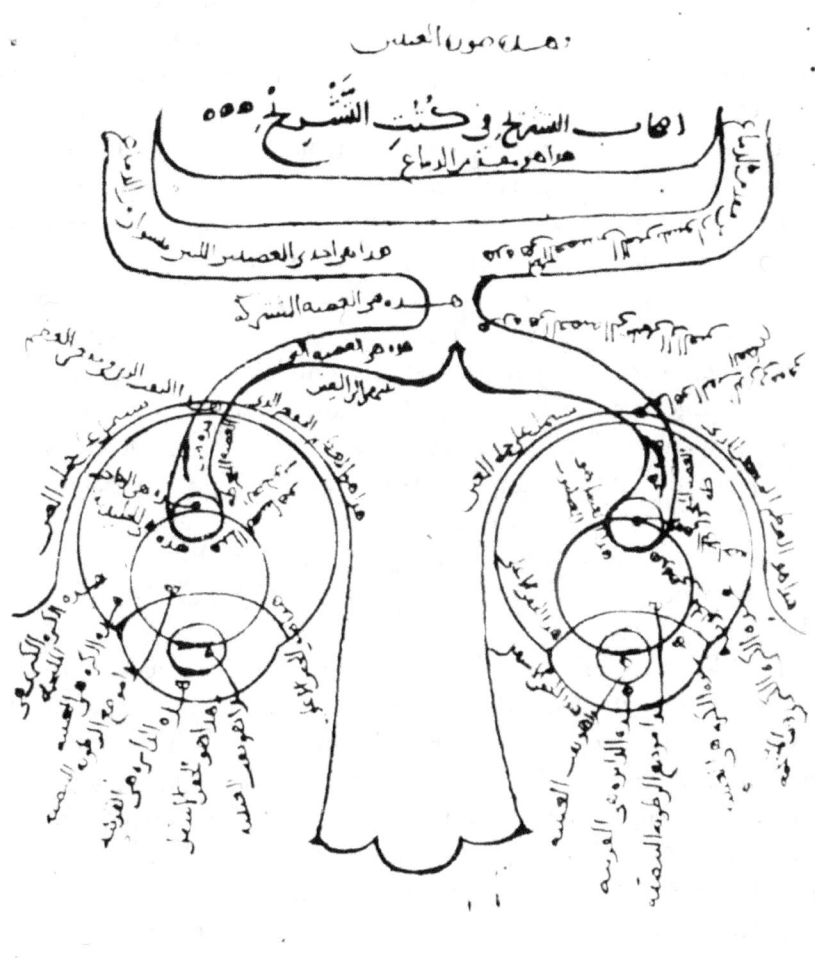

RES. 35 İbnü'l-Heysem'in gözlerin yapısını gösteren diyagramı; *Kitâbü'l-Menâzır*'ın en eski nüshası olan, İbnü'l-Heysem'in damadının yazdığı elyazmasından alınmıştır, 1083, Fatih Kütüphanesi, İstanbul (MS 3212 fol. 81b): Yuvarlak camsı cismin önünde kornea ve üvea vardır, gözün merkezinde bulunan ve yine yuvarlak *crystalline humour*'dan çıkan göz sinirleri beyne gider.

dece deneyimlerle tahmin edilebilir.[21] Deneyimler, bir cismi reel haliyle algılayabilmek, değişken görünümüne aldanmamak için de gereklidir. İnsanın gördüğü imgeler en önce beyinde oluşur; beyin ise dışsal duyulara karşı mesafelidir. Tıbbın da kanıtladığı gibi, İbnü'l-Heysem algının beyine göz siniriyle iletildiğini ve sinir hasar gördüğünde algı iletiminin de ortadan kalktığını gözlemlemiştir (Sabra, 86).

İbnü'l-Heysem, gözün fizyolojisinde (I. Kitap) antikçağ anatomistlerinden yola çıkıyor, algının psikolojisinde de (II. Kitap) Aristoteles'i ve onun ruh üzerine üç kitabını temel alıyordu. Fakat görsel algıyla ilgili analizlerini antikçağ ilminden farklı olarak ışık teorisine dayandırdı. Işık ışınlarının göze girerken izlediği yolları matematik yasalarıyla hesaplamak istiyordu. Bu analizde ışığın baskın unsur olmasının kültürel bir arka planı vardır. Her yeri kaplayan ışık kozmik bir güçtür ve İbnü'l-Heysem'in deneylerle kanıtlamaya çalıştığı gibi, "kendi ışıklarıyla aydınlanan" gök cisimlerinden yansır. Kuvvetli bir ışığa baktığımızda gözümüzün kamaşmasından, buradaki tek etkin unsurun ışık olduğu sonucunu çıkarır. Bu nedenle, "cisimlerin gözden çıktığı" yönündeki antikçağ öğretisini reddeder. "Eğer gözden dışarı çıkan bir cisim yoksa, o zaman dünyadaki nesnelerin hiçbir şey hissetmediği çok açıktır, zira hissetme sadece canlılara özgüdür. Bu demektir ki, gözden hiçbir şey çıkmaz" (Sabra, 80). Bunun yerine, dış dünyayı, "tüm matematikçilerin kanıtladığı gibi, uçları gözün merkezinde birleşen düz çizgilerle algılarız" (Sabra, 82). Biçimler cisimlerin yüzeyinden "matematikçilerin görme ışınları dediği düz çizgilerle nokta nokta iletilir" (Sabra, 82).

İbnü'l-Heysem'in aynalarla ve çeşitli karanlık odalardaki deneylerle gerçekleştirdiği ışık ölçümü sadece büyük bir bilimsel ilerleme değildi, yepyeni bir araştırma yöntemiydi. Büyük âlim matematiksel olarak hesaplanabilen yasaları ampirik olarak da kanıtlamak istiyordu. Bu yaklaşım, dünyaya kelimenin tam manasıyla farklı gözlerle bakmanın da ifadesidir. Dünyada ışık fiziksel olgular üzerinde bir hâkimiyet kurmuştur artık. Işık cisimler dünyasından çok başka türde olsa da, fizik yasalarına tabiydi ve basitçe transandantal ya da metafizik değildi. Aksine, evreni yöneten matematik yasalarının soyutluğunun olanca güzelliği tam da ışıkta kendini gösteriyordu. Ama bu yasalar dünyadan farklı oldukları anlamında soyut değillerdi, aksi takdirde ampirik olarak kanıtlanamazlardı. Bu demekti ki, dünyaya maddenin yerçekimi ya da felek değil, ışık hâkimdi ve yaradılışın matematiksel yapısı kendini ışıkta açığa vuruyordu; bu matematiksel yapı cisimlerin sureti olan resimlerle değil, ancak ve ancak geometriyle tasvir edilebilirdi.

Antikçağ Görme Kültüründen Uzaklaşma

İbnü'l-Heysem'in ele aldığı konuların çoğu antikçağ optiğinde biliniyordu. Yine de, görme sürecinde hem gözden hem de nesneden çıkan çift yönlü bir hareket olduğu tasavvurundan vazgeçilmemişti. Cisimlerin göze ulaştıkları ve orada kendi görüntülerini bıraktıkları düşünülüyordu. Görme ile tutkulu, hatta bazen takıntılı bir ilişki kurulduğunu, kullanılan kavramlar da yansıtır. Arap biliminde ilk başta Euklides ve Ptolemaios temel alınıyordu.[22] Antikçağ optiği ışığın yayılmasını dünyanın algılanmasıyla ilintilendirmiş, Ptolemaios Euklides'in geometrisini görme ışınları öğretisiyle daha da geliştirmişti. Antikçağın görme teorileri algıyı "imgenin göze yansıması" ile açıklıyor, görmenin bir sıvının aynasındaki izdüşüm gibi gözde oluştuğunu düşünüyorlardı. Apollonialı Diogenes, "çoğu düşünüre göre, algı resimlerin gözde oluşmasından başka bir şey değildir" der. Gözdeki izlenim anlamına gelen *emphasis* kavramı, aynı zamanda yansıtıcı yüzeylerdeki izdüşüm için de kullanılır.[23] Fakat asıl mesele, gözden çıkan görme ışınının dış dünyada karşılaştığı *eidola*'ya, yani imgelere nasıl tepki verdiğiydi.[24]

Seneca konuyu şöyle özetledi: "Aynalar hakkında iki görüş vardır. Kimileri aynada görülenin, cisimlerden çıkan ve (aynada) onlardan ayrılan kopyalar olduğunu düşünür. Kimileri de aynada sadece görüntüleri değil, gerçek cisimleri gördüğümüze inandırır bizi. Çünkü görme ışınının yine göze geri yansıdığı görüşündedirler." Öte yandan, Françoise Frontisi-Ducroux'nun belirttiği gibi, atomculara göre, "ayna yüzeyine çarpan kopyalar sanki bir şokla karşılaşarak yine bize geri dönerler."[25] Ayna cisimlerden çıkan imgeleri gerisin geriye onlara yönlendirir. Platon ve Stoacılara göre, görme ışını tıpkı öne doğru uzanan dokungaçlar gibi aynaya çarpar. "Bir durumda aynada sadece imgeler görülür, diğer durumda cisimlerin kendisi. Ama her iki durumda da göz için geçerli olan, ayna için de geçerlidir."

Bu nedenle, Yunanlar aynada gerçekle mi yoksa yanılsamayla mı karşılaştıklarına,[26] başka bir deyişle, cisim mi yoksa sadece imge mi gördüklerine bir türlü karar verememişlerdi. Platon'un *Timaios*'ta tanrıların tüm duyu organlarından önce "ışık getiren gözü yarattılar" demesinin ardında bir resim teorisi vardır. Göz ışığı almakla kalmaz, ışığı bizzat barındırır (*phosphora*). Günışığı gözlerin içinden çıkan ışığı ya da ateşi "hem yumuşatır hem de filtreler. Yani günışığı görme sürecinin akışına girdiğinde, benzerler (*homoion*) bir araya gelmiş olur" (45b). Göz ve cisimler dünyası mimetik bir ilişki içindedir, çünkü göz de bir cisimdir ve ışık üretir.[27]

Arap optiğinde ise ayna, cam yüzeyinde görülen cisimleri değil, ışığı iletir. Aynada ışığın yolları ve kırılmaları incelenirken, aynadaki görüntüler hiç dikkate alınmaz. Bu görüntüler mecazi anlamda birer spekülasyondur, hatta alay konusu bile olabilirler. Nitekim 9. yüzyılda, aynada yüzlerin nasıl oluştuğuna dair tezler üreten ama bunları kanıtlayamayan bir palavracıyla alay edilirken, acaba aynada gerçekten de yüzler mi gördüğü sorulur. Öyle ya, izdüşümün hayali olup olmadığını bile söyleyemiyordur. Bunlar aynanın yüzeyinde mi oluşuyordur, yoksa bambaşka bir yerde mi? Bu anekdottan da görüldüğü üzere, imgeler korku yaratamazdı, çünkü sadece hayaldi ve ancak palavracılar onlar hakkında bilimsel laflar ederdi.[28]

Oysa antikçağda ayna güvensizlik ve dehşet yaratıyordu. Aynanın önünde insanın varlığı bir bilmeceye dönüşüyordu. Gövdesinin aynaya geçtiğini gören biri ölümünü sezebilirdi. Narcissus suyun yüzeyinin aldatıcı aynasındaki görüntüyü kimlikle karıştırdı ve insanın kendini bir resimde kaybedebileceği korkusunu yarattı (Altıncı Bölüm). Platon *Timaios*'ta "aynaların imge yaratması"ndan söz ederken, imge ya da put anlamına geldiğini bildiğimiz "idol" *eidolon* kavramını kullanıyordu (46a). Aynanın önünde insanın görme gücü, aynadan geri gelen görüntüyle çarpışır. Frontisi-Ducroux'nun deyişiyle, "cisimlerin bize gönderdiği yansıma [...] aynanın önünde kendimizle yabancılaşmamıza" yol açıyordu.[29]

Euripides aynadaki "cansız imge"den (*apsychon eikon*) söz eder; bu cansız imge kişiye o kadar benzer ki, tek eksiği sesinin olmamasıdır.[30] Gözün görülen şeyle "fiziksel bir temas"ta bulunduğu tasavvurunda ışık sadece ikincil bir rol oynar. Yansıma (*emphasis*) cisimlerin gözde bıraktığı izlerdir (*typos*). Gözden çıkan görme ışınları sevgi duygularını da yaratır ve gözü bir şimşek gibi köreltir. Antikçağın bakma ile ilgili tabu ve yasakları, sevdalı göz gibi optik bir süreç olduğu düşünülen "kem göz"den korkulduğunu gösterir. İnsan görürken de "dünyayla yakın bir fiziksel temas" içindedir. "Aslına bakılırsa, uzaktan dokunmaktır bakmak."[31]

Cisimlerin varlığı antikçağda bir imgeler dünyası yaratırken, ışığın varlığı Arap kültüründe dünyanın imgelerden arındırılmasına yol açtı. Işık yansıması ve ışık kırılması optik olgulardır gerçi, ama farklı dünya görüşlerini de simgelerler. Antikçağ optiğinde ışık yansıması ışık kırılmasından çok daha büyük bir öneme sahipti. İki görme kültürü arasındaki fark bundan kaynaklanır. İbnü'l-Heysem imge iletmeyen ışık kırılmasına büyük önem verdi; ona göre, aynadaki ışık ışınlarının izlediği yol gibi algı da ışık kırılmasının yasalarına tabiydi. İbnü'l-Heysem, en önemli keşfinin bu olduğunu düşünüyordu. "Gördüğümüz her şeyi ışık kırılması sayesinde görürüz. Bu olgu antikçağ yazarlarının hiçbiri tarafından fark edilmemişse de, görmemiz tamamen buna bağlıdır."[32]

Işığın Yolları ve Cisimlerin Özellikleri

İbnü'l-Heysem *Kitâbü'l-Menâzır*'ın birinci kitabında ışığın yollarını tanıtır. Işık fiziksel bir varlığa sahiptir, yine de geometrik bir güzergâhı izleyen yollar kullanır. Bu dualizm fizik ve matematiğin de ortak yönüdür. Biz (fiziksel) doğamızın bir parçası olan duyularla görürüz. Ama cisimlerin bize biçim, konum, boyut ve hareket olarak görünme şekli matematiğin alanına girer (Sabra, 4). Zira tüm cisimleri "nasıl görünürlerse görünsünler, aynı yasalara göre" yani "cisimlerin yüzeyi ile gözün yüzeyi arasındaki düz çizgilerde algılarız" (Sabra, 7). Bunun için de bir cismin opak olması ve "ister cisim, isterse de yüzey ya da çizgi olsun" belli bir boyutta olması gerekir. "Bir sivrisineğin gözbebeği gibi minicik şeyler, fiziksel bir varlığa sahip olsalar da, gözle görülemezler" (Sabra, 9). Ayrıca, cisimlerin görülebilmesi için belli bir mesafenin ötesinde olmamaları gerekir. Fakat görülebilirlikleri renklerine ve aydınlıklarına da bağlıdır. Yalnızca beyaz yelkenli gemiler denizde çok uzaktan görülebilirler. İbnü'l-Heysem *Algının Özellikleri* (Sabra, 11 vd ve 105 vd) ile *Cisimlerin Özellikleri*'ni (II. Kitap) birbirinden ayırır. "Sayılamayacak kadar çok mesafe türü vardır" (Sabra, 11). Gerçi algıyı ışık belirler, ama uzaktaki cisimleri ancak deneyimlerimiz sayesinde görürüz.

Göz yarı şeffaf bir cisimdir, ama cansız cisimlerden farklı olarak, gözün içinde kristal sıvı—İbnü'l-Heysem kristal sıvı kavramını antikçağ anatomisinden almıştır—denen ışığa duyarlı bir organ vardır. İbnü'l-Heysem'in gözün yapısını nasıl düşündüğüne bakalım (**Resim 36**). Küresel kristal sıvı (B-B) "gözün yüzeyi"nin ya da korneanın (A-A) ortasındadır. "Görme konisi" (c-d-e) gözbebeğiyle birlikte genişler ya da daralır ve ucu "gözün merkezi"ndedir (d). Işınlar görme konisinin alanına dikey ya da doğrusal çizgide düşerler, ama görme konisinin dışında yollarından saparlar. Kristal sıvı sadece düşey olarak düşen ışınlara karşı duyarlıdır. Diğer ışınlar kırılırlar. Işık kırılmasının nedeni "göz tabakalarının hava şeffaflığında olmamasıdır" (Sabra, 68). "Kristal sıvıda tek bir noktada kırılan sayısız biçim vardır" (Sabra, 70). Bu durum, görme konisinin dışındaki bir nesneden (G) gelen ışınlar için de geçerlidir, zira göz ile nesne arasındaki bir açıda (g-h-i) yeniden doğrusal çizgiye yönlendirilerek göz tarafından algılanırlar.

Çeşit çeşit biçim göze aynı anda, karmakarışık bir biçimde ulaşsa da, cisimlerin kendi içindeki düzen gözde her defasında yeniden kurulur. Renk ve ışığın göze ulaştığını bilmek yeterli değildir İbnü'l-Heysem için, zira bütün mesele bundan ibaretse, o zaman gözün görsel izlenimler ara-

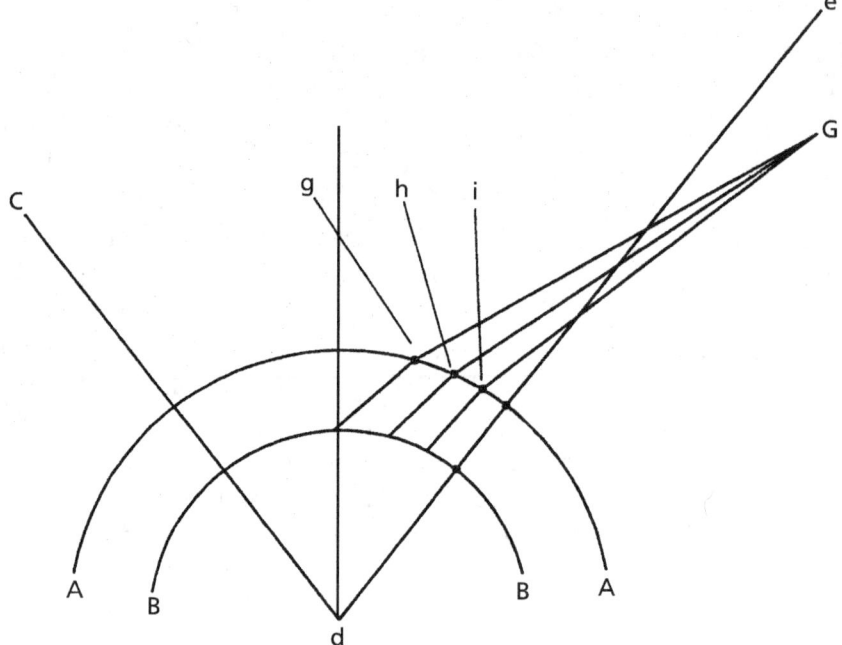

RES. 36 İbnü'l-Heysem'in gözdeki görme ışınlarının kırılmasına ilişkin teorisi, Hans Belting'in Sabra'ya (2003, s. 100) dayanan çizimi.

sında seçim yapabilecek ya da onları ilk başta olduklarından farklı şekilde birleştirebilecek durumda olması gerekir. Ama göz daima birkaç cismi ve rengi birden gördüğü için böyle bir şey imkânsızdır zaten. Bu nedenle, algının noktasal biçimde ve ışınların göze nüfuz ederken uğradıkları ışık kırılması yasalarına göre gerçekleştiği sonucuna varır (Sabra, 65 vd).

İbnü'l-Heysem Newton'un çok sonra elde edeceği optik bulgulardan bihaberdi; ışık dalgalarının renkler üzerindeki etkisini de bilmiyordu. Işığın yollarını deneylerde gözlemlemekle yetinmek zorundaydı. "*The form and origin of light,*" ışığın biçimi ve kökeni, ancak 17. yüzyılda, Francis Bacon'ın ısrarlı çabalarıyla araştırılmaya başlandı. İbnü'l-Heysem'e göre, "ışık bir cisim değildir. Ama havayla birlikte, onunla *iletilen* bir cisme sahip olur."[33] Alacakaranlıkta, ışık havada toplandığında da görüldüğü gibi, "hava şeffaf bir cisimdir ama az miktarda bir yoğunluğa da sahiptir" (Sabra, 29). İbnü'l-Heysem *Işık Üzerine* adlı makalesinde, "ışığın ve renklerin yayıldığı düz çizgiler kurgusaldır, gerçek değildir," der.[34] Ona göre, ışık ışınları sadece matematikle açıklanabilir. Şeffaf maddeyi *içinden geçerek aydınlatan*, opak maddenin üzerini aydınlatan ışığın bir özelliğidir ışık ışınları. Görünebilirlik birincil değil, ışıktan türemiş bir deneyimdir. Işınlar doğrudan algılanamaz, ama cisimlerin algılanmasından onlar sorumludur.

Görülebilen tüm nesneler, bizim onları gördüğümüz ortamdan daha opak olmak zorundadırlar.[36] Bu teorinin ardında, resimleri reddeden bir dünya görüşü vardır, zira ışık doğası gereği resimsizdir. Biz ışığı sadece renklerle karıştığında görürüz, ki İbnü'l-Heysem renklerin ışıkla var olduğunu sezmiştir. "Rengin biçimi daima ışığın biçimiyle karışmış haldedir, o nedenle biz ışığı sadece renklerle karıştığında algılayabiliriz" (Sabra, 64). Ayrıca, şeffaf ya da opak cisimlerden yayılan ışık ikincil ya da ilineksel ışık olarak görülür (Sabra, 38). Işık şeffaf cisimlerin içinden düz bir çizgide yayılırken, opak cisimlerin yüzeyinde kırılır. Sadece "göksel cisimler" katıksız bir şeffaflığa sahiptir, "dünyevi cisimler"deki ışık ise kırılır ve saflığı azalır.[37]

Kendinden ışıklı göksel cisimlerin yaydığı ışık izlediği yollarda gücünü kaybeder.[38] Gökyüzünde kendinden ışıklı cisimler daireler çizer, oysa dünyevi âlemde sadece şeffaf (hava), yarı şeffaf ve opak cisimler vardır. Işık olmayan her şey cisimdir. Cisimler dünyası şeffaflığını yitirmesiyle statüsünü de yitirir. Sadece ışık farklı bir varoluş biçimine sahiptir. Işık, hareketi ve ışınları itibarıyla geometrik bir yapıdadır. Işık kırılma gücüne sahip olduğundan, dünyada izlediği yollarda karşısına çıkan opak cisimlerle bile engellenemez. Renklerle birleşen ışık "nesnelerin yüzeyinden, havanın şeffaf cisminden geçerek göze nüfuz eder. Benim kanıtlamak istediğim budur." Duyularımızla "cisimlerin üzerindeki ışık ve rengi algılayabiliriz sadece." Cisimlerin boyut ve biçim gibi diğer tüm özelliklerini sadece görme merkezinde algılayabiliriz. Beyinde bulunan görme merkezini İbnü'l-Heysem *Kitâbü'l-Menâzır*'ın II. Kitap'ında ele alır (Sabra 82).

İbnü'l-Heysem'in antikçağın gözışın teorisine karşı geliştirdiği *alımlama* teorisinde, göz fiziksel partiküller yaymaz, nesnelerin görsel biçimleri göze nüfuz eder. Arap bilim adamı bu teoriyle, "görünür şeyler"in (farklı boyutlarda ve farklı mesafelerde olmalarına rağmen) göze nasıl "doğru" nüfuz ettikleri sorusuna da yanıt bulmuştu. Zira nesnelerin birbirine benzememesi, gözün onları "benzer" biçimde algılamasına engel değildir. Başka bir ifadeyle, cisimlerden gelen ışık ışınları gerçekte ayrı ayrı olsalar da, gözde bütünsel bir izlenim yaratırlar.[39] İbnü'l-Heysem görme sürecinde "cisimlerin gözden çıkmadığı"nı tekrar tekrar vurgular. Tam tersine, cisimlerin biçimleri göze ulaşır (Sabra, 80). "Görünür nesnelerin sadece düz çizgiler boyunca algılandığını" Ptolemaios da biliyordu. "Ama görme ışınları (*lines of ray*) sadece göz merkezine doğrusal çizgide nüfuz eder" (Sabra, 76 vd) "Düz çizgi geometrik bir kavramdır. Onun hayali ya da soyut olduğunu düşünenler haklıdır" (Sabra, 81 vd) Bu tür ışınların varlığı etkilerinden anlaşılır, ama doğrudan görülemezler.[40]

İbnü'l-Heysem güneşten gelen ışınları günün çeşitli zamanlarında, güneşin farklı konumlarında inceledi ve bu deneylerde özellikle de karanlık odadan yararlandı (**Resim 34**). İkincil ya da yansıtılan ışığın deney odasında yayılma biçiminden, ışığın izlediği yolları ve kırılma açısını çıkardı. Işığın ilerlemesini ve ışık kırılmasını çeşitli odalarda takip etti. Bu odalar izleyici için değil, ışığın yasalarının incelenmesi için kurulmuş düzeneklerdi. İbnü'l-Heysem'e göre, karanlık odanın duvarlarındaki ışık yansımaları tıpkı ışığın kendisi gibi geometrik ve soyuttu.[41] İbnü'l-Heysem'in Frankfurt'ta rekonstrüksiyonu yapılan deney düzeneklerinden biri de, yedi farklı aynaya sahip bir "yansıtma cihazı"dır. Bir yere düşen ışınların açısının geri yansıyan ışınların açısına tekabül ettiğini İbnü'l-Heysem bu cihazla kanıtlamıştı.[42]

Suya daldırılan bir diğer düzenek ışık kırılmasının (*in'itaf*) açılarını ölçmeye yarıyordu.[43] Çifte bölmeli karanlık oda ise ilineksel ışığın da düz bir çizgide ilerlediğini kanıtladı (**Resim 37** ve **Resim 38**). Dış bölmedeki delik (A) konikti, diğer delik (B) ise insanın gökyüzüne bakabileceği kadar aşağıdaydı. C noktasından çekilen bir iple düz bir çizgi oluşturulmuştu. Gece deneylerine, günün ilk ışınları odaya girmeden önce başlanıyordu. Art arda uzanan ışık noktaları, aralarındaki düz çizgiyi ölçmeyi sağlıyordu. Doğanın yasalarını keşfetmek için böyle adım adım ilerlemek gerekiyordu.

İbnü'l-Heysem'in dünya görüşünü kavrayabilmek için kavramlarına daha yakından bakmamız gerekir. Latince çeviride *species* sözcüğü ile karşılanan *sûra* kavramıyla Yunanca metinlerdeki resim kavramlarının dışına çıkar İbnü'l-Heysem. Arapça *sûra* sözcüğü "optik biçim" ya da "nesnelerin gözde yarattığı etki" anlamına gelir.[45] Bu kavram, nesnelerin özsel niteliklerini (boyut ve madde) algıdaki özellikleri (biçimleri) ile uyumlu hale getirme çabasıdır aynı zamanda. İbnü'l-Heysem'de *sûra* sözcüğüne çeşitli bağlamlarda sık sık rastlarız. Nitekim beyin "görme sinirinden geçmiş olan filtrelenmiş bir biçimi" alımlar (Sabra, 80). Ya da gözlere ulaşan iki farklı "biçim" görme sinirinde tek bir "biçim" halinde birleşir (Sabra, 85). Başka örneklerle de çeşitlendirilebilecek bu durum devamlı tekrarlanır: Nesnelerin özsel "nitelikleri", mesafe ya da ışık gibi koşullara bağlı olan "biçimler" halini alır.

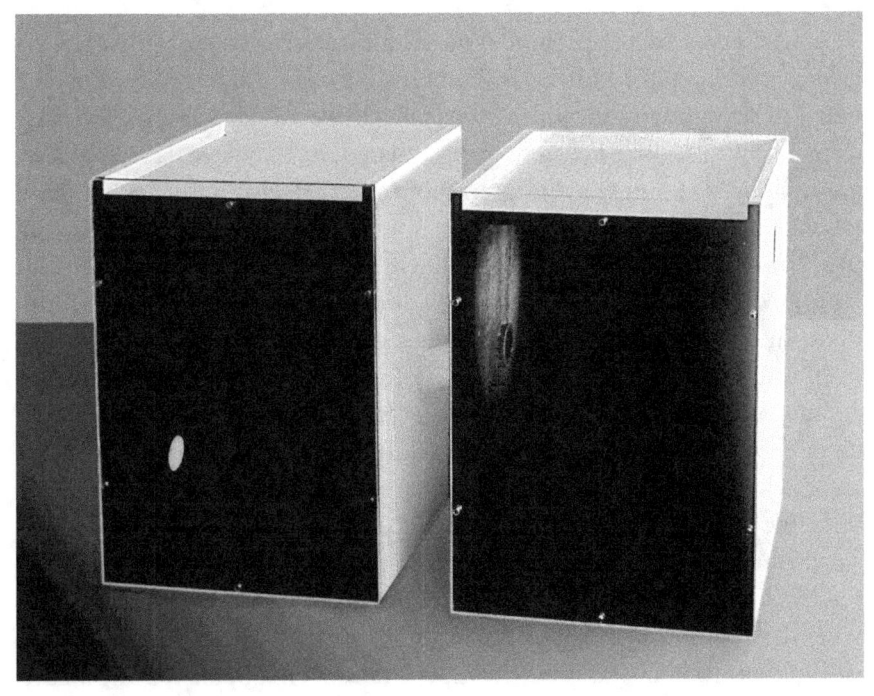

Res.37 İbnü'l-Heysem'in sabah ışığını gözlemlemek için kurduğu iki bölmeli düzeneğin rekonstrüksiyonu, Institut für Geschichte der Arabisch-Islamischen Wissenschaften, Frankfurt (Env. No. E2.05)

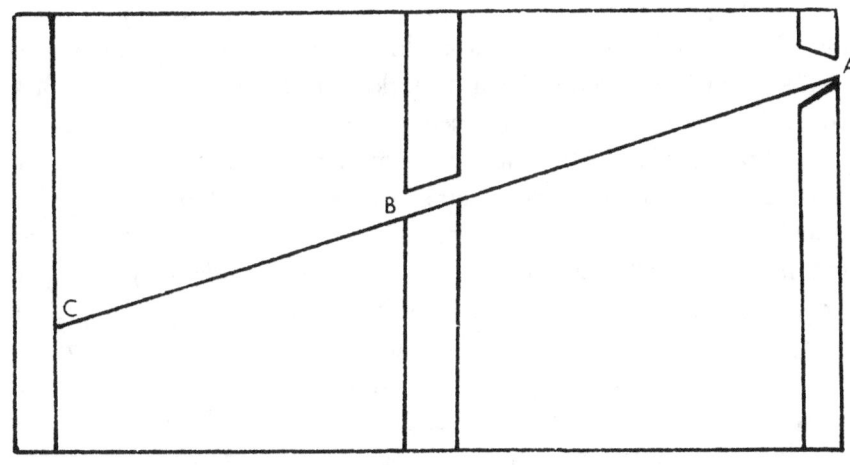

Res.38 İbnü'l-Heysem'in iki bölmeli düzeneğinin (bkz. Res. 37), Sezgin/Neubauer'e (haz., 2003) dayanan çizimi

IŞIĞIN YOLLARI VE CİSİMLERİN ÖZELLİKLERİ

Bu tür değişken koşullar için bir cismin sureti ya da kopyası anlamına gelen *hayâl* kavramı kullanılır. Nitekim bir cisim "suyun dibine doğru battıkça daha büyük görünür." Görme açısı ve mesafe bir cismi o kadar değiştirebilir ki, cisim gerçekte olduğundan daha büyük ya da daha küçük görünebilir.[46] Işık suda kırıldığında görme açısı değişir. Ufuktaki bir hava tabakasında nem biriktiğinde ve nem atmosferde yoğunlaştığında, ışık ışınlarını bize ileten ortam da değişir. Bu tür nedenlerden ötürü yıldızlar tepe noktasındayken, ufuğa yakın oldukları zamana göre daha küçük görünürler, çünkü ufukta ışık kırılması daha kuvvetlidir.

İbnü'l-Heysem'in kullandığı üçüncü kavram *maânî*'nin tekili "mana"dır ve nesnelerin özellikleri kadar onlara dair tasavvurlarımızı da ifade eder. Sözcük genellikle çoğuldur, çünkü cisimlerin daima birkaç özelliğini birden algılarız.[47] Bunlar ya cisimlerin boyut, yoğunluk, şeffaflık ya da sayı gibi özsel nitelikleridir ya da ışık, renk, mesafe, görüş açısı, hareket, durağanlık gibi görsel özelliklerinin bir parçasıdır. Bu nitelikler genellikle ilineksel olduğundan, cisimlerin özünü anlatmazlar. Cisimler farklı koşullarda bambaşka görünürler. Bu nedenle, cisimlerin varlığı hakkında bir tasavvura sahip olmamız için gözün ve ruhun etkileşim içinde olması gerekir. Arap filozoflar *maânî* kavramını, renklerin kendine ait bir evreni olduğunu ve her cisimde tek tek ve ilineksel olarak göründüklerini açıklamak için kullanırlar. *Maânî* kavramının anlamı bağlama göre değişir. Şiirdeki anlamı, bir dizedeki sözcüklerin dizilişidir; görsel deneyimde ise cisimlerin bulundukları yer, mesafe ve ışıkla belirlenen görünümlerini anlatır. Biz algılarımızla cisimlerin etkisini deneyimleriz sadece.

Fakat optik yasaları yalnızca dış dünyada geçerliydi. Bugün optik imgenin sentezi dediğimiz şey optik biliminin alanına girmiyordu. Görünürlük (gözde) ve görsellik (beyinde) farklı süreçlerdi. Görünürlük optik teorisinin, görsellik ise İbnü'l-Heysem'in başyapıtının ikinci kitabını adadığı psikolojinin alanıydı. İbnü'l-Heysem ikinci kitaba, görme sürecinin zaman eğrisini gösterdiği ampirik bir incelemeyle başlar. Gözlerimiz görme ışınlarıyla tıpkı dokungaçlar gibi hareket ederek cisimleri *tararlar*. Ama onların tek tek özelliklerinden bir "imge" oluşturabilmek hayal gücünü gerektirir. "Cisimlerin ruha nüfuz eden görsel imgesi" ancak hayal gücüyle oluşur (Sabra, 27). Bizim görmemiz, "hızlı bir bakış atma (*glancing*) ya da ağır bir tefekkür (*contemplation*) şeklinde olur" (Sabra, 210). Hızlı bir bakış attığımızda cisimleri sadece üstünkörü görürüz. "Hızlı bir bakışla cisimler ne algılanır ne de kavranır" (Sabra, 223). Biz onları ancak zihnimizle kavradığımızda "gerçekten algılarız." "Bunun için de, cisimler hakkındaki ön bilgimizle göze yardımcı oluruz" (Sabra, 218 ve 223).

Algımız bizi devamlı değişen görüntülere maruz bıraktığı için, cisimler hakkındaki bilgilerimizle birlikte hayal gücümüzün de devreye girmesi gerekir. Bu süreçte içsel duyular ile dışsal duyular etkileşim içindedir. Nitekim gerçekte gökkubbeyi değil, sadece mavi bir renk görürüz.[48] Aynı şekilde, gözümüzün ulaşamadığı yerlerdeki biçimler bize düz gibi görünürler, çünkü çok uzaktadırlar. Cisimlerle ilgili görsel imgelerimiz ancak zihindeki sentezle oluşur. Bir duvarın karşısında durduğumuzda ve elimizi duvarın önüne uzatıp duvarı kapattığımızda, kapattığımız kısım elimizden daha büyüktür. Bunun nedeni, el ile duvarın aynı görüş açısında olmasıdır. Bu yanılsamanın anlaşılması için zihnin devreye girmesi gerekir.[49]

İbnü'l-Heysem'in güzellik kuramı ya da kimi akademisyenlerin dediği gibi "estetik"i onun algı teorisinden ayrı tutulamaz, çünkü eserinin bir bölümünde psikolojik tezler öne sürmüş ve zihinsel alana adım atmıştır. Cisimlerin sahip olduğu nitelikler ya da *maânî* arasında güzellik ve çirkinlik de vardır. Fakat burada İbnü'l-Heysem kendi kültürüne özgü normlara bağlı kalır. Tekstil sanatını, duvarların, aletlerin üzerindeki süslemeleri örnek vermesi bunu gösterir. Cisimlere ve mekâna ışık ve renk hâkimdir. "Işık başlı başına güzellik yaratır. Güneşi, Ay'ı ve yıldızları sırf bu nedenle güzel buluruz. Biçimlerinin bize güzel görünmesinin başka bir nedeni yoktur. Bu onların yaydığı ışıktan kaynaklanır" (Sabra, 200).[50] Renkler de güzellik yaratır. "Erguvan rengi, bitki yeşili ya da pembe gibi canlı renkleri diğer renklerden daha çok beğeniriz. Çünkü göze hoş görünürler. Renkli giysilerde, örtülerde ve gereçlerde ya da doğada çiçeklerde, goncalarda ve çayırlarda gördüğümüz bu renkleri güzel buluruz. Demek ki, başlı başına renk güzellik yaratır" (Sabra, 200). Güzel görünmelerinin bir nedeni de büyüklükleridir. O yüzden Ay'ı yıldızlardan daha güzel buluruz (Sabra, 201). Güzelliğe karşı duyarlılık insanın ruhunda vardır ve çocuklarda bile görülür. Çocuk, "benzer türde iki şey arasında güzelliğe göre ayrım yapma" yetisine sahiptir.[51]

Güzellik izlenimi, gördüğümüz şeyleri birbirleriyle karşılaştırırken oluşur. Latinceye *virtus distinction* olarak çevrilen kuvve-i mümeyyize, yani iyiyi kötüden ayırma yetisi sorumludur bundan (Sabra, 217).[52] Hayal gücünün imgeleri dış dünyadan beslense de, bu imgelerin dış dünyada bir karşılığı yoktur. Ancak gözlemle, tefekkürle "kavrarız nesnelerin özündeki doğayı. Tefekkürün gücü algılarımızın gücünün ötesindedir, zira anılarla da harekete geçer. Bilgi, iki biçim arasındaki benzerliği görmektir" (Sabra, 216). Görünür bir cisimde sadece bir iki özellik olması gerekir. "Mümeyyize tek bir özellik bile esin verir" (Sabra, 216). Her şey sürekli bir değişim içindedir ve aynı şeyleri ikinci kez gördüğümüzde ilk baştaki gibi algılayacağımız kesin değildir (Sabra, 222). Ruh bir cismi ancak birkaç kez algıladıktan sonra "kesin olarak teşhis edip belli bir kategoriye sokabilir" (Sabra, 213).

Biz dünyayı bir verici cihazının alıcıları gibi deneyimleriz. Bunun sorumlusu, doğuştan gelen ya da zamanla oluşan "duyumlar"dır. Algıdaki rastlantısallığı ayıklamamızı ve oran ve uyuma başvurmamızı duyumlar sağlar. Aynı cismin farklı "figürleri" arasında bir ortaklık kurmamız bu sayede olur. Tertip, konum ve ritimden oluşan bir düzendir bu. İbnü'l-Heysem "figürler" kavramını hep çoğul olarak kullanır, çünkü cisimlerin pek çok ayırıcı özelliği vardır. Kelimenin tam anlamıyla ayırıcı özelliklerdir bunlar, çünkü cisimleri bu sayede birbirinden ayırıp aklımızda tutarız. Çizgili desenler, renkler, içbükey ya da dışbükey yüzeyler de bu tür özelliklerdendir. *El-nukuş* (nakış kavramının çoğulu) "sanattaki *mimesis*'in yerini alan süslemenin figürleridir."[53] Bu nedenle, duvar yüzeyleri ya da eşyalar küçük noktalarla ve incecik "figürlerle," yani desenlerle süslenir. *El-nukuş* bir anahtar kavramdır, çünkü "nesne ve cisimleri deforme eden ve görünümlerini değersizleştiren özelliklerin aksine, onları güzelleştiren biçimleri ifade eder."[54]

İslam sanatında kapların ve binaların üzerini süsleyen hayvan ve bitkiler de genellikle dekoratif bir karaktere sahiptir. Nitekim İbnü'l-Heysem de onlara yüzey süslemeleri der. Fakat canlıymış gibi tasvir edilmeleri, İbnü'l-Heysem'in onları neden sadece süsleme olarak değil de, hayvan ve bitki olarak algılamayı sürdürdüğümüzü sormasına neden olmuştur. Doğadan tamamen farklı yüzeyleri olan resim ve tekstil sanatının doğanın biçimlerini aynen yansıtabilmesinin nedeni nedir? İbnü'l-Heysem *Kitâbü'l-Menâzır*'ın üçüncü kitabında (Sabra, 295), algılarımızın maruz kaldığı yanılsamalar arasında sanatı da sayar. İnsan elinden çıkan bir eserin doğaya benzemesi imkânsız olduğu halde, sanatçılar eserlerini doğaya benzetmekte nasıl bu kadar başarılıdırlar? Ona göre, bunun mümkün olmasının tek nedeni, gündelik hayatta gördüğümüz her şeyi sürekli karşılaştırmamızdır.

Doğayı algılarken devamlı yanılsamalara maruz kalmamız, sanat ile gerçeklik arasındaki farklılıkları benzerliğe dönüştürme yetisini kazandırmıştır bize. "Nakkaşların *figürlerini* dümdüz bir yüzeye nakşetmelerine rağmen, bu figürlerin hayvan ve bitkilere benzemesinin nedeni, nakkaşların renk ve çizgileri ustalıkla kullanarak (aslında mevcut olmayan) bir benzerlik etkisi yaratmalarıdır. Bu sayede nakkaşlar "canlıların pürtüklü ya da kıllı derilerini," tasvir yüzeyi "düz, kaygan, hatta bazen cilalı da olsa" gerçeğe tıpatıp benzetirler (Sabra, 295). Yine de, bu figürler hayal gücümüze muhtaçtır, çünkü hayal gücümüz "bunlara dalıp giderek" benzer olmayan şeylerde benzerlik bulmamızı sağlar. Hayatta da öyledir; çok uzağımızdaki cisimleri uzaktan göremeyeceğimiz bir sürü özellikle birlikte tasavvur ederiz. İbnü'l-Heysem görme sürecinde psikolojiyi de devreye soktuğu için, sanat ve gerçeklik arasında ilinti kurabilmiştir. Nesnelerin yüzeylerinin gözdeki yüzeylerle nokta nokta birleştiğini söylediği gibi, sanatta da sadece yüzeylerden söz etmesi anlamlıdır.

İbnü'l-Heysem algı teorisini açıklamak için Arap kaligrafisini de örnek gösterir. Onun döneminde Bağdat okulu tarafından geliştirilen "orantılı" yazı üslubunun (s. 122) geometrik sistemi (**Resim 25**) üzerinde önemle durur. *Okumak* ve *bakmak* —her ikisi de algının eylemleridir. İbnü'l-Heysem'e göre, görünür dünyayı okuyarak algılarız. Dünyanın görünürlüğü, görme duyumuzla ömür boyu talim edip öğrendiğimiz bir gramerle deşifre edilir. Bu nedenle, görme duyumuz kendine özgü bir im teorisi geliştirmiştir. Cisimlerde bulunan bu imleri ya da özellikleri içsel imgelere biz dönüştürürüz, bu nedenle dış dünyada bir karşılıkları yoktur. İmler ikinci kitapta cisimlerin özellikleri olarak tarif edilmiştir. "Algılama ön bilgi ve imlerle oluşur." Biz, "nesneleri bütünlükleri içinde kavramayı öğreniriz, zira ruhumuz onları belirli özelliklerinden tanır. Bu nedenle, görünüşleri değişmiş nesneleri de teşhis edebiliriz. Bir zamanlar onları ilk gördüğümüzde nasıl idiyseler yine öyle algılarız" (Sabra, 221).

Bizim bağlamımızdaki anahtar soru, İbnü'l-Heysem'in gözün içinde tasvir ettiği *görme konisindeki* kesitin, perspektif resmindeki *görme piramidinin* düz kesitiyle nasıl bir ilişki içinde olduğudur. Sabra, bir "analoji" kurarak, her ikisinin de "imgeler"le ilgili olduğunu söyler.[55] Ama nasıl imgelerdir bunlar? Burada bir itirazda bulunmak istiyorum. Sabra, İbnü'l-Heysem'in küresel yüzeyi ile perspektifin düz resim yüzeyi arasında ayrım yapar. Fakat asıl fark, perspektif resmindeki görme ışınlarıyla oluşan kesitin gözün içinde değil, *gözün önünde* bulunmasıdır. Bir şeyi tasavvur etmek ile bir şeyin gözün önünde bulunması burada aynı kefeye konmuştur. Perspektif resmi bir artefakttır. Perspektif resminde iç ile dış arasındaki sınır ortadan kalkmış gibidir, oysa İbnü'l-Heysem'e göre aşılamayan bir sınırdır bu, zaten gözün arkasındaki görsel imgeyi psikolojiyle açıklamasının nedeni de budur. Ona göre, göz ile nesne arasında ne bir *imge* vardır ne de Rönesans resminde koordinatlardan oluşan *mekân*. Onun cisimler dünyasında sadece hava, su ve cam vardır ve ışık ışınları bunlarda çeşitli biçimlerde yayılır ya da kırılır. Dünyada tek etkin unsur ışıktır; ışık herhangi bir mekânla sınırlı değildir ve imgeleri de yoktur. "Görmek" iki kültürde tamamen farklı anlamlara sahiptir. Arap kültüründe imge tamamen zihinsel bir şey olarak kavrandığı için fiziksel tablolarda analog olarak resmedilmesi imkânsızdı.

İslam Sanatında Matematik ve Geometri

Şimdiye kadar hemen bilim tarihi kategorisine sokuluveren ya da salt estetiğiyle ele alınan[56] İbnü'l-Heysem'in matematiğinin döneminin kültüründen nasıl etkilendiği pek incelenmedi. Oysa, İbnü'l-Heysem'in ışın geometrisi sadece optik teorisi bağlamında değil, başka türlü de okunabilir. Antikçağdaki tüm tasavvurlarla taban tabana zıt olan son derece soyut ve geometrik bir görme tasavvuru ancak Arap kültüründe mümkün olabilirdi. Matematik ile fiziğin, dünyanın iki yüzü olarak rahatlıkla birleştirilebileceği kanaati, kültürel arka planla ilintilidir. Matematik Arap sanatında da her yerde varlık gösteren bir kod haline gelmiştir. Geometri İbnü'l-Heysem'in kültüründe başlı başına sanattır, oysa Rönesans perspektifinde duyular dünyasını konu alan resimlere zemin oluşturur. Bu nedenle, Arap kültüründe *tasvir eden* bir geometriden söz edebiliriz. Geometri sadece süsleme ya da teknik değildir, kozmik yasaları temsil eder. Dolayısıyla, Batı sanatında resim üretmenin bir yöntemi olan *tasarı* geometrisinden farklıdır.

Nitekim İbnü'l-Heysem'in algının nasıl işlediğini özellikle de geometrik bir figürle açıklaması son derece anlamlıdır. Algımızın izdüşümünün resimler olmadığı düşüncesine Batılı okurların önce bir alışmaları gerekir. İbnü'l-Heysem'e göre algı hem optik hem de—sonraki adımda—zihinsel bir süreçtir. İçinde bir çokgen olan daire biçimindeki bir figürü, Topkapı Parşömeni'ndeki (s. 130) çizimlerin de gösterdiği gibi, Arap geometrisinin en önemli motifi olan bu figürü hiçbir ayrıntıyı geçiştirmeden uzun uzun anlatır İbnü'l-Heysem (**RESİM 39**). "Çokgenlerin kenar uzunluklarının birbirinden farklı ve çok kısa olduğu yerlerde, ilk önce sadece (onları kuşatan) daireler algılanır. Dairenin içindeki çokgen, ancak daireye uzunca bir süre bakınca net bir biçimde görülür. Yani daireyi içindeki figürden daha çabuk algılarız. Ve çokgenin kenarlarının eşit uzunlukta olmadığını

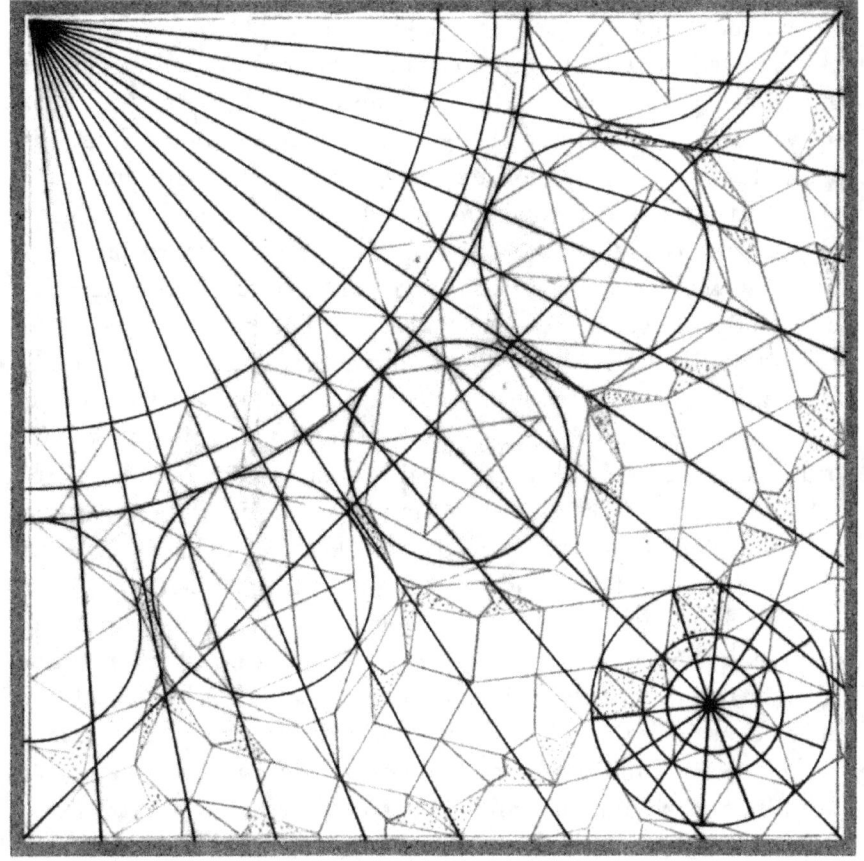

RES.39 Mimari çizimleri olan bir parşömenden ayrıntı, İran 1500 civarı, Topkapı Sarayı, İstanbul (Necipoğlu, 1995, 109)

da yavaş yavaş fark ederiz" (Sabra, 220). Batı kültüründe karmaşık bir ikonografiye sahip resimlerin dikkatle incelendiği gibi, İbnü'l-Heysem de geometrik figürlerin yapısına ve izleyici tarafından deşifre edilmelerine büyük önem verir. Hatta okurlarına, geometrik figürleri tıpkı yazı gibi adım adım çözmelerini tavsiye eder.

Onun bu yaklaşımı, algılama sürecini anlatmak için neden yazı okuma örneğini verdiğini daha iyi anlamamızı sağlasa da, Batılı okurlar için şaşırtıcıdır, çünkü Batı kültüründe okumak ile görmek, harfler ile resim gibi ayrı tutulur birbirinden. Oysa İslami yapılarda yazı ve süsleme, geometrik ilkenin birbirini tamamlayan iki karmaşık sistemi olarak birleşir ya da ittifak kurarlar. Özellikle de "çıplak tuğla üslubu"nda yazı ile süslemenin tuğlalarla iç içe geçtiği bir teknik geliştirilmiştir. Yazı ile süsleme binaların yan duvarlarında bile öyle bir sembiyoz içindedir ki, birbirinden ayırt edilmeleri bile zordur. Konya'daki bir Selçuklu binasının cephesindeki süslemelere (**Resim 40**) Kuran'dakine benzer girift yazılar eşlik eder. Yazının nerede başladığını, serbest bezemelerin (gelişigüzel değil, yazılı olmayan bezeme anlamında serbest) nerede bittiğini anlayabilmek için, İbnü'l-Heysem'in deyişiyle, önce zamana ihtiyacımız vardır. Zira bezeme gibi yazı da geometrik bir karakterdedir. Öte yandan, bezeme Batı sanatındakinden farklı olarak sadece süsleme değil, yazı gibi semantik bir araçtır, yani bir mesaj taşır ve bu mesajı deşifre etmek kültürel talim gerektirir. Başka bir deyişle, gözün ve ruhun eğitilmesi, Yaradan'ın çeşitli biçimlerde şifrelendirdiği dünyanın yapı sistemini kavramaya yönelik bir eğitimdir.

İbnü'l-Heysem'in geometri saplantısına en çok yaklaştığımız yer, soyut düzene eğilimli Arapça kaligrafidir (**Resim 22**). Işık noktalarının gözde "optik biçimler" oluşturduğu gibi, okurken sözcükleri de tek tek harfler oluşturur. "Yazının güzelliği tümüyle kendi içindeki düzen üzerine kuruludur." İbnü'l-Heysem'e göre, harflerin kendisi olmasa bile, "dizilimi güzel bir düzen ve orantı içinde" olmalıdır (Sabra, 201). Böylece göz—ve onunla birlikte ruh—harfleri tek tek okumak zorunda kalmadan kelimeleri okumayı öğrenir. "Alfabeyi (*ebced*) iyi bilen biri, harfleri tek tek algılamadan önce bir kelimenin bütünlüğünü kavrar" (Sabra, 217). Bu da, önbilgi, deneyim, egzersiz, hatırlamayla olur. Arapça yazı fonetik olmadığı için kelimelerin ünlü seslerle tamamlanması gerekir. İbnü'l-Heysem'in döneminde yazıyı tamamlayan noktalar, eksik sesleri müzikteki notalar gibi veriyorlardı (**Resim 24**). "Harfin üzerindeki noktaların sayısı bir tür entonasyondu."[57]

Yazı ile serbest bezeme arasındaki sınırlar akışkandı, zira fonetik işaretler bezemenin temel unsurları gibi stilize edilmişti. "Okunabilirlik," karmaşık yapıdaki bir süsleme için de geçerliydi, çünkü onu deşifre etmek için bir anahtar gerekiyordu. İbn Mukle (836-939) "eşkenar dörtgene benzeyen noktalar biçiminde modüller kullanarak ve elif harfini ölçü alarak her harfe bir standart getirdi."[58] İbnü'l-Heysem'in döneminde "mensub hat" diye nitelenen Bağdat'taki yazı reformu tamamen geometrik bir temele dayanıyordu. İbnü'l-Heysem bu kavramı kelime anlamıyla, yani orantı olarak kullanır (Sabra, 205). O zaman kurulan yazı düzeni zamanla tüm İslam âleminde geçerli oldu. Arap âleminde her yerde yaygınlaşan süslemelerde görüldüğü gibi, geometri Kuran yazısına da bir karakter kazandırdı (**Resim 24**).

Dolayısıyla, İbnü'l-Heysem'in görme teorisi, mimari ve sanatın fiziksel görünümüne matematiğin hâkim olduğu kültürel bir ortamda

RES. 40 Kuran okulu, Konya, 1260/65 civarı: üzerinde Kuran metni yer alan cephe (ayrıntı)

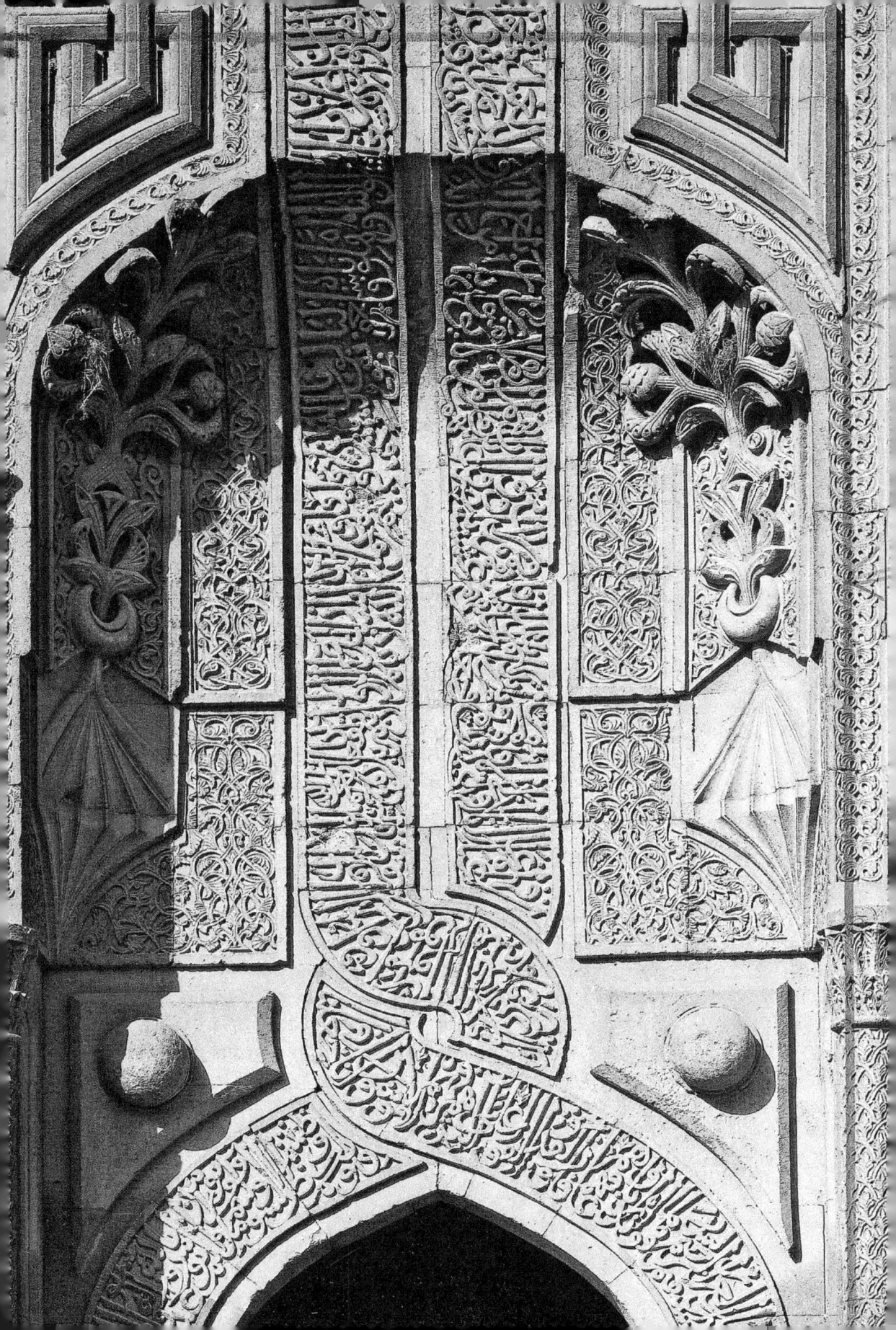

oluştu. Bilim ve sanat aynı dünya görüşüne dayanıyordu. Bezeme, İbnü'l-Heysem'in optik alanındaki ışın geometrisi hesaplamalarının sanattaki somut karşılığı gibidir. Işık ve renk hakkındaki görüşleri için de benzer şeyler söylenebilir. İbnü'l-Heysem'in döneminde ışık ve renk, Rönesansta olduğu gibi resimde cisimleri öne çıkarmak amacıyla kullanılmaz. Işık ve renk sanatta başlı başına bir temadır ve Batılı bir izleyicinin bunu kavraması için önce düşünce biçimini değiştirmesi gerekir. İbnü'l-Heysem karanlık odayla yaptığı deneylerde ışık ışınlarının yayılmasını ve renklerin yansımasını izlerken, somut dünyanın imgelerini aramıyordu. Onun teorisi, kendi kültürünün etkisinde olan, yani antikçağ kültüründen ayrılan bir algı pratiğine dayanıyordu (s. 114).

İslami bezeme antikçağdan kalma örüntüleri de çok erken tarihlerden itibaren sıkı bir geometriye tabi kıldı. Kudüs'teki Kubbet-üs-Sahra'yı (s. 68) bezeyen kaligrafi, antik dönemin etli kabartmalarını andıran bitkisel motifler kadar dekoratif bir izlenim yaratır (**Resim 20**). Bu bezemeleri yapan yerli sanatkârlar kendilerinin olmayan bir estetiğe kayıtsız şartsız boyun eğmişlerdi. Motiflerin tekrarlanabilirliği münferit biçimleri sıkı bir yasanın düzenine sokmuştur. Asma yapraklarının ve vazoların *yüzeyleri*, içine yerleştirildikleri mekânın *duvar yüzeyleriyle* birleşmiş ya da iç içe geçmiştir ve iç mekâna vuran günışığı her şeye hâkimdir.[59] Bu süreç ancak üç asır sonra, yani İbnü'l-Heysem'in yaşadığı dönemde, İslami bezeme tamamen soyutlaşıp geometrikleştiğinde sona ermiş, tüm İslam âlemi için bir standart haline gelmiştir.

Rönesansta çok sonraki "arabesk" kavramıyla bilinen geometrik üslup (s. 50) 1000 yılı civarında Bağdat sarayında geliştirildi. Farsça "düğüm" kelimesinden türetilen, Dürer'in de "düğüm üslubu" adıyla bildiği geometrik bezeme, "Sünni uyanış"ın doruğa ulaştığı dönemde "girih" diye anılmaya başladı. Bu kültürde "figüratif tasvirin yasaklanması," kendine özgü bir "semantik biçim dili geliştiren geometrik motiflerin sözcük dağarcığıyla telafi edildi."[60] Standart ("orantılı") yazı ve girih—ki ikisi de aynı dönemde icat edildi—o dönemde rehber kitaplarla yaygınlaşan matematik bilgisine dayanıyordu. Rehber kitaplar, matematikçi Ebü'l-Vefâ el-Bûzcânî'nin (940-98) yazdığı gibi, "zanaatçıların geometrik yapı hakkında bilmesi gereken her şeyi" içeriyordu.[61] Bu tür eğitim kitaplarının 11. yüzyılda İran tuğla mimarisi zanaatçıları tarafından kullanılması, tuğla mimarisinin matematiğinin öğrenilmesini ve her yerde aynı görünümde olmasını sağladı.[62]

İbnü'l-Heysem'in matematik kuramının antikçağ görme teorilerini antropomorf tasavvurlardan arındırdığı gibi, Abbasi kültürünün girih

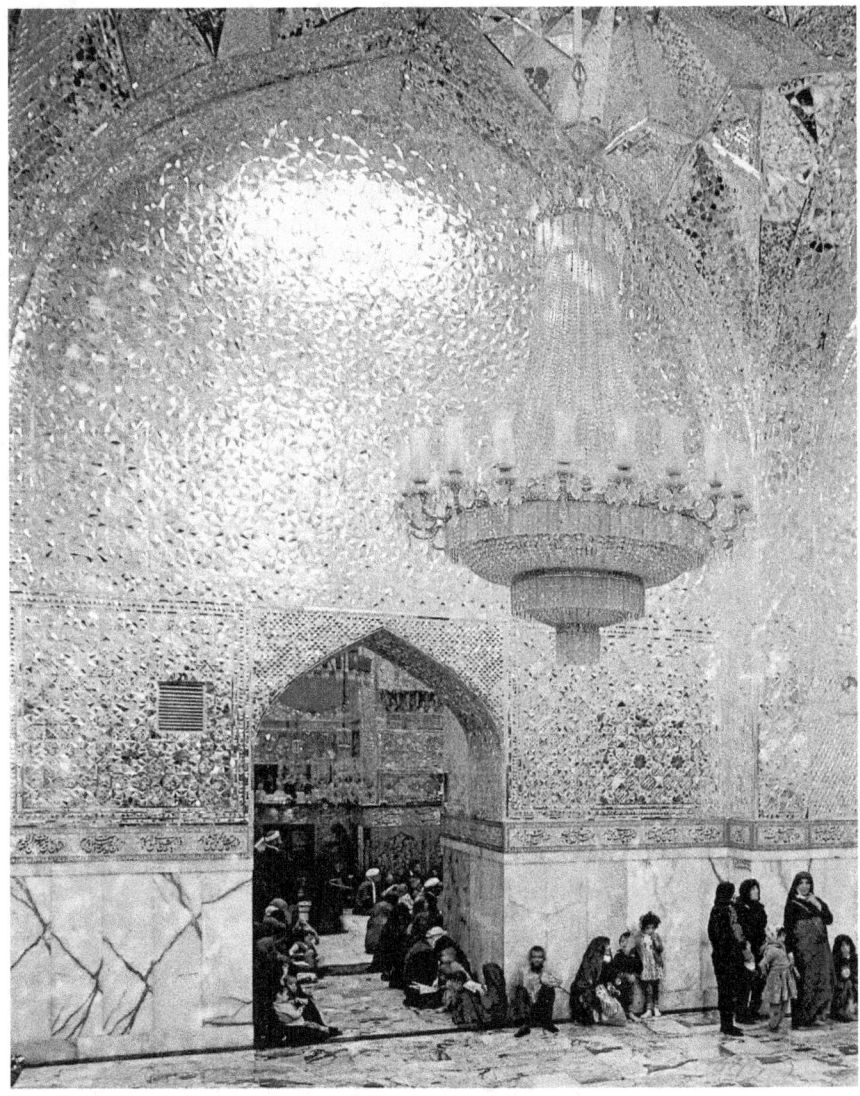

RES.41 İmam Rıza Türbesi'nin içi, Meşhed, İran, 13. yüzyıl (© Roger Woods/CORBIS)

süslemesinin çizgilerden ya da ışık yollarından oluşan yapısı da gözü somut izlenimlerden arındırmıştır. Nitekim o dönemin bazı yazarları bu bezemeyi sabuna benzetirler; sabun elbiselerdeki lekeleri nasıl temizlerse, geometri de görmeyi fazla duyusallıktan ve gözün şehvetinden arındırır.[63] Işık huzmeleri iç mekânı, girih deseninin çizgileri de duvarları düzenler. Bu soyut düzende mekânın sınırları ve duvarlar adeta ortadan kalkar. Bu izlenimin nedeni, ışık ve dekorun tüm somut cisimlerin ya da maddenin önüne geçmesidir.⁶⁴ İran'daki 13. yüzyıla ait İmam Rıza Türbesi'nin pırıl pırıl parlayan duvarlarına yansıyan ışık binanın maddi varlığını arka plana iter (Resim 41). İslam mimarisinde birincil ya da ikincil ışığın bir epifani gibi sahne alması, dış dünyanın birincil ışığının İbnü'l-Heysem'in karanlık odalarına huzmeler halinde girmesini akla getirir (s. 112). İslam mimarisinin iç mekânlarına filtrelenerek giren birincil ışık mekânda binlerce kez yansıyarak çoğalırken, ışığın etkisi daha da kuvvetlenir. İç mekândaki duvarlar ışığı, İbnü'l-Heysem'in de deneylerinin günlük ritmini belirlemiş olan güneşin konumuna göre farklı farklı yansıtırlar.

İslam mimarisinin iç mekânlarında kozmik bir gösterinin sahneye konduğunu söyleyebiliriz. Dönüyormuşa benzeyen girih desenli kubbe, gökkubbenin dönme hareketini tasvir eder. Nitekim Elhamra'daki kubbelerden biri ışığın günlük seyrini ve yıldızların gökyüzündeki hareketini simgeler (Resim 42). Endülüslü şair İbn Zümrek'in (1333-93) kubbe kasnağına kazınmış dizeleri bu yorumu teyit eder niteliktedir: "Öyle yüksektir ki, göremeyiz kubbeyi. Görülse de gizlidir (bizim bakışımızdan) güzelliği (…) Kaç kemer yükselir kubbeye, gece ışıkta parlayan sütunlar üzerinde. Adeta gökkürelere benzer, safi inciden yapılmış gibi, gökcisimlerini tasvir ederler."⁶⁵ İbnü'l-Heysem'in "pütürlü" diyeceği yüzeyiyle kat kat yükselen mukarnas kubbe, içeriye her saat farklı düşen günışığının filtresi ve iletkenidir (s. 209). Duvarlardan yayıldığı izlenimine kapıldığımız titreşim, evrenin hareketini simgeleyen bir hareket simülasyonu yaratır. Son derece karmaşık bir matematiğe sahip mukarnasın geometrisi, aslında onun matrisi olan yüzeyin ötesine geçerek küresel alanlardan binlerce kez yansıyan ışığı süzer. Bugün İspanyol matematikçiler Elhamra'nın zemin ve duvarlarındaki tüm süslemelerin matematik problemlerinin özgün çözümlerini barındırdığını kanıtlayabiliyorlar.⁶⁶ Güzelliği sadece gözler için yaratılmayan Elhamra, matematik denklemlerinin gizli anahtarı olmanın cazibesini de taşıyor.

Oleg Grabar'ın İslamdaki bezeme için kullandığı "aracılık" kavramının anlamına dair felsefi bir soru sorabiliriz şimdi. İlk akla gelen, kavramın temsil (*representation*) ve suretin zıddı olduğudur. Peki, burada neye "aracılık" edilir? Bunu açıklamak, "aracı olmanın" nasıl işlediğini açıklamaktan daha zordur. Kendisinin ötesine işaret eden bir şey mi vardır bezemede? Bezemede yüzeyler ışınlarla, dairelerle ve çokgenlerle öyle bir düzenlenir ki, geometrik "figürler" genellikle çizgilerle ışınlar halinde genişler ya da yüzeyde iç içe geçerler. Işık sıkı sıkıya örülmüş desenlerde toplanıp yansıtılırken, renkler de geometrik düzene boyun eğer. Tüm

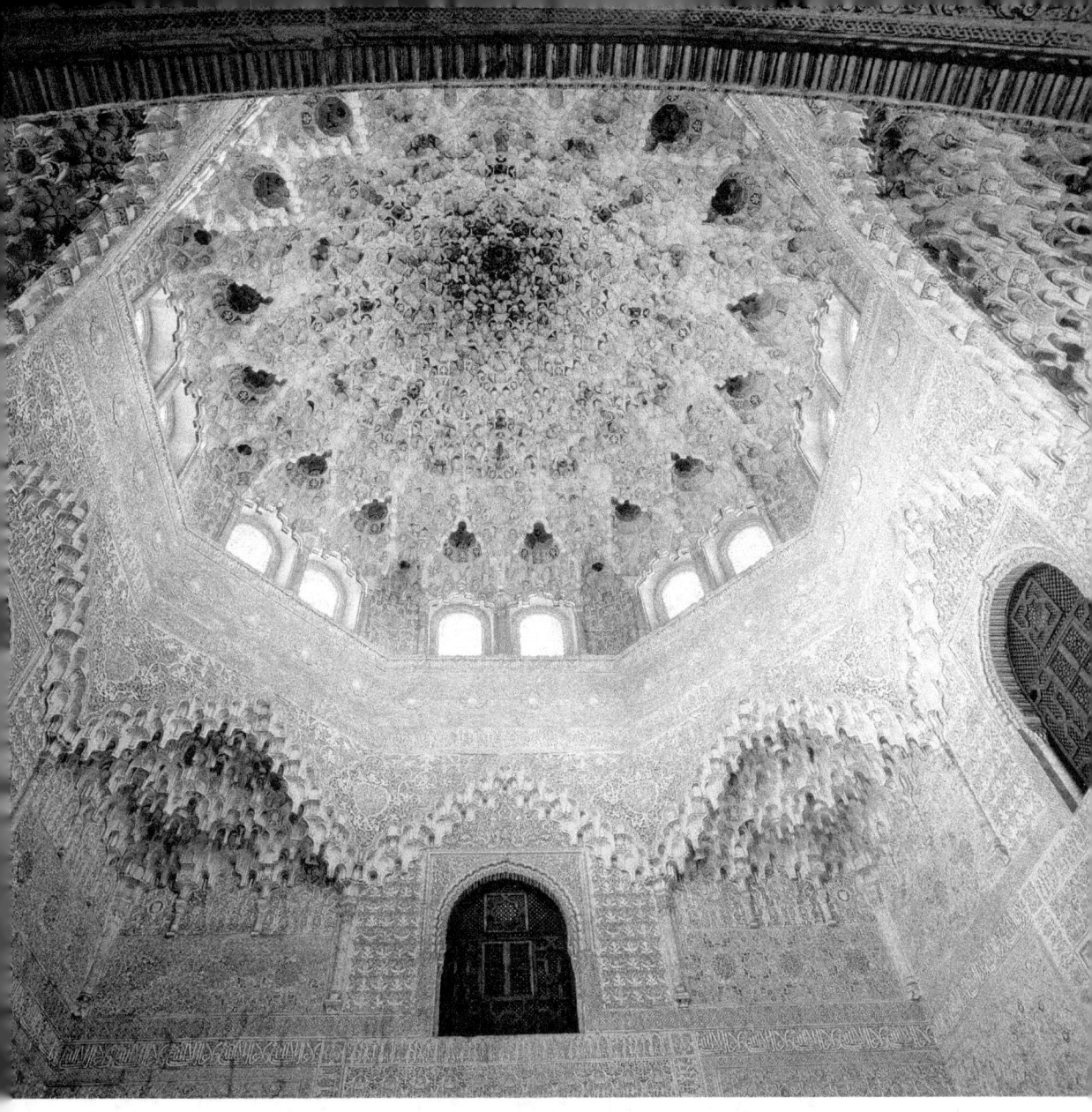

bunlar, çizgi ve alanların oyunuyla sınırlı kalmayan soyut bir düzeni temsil eder. Bu düzen, İbnü'l-Heysem'in dediği gibi, sessiz bir "tefekkür" (s. 123) için ilham verir, izleyiciyi kendisi hakkında düşünmeye sevk eder gibidir. Eski Samarra kültüründe bile "saf çizgiler, henüz figüratif olan ama yavaş yavaş yitirdikleri somut cisimlerini çizgilerden oluşan bir ağ ile telafi eden biçimlerle denge içindedir."[67] Daha sonra, aydınlık ya da gölgeli boşluklar ikinci bir desen oluşturmuş, görünürdeki desenin

RES. 42 İki Kız Kardeş Salonunun tonozlu tavanı, Elhamra Sarayı, Granada, İspanya 1230 c (Bridgeman Art Library)

boşluklarındaki bu ikinci desen hem bir tezat yaratmış hem de deseni tamamlamıştır. Nitekim "meşrebiye" tarzında bir pencere kafesinden (**Resim 105**) içeriye düşen ışık da kendine özgü bir desen oluşturur (s. 255).

Konumuza devam etmeden önce, İbnü'l-Heysem'in Arap sanatından verdiği örneklere bir göz atalım. Bezemeli yüzeylere özel bir ilgi gösteren İbnü'l-Heysem, onlardan sanki bulundukları yerden bağımsız varlıklarmış gibi söz eder. Renklerin ışıkla birlikte nasıl değiştiğini açıklamak için kumaşları ya da renkli "figürlü" (nakışlı) yüzeyleri örnek gösterir; cisimlerden yayılan ışık noktalarının gözün iç yüzeylerine nasıl ulaştığını anlatmak için noktalardan oluşan bir desene başvurur. İbnü'l-Heysem'in uzlaştırmayı hedeflediği matematik ile fizik Arap sanatında da ikili bir hayat sürer. Binalar ve nesneler özleri itibarıyla fizikseldir, çünkü inşa edilir, çömlekçi tezgâhında biçimlendirilir ya da kumaş iseler dokunurlar. Yine de, matematiksel hesaplara dayalı geometrik bir örüntüye biat ederler; bu desen fiziksel türden bir desen değildir artık, tam tersine, uygulandığı cisimleri maddesellikten arındırır. Hemen göze çarpan bu yüzey süslemesi, onu taşıyan nesne ve binaların önüne tıpkı bir kafes ya da tül gibi gerilmiştir. Ona aracılık edenler, bina ya da el sanatı ürünleri fiziki varlıklardır, ama süsleme sanat tarafından üretilse de, matematiğin alanıdır. Burada matematiğin yeri fiziktir.

Bu düalist (duyusal-soyut) görünürlük anlayışına İbnü'l-Heysem'in ışık ışınları teorisinde de rastlarız. Onun ışık geometrisi, ışığın kendisinden farklı olarak doğrudan görülemez, ama bu ışın geometrisi dünyayı bizim için görünür kılar. Işığın yolları esasında gösterilemez, sadece etkilerinden anlaşılabilir. Ama ışık gibi matematik yasalarına göre hesaplanabilen geometrinin işaret diliyle simgesel olarak tasvir edilebilir. Geometrik süsleme maddi yüzeyleri çokkatmanlı ve çok renkli desenlere ayrıştırır ve bu desenler yüzeyde bağımsız bir varlık kazanıp ışığın maddi dünyadaki faaliyetlerini ima ederler. Onların düzeni duyularla algılanamaz, çünkü bu düzen sadece mimaride görünür kılınabilen bir gerçekliği temsil eder. Bu düzen, İbnü'l-Heysem'in optik süreçlerden ayırıp hayal gücünün alanına soktuğu zihinsel süreci harekete geçirir. İbnü'l-Heysem'in algı teorisinde son merci olarak başvurduğu hayal gücü, matematiksel süslemenin de adresidir.

Geometrik bezemedeki simetrilerin örtük yansılama karakteri ışığa, yollarını ve açılarını aynalarda ifşa eden ışığa işaret eder yine. José Montesinos (s. 210) gibi matematikçiler, deseni ayna gibi çoğaltan yansıma akslarından söz ederler. Geometrik bezemede yansıma gibi kırılma da yüzeye yansıtılmıştır ve yüzeyde iki boyutlu olarak tasvir edilmeleri gerekir. Arap matematikçilerin çözmesi gereken sorun, bir yüzeyde ancak sınırlı bir sayıda rotasyon ve simetri çeşidi olabilmesiydi. Modern matematikçilerin hep ilgisini çekmiş olan üçgen ve altıgen desenler bununla ilgiliydi. Daha 1879'da Fransız sanat kuramcısı Jules Bourgoin, matematiksel hesaplamalarından büyülendiği Arap bezemelerinin bir dizi çizimini yayımladı.[68] Danimarkalı Emil Makovicky 1977'de, Arap bezemelerinin kristalografi araştırmaları için önemini keşfetti.[69] Bezemeler, düzenli olarak tekrarlanan iki, üç, dört ve altı katlı dönel simetrileriyle "kristal yapıların projeksiyonlarına şaşırtıcı ölçüde" benziyorlardı. Burada dikkat çekici olan, doğadaki mikro yapılarla kurulan analojidir. Arap sanatındaki geometri, "altıgen ve üçgen desenlerinden ötürü, bezemenin tarihinde eşsiz bir yere sahiptir."[70]

Amerikalı fizikçiler Peter Lu ve Paul Steinhardt kısa bir süre önce yaptıkları bir keşifle büyük yankı uyandırdılar: Araştırmacılar, Batı'da ancak 20. yüzyılda bulunan "Penrose Karoları" ya da sözde kristallerin İslami bezeme sanatında daha 15. yüzyılda bilindiğini ortaya koydular.[71] Fakat biz burada, o tarihten çok önce icat edilen "girih karoları"nı ele almakla yetineceğiz. Beş şablondan oluşan bu eşkenarlı çokgenlerle, düzenli olarak tekrar eden son derece karmaşık desenler elde edilebilmektedir (**RESİM 43 F**). Karolar yan yana koyulduğunda, bir karonun üzerindeki çizgiler yandaki karoda devam eder ve böylece tüm yüzeyde kendi düzen ve simetrisine sahip boşluksuz bir ağ oluştururlar. "Girih karoları"nın beş şablonu birbirini öyle kesintisiz bir biçimde tamamlar ki, yüzeydeki çizgiler arasında tek tek ayırt edilebilmeleri için, Lu ve Steinhardt'ın yaptığı gibi renklendirilmeleri gerekir (**RESİM 43 G**).

"Kenarların her biri eşit uzunluktadır ve iki dekor çizgisi her kenarın orta noktasını 72 ve 108 derecelik bir açıyla keser. İki karo yan yana konulduğunda, kontür çizgileri yönlerini değiştirmeden devam eder. Kesişen çizgilerin ve karoların açısı sadece 36 derece ve katlarıdır. Bu nedenle, tüm segmentlerin çizgileri düzenli beşgenlerin kenarlarına paraleldir. Dolayısıyla, girih desenlerin kombinasyonu ne olursa olsun, sonuç hep ongen geometrisidir."[72] Lu ve Steinhardt bu ilkeyi İran'daki sekizgen bir türbe örneğinde göstermiştir. 12. yüzyıla ait bu türbe, daha önce söz edilen "tuğla mimarisi" üslûbundadır ve tuğlaların yapısı, binanın her yüzeyinde hep yeni yeni, şaşırtıcı simetrilerle sürüp giden, sekizgen yapının köşelerinde bile hep aynı yüzeymiş gibi ustalıkla devam ederek yeni simetriler oluşturan girih deseniyle mükemmel bir uyum içindedir (**RESİM 44**).

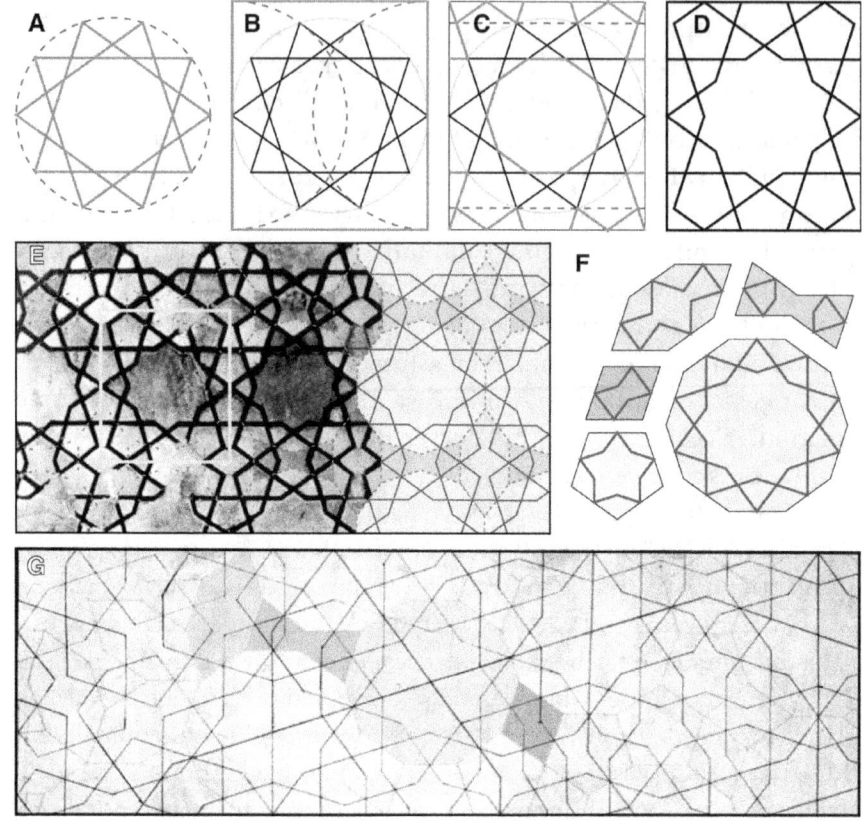

Res. 43 Girih çiniler, Peter Lu ve Paul Steinhardt: A'da D'ye kadar olan diyagramlar bir çini deseninin nasıl oluşturulduğunu gösteriyor; E, Gazargah'taki (Afganistan) Hâce Abdullah Ensârî türbesinden bir detay, D'deki desen dikdörtgen içinde vurgulanmıştır; sağda görülebileceği gibi aynı desen diyagram F'deki 5 farklı girih çiniyi birleştirerek elde edilebilir; Diyagram G, mimari çizimlerin olduğu bir parşömenden bir parçadır (şu anda Topkapı Sarayı Müzesi'nde), burada da aynı 5 parça kullanılmıştır. Peter Lu ve Paul Steinhardt, "Decagonal and Quasi-Crystalline Tilings in Medieval Islamic Architecture," *Science* 315, 1106-10.

1500 civarında İran'da tasarlanan ve bugün İstanbul'daki Topkapı Müzesi'nde muhafaza edilen bir parşömen rulosundaki 114 mimari çizim Lu ve Steinhardt'ın araştırmaları için bir hazine değerindeydi[73] (s. 210). Rulodaki mimari çizimlerde binalar değil, duvar yüzeylerine ve tonozlara uygulanacak desenler tasvir edilmişti (**Resim 45**). Buradaki geometrinin biçim repertuarı o kadar evrenseldir ki, hiçbir mimari üsluba ve boyuta bağlı değildir. Mimarlar, olağanüstü karmaşık hesaplara dayanan, modern matematikçilerin bile çözemediği geometrik bezemeleri bu modeller yardımıyla tasarlayabilmişlerdir. Çizimlerin çoğu, son derece karmaşık bir matematik bilgisini gerektiren, matematikte kendine özgü bir yere sahip olan "mukarnas" için hazırlanmıştır (**Resim 80-Resim 83**). Fakat bu çizimlerin üç boyutlu biçimlere nasıl aktarıldığı büyük ölçüde tahminlere dayanmaktadır. Algıdaki zihinsel süreci açıklamak için İbnü'l-Heysem de yararlanmıştı bu tür desenlerden (**Resim 8**). Topkapı Müzesi'ndeki

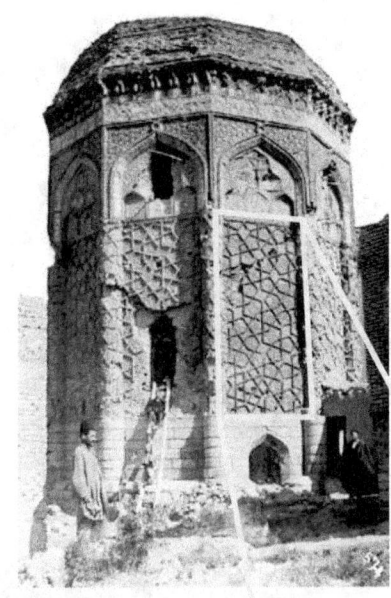

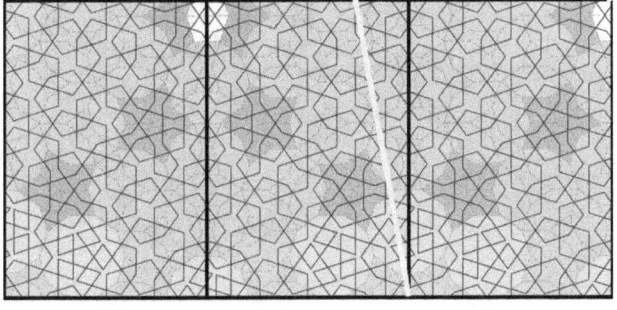

Res. 44 Maraga, İran'daki bir anıt, girih çini desenin renkli bir rekonstrüksüyonu görülüyor, Peter Lu ve Paul Steinhardt (Harvard College Library/Peter Lu, Harvard College Library Özel Koleksiyonu izniyle)

parşömende, mozaiği andıran bir desende renkler de geometriye tabi kılınarak bir polifoni oluşturulmuştur. Bu çizimler, düz bir yüzeyde tasvir edilmeleri bakımından Batı'nın perspektif resmine benzerler. Ama çok farklı bir anlam taşırlar. Zira Rönesansta görsel imge bireyin bakışının simülasyonudur ve izleyicinin durduğu yerle ilintilidir. Ayrıca, yüzey de çok farklı yorumlanır. Rönesansta yüzey resimdeki bir mekânı göstermenin aracıdır. İzleyici yüzeyi bakışlarıyla delip geçerek ötesini görür. Arap kültüründe ise yüzey olumlu bir anlamla yüklüdür. Yüzey, evrensel geçerliliğe sahip bir geometrinin matematiksel olarak hesaplanıp tasvir edildiği yerdir.

Her kültür, bakışa tanıdığı ayrıcalıklar ya da koyduğu tabularla belli bir düşünce biçimine damgasını vururken, bir yandan da bakışla

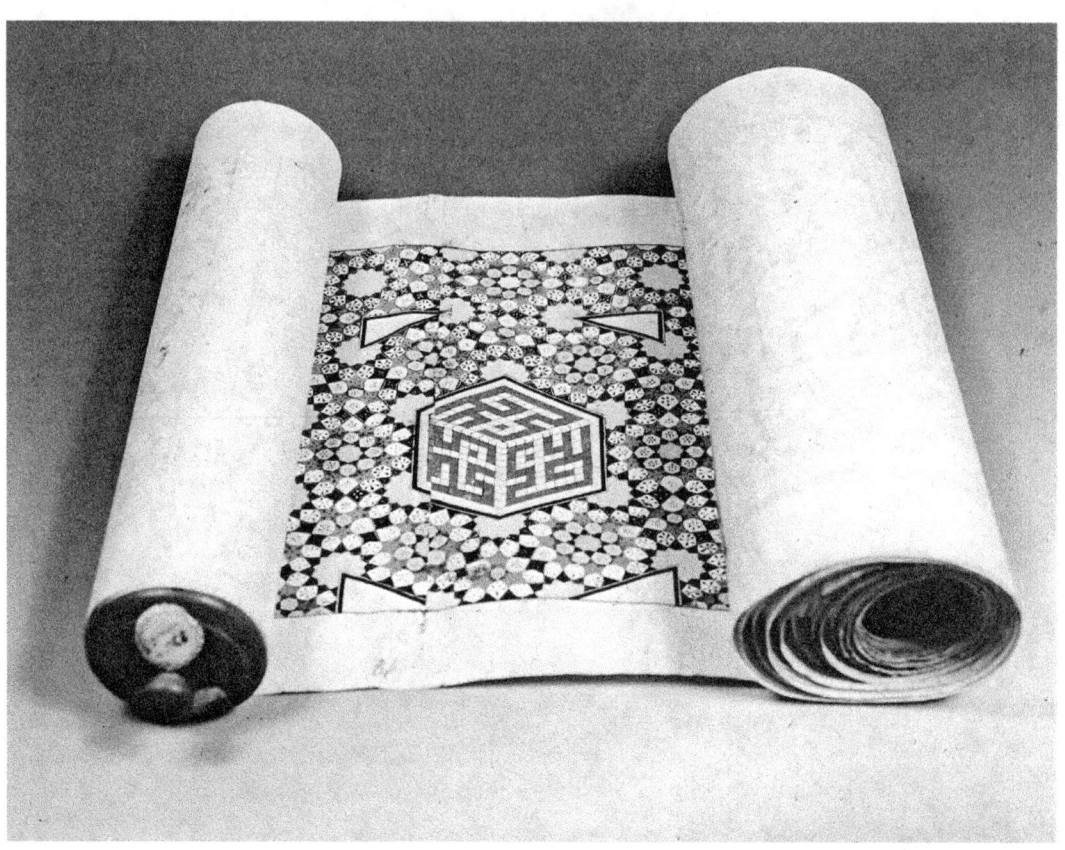

RES. 45 Mimari çizimlerin olduğu bir parşömen, İran, 1500 civarı (Topkapı Sarayı Müzesi, İstanbul)

ilgili normlar ve yasaklar tarafından biçimlendirilir. Bilimsel teoriler bile yerel kültürün oyun kurallarına bağlı kalır. Arap bilim adamlarının antikçağ metinlerinden bildikleri Greko-Romen görme biçimini aşabilmeleri özel bir dünya görüşü sayesinde oldu. Fizik ve matematiği sentezleyerek antikçağın görme modellerini soyutlaştırdılar ve optik sürecin hesaplanmasının ya da hesaplanabilirliğinin koşullarını yarattılar. Fakat bu hesapların resimde bir karşılık bulması, ancak Batı kültüründe, matematikçilerin boş mekânı yaratmalarıyla oldu. Bu nedenle, Rönesansın resimleri (Arap kültüründe resimden söz edemeyiz bile) antikçağın resimlerinden tamamen farklıdır. Rönesansın resimleri matematiğe dayalı konstrüksiyonlardır. Yeniçağın görme kültürü ancak bu temelle birlikte imgelerine kavuşmuştur.

Blickwechsel: Kepler'in Yeniden İcat Ettiği *Camera Obscura*

Arap icadı olan *camera obscura* yeniçağda Batı'da yeniden icat edildi, ama oradaki öncelikleri çok farklıydı. İbnü'l-Heysem'in teorisi 17. yüzyılda test edilirken, görme sürecinin nasıl işlediğini gözler önüne serecek bir modele ihtiyaç duyuldu. O dönemde gözün anatomisine dair yeni bilgiler elde edilmiş, göz merceği keşfedilmişti. Perspektif resimlerini Euklides'in görme piramidiyle açıklamak artık mümkün değildi. Zira retinadaki fizyolojik imgenin, tıpkı karanlık odadaki gibi baş aşağı durduğu ve ters olduğu anlaşılmıştı. Küresel bükülme sayılmazsa, göz ile karanlık oda arasındaki benzerlik o kadar büyüktü ki, İbnü'l-Heysem'in de tahmin ettiği gibi, karanlık oda göz için bir model oluşturabilirdi (s. 104). Ayrıca karanlık odaya yeni keşfedilen göz merceği de eklenebilecekti.[74]

Böylece, imge ile dünya arasındaki ilişki tam tersine döndü. Perspektif resmi insanın optik imgesini dışarıya yansıtırken, karanlık oda optik imgeyi dış dünyadan gözün içine geri aldı. Fakat Kepler'in dediği gibi, "optik bilimcilerin donanımı bu opak duvarın (*opacum parietem*) ötesine geçmeye yetmiyor"du.[75] Görme sürecinde "resim (*idolum seu picturam*) ağ tabakanın beyaz, iç duvarında" mekanik bir biçimde üretilir. Nesnelerin imgeleri önce bu yüzeye "kopyalanır" (*impingitur*), ancak ondan sonra beyne "nüfuz" ederler. Zira sadece görme sinirinin girebildiği "bu yere kadar ulaşabilen optik imge (*imaginem opticam*) yoktur."[76] İbnü'l-Heysem'in de bildiği gibi, ağ tabakasındaki imgenin, beyindeki "zihinsel malzeme"ye nasıl ulaştığı salt optikle açıklanamaz. Bilakis "ruh, görülen imgeyi (*idolum*) yolda karşılayıp retinaya kadar geçirecek bir görevli (*quaestor*) gönderir."[77]

Perspektif imgenin bilimsel otoritesi bu noktada ortadan kalktı. Perspektif tekniğiyle yapılmış bir resmin optik imgenin birebir kopyası olarak görülmesi artık mümkün değildi. Kepler, retinadaki "imge" ile tablodaki resim arasında kurulan her tür analojiyi reddeder ve gök cisimlerinin yörüngelerindeki bükülmeleri perspektif yüzünden göremediğini söyler: Retina imgesi resim yüzeyiyle (*super plano picturae*) bir tutulamaz artık. "Görme duyumuzda, tablodaki gibi bir yüzey yoktur" (*nullum planum pro tabela habet*).[78] Perspektif düzlemi ile retinanın içbükey biçimi arasında bir analoji kurmak imkânsızlaşmıştı.[79] Sonunda Kepler *diyoptri*, yani ışık kırılması öğretisinde karar kılarak yansımayı görmenin modeli olmaktan çıkardı. Descartes gibi bilim adamları tarafından geliştirilen yeni optik araçların mercekleri, optik araç olarak kullanılan aynanın yerini aldı.

Descartes, iki gözün görsel izlenimlerinin, ancak *sens commun*'ün merkezi beyinde tek bir imgeye dönüştüğünü gösterdi. Bunu anlatmak için de körlerin bastonu metaforunu kullandı. Baston nasıl körlerin yapay proteziyse, göz de algının doğal proteziydi. Descartes *La Dioptrique* (Diyoptri) adlı eserinde, körlerin "elleriyle gördüğü söylenebilir" der. Zira "(körler) dünya hakkındaki (gerekli) bilgiyi ellerdeki sinirlerin beyinde yol açtığı belirli uyarılarla edinirler."[80] Körün bastonu, göze sinyaller gönderen ama görülebilen bir şey kopyalamayan ışık ışınına benzer. Körün dünyaya bastonuyla dokunarak elde ettiği duyumları ile "dünyaya dair tasavvurları arasında bir benzerlik yoktur." Böylece, öznel bakışın otoritesine büyük bir darbe indirilmiştir.

"Gören, göz değil, ruhtur" (*"c'est l'ame qui voit, et non pas l'œil"*).[81] Bu cesur ifade, resme inanan, göze güvenen Rönesansla tamamen ters düşmek anlamına geliyordu. Descartes'a göre, ruh "insanın göremeyeceği şeyleri bile hayal edebilir"di. Bu yaklaşım yeni bir görsel çağın habercisiydi. Descartes *Discours de la methode* (Metot Üzerine Konuşmalar) adlı eserinin beşinci bölümünde, ruhun "filozoflarımızın sandığı gibi, nesnelerden beyne iletilen imgelere bakmaya ihtiyacı yoktur," der. Ona göre, nesneler ile tasavvurlarımız arasındaki benzerliğin nasıl oluştuğu bu şekilde açıklanamaz. Resimler sadece "bizi düşünmeye sevk ederek, bir şeyler tasavvur etmemizi" sağlarlar. Böylece, benzerlik konusunda suret teorisinin yerini imler teorisi alır. Nitekim Descartes, bakır gravürlerin, ne yüzey ne de çizim olarak, üzerlerinde gördüklerimizle en ufak bir benzerliklerinin olmadığını yazar. Aynı şey "beynimizde oluşan imgeler için de geçerlidir."[82]

Descartes imge ile algıyı birbirinden ayırarak, farkında olmadan Arap teorisinin temellerine dönmüştür. Descartes inek gözüyle yaptığı meşhur deneyde, gözün arka kısmındaki üç tabakayı kestikten sonra gözü *camera obscura*'dakine benzer bir görme deliğine yerleştirmişti. Bu esnada "odaya, gözden girecek ışık haricinde hiç ışık girmemeliydi. Bu koşullar sağlandıktan sonra gözdeki beyaz maddeye (retinaya) bakıldığında, basit perspektifli bir resim (*peinture*)" görülüyordu. "Ölü bir hayvanın gözünde görülen *peinture*'ün aynısı, canlı bir insanın gözünde de oluşur."[83] Fakat bizim optik imgemiz bu değildir. Biz "(nesneler) hakkında (önceden) edindiğimiz yargıya bağlı kalırız," yani sadece göze muhtaç değilizdir. "Gözdeki *peinture*'ün" dünyayla "bir benzerliği yoktur;" göz dışarıdan salt mekanik uyarılar alır.

Göz, doğal bir *camera obscura*'dan başka bir şey değildi. Descartes bu gerçeği *Optique*'in beşinci bölümünde anlatır. "Baktığımız şeyler, tek bir delik dışında her tarafı kapalı olan bir karanlık odada (*chambre*) nasıl görünürlerse, gözümüze de öyle nüfuz ederler. Bu deliğin önüne mercek biçiminde bir cam konduğunda, ışık beyaz örtüde resimler oluşturur. O nedenle, bu odanın gözü temsil ettiği söylenir."[85] İmgeler "oda"da baş aşağı durur ve biz onları ancak beyinde "doğru" görürüz. Descartes'ın bilincinde (ve resimlerinde) insan öznesi gözden çekilip gitmişti.

"Oda" kapalı bir mekândı ve taşınabilir bir kutu haline gelmeden önce bu odaya sinema salonuna girer gibi giriliyordu. "Oda"nın "perspektif" denen deliği, göz merceğindeki gibi ters değil, düz duran görüntüler elde edilen merceklerden oluşuyordu. Henüz Rönesansta Leonardo da Vinci *camera obscura*'yla ilk deneyleri yapmıştı. Ama delik yerine dışbükey mercek kullanan ve odadaki görüntüyü bununla düz çeviren ilk kişi Giambattista della Porta'ydı (1538-1615). Onun bu deneyden hayranlıkla söz ederken kullandığı "doğal sihir" sözcüğünü daha sonra fotoğrafın mucitleri de kullanacaktı. Karanlık oda bir düzenek olarak gözden daha düzgün çalışıyor, işleyişi öznel duyularla bozulmuyordu. Göz merceğine giren ışın demetini tasvir etmek için de iyi bir modeldi. Teleskop ve mikroskopun da icat edildiği bu dönemde cihazların yıldızı parlamaya başlamıştı. İnsanın kusurlu görme cihazı onlarla yarışamazdı.

Kısa süre sonra karanlık oda kamusal alanda da devreye sokuldu ve artık herhangi bir şeyi kanıtlamasına gerek kalmadan geniş bir izleyici kitlesinin eğlencesi haline geldi. Barok dönemin gösteri merakı bu oyuncağın hileleriyle tatmin edildi. İlk başta şeytan işine benzetildiyse de, sonra teknolojik bir mesele olarak görüldü. 1646'da Athanasius Kircher'in "katoptrik tiyatrosu," döner tambur ve ayna yardımıyla resimleri oynatarak yeni illüzyonlar ve büyük sansasyon yarattı. Ardından yeni bir gelişme yaşandı: Büyülü fener (*Laterna magica*) imgelerini dış dünyadan almıyor, yapay olarak üretiyordu. Doğal görüntüler için gereken ışık kaynağının yerini projektör aldı. Romalı Cizvit Kircher, bu "sihirli ya da mucizevi lamba" (*lucerna magica seu thaumaturga*) sayesinde şeytanın duvara yansıtıldığını ve izleyicilerin dehşetten dehşete sürüklendiğini yazıyordu. "Resim kutusu" (*peep show*) bu gelişmenin doğal bir sonucuydu. İzleyicilerin gösteri merakı sürekli yeni illüzyon teknikleriyle tatmin edilmeyi beklerken,[86] bilimsel araştırmalarda hâlâ aynı teknikler kullanılıyordu.

Bu "odalar," bir zamanlar perspektif için vazgeçilmez olan göz noktasının ayrıcalıklı konumunu ortadan kaldırmıştı. İnsanlar, bir görünüp bir kaybolan resimleri kendi içlerinde üretmeden izliyorlardı. Daha önce hiç böyle bir şey olmamış, kişi resme mutlaka kendini de katmış, aynada bile kendi bakışının yansımasını görmüştü. Görme, bakıştan ayrılıp cihazlara transfer edilince özneden de ayrıldı. "Oda"da görülen hareketli resimler, hareket ediyormuş duygusunu veren durağan perspektif resmini gölgede bıraktı. Bu aşamadan sonra, devamlı hareket halinde olan bir dünyanın resimlerle güvenilir bir biçimde tasvir edilebileceğine artık kimse inanmaz oldu. Bunun sonucunda resim sanatı büyük bir baskıyla karşı karşıya kaldı. Rembrandt'ın döneminde Constantin Huygens, "oda"daki resim akışına kıyasla resim sanatının "adeta ölü" gibi olduğunu yazıyordu.[87] Nitekim sanatçılar daha gerçekçi bir etki yaratan *trompe l'œil* tekniğine başvurarak "oda"ya üstün gelmeye çalıştılar.

Sir Henry Wotton 1620 tarihli bir mektubunda, Kepler'in ona *camera obscura*'da kâğıt üstüne çizilmiş güzel bir manzara resmi gösterdiğini ve bu resmi "ressam olarak değil, matematikçi olarak" yaptığını söylediğini yazar. Kepler'in "her yere kurulabilen, küçük, siyah bir çadırı vardır. Çadırın bir buçuk inç genişliğindeki deliğinin ağzına dışbükey mercekli uzun bir boru yerleştirmiştir." Mercek "dış dünyadaki tüm cisimleri içeriye yansıtır." Yansıyan görüntülerin altına bir kâğıt konulduğunda, "tüy kalemle bunların tıpatıp aynısı yapılabilmektedir." Wotton bunu büyük bir ilerleme olarak görüyordu, çünkü "hiçbir ressam doğayı bu kadar aslına uygun çizemez"di.[88] İbnü'l-Heysem'in asla söz etmediği resimlerden —*camera obscura*'nın ürettiği resimlerden—kimse vazgeçmek istemiyordu artık. Bunlar, sonraki *photo-grafi*', yani "ışık resimleri" gibi mekanik resimlerdi. Daha sonra *kamera*'nın, yani "kamara"nın selefi fotoğraf makinesinin üstleneceği görevleri, merceğin "perspektifi" üstlenmişti. 1888'de Kodak'ın geliştirdiği yöntemden sonra tüm dünyada yaygınlaşan modern fotoğraf makinesinin öncüsü, adını fotoğraf laboratuvarına veren "karanlık oda"ydı. Fotoğraf makinesi perspektifin resim ilkesini başka teknik yöntemlerle sürdürdü. Geriye dönüp baktığımızda görüyoruz ki, Arap görme teorisi ve matematiğini resim üretim tekniğine dönüştüren Batı kültürünün ezelden beri bütün derdi resim üretmekti.

IV.

Bilgi Olarak Algı

Görme Teorisinin Resim Teorisine Dönüşmesi

Skolastizmde Algı ve Bilgi Çatışması

İbnü'l-Heysem'in optik teorisinin, içinden çıktığı İslam kültürü gibi resimsiz olduğu bilgisi yepyeni sorulara yol açar. İbnü'l-Heysem, resimlerin vazgeçilmez olduğu çok farklı bir kültüre kendini nasıl kabul ettirebildi? Gerçi İbnü'l-Heysem'in eseri ortaçağda skolastik üniversitelerde "doğa felsefesi" (*philosophia naturalis*) dalında okutuluyordu, ama resim söz konusu olduğunda, bilimde de çatışmalar yaşanabiliyordu. Nitekim İbnü'l-Heysem'in eseri çevrildikten sonra kavramları adeta kaçınılmaz bir biçimde resim kavramlarına dönüştürüldüğünde ya da resimle ilgili kavramlar sanıldığında böyle bir anlaşmazlık yaşandı. Görme teorisinin resim bağlamında ele alınması gerektiği düşüncesi, önemli sonuçlara yol açan bir yanlış anlamaya neden oldu. Batı, resimlerin herhangi bir rol oynamadığı orijinal teoriden bu noktada ayrıldı.

Bilim tarihinde uzun süre ihmal edilen resim meselesinin İbnü'l-Heysem'le ilgili son araştırmalarda bile kafa karışıklığına neden olması, bu konunun burada ayrıntılı bir biçimde ele alınmasını gerekli kılıyor. İbnü'l-Heysem'i daha o zamandan bilen ortaçağ Avrupası'nda bu mesele kendine özgü birtakım sorunlar doğurmuştu. O dönemde resimler sanatın değil, teolojinin alanına giriyordu. Resimler, ampirik dünyanın suretlerinden ziyade, inancın imgeleriydi. Bu nedenle yeni algı teorisinden doğrudan etkilenmemişlerdi, çünkü "dışsal" değil, "içsel" duyulara hitap ediyorlardı. Dolayısıyla, bedensel bir faaliyet olan görme sürecini resimlerle ifade etme ihtiyacı henüz duyulmuyordu. Öte yandan, İbnü'l-Heysem'in optik teorisi, duyusal algının insanı hakiki bilgiye ulaştırıp ulaştıramayacağını soran ilim adamları arasında tartışma yarattı. Bu tartışma, göz ile ruh arasındaki ilişkiyle de ilgiliydi. Tartışılan soru kesinlikle soyut değildi, zira burada insan doğasının iki yönü, hem beden hem de ruh söz konusuydu. İbnü'l-Heysem'in görme teorisi daha ziyade felsefi olduğundan ve ampirik deneylerle desteklendiğinden, Hıristiyan teolojisinin üniversitelere de hâkim olduğu bir kültürde yanlış anlaşılmaya açıktı. Nitekim görme ve bilgi hakkındaki bu tartışmanın son derece gergin bir biçimde yürütülmesi, teologların kendilerini büyük bir tehdit altında hissettiklerini gösterir.

Tartışma esasen *"species"* ya da "optik biçim" (suret) etrafında dönüyordu, zira İbnü'l-Heysem optik teorisinde cisimlerin gerçek biçimleri ile görülen biçimlerini birbirinden ayırt ediyordu: Cisimlerin görülen, yani optik biçimi ile özsel biçimi iki ayrı kategoriydi. Tartışmanın bir cephesinde, İbnü'l-Heysem'in görme teorisini benimsemiş olan Roger Bacon, diğer cephesinde ise bu teorinin temellerine saldıran Ockhamlı William vardı.[1] İbnü'l-Heysem'in *Perspectiva*'sındaki teoriyi savunan "Perspektifçiler" kanadının başını, John Peckham ve Witelo'yla birlikte Bacon çekiyordu. Bacon, *The Multiplification of the Species* (Türlerin Çoğalması Üzerine) adlı kitabında, ışık ışınlarının ve optik biçimlerin duyulara hangi yollardan ulaştığını, duyular üzerinden zihne nasıl iletildiklerini, başka bir ifadeyle, duyuların ne kadar güvenilir olduğunu ve insanın dünyaya ilişkin bilgisinde nasıl bir rol oynadıklarını sorguluyordu.

Sonraki kuşakların "Doctor Mirabilis" adıyla yücelttiği İngiliz Roger Bacon (1214-92), 1257'de Fransisken tarikatına girdi, ama öğretileri nedeniyle çok geçmeden tarikatla ters düştü. 1267'de Papa'nın siparişi üzerine yazdığı yedi bölümlük *Opus Maius*'unda optik konusunu da işlerken İbnü'l-Heysem'i temel aldı ve onun eserinin Latince çevirisinden yararlandı. Aynı yıllarda Padova'da üniversitede okuyan 1230 doğumlu Şilezyalı Witelo, 1270'li yıllarda Padova'da optik üzerine yazdığı eğitim kitabına İbnü'l-Heysem'den esinlenerek *Perspectiva* adını verdi ve Padova Üniversitesinde onun öğretilerini yaydı. Canterbury başpiskoposu ve ansiklopedist John Peckham (1225-92), *Perspectiva Communis* ya da *Genel Algı Öğretisi* adlı eserinde İbnü'l-Heysem'in optik teorisini savundu. Fransisken Ockhamlı William (1285-1347) ise daha genç kuşaktandı ve Oxford'da hocalık ederken Nominalistler'in (Adcılar) sözcülerinden biri oldu. Ona göre, dünyadaki şeyler genel bir kavram altına sokulamaz, sadece zihinde sezgisel olarak kavranabilirdi. Bu nedenle bilgiyi, tamamen duyulara bağlı olan bir algıya teslim etmeyi reddetti.

Işığın kozmik bir güç olarak Batı teolojisiyle bağdaştırılması nispeten kolaydı da, Batı teolojisinin İbnü'l-Heysem'de ışığın duyusal algıdaki rolüyle bağdaşması zordu. Zira teologlar için ışık Tanrı'nın dünyadaki faaliyetiydi. Yeni ışık teorisini eski ışık metafiziğinin bir teyidi olarak görüyorlar, ama İbnü'l-Heysem'in ışığı ısrarla fizik kavramlarıyla ele almasını görmezden geliyorlardı. Roger Bacon optik bilgisini teolojik meselelere de uyarlayarak yandaş kazanmaya çalıştı. Başyapıtında, "ışığın, düz, kırılmamış görme ışınlarıyla gözdeki kristale nüfuz ettiği gibi," Tanrı'nın inayetinin de insan ruhuna doğrudan nüfuz ettiğini yazdı.[2] Işık, "Romalılara Mektup"taki gibi (1,20), Tanrı'nın "görünmez gerçekliğinin" onun "yarattığı esere" yansıması olarak yorumlanabilirdi. Böylece, Bacon optik teoriye, fiziki dünyanın ötesine işaret eden metafizik bir karakter katmış oldu.

Resim kavramı o kadar teolojikti ki, optik bilgisinin resme uyarlanması bile büyük tepkilere yol açıyordu. Gerçi dünya hep resimlerle "anlatılmıştı," çünkü dünya vahiy ve tarihin dünyasıydı. Fakat anlatı, insanın dünyayı günlük hayatta gördüğü gibi tasvir edebileceği anlamına gelmiyordu. Optik bilgisi, insanın dünya hakkında kendi izlenimlerini edinmesini sağlayan göz bağlamında, teolojinin alanına girmiş oluyordu. Dünyanın anlamını açıklamak yerine, dünyayı herkesin gördüğü gibi gösteren resimlere karşı bir arzu uyandırıyordu. Duyusal algının somut bilgiye dönüşmesiyle antropolojik bir değişim gerçekleşti. Bu değişim Rönesansın doğrusal perspektifi henüz icat edilmeden önce sanatta da kendini gösterdi.

Fakat o dönemde optik biliminde hangi resim kavramı söz konusuydu? Resim kavramının çok farklı anlamları vardı. Optik teorisi dünyanın bir artefakt olan resimle benzerliğiyle değil, algıladığımız *cisim* ile onu algıladığımız *biçim* arasındaki benzerlikle ilgiliydi. Görme süreciyle ilgili soru şuydu: Bir cisim özünde nedir? Biz onu nasıl algılarız? Bu tür bir benzerlik için optik biliminde *species* kavramı kullanılır. İbnü'l-Heysem gibi Bacon da, bunun cisimlerden göze nüfuz eden "biçim" olduğu görüşündeydi.[3] Burada söz konusu olan genel görüş alanı değil, tek tek nesnelerin biçimiydi. Bacon'ın ifadesiyle, "görülebilen her cisim belirli bir optik biçim (*species*) yaratır. Bu optik biçim şeffaf aracılar" hava ve suyla göze iletilir. Ama Bacon'ın İbnü'l-Heysem'den ayrıldığı nokta, biçimi "resim ve tasvir"le bir tutmasıdır. Biçim "nesnelerin yüzeyinden nokta nokta yayılan görme ışınları boyunca çoğalır. Göze nüfuz ettikten sonra, optik sinirlerden içsel duyuların bulunduğu 'beyin tası'na kadar çoğalmaya devam eder."[4] Algının hedefine ulaştığı organ oradadır.

Bacon'a göre, cisimlerin içimizde yarattığı "etki" onların "amacı"dır. İbn Sînâ biçimi "amaç"tan ayırmıştı, ama burada bu konuyu bir kenara bırakabiliriz. İbnü'l-Heysem gibi, Bacon için de duyularla algıladığımız sadece ışık ve renktir, ama cisimlerin yapısı, büyüklüğü ve mesafesi yalnızca muhakeme gücüyle algılanır. Nesnelerin zaman ve koşullara bağlı niteliklerinden yola çıkarak özünü algılamamız sadece muhakeme gücüyle olur.[5] Burada algıyla ilgili temel bir sorun vardır. Bacon, cisimlerin duyularda görsel bir izlenim bıraktıkları varsayımından yola çıkıyordu. "Bu izlenim optik biçim ya da *species*'tir."[6] Bu nedenle *species* onun için sadece biçim olamazdı, benzerliği de iletmesi gerekiyordu. Bu görsel bakış onu İbnü'l-Heysem'in kavramlarından uzaklaştırdı. Bacon'a göre, gözün *species*'e tepkisi, izleyicinin bir resme tepkisi gibidir. Bacon'ın başyapıtının İngilizce çevirisindeki başlığından da anlaşılacağı gibi, optik biçim benzerlik anlamını taşır.[7] Bu aşamadan sonra *species* bir resim olarak görülmüş, görme eylemi de bir "temsil sürecine" dönüşmüştür.

Bacon'ın algı teorisi, Bacon'la aynı tarikata üye olan ve 1320'den hemen önce Oxford'da ders vermeye başlayan Ockhamlı William tarafından reddedildi. Ockham, modern bir kavramla söylemek gerekirse, sırf medya teorisi olarak gördüğü bir görme teorisini çürütmeye soyundu. Çünkü bu teori cisimlerin gerçek varlığını, ışık koşulları ve görme gücü gibi koşullara bağlı olarak değişebilen görünümlerinden, "species in medio"dan, ayırt ediyordu. Ockham, görmenin tesadüfi koşullarından kurtarmak istediği bilgiyi mantığın ellerine teslim ediverdi. Bacon bilgiyi görme duyusuna bağlıyor, Ockham ise dünyadaki şeyler hakkındaki bilginin sadece bilişsel olabileceğini savunuyordu.[9] İnsanın hem bedensel hem ruhsal doğası üzerindeki denetimini yitirmekten korkan kilisenin endişeleri tartışmayı alevlendirdi. Fakat kilise savaşı çoktan kaybetmiş, dövüşe dövüşe geri çekiliyordu. Ampirik bilgi artık sadece bilimin konusu olmaktan çıkmış, dünya hâkimiyetinde kilisenin vesayetinden kurtulmayı vaat ediyordu. Ockham'ın "soyut bilgi" dediği şey aklın alanına giriyor, sezgisel bilgiye de rehberlik ediyordu. Ona göre, cisimleri öncelikle sezgiyle kavrarsak, onlardan bağımsız bir şey göremeyiz, kendimize ait bir optik biçim de geliştiremeyiz. Gerçi "sezgisel bilgi duyularımızda zaten vardır. Bir şeyin var olup olmadığını bu sayede biliriz (*rem esse vel non esse*). Ama sezgisel bilginin sadece görme duyusuyla ilgili olduğu düşünülmemelidir, zira bu düşünce yanlıştır" (*quod falsum est*).[10]

Ockham görme duyusunu aşağılarken, görme duyusuyla ilintilendirilmeye başlanan resimlere de saldırdı. Bu tür resimlerin insanı yanıltacağını düşünüyordu, zira sadece aklın alanı olarak gördüğü bilgiyi çarpıtabilir, yanlış bilgi verebilirlerdi. "Bize resimlerde gösterilen her şeyi daha önceden bilmemiz gerekir. Tek başına resimler, temsil ettiklerine ne kadar çok benzeseler de, bize onlar hakkında bilgi veremezler."[11] İbnü'l-Heysem bu tartışmaları duysa çok şaşırırdı, çünkü resim kavramı ona yabancıydı. Fakat Batı onun eserini farklı yorumlayınca, cisimleri farklı koşullarda tasvir eden *species*'in de bir sorunu haline geldi temsil. Bu nedenle Ockham Aristoteles'e tutundu ve göz düşkünü "Perspektifçiler"i relativizmleri yüzünden büyük bir yanılgıya düşmekle suçladı.

Böyle bir polemik, o dönemde görme duyusunun bilgi için taşıdığı önem konusunda büyük mücadele verildiğini gösterir. Bacon duyular arasında birinci sıraya görme duyusunu oturtur. Ona göre, duyularımızın bize yaşatacağı en güzel deneyim ışık ve renktir. Görme duyusunun güzel, faydalı ve gerekli şeylerin önünü de açtığını savunan Bacon, bu sözlerle mekanik sanatları kasteder. Bacon, "nesnelerin özsel niteliklerini sadece görme duyumuzla kavrarız. Yer ile gök arasındaki her şeyi bu sayede öğreniriz" derken Aristoteles'ten yola çıkar. Onun döneminde icat edilen gözlük gibi yeni cihazlardan da söz eden Bacon, bunların "tıpkı göz gibi işlediğini ve gerçek deneyimlerin daima görme duyusuyla kazanıldığını kanıtladıklarını" yazar.[12]

Fakat görsel algının önemi salt bilimin meselesi olmaktan çıkmıştı, zira resmi merciler öğreti ve inanç üzerindeki otoritelerinin tehdit edildiğini hissediyorlardı.[13] Bilgi, akıldan daha kolay yanıltılabilen ve daha zor eğitilen bir duyu organına bağlanmıştı şimdi. İnsanın dünyayı kendi gözlemleriyle araştırması bir maceranın cazibesini taşıyordu ve kilisenin buna karşı çıkması cazibeyi daha da artırdı. Fakat ampirizmin teolojik dünya görüşüne karşı mücadelesi henüz sona ermiş değildi. Zira 'bakış' teologların da en önemli temasıydı. Fakat onların derdi başka türden bir bakıştı; Ockham'ın yaşadığı dönemde kamuoyundaki tartışma bambaşka bir görme etrafında dönüyordu.

Tartışmanın konusu, mübarek kulların âhirette Tanrı'yı görecekleri vaadiydi. Bu ayrıcalıkla kıyaslandığında, dünyada görülen şeyler sadece soluk bir yansımaydı ve fâni hayat ebedi hayatın zavallı bir müsvettesi gibiydi. Fakat kilise ebedi dünyada Tanrı'yı görmeyi vaat ederken, dünyevi görme duyusunu kastetmiyordu. Papa 1331'de Avignon'da, inançlı kişilerin Tanrı'yı öldükten sonra değil, ancak kıyamet gününde hesap verildikten sonra göreceğini açıklayınca tartışma tırmandı.[14] Tanrı'yı görme umuduyla yanıp tutuşan dindarların kandırılarak değerli zamanlarının çalınması büyük tepkilere yol açınca, Papa açıklamasını geri almak zorunda kaldı. Dante *İlahi Komedya*'daki öte dünya vizyonlarının son dizelerinde, Tanrı'yı görmenin betimlenemeyecek bir deneyim olduğunu anlatmakla yetindiyse de, şairliğine sığınarak, öte dünyayı kendi gözleriyle gördüğünü iddia etti. Böylece, fiziki görme ile metafizik görme arasındaki sınır çizgisini ortadan kaldırdı. Ölümünden hemen hemen bir asır sonra Floransa'daki Dominikan kilisesinin bir şapelinin duvarlarına yapılan cennet ve cehennem freski, bir görgü tanığına başvurulmuş gibi, onun gözünden resmedildi. Fresklerde şair gördüklerini anlatmak için gözlerini göğe çevirmişti.[15]

Görme duyusuyla ilgili tartışmalarla bilime giren ampirizmin, o zamana kadar dinin hizmetinde olan sanata da girmesi fazla uzun sürmedi. Görme sürecinin resim sanatı için de bir ölçüt oluşturacağı belliydi. Göz, dünya hakkında bir fikir veren resimler peşindeydi. Bacon'ın döneminde sanatlarda bugünkü deyişle analog resimler, yani dünyayı gördüğümüz gibi tasvir eden resimler henüz yoktu. Ama rota o yöne çevrilmişti. Resimlerin tanıklığı bugün artık bir saplantı haline geldiğinden, bunun o dönemde ne kadar hassas bir konu olduğunu anlamakta zorlanırız.

Ampirik dünyayı görsel bilginin nesnesi haline getirme arzusu, Thomas Kuhn'un icat ettiği kavramla söylersek, bir paradigma değişimine yol açtı. Optik yasalarının sıradan insanın bakışı ve yargısıyla ilintilendirilmesi Arap kültürü ile Batı kültürü arasında yeni bir sınır çizdi. Görme duyusu, dünyayı kendi gözleriyle görmeyi talep eden öznenin ayrıcalığı haline geldi. Bu durumda, resim sanatının hükmü kalmamış bir atölye geleneğine bağlı kalacağı ve görsel uygulamanın tekeli olma fırsatını kaçıracağı düşünülemezdi.

Ressamlar bu fırsatı kaçırmadıkları gibi, öğreti ve görüşleri deneyimlere dayanan örneklerle "gözler önüne serdikleri" bir retorik de kullandılar. Edebiyat da dilini değiştirdi ve dönemin konularını daha geniş kitlelere aktarmak için halk dilini kullanmaya başladı. Günümüzün kavramlarıyla ifade edecek olursak, kitle iletişim araçları, daha fazla izleyici kazanmak amacıyla, "popülerleştirilme"ye çalışıldı. Dante'nin çağdaşı noter ve şair Francesco da Barberini, sözlü anlatım ile edebiyatla ilgisi olmayan bir kitleyi bile etkileyen somut tasvir arasında ayrım yapıyordu.[16] Ne var ki, resimlerin "tasvir etmeleri" için de önce doğaya benzemeleri gerekiyordu. Fakat iki tür resim olması, bazılarının "doğaya benzemesi," diğerlerinin benzememesi pek mümkün değildi. Benzerlik, görme ediminin ve *species*'in resimlerin sentaksına alınması anlamına geliyordu. İyi bir yönetimin sonuçları, gelişen kentin ve etrafındaki verimli toprakların yeni tarza uygun manzaralarıyla tasvir edildi. Ambrogio Lorenzetti'nin *İyi Yönetimin Etkileri* adını taşıyan ve Siena belediye binasında bulunan bu freskinde, algı örnek bir gerçeklik yaratma işlevini üstlenmişti ve henüz başlı başına bir tema değildi. Algı ancak perspektifle birlikte bir ikon haline geldi.

Perspektiften Önce: Giotto'nun Resmindeki Bakış

Perspektiften önceki asrın İtalyan sanatı Floransalı ressam Giotto di Bondone'den (ö. 1337) ayrı düşünülemez. Çağdaşlarının gözünde Giotto "yeni güzel üslubun" (*maniera*) kurucusuydu ve bu üslup ileride perspektifin temellerini atacaktı. Ama Giotto'nun doğrusal perspektifi "icat" mı ettiği, yoksa sadece "sezdiği" mi sorusu araştırmacıların zaman zaman iki ayrı cepheye bölünmesine, bazen de muğlak bir uzlaşmaya varmalarına neden oldu.[17] Gerçek şu ki, matematiksel doğrusal perspektif ancak yüz yıl sonra icat edildi. Doğrusal perspektifi Giotto icat etmediyse, onun sanatında hemen göze çarpan yenilik nedir peki? Akla gelen ilk yanıt, Giotto'nun resme değişken "optik biçimi" (*species*) sokarak sanatı dönüşüme uğratmasıdır. Onun döneminde üniversitelerdeki "Perspektifçiler" cisimlerin kendilerinin değil, sadece görünüm biçimlerinin algılanabileceği teziyle büyük yankı uyandırmışlardı. Dolayısıyla, algı konusunda bir belirsizlik vardı ve konunun güncelliği sanatı da harekete geçirmişti.

Ressamlar resimlerinde izleyiciyi, yani izleyicinin görme sürecini taklit etmeye başladılar. Fakat resimleri dışardaki bir izleyiciye göre yapmak, izleyicide resmedilen dünyayı gerçek dünyayı gördüğü gibi kendi gözleriyle gördüğü izlenimini uyandırmak için birtakım deneylerde bulunmaları gerekiyordu. Giotto resimlerinin sentaksında, bedenlerin ve nesnelerin resim yüzeyinin üzerine yerleştirildiği bir *mekân* yarattı. Fakat *mekân*ı *bir sistem* olarak tasvir etmenin matematiksel yöntemi ancak iki kuşak sonra icat edildi (s. 151) Her resmin, aynı yöntem ve kesin kurallara bağlı kalınarak, resmin önünde duran izleyicinin bakışı doğrultusunda yapılması, ancak matematiksel perspektifle oldu.

"Perspektif öncesi resim" kavramı, sanat tarihçilerinin iki farklı perspektif ayrımı yaptıklarını gösterir. Öncelikle, "merkezi perspektif," "doğrusal perspektif," "yapay perspektif" de denen "matematiksel perspektif" vardır. Matematiksel perspektif Floransa'da Brunelleschi tarafından icat edilmiş, ilk kez Leon Battista Alberti tarafından betimlenmiştir (Beşinci Bölüm). Bir de, ampirik ve sezgisel bir biçimde ortaya çıkan "doğal perspektif" kavramıyla karşılaşırız. Fakat buna "perspektif" demek ne kadar doğrudur? Sonuçta, perspektifin sadece bir amaç değil, bir sistem olması önemlidir. Ayrıca, kavramın tarihinin bilimsel görme teorisiyle birlikte başladığını da biliyoruz. Dolayısıyla, "doğal perspektif" kavramı yerine, dönemin tartışmalı konularını ifade eden "optik biçim" ve bakış kavramları kullanılabilir. Bilindiği gibi, Arap kökenli görme teorisi Rönesansın resim teorisiyle aynı anlama gelmiyordu. Perspektif öncesi resim sanatından kasıt, perspektifin icadının arefesinde bazı deneylere girişerek izleyicinin bakışını resme katmaya çalışan sanattır.

Giotto'yu perspektifin mucidi ilan etme arzusuyla ilk kez Floransa'da, Giotto'yu kentin sanat geleneğinin atası diye göklere çıkaran sanat yazarlarında karşılaşırız. 1489'da Medicilerin siparişiyle Floransa Katedrali'ne yaptırılan Giotto anıtının zarif yazıtı meşhur Poliziano tarafından kaleme alınmıştı (**Resim 58**). Giotto, birinci tekil şahıs anlatımı kullanılan yazıtta "can çekişen resim sanatını yeniden hayata döndürdüğü"nü iddia eder.[18] Ama perspektiften söz etmez. Giotto'nun çağdaşları, "naturale" denen doğa izlenimini onun sanatında bulmuşlardı. Her insanı kendi gözüne tabi kılan mesafe, parlaklık, görme açısı gibi optik koşullar doğada da geçerliydi. Bu nedenle, izleyicinin görme açısını taklit eden bir resim doğal bir izlenim yaratıyordu. İbnü'l-Heysem'in teknik kavramıyla söyleyecek olursak, nesnelerin "optik biçimi," sahip oldukları biçimden farklıydı.

Giotto'nun mekânın tasviriyle ilgili denemeleri, "optik biçimler"in çok çeşitli, çelişkili ve değişken olduğunu bildiğini gösteriyor. Kavram daima çoğul olarak kullanılıyordu, çünkü büyüklük ve mesafe kadar görme açısını ve ışığı da ifade ediyordu. "Optik biçimler" nesneleri algının değişken koşullarına tabi kılıyordu. "Görme biçimleri"ni kullanan görünmez "görme ışınları," yer döşemeleriyle ya da—en kolayı—tavan kirişleriyle simgesel olarak resme sokulabiliyordu. Ressamlar ışığın nesneler ve göz arasında kat ettiği yolları bunlarla simüle ettiler. Arap görme teorisinde önemli bir rol oynayan mesafeler ve görme açıları bu sayede görünür kılındı. Ama bu ışın yollarıyla resimdeki insanlar arasında bir koordinasyon oluşturmak zordu. Ortogonaller için sabit bir kaçış noktası da henüz hesaplanmamıştı.[19] Fakat bu "henüz" perspektifteki eksikliği değil, matematiksel bir resim düzeninin icadından önceki durumu anlatır.

Floransalı bir kronikçinin de teyit ettiği gibi, o dönemin izleyicisi kendini adeta Giotto'nun resimlerinde bulmuştu. Filippo Villani, "doğaya o kadar yaklaşmıştır ki (*naturae conveninunt*), izleyici (*intuentibus*) resimlerin yaşadığını ve nefes aldığını sanır" sözleriyle över Giotto'yu.[20] Villani, uydurmak ve resmetmek (*fingere* ve *pingere*) sözcükleriyle ancak Latincede mümkün olan bir kelime oyunu yapar. Edebiyattan sonra resme de giren kurgu, sadece doğal dünyada var olan bir algıyı simüle etmekten ibaretti. Edebiyat okura nasıl kur yapıyorsa, resim de izleyicinin gönlünü çelmeye çalışıyordu. Okurlardan Latince bilmelerini talep etmekten vazgeçerek halk dilini seçen İtalyan edebiyatı gibi, resim sanatı da didaktik tavrını bir kenara bırakıp halka gündelik yaşam algısını aşıladı.

Wolfgang Kemp, ressamların tasvir için kurduğu "olay sahnesi"nde "mekân ile olay arasında koordinasyon" sağlanan bir "anlatı düzlemi"nden söz eder.[21] Ressamlar olayın geçtiği bu yeri hep aynı biçimde tasvir ederek ona bir kimlik verdiklerinde, olay yeri bir başka tasvirde de teşhis edilebilir. Kemp'in bu tespitine, o dönemde metodik "bellek sanatı" (*ars memoriae*) eğitiminde de bu yöntemin tercih edildiğini eklemek isterim. O zamanlar Cicero'ya atfedilen bu tarz bir el kitabı Siena'da o kadar saygındı ki, 1336 civarında Ambrogio Lorenzetti kitabın değerli bir nüshasına kapak resmi yapmıştı.[22] Kitapta, bellekte "yerler" ile "imgeler" arasında bir ilişki kurulması gerektiğini, zihindeki "imgeler"in bilinçte her zaman belirli "yerler"le ilintili olduğu yazar. "Doğa bize nasıl bir yöntem izleyeceğimizi gösterir. Hayatta gördüklerimiz, onları nasıl gördüysek belleğimizde de öyle kalır." Daha sonraki yapay perspektif gibi geliştirilmesi gereken yapay bellek de "hatırlamak istediğimiz şeylerin imgelerini bize onları gördüğümüz yerlerde hatırlatır."

Fakat perspektif öncesi resim sanatı sadece "anlatı mekânı" kavramıyla açıklanamaz. Giotto Padova'daki Arena şapelinde (1310'dan önce) hiç beklenmedik bir adım atmış, herhangi bir anlatıya yer vermeksizin duvarlara devasa iç mekânlar resmetmiştir. Burada *mekân* bir anda mekânın *optik biçimi* haline gelmiştir; sadece optik bir deneyim ya da—denebilir ki—optik yanılsamadır. Şapelin korosunun her iki yanındaki duvarlar, sadece resimde var olan sahte şapellere açılırlar (**Resim 46**). Bu hayali şapelin duvarları ve tonozları o kadar kısaltılmıştır ki, izleyici tümünü birden görür.[23] Buradaki tema iki anlamda optik biçimdir. Sahte şapellerin gerçek dünyada karşılığı yoktur. Ayrıca, önlerinde değil, aralarında durduğu için onları sadece yandan görebilen izleyicinin bakışına tabidirler. Ancak iki asır sonra Masaccio'da (s. 186) göreceğimiz göz noktası (esas nokta) da yoktur bu fresklerde. Tam tersine. Bakışımızı koro duvarından yukarı tırmandırdığımızda, resim yüzeyinden öne çıktıkları için başka bir görme açısına göre resmedilmiş cumbalar görürüz. Giotto'nun bu

Sayfa 144 | 145

Res. 46 Arena Şapeli, Padova. Giotto'nun *trompe l'oeil* fresklerinin bulunduğu koro bölümü, 1306 civarı.

Res. 47 Santa Croce Bazilikası, Floransa, Giotto'nun resimlediği koro şapellerine bir bakış, 1320-30

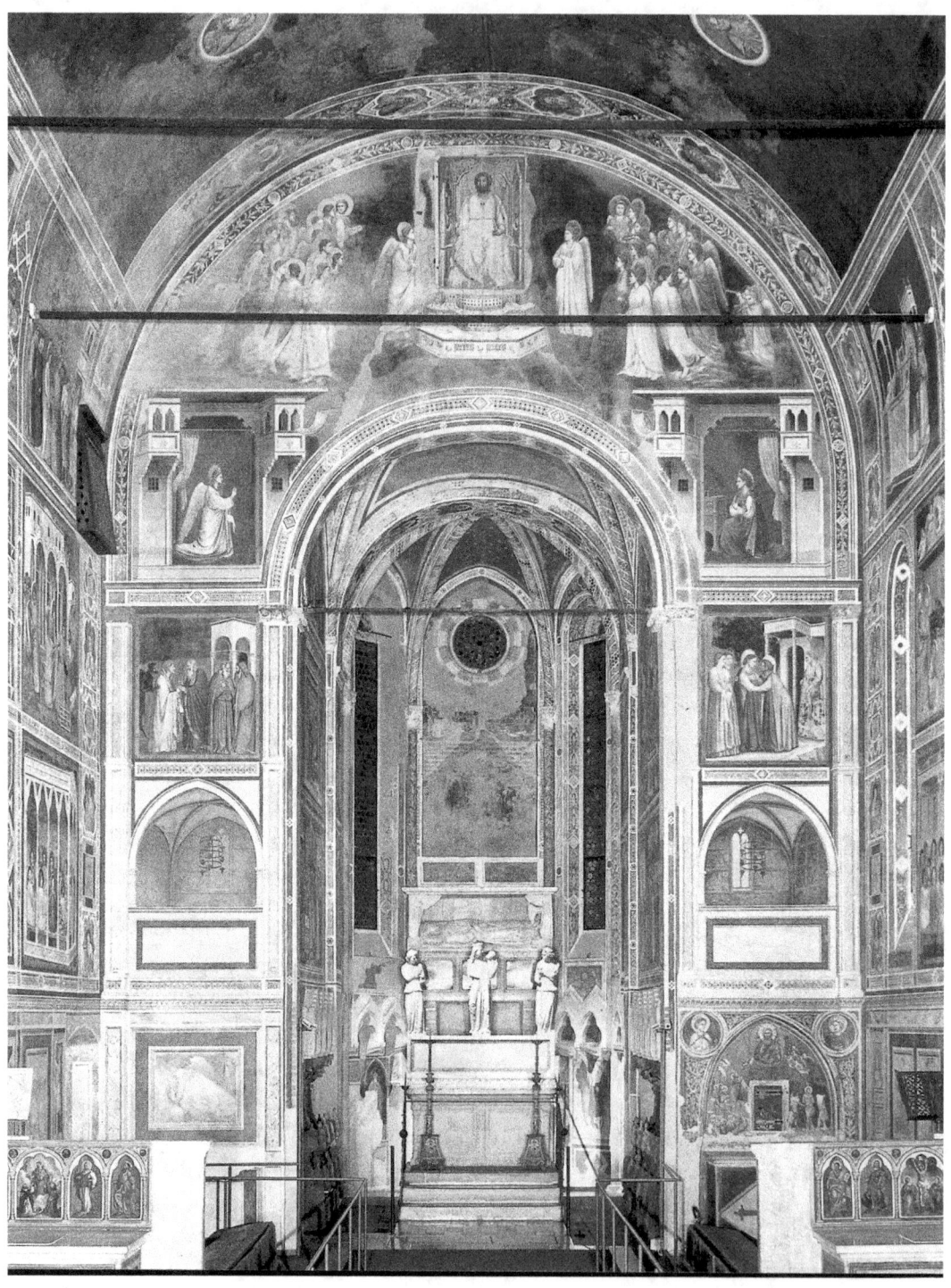

144　BİLGİ OLARAK ALGI

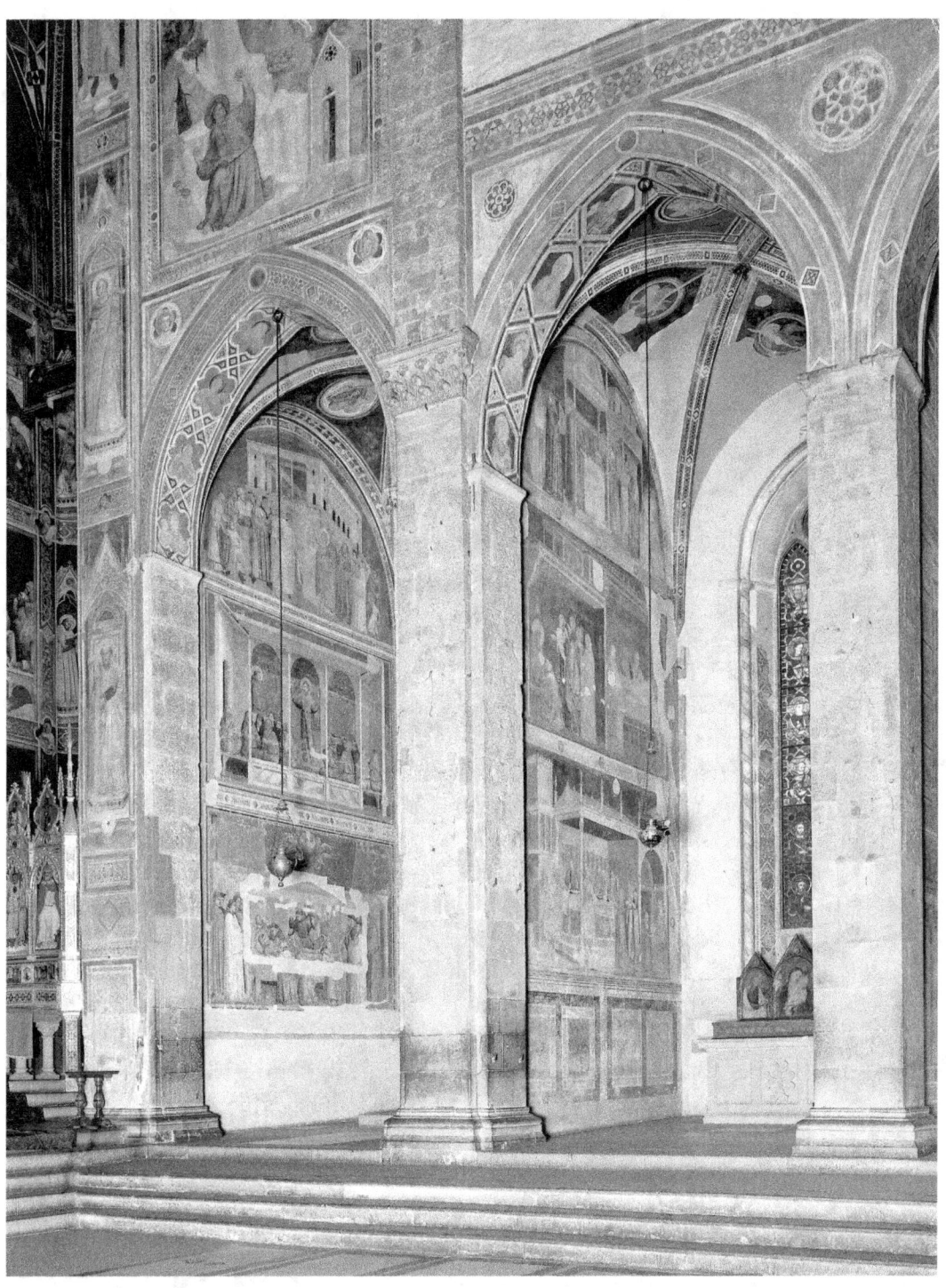

sahte şapellerde bir şey anlatması gerekmiyordu, o yüzden de tamamen bakışın kendisine odaklanabilmişti. Bu şapeller gerçek olmadığından, Giotto optik biçimi burada tasvir ettiği fiziksel gerçeklikten bir anda ayırıvermişti. Giotto'nun stratejisi iki anlamda başarılıydı, zira izleyicinin önünde durduğu gerçek koro şapeli—resmedilmiş yan odalarla iç içe geçtiği için—saf biçime dönüşmüştü.

Perspektif dönem öncesinde ressamlar herhangi bir matematiksel mekân kavramına biat etmek zorunda değillerdi, özgürce deney yapabiliyorlardı. Giotto'nun eserlerinden pek azı günümüze ulaşsa da, deneylerinde nasıl bir yol izlediğini tahmin edebiliyoruz. Giotto'nun Floransa'daki Santa Croce'de freskolerini yaptığı Bardi ve Peruzzi ailelerinin şapelleri bu konuda bir fikir verir. İzleyiciler dimdik yükselen duvarların ancak bir kısmını görebiliyorlardı. Kiliselerdeki bu aile şapelleri herkese açık değildi zaten. John White'ın dediği gibi, bu sebepten ötürü şapellerdeki resimler "girişten bakıldığında görülecek şekilde yapılmışlardı" (**Resim 47**).[24] Tek tek sahnelerdeki "görme aksı geometrik merkezde değildir, şapelin girişine kaydırılmıştır. Bu sayede resimler, eşikte duran bir izleyiciyi yarı yolda karşılar gibidir." Fakat Aziz Francesco'nun hayatından sahnelerin resmedildiği Capella Bardi'de henüz böyle bir etki yoktur. Buradaki mimari, tek bir istisna dışında, tamamen merkez odaklıdır. Fakat yandaki Capella Peruzzi'de farklı bir yaklaşım görülür. Oraya resmedilmiş tüm binaların görme açısı giriş kapısına göre düzenlenmiştir. Bunun anlamı ise resmin gerçek adresinin dışarıda duran bir izleyici olduğudur. Nitekim Aziz Yuhanna'nın hayatından sahneler, izleyici görgü tanığı olarak sadece resmedilen mekânın eşiğinden değil, tek tek resimlerin de eşiğinden geçiyormuş gibi, izleyiciyi "yarı yolda karşılarlar."

Bu iki şapelin hangi tarihlerde yapıldığını bilmiyoruz, ama art arda yapıldıklarını söylersek yanılmış olmayız. Zira birkaç adım ilerideki bir başka şapel Giotto'nun optik biçimle yaptığı deneylerin izlediği süreci göstermektedir. Giotto'nun en iyi öğrencisi Taddeo Gaddi burada dev bir hamle yaparak Giotto'nun başlattığı gelişimi daha da ileriye götürmüştür. Baroncelli ailesinin 1330 civarında yapılan şapeli Giotto'nun deney serisinin bir özeti gibidir, zira Meryem'in hayatından sahneleri gösteren freskler kesinlikle yandan görülecek şekilde düzenlenmiştir.[25] Freskteki mimari ve bazı figürler resim yüzeyine öyle bir açıyla yerleştirilmişlerdir ki, izleyici resmi ancak şapelin eşiğinde durduğunda "doğru" görebilir. Bunun en iyi örnekleri Kudüs Tapınağı'nı tasvir eden iki resimdir; bunlardan biri Fransız minyatüründe çok meşhur olmuştu (**Resim 50**).

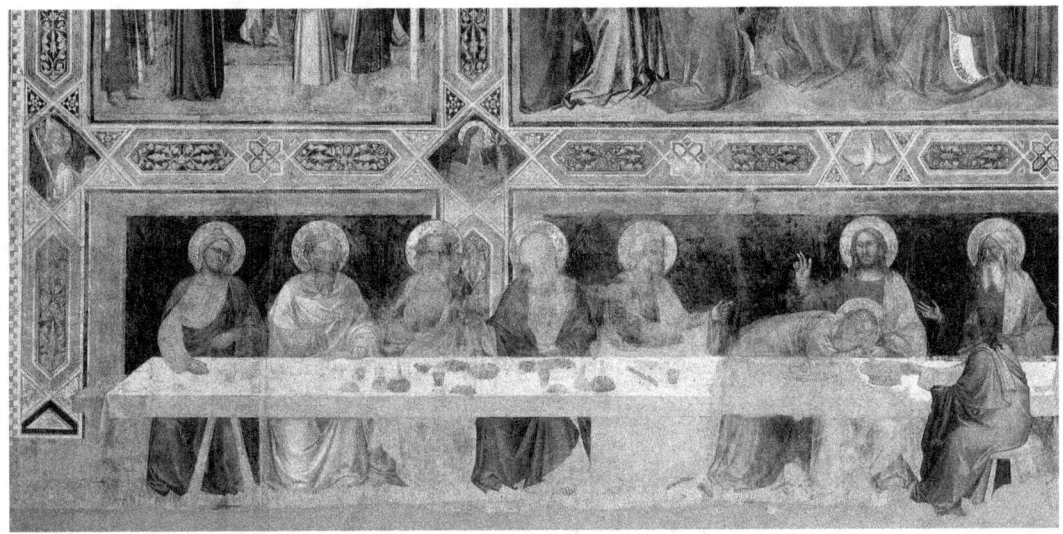

RES.48 Santa Croce Bazilikası, Floransa, yemekhane. Taddeo Gaddi, *Hayat Ağacı*, *Son Akşam Yemeği* (detay), 1360

Kaidedeki natürmort—bu türün ilki—optik biçimlerle yapılan deneylerin cüretkârlığını gölgede bırakır niteliktedir (**RESİM 49**). Duvar nişleri, içine kap kacak ve kitap konan gömme dolaplara benzerler. Nişlerin arasındaki kapalı duvar yüzeyleri etkiyi daha da artırır, oysa "açık" ve "kapalı" izlenimi de kurgudur. Burada da yine resmedilmiş bir "optik biçim" söz konusudur. Nişler, ancak tam önlerinde durulmadığında gerçekçi görünürler.

Santa Croce yemekhanesinin ön duvarına *Son Akşam Yemeği*'yle birlikte *Hayat Ağacı*'nı resmeden Taddeo Gaddi, burada daha da cüretkâr bir deneye girişmiştir. Masadaki havarileri duvarda değil de, duvarın önündelermiş gibi gösteren bu *Son Akşam Yemeği* freski sanat tarihinde eşsiz bir yere sahiptir (**RESİM 48**).[26] Bir zamanlar bu yemekhanede yemek yiyen keşişler, havarilerle yan yana oturdukları izlenimine kapılmışlardı herhalde. Havarilerin gerçek boyutlardaki figürleri, karşılıklı yemek yedikleri izleyicileri resmin içine "çekiyordu." Resimdeki mekân gerçek mekânla iç içe geçiyor, yemekhaneyi paylaşan keşişler ve havariler bakışırlarken aralarında eşitlik kuruluyordu. İzleyicinin perspektif konumu henüz yoktu, çünkü izleyici resim ile hayal gücü arasındaki sınırların olmadığı hayali bir yerin ziyaretçisiydi. Hayali mekân ile gerçek mekânın iç içe geçmesi, perspektifin izleyici ile resim arasına koyduğu mesafeyi ortadan kaldırmıştı. Optik biçim burada kurgusal bir gerçekliğe dönüşmüştür. Görmek ve olmak artık birdir.

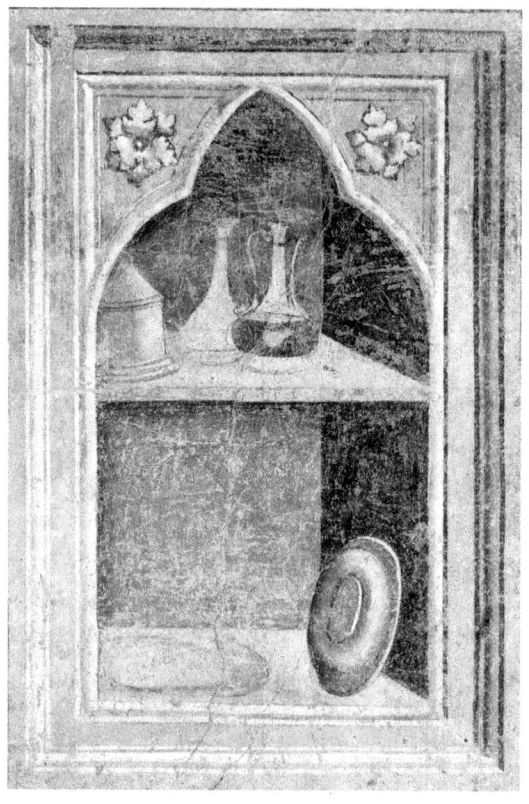

RES. 49 Santa Croce Bazilikası, Floransa, Baroncelli Şapeli, Taddeo Gaddi, kaide kısmındaki nişli natürmort, 1332

Aynı yıllarda Siena'da bambaşka deneyler yapılıyordu. Giotto'nun Siena'daki takipçileri, resimde derinlik yaratılacağı zaman mimari unsurlara insan figürlerinden daha çok önem veriyorlardı. Siena'da Duccio geleneğinde bir mimari gerçekçilik moda olmuştu. Ressam Pietro Lorenzetti'nin 1342'de Siena Katedrali'nde yeni "optik biçim" modeliyle yaptığı sunak resminde, kardeşi Ambrogio'dan daha büyük harikalar yaratabilmesi bununla açıklanabilir belki. Meryem'in doğumunun tasvir edildiği bu triptikonun orijinal çerçevesi maalesef günümüze ulaşamamıştır (RESİM 51).[27] Lorenzetti'nin olağanüstü başarısı, pencere çerçevesini andıran kayıp çerçevelerden başlar. Çerçeveler resmin üç bölümünü, doğum odası ve antre olduğunu gördüğümüz iki iç mekâna dönüştürürler.

Fakat sanatçının çözmesi gereken bir sorun vardır: Gözün bu iki mekânı aynı anda görmesi nasıl sağlanacaktır? Ressam ana mekâna odaklanır ve—Martin Kemp'in şemasının yardımıyla gördüğümüz gibi—yer döşemelerinin kaçış noktası (V^1) ile yatak örtüsünün deseninin kaçış noktasını (V^2) ayrı yerlere yönlendirir (RESİM 52). Ayrıca, odadaki mesafeler için diyagonal bir odak kullanırken (Z^1), yatak örtüsü için başka bir odak seçer (Z^3). Taslak, resmin zeminine önceden kazınmıştır. Lorenzetti'nin resme izleyiciyi de katmak için büyük çaba harcadığı, yer döşemesi ve yatak örtüsünün farklı bakış açılarına göre yapılmasından ve tonozun asimetrik görünümünden de anlaşılıyor. "Burada geometrik ya da optik herhangi bir kurama bağlı kalınmamış, görme mekânı farklı yöntemlerle düzenlenmeye çalışılmıştır."[28] Fakat her şeyi atölyedeki deneylerle açıklayarak basite indirgememek lazım. Çünkü atölyede de her şey ampirik değildi. Matematiksel perspektif henüz icat edilmememiş olsa bile, tüm deneylerin amacı, resmin yapısında izleyicinin bakışına yer vermekti.

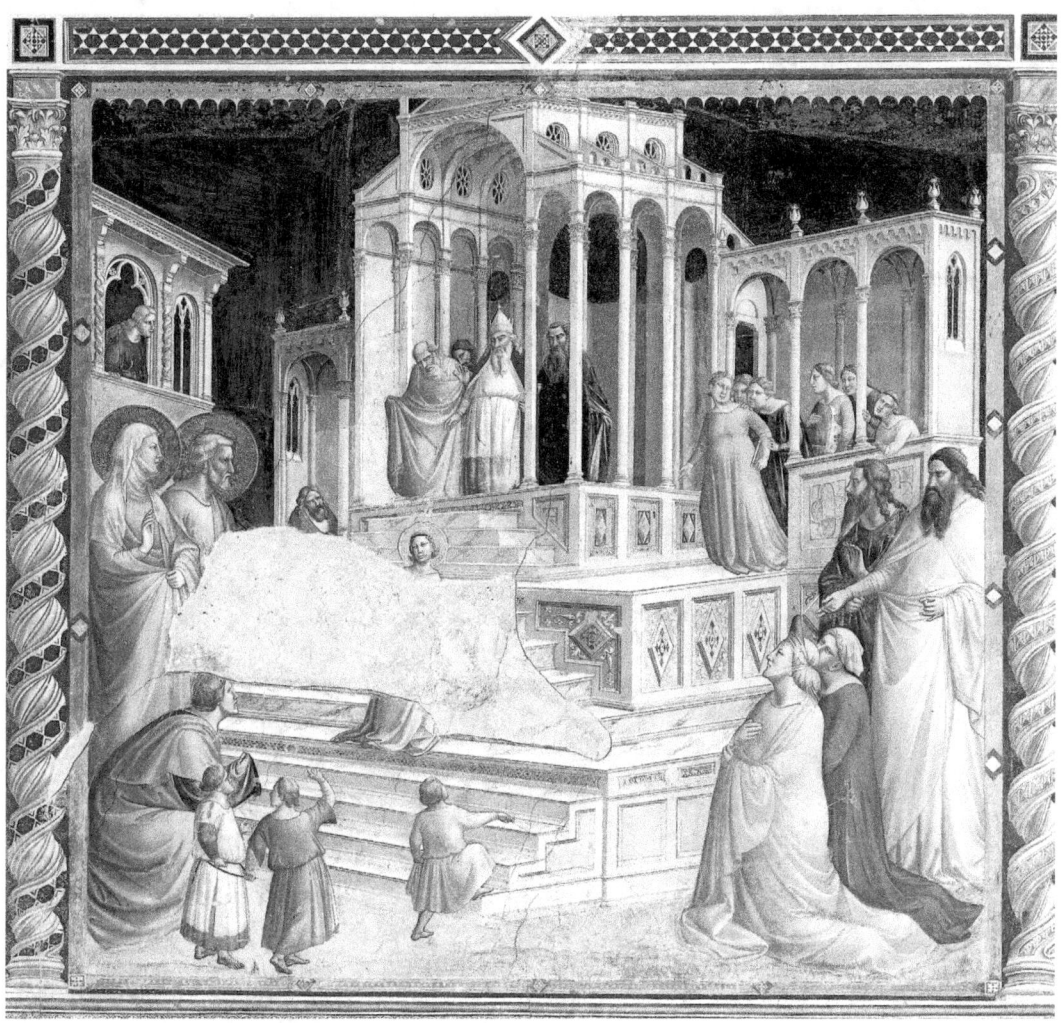

"Optik biçim" sanatsal uygulamalar için bir *reçete* sunmuyordu. Yine de, yakınsama yöntemi denen yöntem ya da paralel kaçış noktalı derinlik çizgileri kullanılsın ya da kullanılmasın, ressamların cisimleri farklı mesafe ve büyüklüklerde gösterecekleri bir derinlik yaratmaları için bir rehber gibiydi. Derinlik çizgileri, nereye konulursa konulsunlar, görme ışınlarını adeta görünür kılıyorlardı. Bu çizgileri tasvir etmek mümkün değildi esasında, çünkü görünmezlerdi ve fiziksel değil, geometrik bir yapıdaydılar. Bu nedenle bina köşeleri ya da yer döşemelerinin karolarıyla simgelenmeleri gerekiyordu.

Res.50 Santa Croce Bazilikası, Floransa, Baroncelli Şapeli, Taddeo Gaddi, *Meryem'in Tapınağa Takdimi*, 1332-38

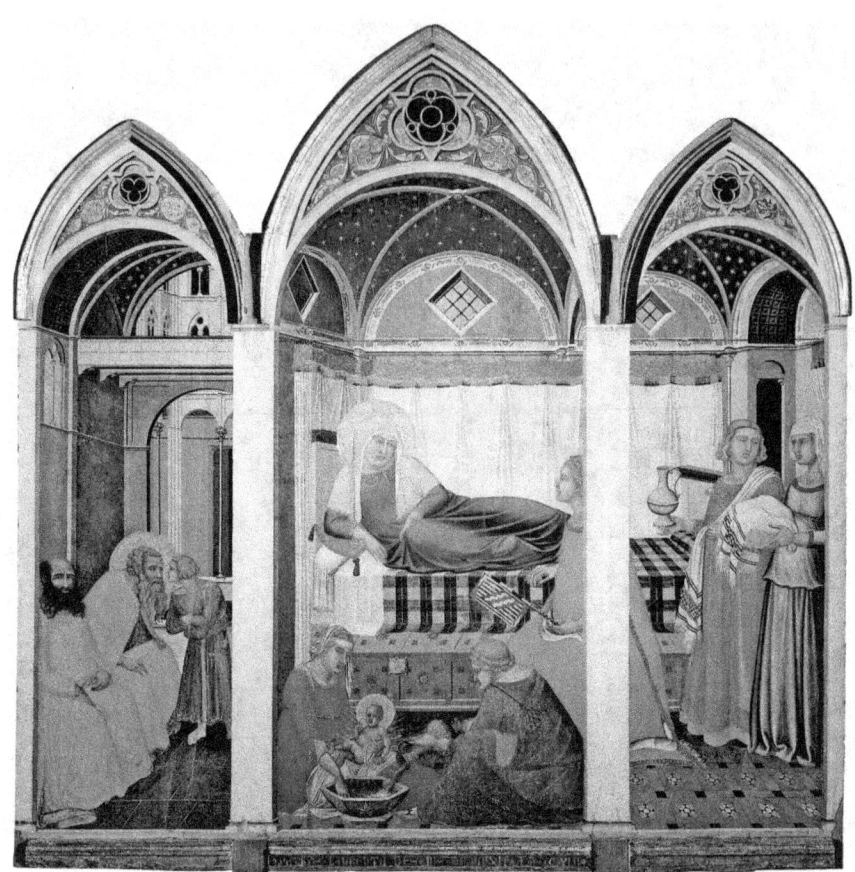

RES. 51 Pietro Lorenzetti, *Meryem'in İsa'yı Doğurması*, Siena Katedrali'ndeki sunak resmi, 1342, Museo dell'Opera del Duomo, Siena

İzleyicinin bakışını binalardaki kaçış çizgilerini simgeleyen görme ışınları yönlendirmeye başladı. Bilimde, görme ışınlarının ilettiği "optik biçimler"in güvenilirliği tartışmalıydı. Tartışmanın konusu, *felsefi* anlamda *bilgi* ile cisimlere dair *malumatın*—sadece bize göründükleri gibi değil, özünde oldukları gibi—nasıl birleştirileceğiydi. Böylece, resim sanatı bunun sınanacağı yer haline geldi. Resim sanatının görsel algının oyunlarına teslim edilmesi, görmek ile görülen dünya arasında bir uçurum açmıştı ve şimdi büyük bir sabırsızlıkla bu uçurumun kapanması isteniyordu. Geçici izlenimleri bırakıp nesneler hakkında sağlam bir bilgiye ulaşmak için özellikle de resim meselesinde akıllı bir çözüm bulunması elzemdi. Böyle bir ortamda matematikçilerin mekânı ölçüp hesaplama fikrinin coşkuyla karşılanması kaçınılmazdı.

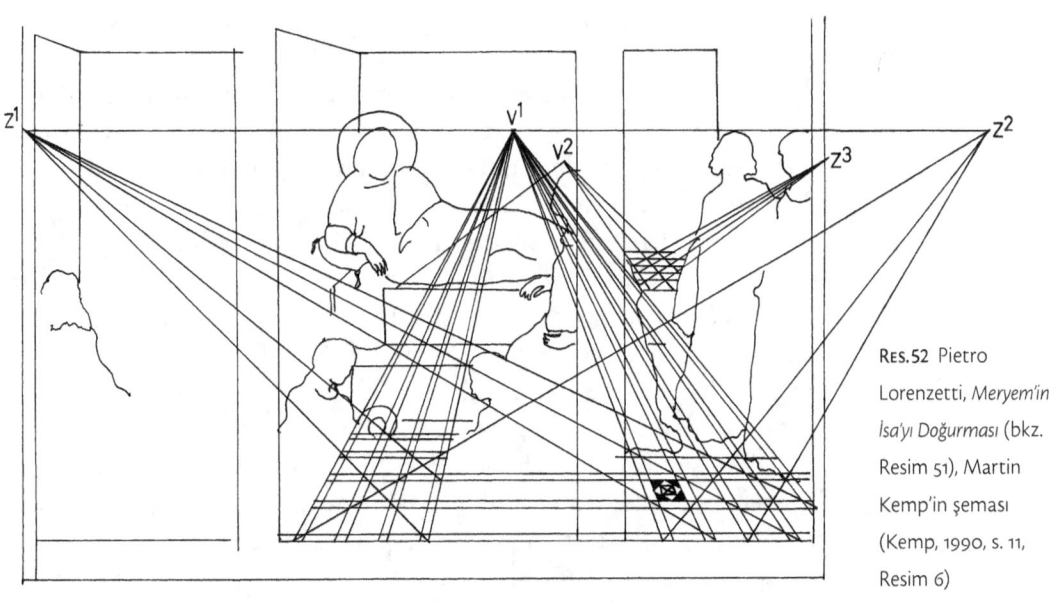

RES. 52 Pietro Lorenzetti, *Meryem'in İsa'yı Doğurması* (bkz. Resim 51), Martin Kemp'in şeması (Kemp, 1990, s. 11, Resim 6)

Pelacani'nin Matematiksel Mekânı İcadı

Şimdi, perspektif araştırmalarında hemen hemen hiç adı geçmeyen bir filozofu tanıtmanın zamanı geldi. Perspektifin nasıl icat edildiğini anlamamız için çok önemli olan bu filozof Parmalı Biagio Pelacani'dir (ö. 1416). Pelacani İbnü'l-Heysem'in çalışmalarını çok iyi biliyordu ve mekândaki cisimleri stabilize ederek hesaplanabilir hale getirmek için İbnü'l-Heysem'in bazı öncüllerini kasten değiştirdi. Perspektif üzerine yazdığı, hemen hemen hiç bilinmeyen eserinden de anlaşıldığı gibi, o dönemde perspektif başlığı altında toplanan diğer algı teorilerine toptan karşı çıkıyordu. Ona göre, perspektif bir görme teorisiydi ama o bu teorinin önemli bazı unsurlarını yeniden tanımlamıştı. Pelacani, dönemin üniversitelerinde görme deneyimi ve bilgi hakkında yürütülen tartışmaların matematikle çözüme kavuşacağını düşünüyordu.[29] "En büyük kesinliği matematik sağlar; matematik, sunduğu bilgilerin sağlamlığı ve kanıtlarının güzelliği bakımından diğer tüm bilimlerden üstündür." "Tek bir geometrik kanıt bile, doğa felsefesinin tamamının sunabileceğinden daha fazla bilgi içerir."[30] Bu kinayeli sözlerle Bacon ve Witelo gibi "Perspektifçiler"i kastediyor, onların algının göreliliği konusunda fazla aceleci davrandıklarını düşünüyordu. Ona göre, cisimlerin sırf daha geniş bir bakış açısından bakıldıkları için daha büyük göründükleri doğru değildi.[31] Mesafe ve cisimlerin boyutları gerçekti, çünkü ölçülebilir niteliklerdi.

Biagio, fiziksel dünyanın adeta "somut" matematiği ile boş mekânın teorisini birleştirdi. Ona göre, mekân sadece kendi uzanımı (*latitudo*) ve mekândaki cisimlerin konumuyla (*distantia*) tanımlanabilirdi. Biagio mekânı İslam sonrası görme teorisine sokarak, hayatının son yıllarında Floransa'da icat edilen doğrusal perspektif resim kuramının temelini attı. O dönemin felsefe çevrelerinde tartışmalı olan görme duyusunun bilgisini o sağladı. Buna rağmen, perspektif araştırmalarında hiç sözü edilmez; matematiksel mekânı icat etmiş olması bilim tarihinde bile pek dikkate alınmaz. Biagio'nun görme teorisinde mekân, dış dünyadan güvenilir veriler aktaran matematiksel bir büyüklüktü. Nesnelerin ve aralarındaki mesafenin ölçülmesi sayesinde büyüklük (*quantum*) ve orantı görsel algının dayanakları haline geldi.

Biagio, sırf Brunelleschi ve çevresinin ona gösterdiği ilgiden ötürü bile incelenmeyi hak ediyor. Gerçi o dönemden kalma perspektif metinlerinde onun adına rastlamayız, ama perspektif devriminin arefesinde Floransa'da bulunduğunu kesin olarak biliyoruz. Biagio 1388 ilkbaharında, o dönemde "Studium" denen Floransa Üniversitesinde ders verdi; ertesi yıl Alberti'nin "bahçesi"nden dostlar—bir grup akademisyen—onu "evrensel filozof ve döneminin çok ötesindeki olağanüstü matematikçi" olarak göklere çıkardılar.[32] 1397 yılında Floransa'daki okurlar Biagio'nun çeşitli kitaplarını sipariş ettiler. Biagio sonraki yıllarda yine Padova'da ve Pavia'da ders verdikten sonra 1412'de döndüğü Parma'da 1416'da öldü. "Perspektif meseleleri" üzerine yazdığı eserinin bir nüshası Bibliotheca Laurenziana'da bulunmaktadır; Floransalı kâtibin düştüğü nottan öğrendiğimize göre, eserin kopyası Mart 1428'de tamamlanmıştır.[31]

Biagio'nun görüşleri, o dönemde yeniden keşfedilen Vitrivius'un mimari teorisiyle de bağdaşıyordu. Vitrivius, görme teorisinde de anahtar bir kavram olan orantı hakkında son derece net kavramlarla yazmış, mimari orantılarla bina boyutlarına kurallar getirmişti. Nitekim Rönesans mimarları Vitrivius'un kurallarını Roma harabelerindeki doğrusal perspektif ölçümleriyle kanıtlamaya giriştiler (s. 177). Piero della Francesca izleyicinin bakışını güvenilir ölçüm verilerine göre belirlemek için resim dilini matematiğin somut diline aktardı (s. 160). İslamiyet sonrası *görme teorisinin* Floransa'nın merkezi perspektifinin *resim teorisine* dönüştürülmesi için mekânın görsel mekân olarak yeniden tanımlanması gerekti, çünkü görme ışınları ve görme biçimlerinin yerleri, ancak görüş alanını simgeleyen bir mekânda belirlendi.

Biagio bilgiyi görsel süreçle yeniden buluşturarak algı ve bilgi konusundaki tartışmaya son verdi. "Gerçi şu ya da bu nesnenin büyüklüğünün belirlenmesi için görme gücü tek başına yeterli değildir." Fakat "bilinen bir büyüklüğe oranından saptanabilir. Bu da ancak karşılaştırma ve tanımlama yoluyla olur. Dolayısıyla, görmek ile bilmek aynı şeydir. Çünkü görme gücümüzde bilişsel bir kuvvet vardır."[34] Burada İbnü'l-Heysem'in argümanlarını görürüz (s. 114 vd), fakat Biagio bunlardan farklı sonuçlar çıkarır. Geometri ışığın izlediği yolları göstermekle kalmıyor, cisimler dünyasının bulunduğu mekânın topolojisini de çıkarıyordu. Bu önemli vurgu kaymasını bir örnekle açıklayabiliriz: İbnü'l-Heysem gökyüzüne baktığımızda, gökyüzünü tam tepemizdeyken farklı, ufukta farklı algıladığımızı kaydetmiş, bu gözlemini görüş açısı ve atmosferle açıklamıştı (s. 114). Fakat Biagio'ya göre göğü farklı biçimlerde algılamamızın nedeni, göğün tepesine bakarken görüş sahamızın açık olması, ama "ufuk ile göz arasına, mesafeyi kestirmemize yarayan ya da engel olan çok sayıda çeşitli cismin girmesi"dir.[35] Biagio tüm cisimleri özel, sadece onlara özgü bir geometriye dayandırır. Bu geometri matematiksel anlamda niceldir, yani üç boyutuyla ölçülebilir ve hesaplanabilir. Cisimlerin (optik) biçimi fizikseldir, zira onun altında yatan bir cisme (*subjectum*) bağlıdır ve maddi biçimi mekânda bir yer kaplar (*latitudo*). Biagio, yüzeylerdeki noktalardan yola çıkan ve ışığı gözle birleştiren klasik görme teorisinden bu noktada ayrılır. Işığın yolunda duran ya da engelsizce ilerlemesine izin veren opak ya da şeffaf cisimler arasındaki hiyerarşiyi de kabul etmez. Vurguyu cisimlere kaydırır, zira onun için önemli olan onlara dair bilgidir. "Gördüğümüz her şeyi bir bütün ve somut bir biçim olarak görürüz (*sub angulo solido*).[36] "Her biçimin uzanımı bağlı olduğu cisminki kadardır."[37] Gerçeklik "daima rakamlar ve orantılarla nitelenebilir. Bir şeyin büyüklüğünü belirlemek istediğimizde, hassas bir ölçüm talep ederiz."[38] Biagio'nun bu tür kriterlerle optik teoriyi değiştirmesinin nedeni, optik teoriye daha fazla kesinlik katmak istemesiydi. Ona göre, cisimler dünyası ölçülebilirdir, yani nasıl algılıyorsak, öyledir.

Fakat burada bir olguyu daha belirtmeden geçmeyelim. Biagio Pelacani kendi mekân kavramını getirerek, Aritotelesçi kesintisiz mekân kavramının *horror vacui*'sini ortadan kaldıran ve boş mekân (*vacuum*) fikrini, yani mekânın boşluk olduğu kavramını ortaya atan ilk kişidir. Böylece mekân, onu dolduran ve de düzenleyen cisimlerin bağlaşığı haline gelir. Boş bir vazonun boynu ile tabanı arasındaki ara alan boş mekâna örnek olarak gösterilebilir. Temelde *vacuum* ne "bir cisimle dolu olmayan bir mekân"dır ne de kendine ait bir nitelik kazanmış bir boşluktur.[39] Biagio'nun örnekleri daima basit ve somuttur. Boş mekânda fırlatılan bir taşın, fırlatıldığında bir engelle karşılaşan bir taştan daha farklı bir kavis çizeceğini söyler örneğin.[40] Boş mekânın görme teorisine girmesi bile çok önemlidir. Boş mekân fiziksel şeylerle ölçülür, aynı zamanda da onu mekânda bulunan şeylerden tanıyan bir bakışa bağlanır. Biagio'nun asıl meselesi olan *bilgi* hep *nesnel* bilgidir gerçi, ama bu bilgiyi cisimlerden edinmek isteyen bir özne içindir. Geometrinin alanına giren cisim kavramı ve mekân kavramı, Floransa'da kısa süre sonra resme dönüşecek olan bir görme teorisinin birbirini tamamlayan unsurlarıdır. Perspektif resminin geometrisi, izleyiciyi her şeyin gerçekten de gördüğü gibi olduğu konusunda temin eder.

Biagio, görünür dünya ile göz arasına sahte görüntülerin, sanrıların da sızabildiğini belirtmeden geçmez, ama bunların ölçüm ve bilgiyle düzeltilebileceğini savunur. Ona göre, görülen cismin yerine Perspektifçilerin "optik biçimi"ni (*species*) koyma yanılgısına düşmemek gerekir. Şimdi en önemli mesele budur. Biagio bu görüşünü temellendirmek için, optik biçimin daima taşıyıcı ya da iletici bir cisimden kaynaklandığını ve optik biçimin bu cismin fiziksel niteliklerine sahip olduğunu öne sürer. Algı için figür (*figura*), optik biçim (*species*) ve hayal (*idolum*) gibi kavramlar kullanır. Ama "figür" kavramını tercih ediyor gibidir, çünkü bu kavram bir bütün olarak görülen cismi anlatır, aynı zamanda da somutlaşıp ete kemiğe bürünebilen geometrik bir anlamı vardır.

Biagio, İslami optik teorisinde eksik olan resim kavramına giden yolu bu "figür" kavramıyla açar. "Figür"den anladığı hem maddesellik hem de bir cismin mekândaki boyutları ya da uzanımıdır. "*Materia prima* olarak genişleyen doğa gibi, göğün figürü ve boyutu da zamanın en başından beri vardır."[42] Fakat Biagio "optik biçimleri" sadece ışık ışınlarıyla değil, maddi olarak da var olan nitelikler olarak görür. Biagio, "filozofların," yani o dönemin doğa bilimcilerinin devamlı tartıştıkları konunun, "optik biçimin gözden nesneye mi, yoksa nesneden mi göze gittiğinin" kendi tezleri için bir önem taşımadığını da iddia eder.[43] Biagio daima reel cisimler dünyasına odaklanmıştır. Akılla ittifak kuran gözün bilgi edinme yetisine sahip olduğuna, ama güvenilir bilgi edinmemiz için de cisimler dünyasının önce gereken koşulları sağlaması gerektiğine inanır.

Kendileri görünür olmayan ama dünyayı görünür kılan görme ışınlarının bu teoride de yeri vardır elbette: "Görme ışınları olmasaydı" arkamda duran birini "elime bir ayna alıp gözümün önüne tuttuğumda göremezdim. Onun ilettiği görme ışınları benim aynama iletilir, aynadan da gözüme yönlendirilir," yani yansıtılır. Bu sayede, gerçekte arkamızda durduğunu bildiğimiz bir kişiyi önümüzde gördüğümüzü söyler Biagio.[44] Ayna, görme ışınlarının var olduğunu gösteren araç ve kanıttır.

Biagio, aynadaki yansımalara bakıp da her şeyin yanılsama olduğunu düşünmemek gerektiğini, aynanın yansıttığı cisimlerin varlığının inkâr edilemeyeceğini söyler. "Aynada kendime baktığımda, aynada kendimin hayalini mi (*ydolum*), yoksa ne ya da kim olduğumu mu (*quod ego sum*) gördüğümü sorarım kendime." Çünkü "aynada kendimi göremeseydim, orada bir optik biçim diğerinde çoğalır dururdu. Buna takılıp kalan biri için aynada sadece onlar (hayaller) çoğalır. Demek ki aynada görünen sadece bir hayal (*ydolum*) ya da optik biçim (*species*) değildir, ki ikisi de aynı şeydir zaten. Bizim aynada gördüğümüz, aynanın karşısındaki cisimdir. Çünkü optik biçimi belirleyen sadece görme değil, aynı zamanda da onu üreten nesnenin kendisidir."[45] Biagio gerçekleri ayna önünde de gözden kaçırmak istemez. Ayna yüzeyi izleyiciye bir imge gösterir ama bu imge izleyicinin kendi imgesidir ve varlığının kanıtıdır. Biz sadece bir imge olmadığımızdan, bir bedenimiz de olduğundan, aynadaki yansıma bizi kendimize baktırır.

Merkezi perspektifin icadının arefesinde karşılaştığımız Biagio Pelacani, Arap kökenli görme teorisinin ışık ve ışın geometrisini kökünden değiştirmiş bir düşünürdü. Fiziksel cisimler kadar içinde bulundukları mekânın da ölçülebildiği matematiksel bir mekân icat etti. Her şeyin ölçülerek bilinebileceğini ve dünyanın kavranabileceğini savunarak, aldatılabilen gözden ötürü kuşkuyla bakılan optik yasalarının sınırlarını genişletti. Böylece, nesnelerin somut olarak var olduğu ve sanatta tasvir edilebildiği bir optik mekânın topolojisini yarattı. Biagio en büyük İbnü'l-Heysem uzmanlarından biriydi, ama İbnü'l-Heysem'in teorisini Skolastik dönemin "Perspektifçiler"inden farklı yorumladı ve onların vardığı sonuçlara bir mantıkçı ve matematikçi olarak karşı çıktı. Biagio'nun topolojik optik mekân fikri, Floransa'da merkezi perspektif modeliyle sanat eserlerine uyarlandı.

Ghiberti'nin *Yorumlar*'ı ve Piero'nun Matematiksel Sanatı

Rönesansın damgasını vurduğu "sanat" fikri, resim üretimini artık uygulamalı bilimler olarak kavrayıp zanaatın rutininden kurtarmanın en önemli koşuluydu. "Ars" kavramı henüz çift anlamlıydı, zira geleneksel olarak el sanatları anlamına geliyordu, ama akademik çevrelerde epey bir zamandan beri kullanılması, kavrama teori ve yöntem anlamlarının da eklenmesini kolaylaştırdı. Perspektif konusunda ressamların talebi, optik bilimin yöntemlerinden yararlanarak bunları resimlere uygulamaktı. Aslına bakılırsa, ışın geometrisi resimlerle değil, sadece diyagramlarla gösterilebiliyordu. Yine de, ressamlar bu diyagramları, "optik imge"nin kopyaları olarak gördükleri resimlerin zeminine yerleştirmeye başladılar: *visio* artık "görme edimi" değil, "optik resim"di. Bu layıhada *görülen* şeylerin yerini *resmedilen* şeyler, sadece zihinde olan görünmez optik imgenin yerini de görünür tuval aldı. Resim pratiğinin rasyonalleşmesi resim sanatını, bugünkü tabirle, *görüntü işlemeye* dönüştürdü.

Floransalı heykeltıraş Lorenzo Ghiberti (ö. 1455) perspektiften iki anlamda söz eden ilk sanatçılardandı. Ghiberti bir edebiyat türü olarak temellerini attığı sanat edebiyatına döneminin optik bilgisini de sokarak sıra dışı bir girişimde bulundu. Perspektif kavramı çifte anlamına ilk o zaman kavuştu. Perspektif bilimsel optik teorisinin bir kavramı olmayı sürdürürken, resim sanatının bir kavramı olarak da kullanılmaya başladı. Gerçi görme teorisinin teması sanat değil, bambaşka bir konuydu. Matematikçiler ve sanatçılar iki ayrı cephede yer alıyor, farklı dillerde konuşuyorlardı. Fakat Ghiberti ve sanatçı meslektaşları optik bilimde yeni bir paradigma yaratmada kararlıydılar.

Bu proje Ghiberti için o kadar önemliydi ki, *I Commentarii* (Yorumlar) adlı eseri, o zamana kadar sadece bilim adamlarının kaleminden çıkan yazılar tarzındaydı. Eserin birinci cildinde Plinius ve Vitrivius kaynak gösterilerek antikçağ sanatı ele alınıyor, ikinci cildinde ise "modern" sanat, yazarın ve sanatçının dönemine kadar uzanıyordu. Ghiberti, optik bilgisini ülkesindeki sanatçılar için ülke dilinde kaleme almayı, ancak yaşlılığında yazdığı üçüncü cilde bıraktı. Eserini yazarken kullandığı kaynak metinlerde çelişkiler olduğunu, bunlar kopyalanırken hatalar yapıldığını kabul etti, çünkü kendisi de çoğu zaman intihalci ve kopyacıydı. Metinlerini yazdıktan sonra bir daha hiç gözden geçirmediğinden, eserleri ancak Klaus Bergdolt tarafından çevrilip yayına hazırlandıktan sonra okunabilir hale gelmiştir.[46]

Ghiberti'nin kullandığı "biçim" ve "benzerlik" (*specie e similitudine*) kavramları optik teoride tek tek cisimlerle ilintilidir. Işınlar göze girdiğinde, görme ediminde (*viso*) görülen ya da görünür bir şeyin (*cosa visa* ya da *cosa visible*) biçimini iletirler.[47] Ghiberti, kuvvetli ışıkta göze bir süre daha yapışıp kalan suretlere *simulacri* der, ama onun dışında bildik "optik biçim" (*specie*) kavramını kullanır.[48] Antikçağın mirasını vurgulamak için zaman zaman kendi gözlemlerini de aralara serpiştirir. Ona göre, antikçağ heykel ve rölyeflerindeki ışığın etkisinin de gösterdiği gibi, bilimsel görme teorileri antikçağ sanatında da "teorik ve yetkin bir biçimde," yani *doctrina*, *arte* ve *magisterio* ile uygulanmıştır.[49] Antikçağ heykelleri o kadar ince çalışılmıştır ki, "ellerinizle dokunmayıp sadece gözünüzle baktığınızda bunu anlayamazsınız. Ama o esnada kuvvetli ışıktan kaçınmak gerekir." Pompei'nin keşfinden önce ressamlar antikçağ metinleriyle yetinmek zorundaydılar, ama Ghiberti bir heykeltıraş olarak antikçağ heykellerini bizzat inceleyebilmişti.

Ghiberti için güzel sanatlar bağımsız bir bilim dalıdır. İkinci ciltte, görsel izlenimlerimizin nasıl oluştuğuna öteden beri kafa yorduğunu yazar. Sanat ve optik bilgisini birleştirmek ister, çünkü sanat, bilginin uygulamadaki deneylerle zenginleştirilebildiği bir laboratuvardır. Resim yapmanın bilimle yarışabilmesi için "sanat"a dönüşmesi gerekiyordu. Ghiberti *I Commentarii*'nin hayatının sonuna doğru yazdığı üçüncü cildinde, optik bilgisiyle yeni bir sanatın temellerini atmayı amaçladığını söyler.

Ghiberti eserinin ikinci cildinde, 1430'lu yıllarda Floransa Katedrali'nin vaftizhanesi için yaptığı "Cennet Kapısı"ndan da söz eder.[50] Bol figürlü sahneler, "oranlarını gözümüzle ölçebileceğimiz şekilde" (*misura*) tasarlanmıştır. Fakat bu ancak doğru "ölçüler" kullanıldığında mümkündür. Ghiberti, çağdaşlarının tablolar için kullandığı *quadro* kavramını kullanır resim panoları için. Bir *quadro*'nun her kenarı 1 ⅓ *braccio* (58,4 cm) uzunluğundadır. Ghiberti bu panolarda, perspektif bir konstrüksiyonda olması gerektiği gibi, "doğayı taklit etmeye (*imitare*) ve çizgilerden oluşan bir ağ" (*lineamenti*) kurmaya çalışıyordu.[51] Fakat resim kurallarını rölyefler üzerinde uygulamayı deneyince, ressamlarınkinden çok farklı sorunlarla karşıya karşıya geldi. Zira yakınlığı ve uzaklığı yüksek kabartma ve alçak kabartmalarla vermek, yani kabartmaları farklı yüksekliklerde yapmak zorundaydı. Onun hesabına göre (*ragione*), resimlerde "çok alçak kabartma olan" yerlerde bile, "yüksek kabartma izlenimini yaratmak" gerekiyordu. Figürler, "gerçekliğin de bize gösterdiği gibi (*adimostra il vero*), arka plana doğru küçülmeliydi."

Ghiberti'ye göre, perspektif bakış için gözün en güvenilir rehberleri ölçüm ve orantıydı. Bu nedenle, birinci ciltte de belirtildiği gibi, daima belirli bir ölçüden yola çıkan antikçağ sanatçılarınınkine benzer "ölçüm oranlarını kullanmaya" çalışıyordu. Ama Ghiberti'nin figürlü sahneleri bir öykü anlatırlar, Brunelleschi'nin diyagramları gibi mimariyle sınırlı değillerdir (s. 170). Ghiberti'nin rölyeflerinde hikâyenin kontrpuanı gibi olan mimari, resmin geometrisinin çerçevesini de oluşturur. Alberti tarzında (s. 175) bir perspektif model yalnızca Yakup ve Ays'ın hikâyesini anlatan rölyefte başarıyla uygulanmıştır; Ghiberti'nin altına imzasını attığı rölyeftir bu (**Resim 53**).[52] Ama burada da yeterince sorun vardır. Derinlik çizgilerinin kaçış noktası izleyicinin ufkunda değil, resimdeki figürlerin üzerindeki bir noktadadır. Uzaklık noktası ile kaçış noktası uyumlu değildir. Yeni kurallar dizgesine sadece yer döşemelerinde uyulmuştur; yer döşemeleri ön plandaki figürlerle üçe bir oranındadır. Ghiberti gözü devamlı ölçülere yönlendirir; bu ölçüler hikâyeyle ilinti değildir, ama birbirleriyle uyum içindedir.

Ghiberti vaftizhane için yaptığı ilk kapıya, kuzey kapısına, kendi portresini de eklemiş, aynı yıllarda Brunelleschi bu binanın önünde perspektifi ilk kez "gözler önüne sermiştir" (s. 170).[53] Ghiberti *I Commentarii*'sinde, Brunelleschi'yle birlikte tam on sekiz yıl katedral kubbesi üzerinde çalıştığını ve mimari hakkında onunla ortak bir eser kaleme almak istediğini coşkuyla anlatır.[54] Oysa iki rakip arasında gergin bir ilişki vardı. Gerçi Ghiberti vaftizhanenin kuzey kapısı için açılan yarışmada Brunelleschi'yi alt etmişti; ama resmi efsaneye göre, Brunelleschi de perspektifi icat ederek Ghiberti'yi yenmişti.

Piero della Francesca'nın (1415-92 c.) durumu daha farklıydı; onun kuşağında perspektif artık yerleşik bir yöntemdi. Matematikçi olarak yetişen bu ressam, perspektif üzerine kitap yazan ilk sanatçıdır. *De prospectiva pingendi* adlı bu eserin birinci cildinde "noktalar, çizgiler ve düz yüzeyleri" inceleyen Piero della Francesca, ikinci ciltte "kübik cisimler, kare kaideli pilasterler ve sütunlar"ı, üçüncü ciltte de "insan başlarını ve sütun başlıkları"nı ele alır. Eserin daha giriş bölümünde, bilimsel görme teorisini model aldığını anlatır. Perspektif "görmekle, yani gözle" ilgilidir ve "bir şeyin görüldüğü biçimin ve de göz ile görülen şey arasındaki mesafenin nasıl tasvir edileceğini" öğretmektedir. Zira "tüm çizgiler, görülen şeyin *kontürlerinden* göze ulaşır."[55] İbnü'l-Heysem cisimlerin *yüzeyinden* yola çıkarken, teori artık somut, üç boyutlu bir görmeye dayandırılmaktadır.

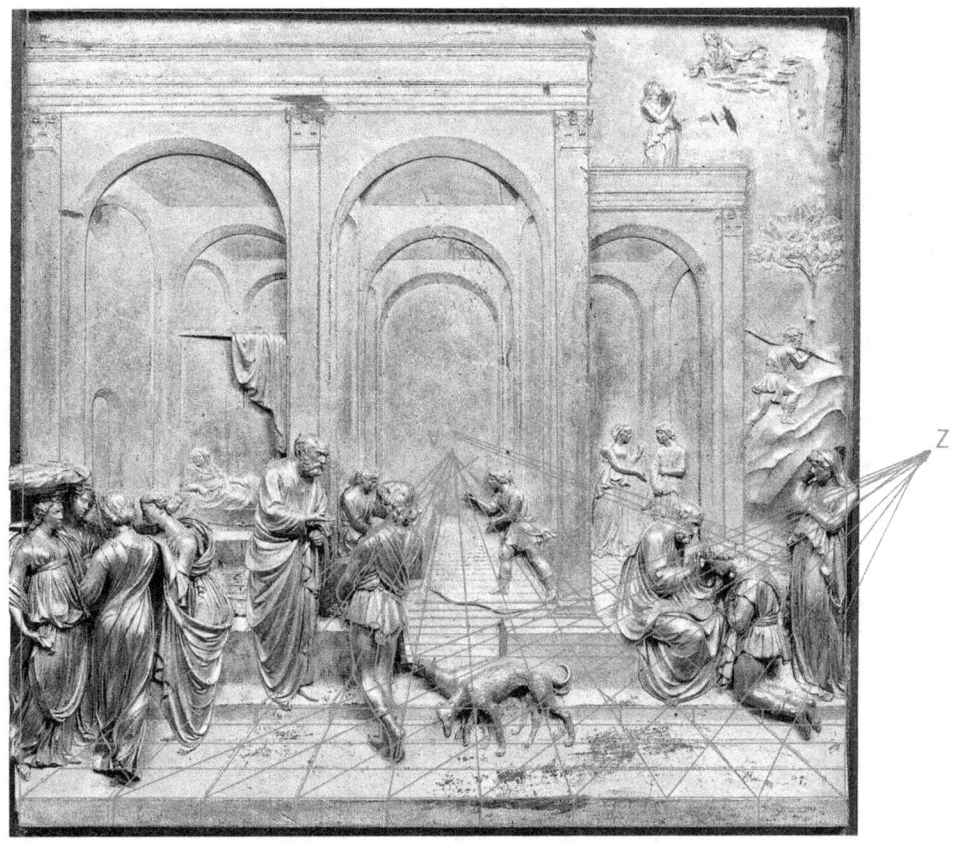

Res.53 Lorenzo Ghiberti, *Yakup ve Ays*, vaftizhane, Floransa, "Cennet Kapısı"nın doğu kanadı, 1430/37, Martin Kemp'in şemasıyla (Kemp, 1990, s. 25, Resim 29).

Piero görme teorisinin bildik argümanlarını tekrarlar, fakat onun tezlerinde yeni olan, bugünkü tabirle, "ekran" yani düzlemdir. "Göz ile tasvir edilen cisimler arasında bulunan" alandır bu. Piero bunun için geometrik bir kavram olan *termine*, yani "sınır" kavramını kullanır. *Termine*, perspektif resminin düzlemi, göz ile cisimler arasındaki üçüncü bir düzlemdir. "Görme piramidi"nin ışınları burada kesişir. "Cisimlerin bakışta nasıl kısaldığı" ancak düzlem üzerinde metodik olarak hesaplanabilir.[56] Düzlem, izleyicinin daha yukarıda, daha aşağıda veya yakında veyahut uzakta durmasına göre değişen bir izdüşüm yüzeyidir.[57]

Piero'nun geometriye dayalı düşüncesinin bir anahtarı da, Latince kökenli olup İtalyancada yaşamaya devam eden *commensuratio* kavramıdır.[58] Ölçme ya da karşılaştırmalı ölçüm anlamına gelen bu kavramı perspektifle bir tutar Piero. Cisimlerin gerçek dünyadaki yerlerine resimde de sahip olabilmeleri ancak ölçüm sayesinde olur.[59] Cisimleri üç boyutlu

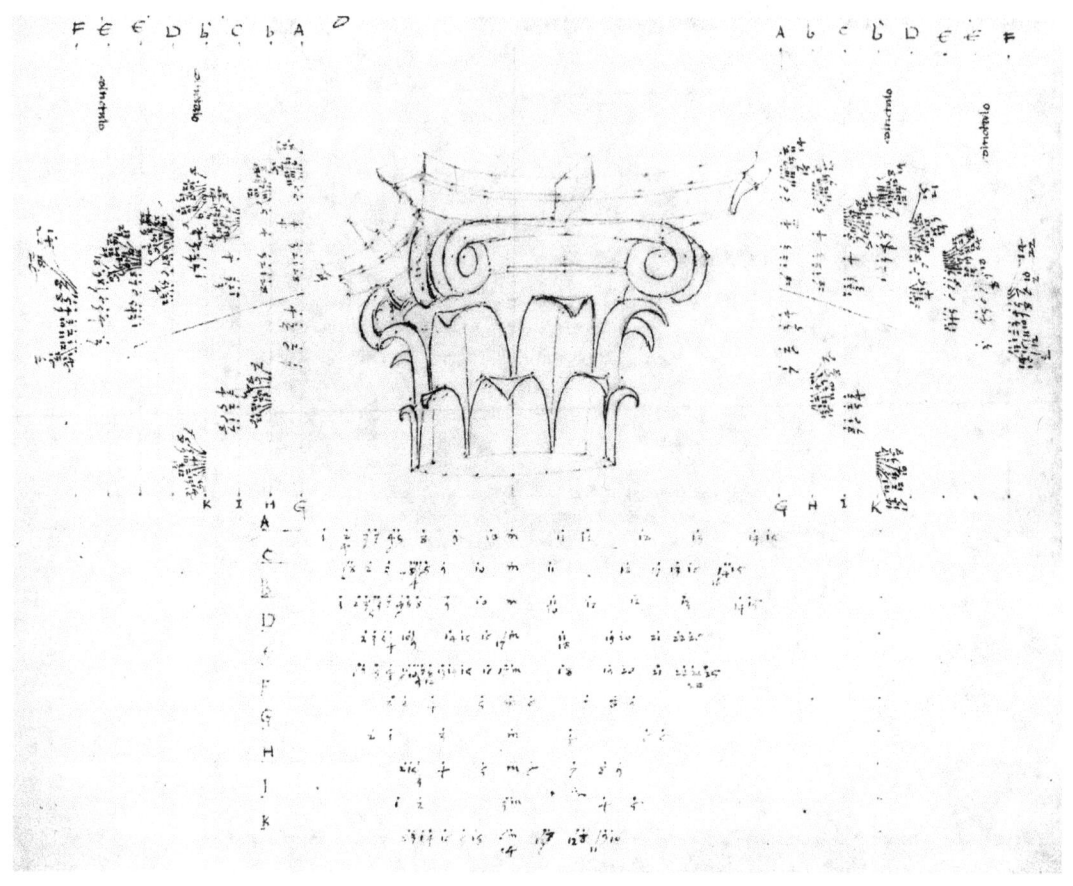

RES.54 Piero della Francesca, *De prospectiva pingendi*. Bir sütun başlığı

olarak algılayan gözümüzün resmedilen şeyleri de üç boyutlu görebilmesine perspektif yardımcı olur. Zira resim "kısaltılmış ya da büyütülmüş yüzey ve cisimlerin gösterilmesinden başka bir şey değildir."[60] Sanat hakkında o zamana kadar yapılmış en radikal saptama olan bu ifade, İslam sonrası görme teorisinin yeni bir zaferidir. Piero'nun çok canlı olmayan sanatına, Bernhard Berenson'un ifadesiyle *"non-eloquent art,"* gizemli bir gerilim kazandıran unsur da bu "görsel geometri"dir zaten. Resimlerindeki insan figürlerinin sessiz ama bir o kadar da güçlü bir varlıkları vardır. Onun figürlerinin, Urbino'daki *İsa'nın Kamçılanması* adlı resmin ön planında sütun gibi duran üç insan figürü gibi, resimde törensel bir edayla yerlerini almaları yeterlidir (**RESİM 68**).

Piero'ya göre, nesnel ve doğru bir biçimde görmemiz için "insan gözünün kusurlarının üstesinden gelinmesinin" anahtarı ölçümdü. Kısa bir görüş alanına sahip olan göz, ancak önünde cisimler sıralandığında "mesafeyi adım adım kestirebilir. Karolu bir yer döşemesi bunun için gereken ölçü birimini sağlar."[61] Pelacani'nin de yazdığı gibi, bizi algının tuzaklarından koruyan tek şey ölçümdür. Piero ölçümle birlikte karşılaştırmalı bakışı da devreye sokar ve buna "oran" der. Euklides'in geometri formüllerinden yola çıkan Piero, zaten geometrik olduğunu düşündüğü biçimleri geometriyle analiz edebiliyor, yani resme aktarabiliyordu. Piero *biçim* ile *optik biçim* arasında görme teorisindeki gibi bir ayrım yapmak istemiyor, bu ikisinin bir bütün olduğunu düşünüyordu.

Piero'nun perspektif hakkındaki eseri ile aritmetik sanatına giriş mahiyetinde olan abaküs üzerine denemesi, onun isteği üzerine Urbino kütüphanesinde yan yana konulmuştu. İki kitabın rafta yan yana durması, onun hayattaki emelini, yani sanat ile matematiğin bir bütün haline gelmesini vurguluyordu.[62] Piero'nun "beş Platonik cisim"i anlattığı üçüncü kitabı saf matematiktir, ama Piero kendini varisi olarak gördüğü Euklides'in geometrisiyle bir sentez oluşturmayı da amaçlar. Evrensel ve mutlak kurallara dayandırdığı perspektif onun tablolarına esrarlı bir güzellik katar.

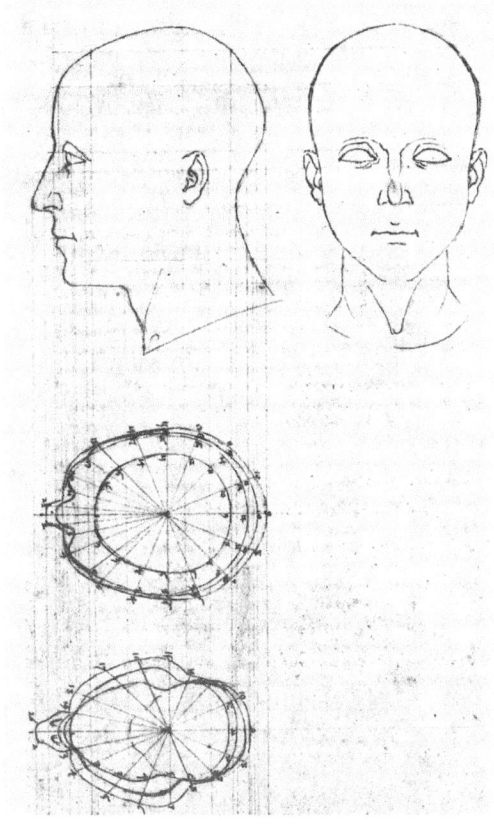

RES. 55 Piero della Francesca, *De prospectiva pingendi*, 15. yüzyıl, İtalya. Bir kafa çizimi

Piero dünyayı sanata tercüme etmekte kullandığı oranları geometriden alır. Gizemli temasını daha sonra ele alacağımız (s. 188) *İsa'nın Kırbaçlanması* adlı tablosunda da (**RESİM 68**) görüldüğü gibi, onun resminin alt metnini geometri oluşturur. Martin Kemp'e göre, bu küçük kare resim tam bir *braccio* (58,4 cm) yüksekliğindedir ve bu oran diğer ölçüleri de belirler. Her kenarı bir *braccio* uzunluğundaki karenin diyagonali tablonun enine eşittir. Bir *braccio*, kaçış noktası ve ufkun hesaplandığı görünmez bir karenin ölçülerini de verir. Işık bile bu matematiksel hesaplamaya göre düzenlenmiştir. Sıra sütunlarda ışığın açısı İsa'nın bakışlarıyla kesişir.[63]

Piero'da geometri gibi ışık da daima figürler ve cisimlerle ilintilidir. Mekânı bunlar oluşturduğu gibi, onların görünümü de mekâna bağlıdır. Hiç kimse cisimlerin stereometrik özelliklerine Piero kadar yoğunlaşmamıştır. "Bir cismin üç boyutu vardır: Uzunluk, genişlik ve yükseklik. Sınırları yüzeyleridir. Kübik cisimler, dikdörtgen tabanlı cisimler de vardır, küre ve prizmalar da."[64] Ona göre, şeylerin doğası ve doğadaki şeylerin özü bu geometrik ilkedir. Yine de, sütunlar, sütun kaideleri ve kemerler gibi mimari öğeleri doğal cisimlere tercih eder Piero. Dünya geometri üzerine kurulu olduğu için bakışımızın da geometrik olduğunu onlarla kanıtlar. Piero resimlerindeki sütun ve binaların oranlarını ölçmekte o kadar başarılıydı ki, mimarlar taslaklarında onun ölçümlerini temel alıyorlardı.

Piero perspektif üzerine yazdığı eserinde her konuyu bir çizimle anlatır ve bunların stereometrik hesaplamalarını rakamlarla uzun uzadıya açıklar. Bu yaklaşım yalnızca antik sütun başlıkları (**Resim 54**) için geçerli değildir; insan başlarını, kafanın tam tepeden ve gırtlağın altından da görüleceği biçimde alt, üst ve yan kesitlere ayırır (**Resim 55**). Piero'nun yönergeleri sayesinde, birbirinden çok farklı başlarda bile aynı ölçüm yöntemi kullanılabilir. Fakat bu yöntemin en başarılı olduğu yer binalardır, çünkü görme ışınlarının mekânda izlediği yolun geometrisi ile mimari bir cismin mekândaki geometrisi tam olarak örtüşmektedir. Piero eskizlerinde "noktalar arasında çizgiler çeker" ve bunları harfler ve rakamlarla belirtir: Çizgiler bazen mesafeleri ve görme açılarını, bazen de mimari yapıdaki ölçümleri temsil ederler. Aynı çizgilerin çeşitli görevleri vardır: Her ne kadar Piero mekân ve cismi artık birbirinden ayırt etmese de, çizgiler bazen mekânın, bazen de cisimlerin ölçümlerini ifade ederler (**Resim 56**).

Pelacani'nin felsefesinin sanata en tutarlı biçimde aktarıldığı yer Piero'nun resimleridir. Bunu iddia etmek için ressamın matematik araştırmalarında Pelacani'nin adıyla karşılaştığını varsaymak bile gereksiz, zira Piero'nun döneminde Pelacani'nin görüşleri kabul edilmişti zaten. Pelacani için en önemli ölçüm kriteri orandır. Mekânın topolojisini mekândaki şeylerin ölçülebilirliğinden çıkarır. Pelacani'nin gerçekliğin "daima rakamlar ve oranlarla hesaplanabildiğini" yazdığı gibi (s. 153), Piero da çizimlerini upuzun rakam sütunlarıyla doldurur.

Batı resim kültürü, paradigmasını perspektifin matematiksel "optik imgesi"nde bulmuştur. Nitekim Piero, somut dünyayı, soyut resim aracılığıyla aslına uygun bir biçimde rekonstrükte etmek için matematiksel dekonstrüksiyona tabi kılarken dijital süreçlerin öncülüğünü yapmıştır.

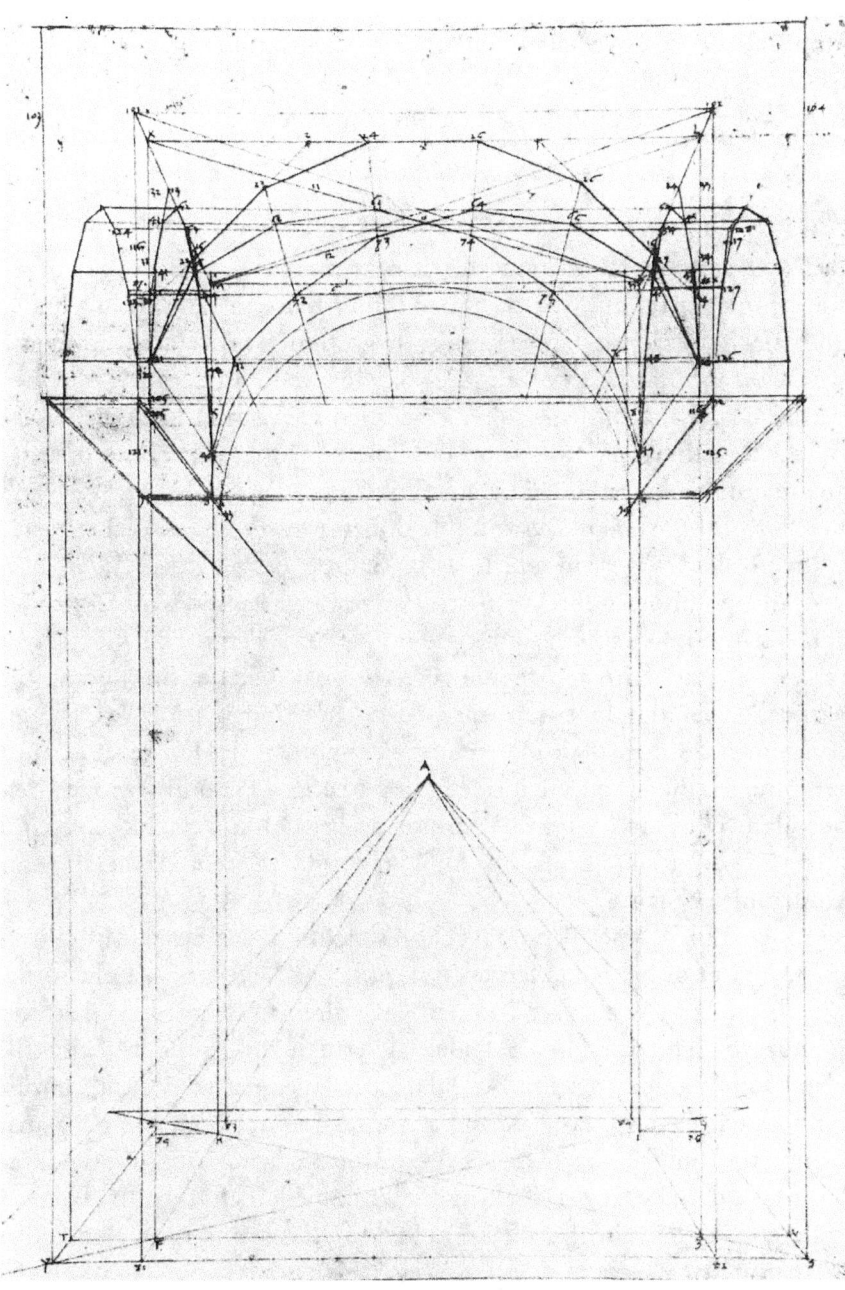

RES.56 Piero della Francesca, *De prospectiva pingendi*. Tonoz

Günümüzün üç boyutlu animasyonları—elektronikten faydalandıkları için yine yapay bir araç kullansalar da—her çeşit doğal biçimi simüle etmeleri bakımından Piero'nun ölçüm yöntemlerine benzerler.

Blickwechsel: İbnü'l-Heysem mi, Euklides mi? Bir Seçenek de Vitrivius

Piero della Francesca şeyleri nicelleştirmek amacıyla Euklides'in geometrisine başvurmuştu. Euklides bu amaca İbnü'l-Heysem'den daha uygundu. Noktalar ve çizgilere dair metninin de gösterdiği gibi, Piero Euklides'i sadece Arapça çevirisinin bilindiği bir dönemde incelemişti. Nitekim perspektif üzerine incelemesinin ilk çizimlerinden birindeki paralelkenara Arapça bir isim verdi.[65] Piero'nun Euklides'e duyduğu ilgiyi biraz daha iyi anlamanın bir yolu da büyük matematikçi Luca Pacioli'den geçer. Pacioli 1495 tarihli bir Venedik portresinde döneminin Euklidesi olarak tasvir edilir (**Resim 57**).[66] Piero gibi Luca da San Sepolcro'luydu ve Piero'nun yazılarının editörlüğünü yapmıştı. Portresinde, Euklides'in *Elementler* adlı eserinin 12. kitabında anlattığı bir geometri işlemini küçük bir kara tahta üzerinde daire ve üçgenle gösterir. Sol eliyle de, Euklides'in bir baskısında yer alan bu pasaja işaret eder. Ön planda Pacioli'nin yazdığı, türünün ilk örneği olan matematik el kitabı vardır. Karanlık odanın tavanından, Piero'nun bir incelemesini adadığı "Platonik cisimler"den biri olan şeffaf bir "çokyüzlü" sarkmaktadır. Dürer Venedik'te yapılan bu resmi görmüş olsa gerek, zira ünlü gravürü *Melencolia*'da bu tablodan esinlenmişe benzer.

Piero'nun geometrik noktayı ele alış biçimi de son kertede Euklidesçidir. Her çizgi bir noktadan çıkarak noktayla belirli bir açı oluşturur. Eğer bu nokta (A) göz ise, o zaman göze giren ya da gözden çıkan her şey gözle belli bir açıdadır.[67] Algıda çizgilerin de tıpkı göz gibi geometrik olarak tanımlanması gerekir. Bu kadar katı bir geometrik yaklaşım, gözün bir noktayla eş tutulmasıyla doruğa ulaşır, zira burada anatomi göz ardı edilmiştir. İbnü'l-Heysem'de *gözdeki noktalar* söz konusudur; bu noktaların cisimlerin yüzeylerindeki noktalarda bir karşılığı vardır. Piero'ya göre, gözün kendisi diğer ölçüm noktaları gibi geometrik bir noktadır. Piero'nun tonozlu çiziminde göz A harfiyle belirtilmiştir (**Resim 56**).

Piero antikçağ tarzında pilaster ve sütunlar inşa etmek değil, antik eserleri antikçağda görüldükleri biçimde ölçmek istiyordu. Onun arzusu, antikçağdan sonra yitirilen bakışı yeniden kazanmak, bakışı bu yönde eğitmekti. Buna karşın, yeni perspektifin antikçağdaki kökenlerini

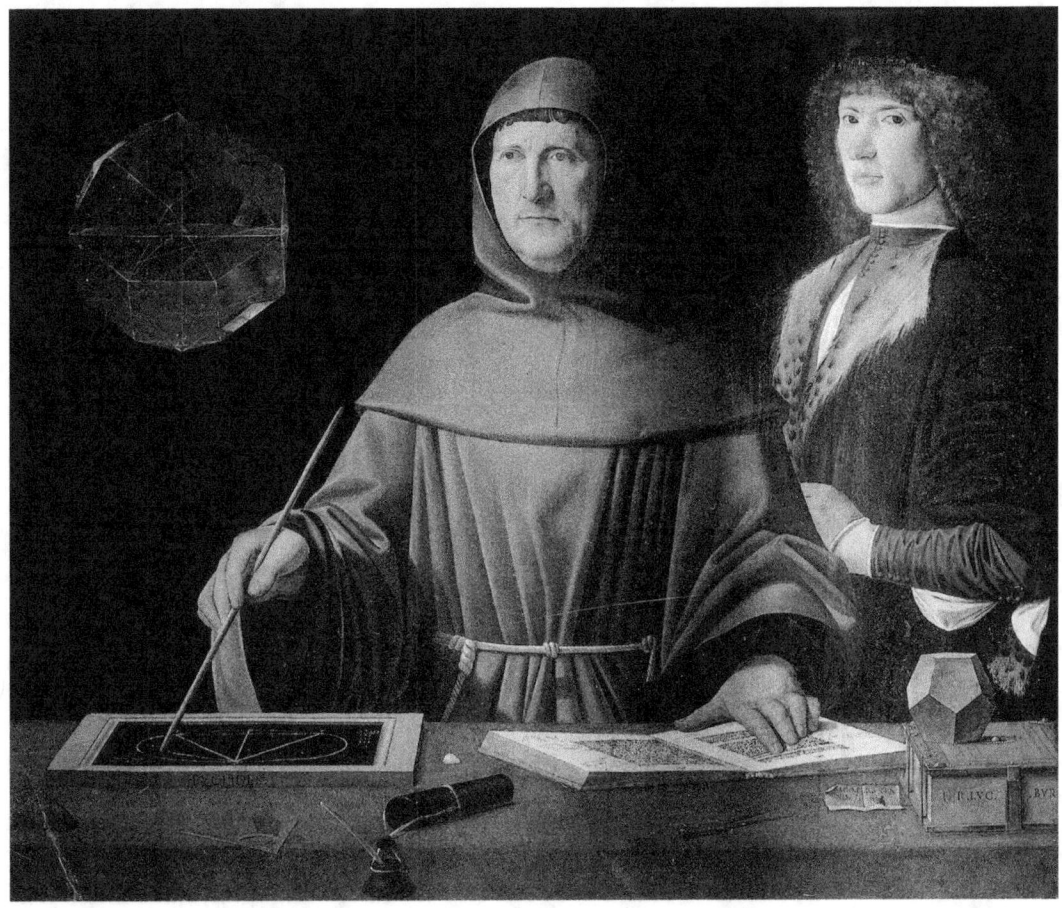

RES.57 Jacopo de' Barbari (?), *Fra Luca Pacioli'nin portresi*, 1495, Museo di Capodimento, Napoli

araştırmadı. Oysa, İbnü'l-Heysem'i okuduğu halde, perspektifte bile antikçağın dirilişini görmeye çalışan Lorenzi Ghiberti'de durum farklıdır. *I Commentarii* adlı eserinin ikinci kitabında alıntıladığı "çok sayıda antikçağ filozofu ve matematikçisi"nin yanı sıra, *Alfantem* diyerek adını katlettiği İbnü'l-Heysem'i de sık sık anar. Ghiberti, İbnü'l-Heysem'in 14. yüzyılda İtalyancaya *Perspectiva* adıyla çevrilen başyapıtını okumuştu. Eserin halkın konuştuğu dile çevrilmesi, kitabın sanatçı çevrelerinde de popüler olduğunu gösterir.[68] Nitekim biz bu eseri Vatikan'da bulunan ve geometrik illüstrasyonların da olduğu elyazmasından biliyoruz.[69] Ghiberti İbnü'l-Heysem'in eserinden sayfalarca alıntı yapar ama bu kişinin antikçağın mı, yoksa gerçekte Arap dünyasının mı bir otoritesi olduğunu sormaz kendine, çünkü tamamıyla antikçağın yeniden doğuşuna odaklanmıştır.⁷⁰ Çağdaşları gibi o da, İbnü'l-Heysem ile Euklides arasındaki tezatı görmemiş (Pelacani gibi filozoflar için geçerli değildir bu), Arap görme teorisini antikçağın mirası olarak sahiplenmiştir.

Dolayısıyla, Ghiberti yeni perspektifin kökenlerini antikçağa dayandırmaktan da çekinmedi. Bu soyağacını kanıtlamak için de, Plinius'un sanatçı biyografilerinde anlattığı eski bir efsaneyi yeni baştan yazdı. Efsaneye göre, Yunan ressam Apelles ünlü meslektaşı Protegenes'i görmeye gider. Apelles ressamı evde bulamayınca, bir tür kartvizit olarak boyayla incecik (*summae tenuitatis*) bir çizgi çizerek oradan ayrılır. Protegenes bu çizgiyi görünce, çizginin yanına çok daha ince (*tenuiorem lineam*) bir çizgi çeker. Ama Apelles pes etmez ve bir sonraki ziyaretinde "o iki çizginin arasına başka bir renkle öyle bir çizgi çizer ki, daha da ince bir çizgiye yer kalmaz" ve böylece rakibini alt eder.⁷¹ Fakat Ghiberti bu efsaneyi tersine çevirmiştir. Onun versiyonunda Apelles Protegenes evde yokken "fırçayı alır ve resmi perspektif kullanarak tamamlar."⁷² Oysa, antik metinde ne perspektif kavramı geçer ne de Rönesans tarzında bir resimden söz edilir. Ghiberti Plinius'un çizgi merakını perspektif resminin taslağına dönüştürüvermiştir.

Perspektifin kökenlerinin antikçağa uzandığını iddia eden Ghiberti, bunu kanıtlamak için Romalı Vitrivius'tan da yararlanır. Ona göre, Vitrivius'un *skenografi* tasviri antikçağda matematiksel perspektif yönteminin kullanıldığının net bir kanıtıydı. Fakat böyle bir şey söz konusu bile olamaz. Sahne sanatını saymazsak, antikçağın böyle bir kavramı bile yoktu. Panofsky'nin kabul etmek zorunda kaldığı gibi, bunun için ayrı bir teoriye de sahip değildi (s. 24).⁷³ Ghiberti üçüncü kitabının sonuna doğru insan figürünün oranlarına geçtiğinde, Vitrivius'tan da söz etme fırsatını kaçırmaz. Kitaptaki bir sayfada içi boş bir daire olduğuna bakılırsa, "Vitrivius Adamı" diye bilinen figürün rekonstrüksiyonunu da ilk o yapmıştı belki de.⁷⁴ Ghiberti, Vitrivius'un sahne dekoru üzerine yazdığı metinde antikçağ perspektifinin izini bulduğunu düşünür ve antikçağ skenografisini üç boyutlu bakışın yüzeye uygulanması olarak tasvir eder. Ghiberti'nin çevirisinde Vitrivius, "belirli bir noktayı odak noktası (*luogo certo al centro*) olarak aldığımızda" çizgilerin doğaya tekabül ettiğini söyler. "Binalarla ilgili belirli imgeler (*imagini*) ise optik biçimin (*specie*) muğlak gerçekliğini (*incerta re*) yansıtırlar."

Ghiberti metinden alıntılar yapar, ama algının "belirli bir gerçekliği" (*di certa cosa*) yansıttığını söyleyerek metinden önemli ölçüde sapar. Ona göre, kulisin resmedilmiş binalarının "bir öne çıkıyor, bir arkada duruyormuş" gibi görünmelerinin nedeni budur. Antikçağın sahne dekoru ressamları "cisimlerin kontür çizgilerini dingin bir gözün bakışıyla uyumlu hale getirmişlerdir."[75] Rönesansta "skenografi" tartışmalı bir kavramdı. Vitrivius gibi düşünenler, skenografinin bir binanın planı (*ichnographia*) ya da krokisi (*ortographia*), hatta kesiti olduğu görüşündelerdi. Raffael "skenografi"yi iç görünüm, Fra Giocondo dış görünüm, kimi de kroki ve kesitin bir bileşimi olarak yorumladı. Fakat Serlio'nun mimari el kitabı bitmek bilmeyen bu tartışmaya son noktayı koydu: "Vitrivius'un *skenografi* dediği şey perspektiftir."[76]

Bu yeni yönelimle, İbnü'l-Heysem antikçağın parlak ışıklarının gölgesinde kaldı. Teorisi artık genel bilgi saflarına katıldığından, dünyanın ona ve eserine ne çok şey borçlu olduğu unutuldu. Binalar antikçağ tarzında yapıldı ve—Alberti'nin usulca dile getirdiği kuşkularına rağmen (s. 234)—perspektifin antikçağ kökenli bir bilim olduğu iddia edildi. Oysa antikçağda böyle bir bilim hiç olmamıştı, bu tamamen hüsnü kuruntuydu.

Burada anlattığımız soyağacı bir sürü veriye dayansa da, Pelacani'nin İbnü'l-Heysem'in mirasını devraldığını gösteren ve Floransa'daki perspektif tartışmasının ayrıntılarını ortaya koyan belgelere sahip değiliz. Bilim ve sanatın soyağacını, özellikle de iki kültürün karşılaşması bağlamında değiştiren iki büyük adamın adını perspektif araştırmalarına eklemiş olmakla yetinmek zorundayız.

Doğu'daki "inançsızlar" perspektifin klasik antikçağın mirası olduğu iddiasıyla rekabet edemezlerdi. Batı kültüründe yeni bir sanatı doğuran resim meselesinde de söz sahibi değillerdi. Fakat görme ışınlarının geometrisini ve ışığın ölçümünü düşünürsek, Batı bunun için gereken donanımı Arap görme teorisinden almıştı. Görme teorisinin resim teorisine dönüştürülmesi, iki kültür arasındaki uçurumu ortaçağda olduğundan daha da derinleştirdi. İki kültür uygulamalı sanatlarda birbirine daha yakındı, çünkü bu alanda resim sorunu yoktu. Doğu ile Batı'nın bu karşılaşmasındaki paradokslardan biri de, sanattaki perspektifin, tam da modernitenin eşiğinde, üstelik de büyük dirençlere rağmen, İslam dünyasına sokulmasıdır. Bu direncin nedeni, perspektifin resim meselesini kaçınılmaz hale getirmesiydi.

Ademimerkeziyetçi bir dünya, dünyaya kendi sabit konumundan bakan bir izleyiciyi gerektirir; "dünyada olmak," "dünyaya bakmak"a dönüşür. İzleyici bedeniyle dünyadadır ama kendi seçtiği bir konumdan bakışıyla dünyanın karşısına çıkar. Temelleri burada atılan bu çelişki *gözmerkeziyetçilik* ile sonuçlanacaktır. Rönesansta "bedensel göz"den söz edilir ama kastedilen "bedensiz göz"dür; bedensiz göz için de göz simgesi seçilmiştir (s. 218). Göz, bakışın dünyayı kontrol etmesini sağladı. Perspektif resmiyse bakışın kendi kendini tasvir ettiği simgesel bir ayna haline geldi.

V.

Brunelleschi'nin Bakışı Ölçmesi

MATEMATİKSEL PERSPEKTİF VE TİYATRO

Floransa'da İki Mucit

Floransalıların en sarsılmaz iddialarından biri, perspektifin onların kentinde icat edildiğidir. Bu icat, aslen kuyumcu olan mimar Filippo Brunelleschi'nin (1377-1446) katedral meydanında ve Palazzo dei Signori'nin önünde gerçekleştirdiği iki deneyle gözler önüne serilmişti. Büyük icatlar efsaneler yaratır. Açıklanamayan olaylar efsanelerle anlatılır. Nitekim doğrusal perspektifin icadı da milli bir efsane yaratmıştı ve elbette bir de kahramanı vardı.[1] Fakat bunun ne kadarı kurgu, ne kadarı gerçektir? Brunelleschi'nin icadına tanık olanlara bakarsak, doğruluğu en azından Floransa'da tartışmasız bir biçimde kabul edilmiştir.

Tanıklardan biri, doğrusal perspektife ilişkin ilk teoriyi borçlu olduğumuz bir hümanisttir. Brunelleschi'den bir kuşak daha genç olan Leon Battista Alberti (1404-72), ailesine verilen sürgün cezasının kaldırılmasının ardından 1428'de Floransa'ya geldi. Resim sanatı üzerine yazdığı ders kitabının 1436'da yayımlanan İtalyanca versiyonunu "mimar Pippo" dediği Brunelleschi'ye ithaf etti.[2] Alberti, Brunelleschi'nin "gösterileri"nden söz etmese de, perspektifi icat edenlerin mimar Filippo ile arkadaşı Donatello olduğu konusunda hiçbir kuşkuya yer bırakmaz. "O zamana kadar hiç görülmemiş ve duyulmamış sanatları ve bilimleri onlar icat etti ve bunu yaparlarken de önlerinde hiçbir örnek yoktu." Alberti'nin ders kitabını, ressam olmadıkları halde bu ikisine ithaf ettiğine bakılırsa, asıl derdinin "matematik içerikli yeni bir sanat (*arte*)" olduğu anlaşılır.

Bir biyografinin ithaf edildiği ilk sanatçı da yine Brunelleschi'ydi. "Gerçek efsane"nin temellerinin bu biyografiyle atıldığı söylenebilir.

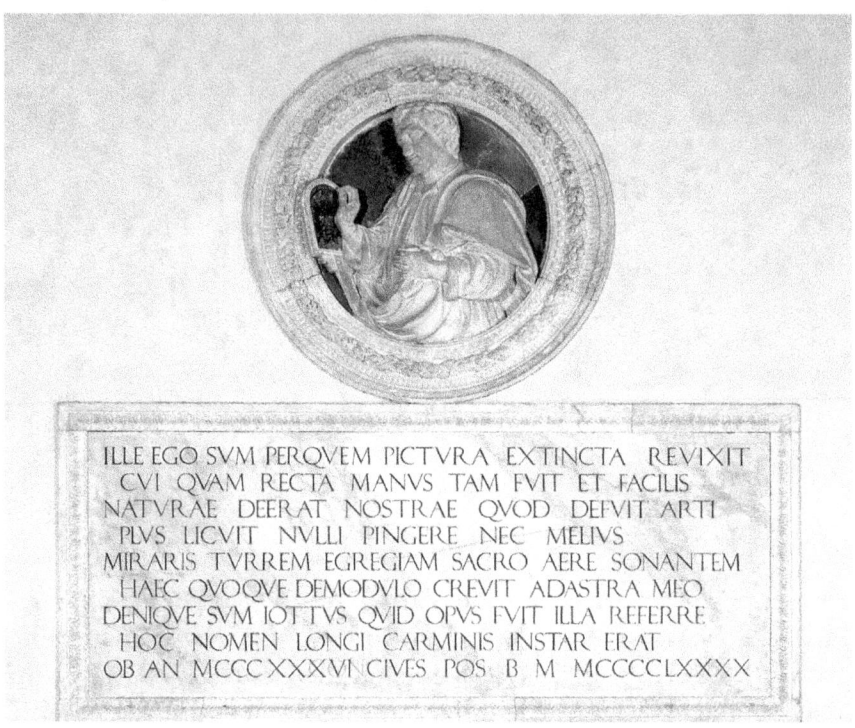

RES.58 Giotto'nun anma levhası, 1489, Katedral, Floransa

Muhtemelen biyografinin yazarı, matematik, geometri ve astronomi alanlarında yetişmiş bir âlim olan Antonio di Tuccio Manetti'ydi (1423-97) muhtemelen. Dante'nin *İlahi Komedya*'sının 1462 tarihli bir nüshasındaki cehennem coğrafyasının çizimi de ona aittir.[3] Manetti, "bugün ressamların *prospettiva* dedikleri şeyin teori ve pratiğinin Brunelleschi tarafından icat edildiğinden" emindir. Bu bir "bilim"dir (*scienza*) ve Brunelleschi "cisimleri gözün gördüğü biçimde tasvir etmeyi sağlayan küçültmeler ve büyültmeler için bir sistem (*ragione*)" geliştirmiştir. Yeni sanata "bilim denmesi boşuna değildir," çünkü onun asıl önemi, figür ve cisimleri "görme mesafesi içinde doğru oranlarda" gösterebilmesinde yatar. Perspektifin keşfi, "antikçağ ressamlarının [...] ondan haberdar olup olmadığı bilinmediği için daha da önem kazanır (*ed è piu forte*). Zaten perspektifi bilselerdi bile öğretemezlerdi, zira asırlar önce ölmüşlerdi."[4]

Floransa belediyesi Brunelleschi'yi, onun bir zamanlar ilk perspektif deneyini yaptığı katedralin giriş kapısının bulunduğu cephesine yerleştirilen bir anma levhasıyla onurlandırdı (**RESİM 59**). Mimar bu anma levha-

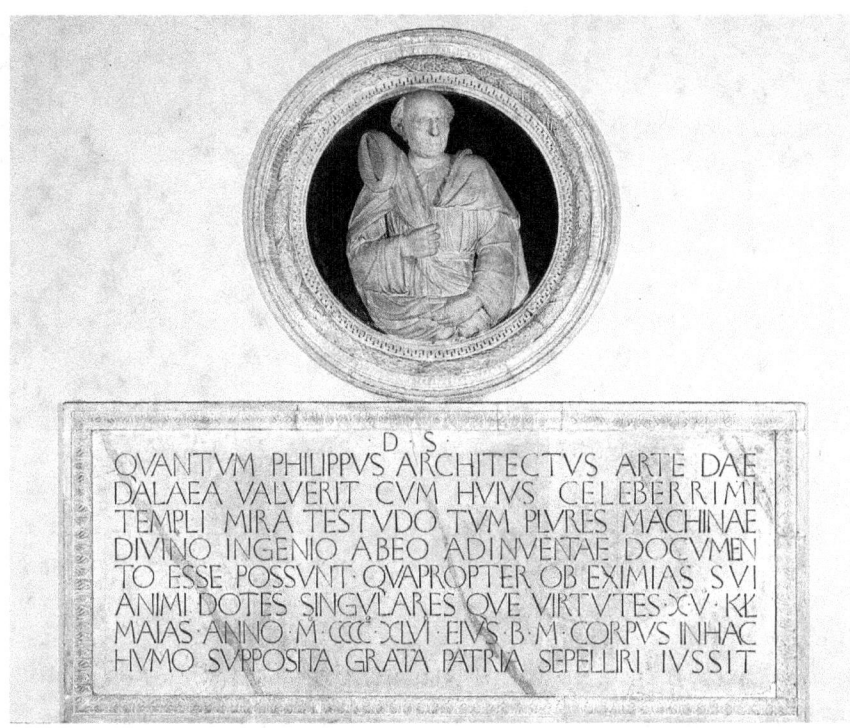

RES. 59
Brunelleschi'nin evlatlığı "Buggiano"nun yaptığı anma levhası, 1446'dan sonra, Katedral, Floransa

sından da yine dışarıya, katedral meydanına bakar. Vasari'nin dediğine göre, Brunelleschi'nin öğrencisi ve evlatlığı "Buggiano" rölyefteki büstü "gerçeğine sadık kalarak mermere yontmuştur."[5] 1446'da, kentin büyük evladı ölüm döşeğindeyken alınan ölüm maskı da halen korunmaktadır. Anma levhasında konstrüksiyonlarını "tanrısal bir deha"yla icat eden yeni bir Daedelus olarak methedilen Brunelleschi'nin en büyük eseri katedralin kubbesiydi. Fakat resim sanatının da aynı şekilde onurlandırılması gerekiyordu. Bu nedenle Lorenzo il Magnifico 1479'da aynı duvara Giotto'nun anma levhasını da koydurdu, zira Giotto perspektifi değilse bile, yeni bir resim metodu icat etmişti (RESİM 58). Giotto, katedralin çan kulesine katkılarından da söz eden anma levhasında kendisi hakkında şöyle der: "Ben, ölü resim sanatını yeniden hayata döndüren kişiyim."[7]

Brunelleschi, şimdi Louvre'da bulunan ve Uccello'ya atfedilen beş portrelik bir tabloda da kilit pozisyondadır (RESİM 60). Bir zamanlar mimar Giuliano da Sangallo'ya ait olan bu tabloda, Vasari'nin deyişiyle "Floransa'nın en ünlü beş adamı" tasvir edilmiştir.[8] Bu vatanperver resmin ilham kaynağı Manetti olabilir. Figürlerden birinin yanına sonradan

FLORANSA'DA İKİ MUCİT 171

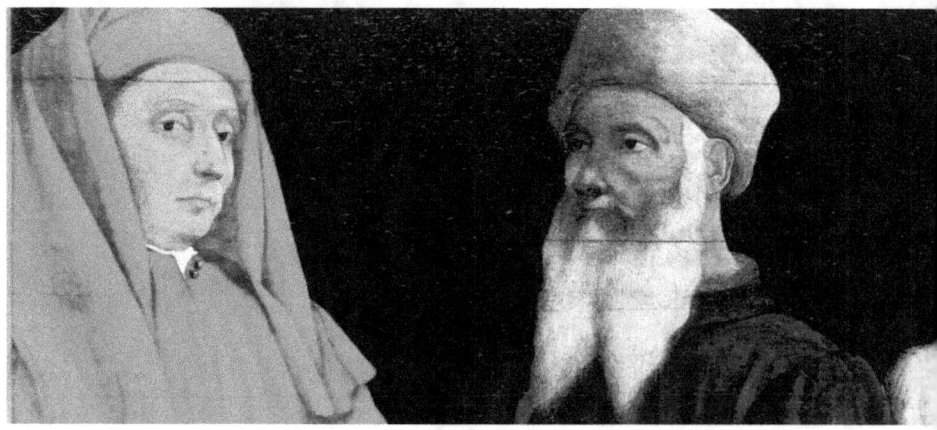

RES.60 Paolo Uccello (?), *Beş Meşhur Floransalı*, 1460 civarı, Louvre, Paris. Resimdeki üstatlar Giotto, Uccello, Donatello, Manetti (ya da Masaccio) ve Brunelleschi, perspektifin avangardı olarak büyük saygı görüyorlardı.

Manetti'nin adı yazılmışsa da, bu kişi genç yaşta ölen Massaccio'dur. Floransa'nın yeni bir sanatın beşiği olarak ün kazanmasını bu beş sanatçı sağlamıştı. Portredeki sıralama öncü Giotto'yla başlar, süreci tamamlayan Brunelleschi'yle sona erer, yani tablonun başında ve sonunda katedraldeki anma levhalarıyla onurlandırılan sanatçılar yer alır. Bugünkü tabirle, "avangard" sanatçılara bu tabloyla bir anıt dikildiği söylenebilir. Şair ve bilim adamlarının anısı gibi, *prospettiva*'nın mucitlerinin anısı da yaşatılmaktadır. Sanat, bilimlerin çoktandır sahip olduğu "özgür sanatlar" statüsüne onlar sayesinde kavuşmuştur.

Manetti'ye göre, Brunelleschi'nin Floransa'da halkın önünde yaptığı deneyler perspektifin kuruluş törenidir. İlk "gösteri" kenarları "yarımşar *braccio*" (29,18 cm) uzunluğunda kare bir tabloyla yapılmıştı. Manetti, daha sonra çok değerli olan bu eseri pek çok kez elinde tuttuğunu yazar. Katedralin karşısındaki "San Giovanni vaftizhanesinin dışını" gösteren eserde, "bina aynen görüldüğü gibi tasvir ediliyor"du (RESİM 61). Bina "beyaz ve siyah mermerleriyle öyle aslına uygun resmedilmişti ki, hiçbir minyatür ressamı bundan daha iyisini yapamaz"dı. Nitekim kenti simgeleyen bu vaftizhaneye dönemin kroniklerinde sık sık yer verilir.

Brunelleschi tabloda "gökyüzünün görüldüğü, yani binaların göğe yükseldiği yeri cilalanmış gümüşle kaplamıştı. Doğal gökyüzü bunun üzerine yansıyordu." Perspektif ölçümü yapılamayan bulutlar bu aynanın üzerinde "o sırada esen rüzgârla birlikte" sürükleniyorlardı. Gösterinin yapıldığı yer "katedralin içinde, giriş kapısının üç *braccio* gerisindeydi," yani katedral meydanına belirli bir görüş mesafesindeydi. Bu sayede, "cisimlerin farklı bir noktadan başka türlü görünmesi" engellenmişti. Pano,

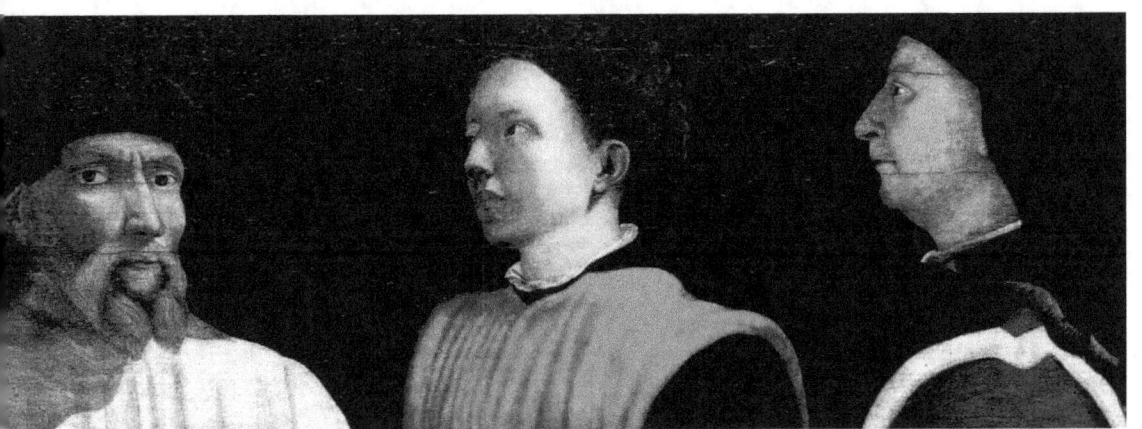

ayna ve bina arasındaki mesafelerin saptanmasıyla, projenin resmedilmiş bir izdüşüm olarak başarıya ulaşacağı nokta da belirlenmiş oluyordu.

İzleyiciler bu noktada durduklarında, resmi yapılan meydan ile gerçek bina adeta bir sihirle birleşiveriyordu, zira bina gerçekliğin ta kendisini (*el proprio vero*) yansıtıyor gibiydi. Bunun için izleyicinin, sanki resmin kendisi bakan bir özneymişçesine, panoyu bir levha gibi gözünün önüne tutması gerekiyordu. Oysa, resmin arkasındaki delikten bakan izleyiciydi ve kolunu öne doğru uzatıp da elinde tuttuğu düzlem aynasına (*uno specchio piano*) baktığında, aynada resmin ön yüzünü görüyordu. Sonra kolunu indirip gerçek meydana baktığında, aynı görüntüyü yeniden görüyordu. Resimdeki manzarada dünya izleyiciye aynadaki gibi görünüyordu. Fakat aynalar cisimleri ters yönde yansıtırlar. Dolayısıyla, bu deneyin başarılı olmasının tek nedeni, tabloda tasvir edilen binanın sağ ve sol tarafının tıpatıp aynı olmasıydı.

Ayna metaforunda dönemin optik teorisi devreye girer. Zaten bu teorinin yasaları matematiğin yasalarıydı, ama şimdi ikonik yasalar olmuşlardı. Filarete'nin söylediğine göre, Brunelleschi "aynada neyin görüleceği"ni meydanda inceden inceye hesaplamıştı.[9] Göz ile pano arasındaki mesafe, bir ayna ile göz arasındaki mesafeye eşitti. Ayrıca, ayna yüzeyinin arkasındaki mesafe noktası aynada ikiye katlanıyordu. Yeni bir Venedik icadı olan düzlem aynası bakışı o kadar net bir biçimde yansıtıyordu ki, antikçağın mat metal aynalarında böyle bir netlik söz konusu bile olamazdı. Yeni tarz resim özel bir tür aynaydı. Gerçek aynanın aksine insanın kendi yüzünü göstermiyordu, çünkü bakma deliğine yaklaştığınızda görünmez bir biçimde aynanın arkasında duruyordunuz.

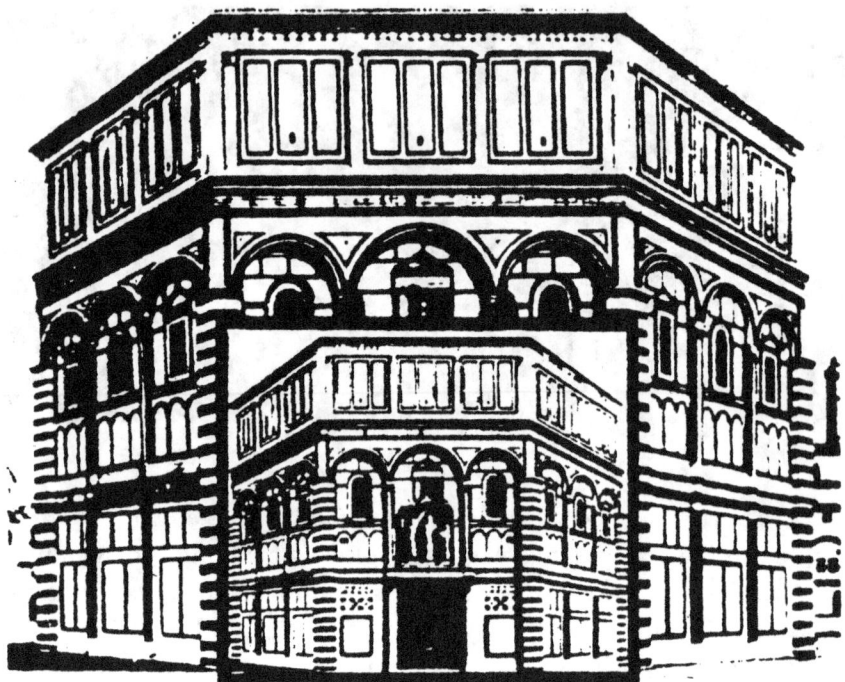

Res. 61
Brunelleschi'nin ilk perspektif gösterisi: Arka planda Floransa'daki vaftizhane, ortada ise binanın aynadaki görünümü (Şema: Rotman, 2000, s. 42).

Resim tablosu—tıpkı ayna gibi—kendisinde bakışını gören bir izleyicinin varlığına muhtaçtı. Resim yanılsama ortamı olmaktan çıkmış, görme ile ilgili yeni bir gerçekliğin ortamına dönüşmüştü.

Matematikçi Brian Rotman'a kulak verecek olursak, Brunelleschi'nin deneylerinin mekânı salt yanılsamaya dayalı bir mekân olduğundan "Euklides'in mekânından tamamen farklıdır." Koordinatları sadece ufuk ve kaçış noktasıyla belirlenen bir mekândır bu. "Buradaki matematiksel mekân," resim düzlemindeki tüm konumları belirleyen "tasarı geometrisinin bir ürünüdür." Ressam "mekândaki çizgileri tasarlar" ve "çizgilerin zihinde resim yüzeyiyle kesiştiği yerlere işaretlerini koyar." Bu işaretler "dünyadaki yüzeylerin görüntüsünü nokta nokta temsil ederler." Görme teorisini statik bir resme dönüştürme çabasının asıl burada yattığını eklemek isterim. Böyle bir resim—daha sonra fotoğrafta da olduğu gibi—bakışımızın tutsak alındığı inancına dayanır. Rotman'ın da vurguladığı gibi, perspektif resminde "bütün bu noktalar ya da işaretler arasında tek bir tanesinin çok ayrıcalıklı bir yeri vardır. Brunelleschi'nin görme deliğini açtığı nokta *kaçma noktası* ya da *kaçış noktası* olarak bilinir. Perspektif görünümü düzenleyen bu işarettir. Sıfır gibi, kaçış noktası da ilk başta diğer işaretlere benzer bir işarettir sadece." Aynı zamanda da, Brunelleschi'nin döneminde henüz uygulamaya sokulmayan sıfır gibi "özel bir işarettir, çünkü sıfır diğer tüm rakamları nasıl düzenliyorsa, kaçış noktası da resimdeki diğer işaretleri düzenler. Kaçış noktası adeta görsel bir sıfırdır" ve cebirde sıfırla istenildiği kadar rakam üretildiği gibi, kaçış noktasıyla da istenildiği kadar resim üretilebilir.[10]

Şimdi, perspektifin icadının atfedildiği bir diğer Floransalı olan Leon Battista Alberti'ye dönelim ve meşhur metnini mercek altına alalım. Alberti resim sanatı üzerine yazdığı üç kitabı 7 Eylül 1435'te Floransa'da tamamladı. Bu kitaplarda Alberti resim tablosunu dünyaya bir bakışın aynası olarak sunar (II. Kitap,46), "zira her şeyi kendi bakışımızla ölçeriz" (*intuitu metimur*) (I, 5 ve III, 52). Fakat ayna etkisinin gerçekleşebilmesi için ressamların "görünüm için" gözümüzün alışkın olduğu mesafeleri "belirlemeleri" gerekir (II, 32).[11] "İzleyicinin gözü ile resim arasındaki bu mesafe" için "belirli bir aralığın" seçilmesi şarttır (I, 20). Böylece, tuval ile aramızdaki *gerçek mesafe* resimlenen dünyanın *kurgusal mesafesine* dönüşür. Resimle gerçekliği bir tutabilmemizi ancak bu dönüşüm sağlar. Görme teorisi *gerçek bir nesnenin* mesafesini araştırırken, resim teorisi *resimdeki nesneyi,* aslında orada olmayan şeyleri oradalarmış gibi göreceğimiz şekilde hesaplar.

Görme ışınlarından oluşan görme piramidinde göz ile nesne arasında, görme piramidinde düz bir kesit oluşturan resim tablosu vardır (Birinci Bölüm). Değişebilen "görme biçimleri" ancak bu resim düzleminde bir "optik imge"ye dönüşür ve bu optik imge statik nesnede adeta somutlaşır. Resim teorisi görme teorisinin uygulamasıdır, zira perspektif resmi dünyayı gerçek optik koşullarda gösterir. Bu süreçte göz mesafesi bakışın alanıdır ve izleyici ile tablo arasındaki vücut mesafesinden farklıdır. Ama yine de bir bedene bağlıdır. Yeni resim tarzı ancak bedenle kurulan bu ilişkiyle antropomorf bir özellik kazanır. Ölçüm değerleri bakış ile beden arasında bir tür denklem oluşturarak aralarındaki farkı ortadan kaldırır. Kaçış çizgilerinin aşağıdan mı yoksa yukarıdan mı geçtiği, resimde izleyicinin göz hizasına tekabül eden ufuk tarafından belirlenir; Sebastiano Serlio bu ilkeyi bir diyagramında göstermiştir (**Resim 3**).

Alberti'ye göre, bir resmin, ona bakan "insanın bedeninin boyutlarına uygun" biçimde yapılabilmesi için, ressamın *braccio* ölçüsünü kullanması gerekir, çünkü ortalama insan üç *braccio* uzunluğundadır. Bir tablonun düzlemi bu ölçüyle üçe bölündüğünde, bakış ile beden arasında bir simetri kurulur. Merkezi nokta (*punctus centricus*) "izleyiciden daha yukarıda olmamalıdır," yoksa bakışını yönlendirmek mümkün olmaz. Gerçi resimdeki nesnelerin mesafesi derinlik çizgileriyle ölçülebiliyordu. Yine de, Kemp'in de belirttiği gibi, Alberti ortogonallerin nasıl yerleştirileceğini tam olarak gösteremiyordu. "Görme süreci ile resmin yapısı arasında bir sentez kurulamamaktadır."[12] Alberti bunun farkındaydı. Ama arkadaşları için bu sorunu "geometrik bir anahtarla (*quadam geometrica ratione*)" çözmüştü. (I, 23). Bu anahtar bir diyagramdan ibaretti, ama "metni olabildiğince kısa tutmak için" kitaba diyagramı almamıştı. Doğru göz mesafesini de kendi yaptığı resimlerle ortaya koyan Alberti, "resimleri gören arkadaşlarım bunların birer mucize olduğunu düşündüler" der (I, 19). Brunelleschi'de de olduğu gibi, görmek (doğa) ile resim görmek (sanat) arasındaki bağdaşım konusunda ancak uygulamada ikna oluniyordu.

Peki, Alberti görme teorisini ne ölçüde temel alır? Alberti, görme teorisinin "filozofları"ndan alıntı yaparak cisimlerin yüzeyini "belirli ışınlar yardımıyla" algıladığımızı söyler ve bu ışınlara "görme sürecinin yardımcıları" (*visendi ministris*) der. "Nesnelerin imgesi" (*rerum simulacra*) gözümüze bunlar sayesinde nüfuz eder (I, 5). Alberti *rerum simulacra* ve *imago* (I, 6) kavramlarıyla görme teorisini yeni bir resim teorisine dönüştürmüştür bile. Onun teması, bakış, sanatın "resim yüzeyinde temsil ettiği" bakıştır (I, 12). Ona göre, *resim yüzeyi* (I, 5) optik imgenin ta kendisidir. Alberti ressam olmamasına rağmen, bir matematikçi değil "adeta bir ressam" kimliğiyle konuşmak ister. "Zira matematikçiler somut dünyadan uzaklaşırlar. Cisimlerin optik biçiminden (*species*) salt akılla (*solo ingenio*) söz ederler. Oysa ben görmeyi resme koymak istiyorum. O yüzden de besili bir Minerva peşindeyim," yani daha duyusal bir yaklaşım içindedir (I, 1). "Görme ışınlarının (cisimlerdeki) yüzeyden mi, yoksa gözden mi çıktığı antikçağda bir tartışma konusuydu. Bu hayli zor bir meseledir, ama bizim durumumuzda gereksiz olduğundan, bir kenara bırakılabilir." (I, 5).

Görme teorisinde sözü bile edilmeyen özne ve "bakış"a odaklanan Alberti'nin optik teoriyle ters düşmesi kaçınılmazdır. Görme arzusunu kelimenin tam anlamıyla kanatlandıran "kaçış noktası" mihver haline gelir.[13] İzleyici "resmin önünde" göz noktasını, "resimde" ise kaçış noktasını temsil eder. Kaçış çizgileri bakışı "sonsuz bir uzaklık"a çeker. Fakat bu soyut ölçü de yine sadece bir diyagramla gösterilebilmektedir (I, 19). Witelo'nun *Perspectiva*'sında alıntıladığı gibi, İbnü'l-Heysem'e göre kaçış çizgileri sadece "görünürde" bir kaçış noktasında birleşir.[14] Alberti'nin ütopyası, bakışta gözün sınırlılığını ortadan kaldırmak ve bakışı kaçış noktasında yine kendine yönlendirmektir.

Ressamların doğrusal perspektifi sadece *pavimento*'da, yani resimlerdeki yer döşemelerinin ızgarasında rahatça uygulanabiliyordu. Düz çizgiler ve dik açılardan oluşan bu satranç tahtasına kişiler satranç taşları gibi yerleştiriliyordu (bkz. **Resim 53**). Ama bunun kısıtlayıcı bir yönü de vardı. Nitekim Alberti eserinin İtalyanca baskısında, görme ışınlarının "resmin yüzeyini bir kafesin parmaklıkları gibi kapladığını" yazar (I, 7). Bu "kafes"ten kaçmak, aşırı derecede katı bir geometriden açıkça ya da gizlice sapmak anlamına geliyordu. Ama sadece sanatsal değil, bilimsel sorunlar da vardı. Sanatçıların bunların üstesinden gelebilmeleri için kavisli perspektifte kenar distorsiyonları yapmaları ya da bifokal bakış gibi farklı yöntemler peşine düşmeleri gerekiyordu. Hava perspektifiyle ya da *sfumato* resminde atmosferle yapılan denemeler de benzer bir amaç taşıyordu.[15]

Fakat Alberti herkesin günlük yaşamında edinebileceği görme deneyimlerinden yola çıkmayı sürdürdü: "Cisimlerin uzaktan nasıl göründüğünü bizzat doğadan öğreniriz. İnsanlarla kiliselerde yan yana yürürken kafalarını aynı hizada görürüz, biraz daha arka plana doğru ilerlediklerinde, ayakları en öndekilerin diz hizasında bile değildir" (I, 20). Yine de, görme süreci (*visio*) ile perspektif optik imge (*pictura*) arasındaki uçurum kapanmış değildi. Kapatılamazdı da, çünkü sanat resim peşindeydi, algının yeni kanıtlarını aramıyordu. Dolayısıyla, sanat ile bilim arasında kurulan birlik geçici bir ittifaktı. Nitekim Alberti'nin eserinin üçüncü kitabında geliştirdiği sanat teorisi, ilk iki kitabındaki resim teorisinin yerine hümanist bir retorik ideali koydu.

Fakat biz bir kez daha mimar Brunelleschi'ye dönelim. Brunelleschi'nin perspektifi icat ederken, döneminin mimarisinde epey bir süreden beri uygulanan bir ölçüm yönteminden yararlandığını unutmamak gerekir. Brunelleschi kendini mimarlığa hazırlamak için Donatello'yla birlikte Roma harabelerini incelerken, "hazine avcısı" olmakla suçlandı, çünkü harabelerin boyutlarını hesaplayabilmek için kendi başına kazılar yapıyordu. Brunelleschi'nin, harabelerin boyutlarını gösteren "parşömen üzerine çizimler"i antik yapıların perspektif görünümünden başka bir şey değildi.[16] Resim sanatında bakışın ölçümünden önce mimari anıtlar ölçüye vurulmuştu.

Fakat o dönemin avangardları gerçek Roma'ya değil, hayali Roma'ya tutkundu. Brunelleschi Floransa'daki perspektif deneyi için son derece simgesel bir yer seçmişti. Katedralin vaftizhanesi tüm Floransalıların vaftiz kilisesiydi ve kentin koruyucu azizi Vaftizci Yahya'nın adını taşıyordu (**Resim 61**). Aynı zamanda da kentin en eski yapısı, Floransa'nın simgesiydi. Efsaneye göre, Dante'nin "Bel San Giovanni" dediği bu bina Hıristiyan kilisesi olmadan önce antik bir tapınaktı.[17] Brunelleschi antikçağı bu binada bir optik imge gibi yakalamak istemişti belki de. Antikçağ Floransa'daki bir meydanın resminde dirilmiş gibiydi. Kendilerini antikçağın varisi ilan edenler, *prospettiva* üzerinden de bağ kurmak istiyorlardı antikçağla. Perspektifin antikçağa mal edilmesini çürütecek hiçbir olgu yoktu, çünkü o dönemde antikçağ resmi sadece metinlerden biliniyordu (s. 167).

Mekân: Bakışın Mimarisi

Rudolf Wittkower'in *Architectural Principles in the Age Humanism* kitabına adını veren "hümanizm çağında mimari"nin iki temel prensibi *antromoporfik* ve *resimsel* olarak nitelenebilir.[18] Birinci prensibe göre mimari, tek tek uzuvların uyumlu bir bütün oluşturduğu insan bedeni gibidir. Diğeri ise, mimariyi izleyici gerektiren ve izleyicinin bakışıyla antropomorfik olan bir resme benzetir. İslam mimarisi her iki bakımdan da farklı ilkeleri izler (**Resim 41**, **Resim 42**). Perspektif sadece resim sanatını değil, dönemin mimarisini de değiştirmiştir (**Resim 65**). Mimarların elinden çıkan mekân da resim gibi bakışın mekânına (**Resim 66**) dönüşmüştür. Nitekim Floransa'daki vaftizfhane, Brunelleschi vaftizhaneyi perspektifi gözler önüne sermek için kullandığı anda, bir optik imgeye dönüşmüştü (s. 171). Oysa Alberti doğrusal perspektifin icadını bakışla ilintilendiren terminolojiyi yalnızca resim sanatı için geliştirmişti.

Alberti, resim sanatıyla ilgili incelemesini yazdıktan yirmi yıl sonra mimaride de döneminin önde gelen teorisyenlerinden biri oldu. Fakat yeni bir icattan söz etmek yerine, bu konuda da neredeyse hiç taviz vermeden antikçağ mimarisinin terminolojisine bağlı kaldı. Alberti'nin, gayet ortada olan bir şeyi görmesini, yani resim sanatıyla mimari arasında bir analoji kurmasını engelleyen bir kör noktası vardır adeta. Oysa ressamlar perspektif yöntemlerini göstermek istediklerinde resimlerinde mimariden yararlanmayı tercih ediyorlardı. Sonuçta, doğrusal perspektifin icadını Brunelleschi de mimari yapılarla gözler önüne sermişti. Fakat mimar olarak Brunelleschi kendisinden çok daha genç Alberti'nin gölgesinde kaldı, zira ardında bir mimari teori bırakmadı. Bu nedenle, Alberti'nin mimari tarzı selefinin çizgisinde olmasa da, araştırmacılar onun yazılarına başvurmayı pek severler.[19]

Matteo Palmieri'nin anlattığına göre, Alberti *Mimari Üzerine On Kitap*'ı Papa'ya 1452'de takdim etti; eseri takdim ederken de Aziz Petrus Bazilikası'nın yeniden inşa edilmesine karşı çıktığını belirtmişti.[20] Her zaman her şeyden haberdar olan Poliziano daha sonra Lorenzo de Medici'ye yazdığı bir mektupta, Alberti'nin "antikçağ mimarisini tümüyle kavradığı gibi, yeni örneklerini de yarattığını" söyler.[21] Nitekim Alberti de VI. Kitap'ın önsözünde, mimariyle ilgili pek çok antik metnin kaybolduğunu üzülerek belirtir. "Batıktan ancak Vitrivius'u kurtarabildik." Ama Vitrivius'un "eserlerinde de eksikler var. Ayrıca, o kadar kötü yazıyordu ki Romalılar onu Yunan, Yunanlar ise Romalı zannediyordu." Dolayısıyla, "bize sadece tapınak ve tiyatroların harabeleri kaldı," üstelik onlar da vandalizm tehdidi altındaydı. Zaten bu nedenle, "antikçağın az çok bilinen her binasının ölçülerini dikkatle incelemiş, çizimlerini yapmış"tı.[22] *Descriptio urbis Romae* (Roma Kentinin Tasviri) adlı eserinde kentin rekonstrüksiyonunu yapmak istemişti. Roma'nın antikçağdaki görünümünden ne çok şey kaybettiğini herkes görmeliydi. Alberti bu perspektif denemesinde "antik Roma'nın hangi boyutta olursa olsun resimlerinin yapılabilmesi" için planını çıkarırken "matematiksel araçlar" kullandı.[23]

Mimari Üzerine On Kitap'ın önsözünde Alberti, bir binanın "çizgilerden ve maddeden oluştuğunu" yazar. Çizgiler sadece bizim imgelemimizde vardır, zira "onları zihnimiz yaratmıştır, oysa inşaat malzemesi" tıpkı beden gibi "doğanın ürünüdür."[24] Mimari planlar "zihinde tasarlanır, ama çizgiler ve açılarla uygulanır."[25] Ressamlar "gölgelerle, kısaltılmış çizgi ve açılarla çalışmak" zorundadırlar.[26] Fakat "şairlerin ses ve heceler"den vazgeçemeyeceği gibi, mimarların da resim ve matematik bilgisine sahip olmaları şarttır. Bir binayı planından ziyade resminden tanımak daha kolaydır.[27] Alberti resim sanatıyla ilgili incelemesine gönderme yaparak, nokta ve çizgilerin ressamlar için taşıdığı anlamın "matematikçiler için taşıdığı anlamdan farklı" olduğunu söyler. "Nokta bir işarettir; fakat resimde, matematiksel bir nokta ile sayısal bir veri arasındaki bir değerdir."[28]

Mesafe perspektifinin sadece resim sanatı değil, mimari için de gerekli olduğu, o dönemde yeni bir tür olarak ortaya çıkan ve kendine özgü bir resim kavramına sahip olan mimari çizimden de anlaşılır.[29] Perspektif, bir ölçüm yöntemi ve projeksiyon olarak mimaride de kullanılıyordu. Mimari, matematiksel perspektifin icadındaki yerini ancak bu ikili anlamın yeniden kurulmasıyla geri kazandı. Mimarlık üzerine yazdığı klasik eserin (1543) ikinci kitabını perspektife adayan mimarlık kuramcısı Sebastiano Serlio (bkz. **RESİM 3**), Romalı Vitrivius'a dayanarak üç çeşit mimari çizim

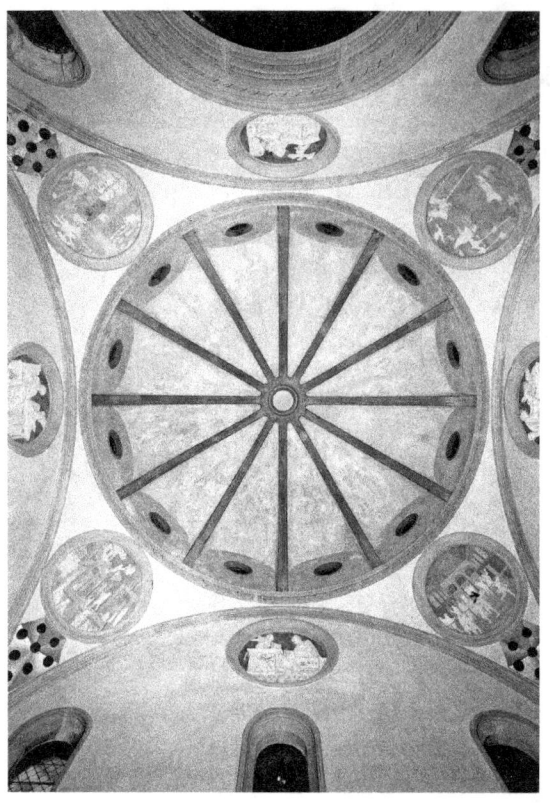

RES.62 Santa Lorenzo, Floransa: Brunelleschi'nin "Eski Kilise" kubbesi, 1418-28

RES.63 Santa Lorenzo, Foransa: Brunelleschi'nin "Eski Kilise"si, 1418-28, koro şapelinden bir görünüm

yöntemi sıralar: *iknografi* (temel planı), *ortografi* (dikey kesit) ve *skenografi* (cepheden ve yandan görünüm). Fakat Serlio, "mimarlara uygulamada kolaylık olması" bakımından "Vitrivius'un *skenografi* dediği şey perspektiftir" der; bina resimleri gibi diğer her şey için de geçerlidir bu.[30] Bir binanın doğrusal perspektif görünümü mimariyi ve resmi birleştirir, çünkü her ikisini de mekânsal bir bakışa tabi kılar.

Mimaride perspektif bakış konusunu ele alabilmek için resim kavramını genişletmek, mekâna yaymak gerekir. Resim sanatında *resimdeki mekân* neyse, mimaride de *resim olarak mekân* odur. Mimaride mekân inşa edilmiş, resimde ise tuvale dökülmüştür, ama her iki durumda da onu resme dönüştüren bir bakış için tasarlanmıştır. Mimarların inşa ettiği iç mekânın tersine, ressamların doğrusal perspektifinde gözün önündeki görme mekânı açık bir mekândır. Dolayısıyla, burada kurulan, gündelik hayattaki görme biçimiyle mimariyi görme biçimi arasındaki paralellik şaşırtıcıdır. Her ikisinin temelinde de ölçülebilirlik yatmaktadır. Ölçülebilirlik, orantılarını güzel bulduğumuz ölçüm koşulları yaratır. Perspektif yöntemin bir amacı da, mekâna bir vücut vermektir. Bu mekân bir *Gestalt* olarak izleyiciyi o kadar etkiler ki, izleyici mekânı kendi tasavvuru olarak algılar. Bu çifte anlam her tür Gestalt teorisinde olduğu gibi burada da çözülemeyen bir olgudur.

Floransa'daki San Lorenzo Kilisesi'nin daha önce de sözünü ettiğimiz "Eski Şapel"i, devasa boyutlarıyla bizi küçülten binaların aksine, vücut boyutlarımızla orantılı bir perspektif mekândır.[31] Medicilerin Brunelleschi'ye yaptırdığı şapel, mimarın ilk önemli eserlerindendir. Pilasterlerle düzenli ölçüm alanlarına bölünmüş duvar, pilasterlerin kirişinin üzerinde yerini yarım dairelere bırakır. Kubbenin tam dairesi, duvarın alt kısmındaki dik açılı unsurların geometrisiyle uyum içindedir. Kubbenin küresel yüzeyi

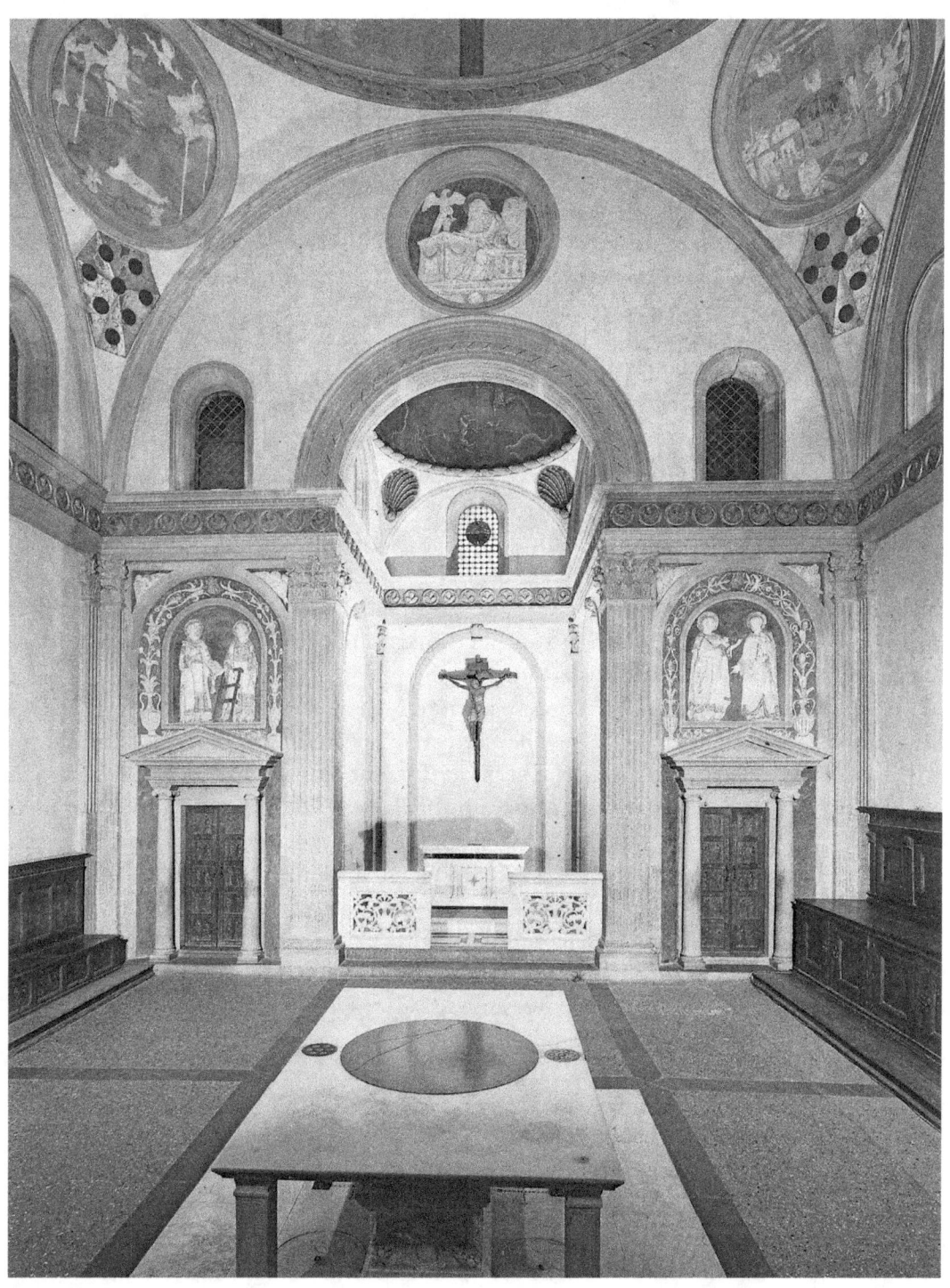

alttaki duvar yüzeyleri gibi ölçülebilir bir yüzeydir, zira gözün kontrol edebileceği düzenli dilimlere bölünmüştür. Geometrik figürler her yerde birbiriyle uyum içindedir. Bu figürler bizi onları karşılaştırmaya ve boy ölçüştürmeye davet eder (**Resim 62**).

Mekânın resim karakteri, ana mekânı daha küçük ölçekte resim olarak tekrarlayan koro şapelinde doruğa ulaşır. Pilaster ve kemerden oluşan bir çerçeveye oturtulmuş bir resimdir bu (**Resim 63**). Burada duvarlar ve mimari unsurların daha kısa tutulması, koro bölümünü bir optik imgeye ya da—tiyatro terminolojisiyle söyleyecek olursak—ana mekânın "sahnesi"ne dönüştürmüştür (s. 190). Ana kubbe gibi bu kubbe de büzgülü kumaşı andıran bir bordürle çevrilidir ve pürüzsüz yüzeyinin tamamı bir resimle kaplıdır. Resimdeki yıldızlı gökkubbe, zemindeki tam dairede de tasvir edilmiştir. Bu gökkubbe, Floransa'da belirli bir tarihte, 4 Temmuz 1442'de, gece göğüne fırlatılan bakışın gördüğü manzaradır aynı zamanda. Kubbe resmi, yer ve zamanı belli, dünyevi, hatta yerel bir bakışın anısınadır. Granada'da İslami dönemde yapılan ve sürekli dönüp duran bir evreni değişen gün ışığında yansıtan kubbeyle bundan daha büyük bir tezat olamazdı (s. 122) Floransa'daki kubbenin resim karakteri, yıldızların antik tanrılar olarak gökyüzünde dolaşan burçlara dönüşmesiyle doruğa ulaşır.

"Eski Şapel"in resim karakteri salt mekânsal değildir. İç mekândaki iki düzlemde de yuvarlak çerçeveler içine alınmış resim alanları vardır. Daha sonra Donatello bunları stüko kabartmalarla doldurmuş, kabarmalardaki resimler mekânın yarattığı izlenimi değiştirmiştir. Sadece mimar ile heykeltıraş arasındaki rekabetin değil, iki farklı resim kavramı arasındaki çekişmenin de bir ifadesi olan bu resimler, bulundukları ortamdan sıyrılıp bağımsızlaşan resimli öykülerdir. Kubbenin pandantiflerinde Aziz Yuhanna'nın hayatından hikâyelere yer verilmiştir. Donatello'nun bu sahnelerde yeni perspektifle büyük bir şevk ve ustalıkla giriştiği deneylerin benzerlerine o dönem resminde sadece Uccello'da rastlanır.[32] Bir ölünün dirilişini tasvir eden sahneye biraz daha yakından bakalım (**Resim 64**): Medicilerin arması üzerindeki yuvarlak madalyon duvar ile kubbeyi mükemmelen birleştirir; fakat stüko rölyefin bir resim çerçevesi olarak yorumlanması resmi bulunduğu ortamın ötesine taşımıştır. Kuvvetli bir kırmızı tonundaki salonun merdivenlerinde yaşanan bu sahnedeki beyaz figürler mekânın durağanlığıyla tezat oluşturarak sahneye canlılık katarlar. Perspektif sadece sahnenin kulisinde başarılı olmuş, figürlerde ve az ötede sürüklenen bulutlarda bir geometri tutturulamamıştır.

Res.64 Donatello, *Drusiana'nın Dirilişi*, 1434/35, Santa Lorenzo, Floransa, "Eski Kilise"

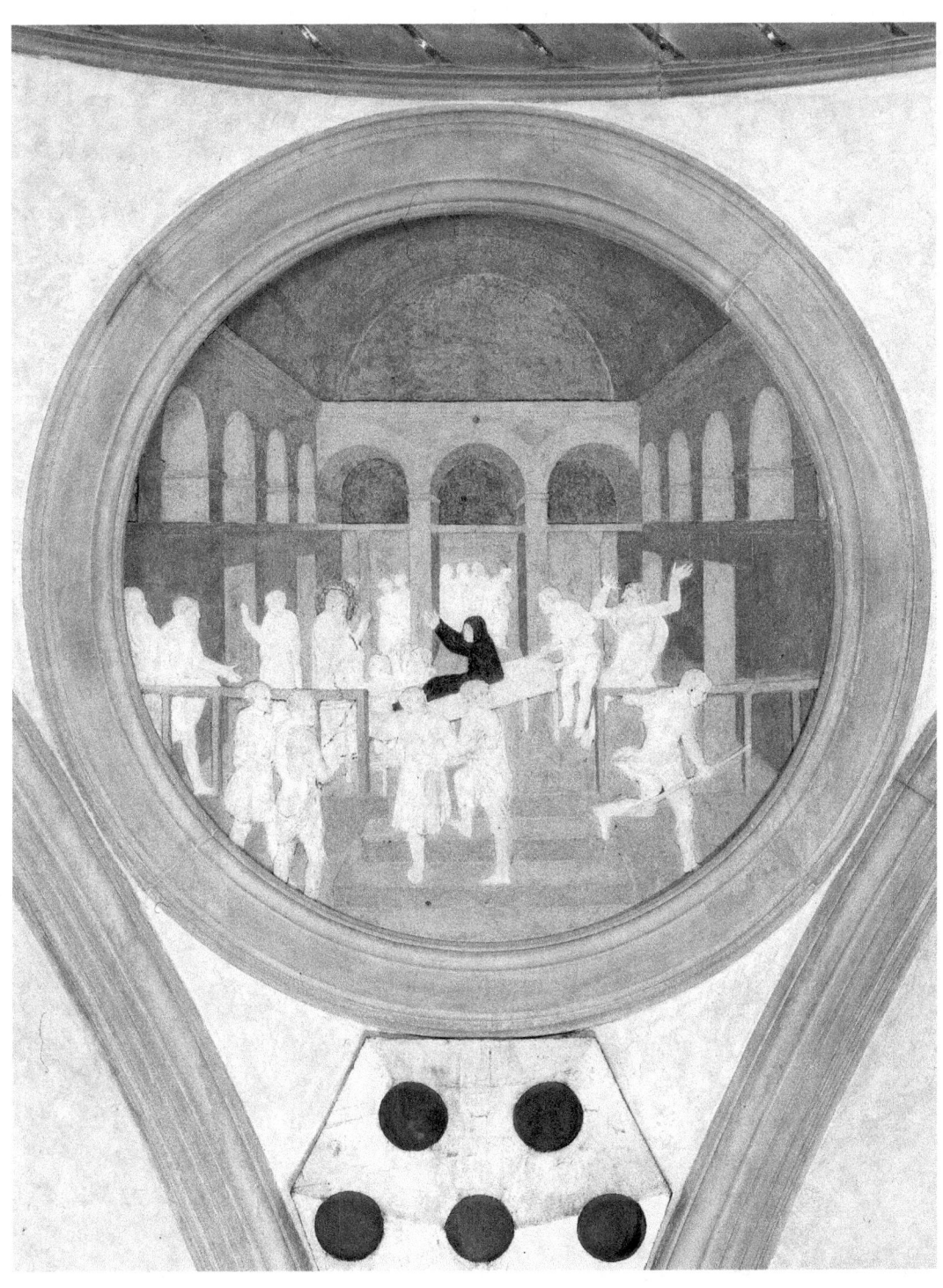

MEKÂN: BAKIŞIN MİMARİSİ

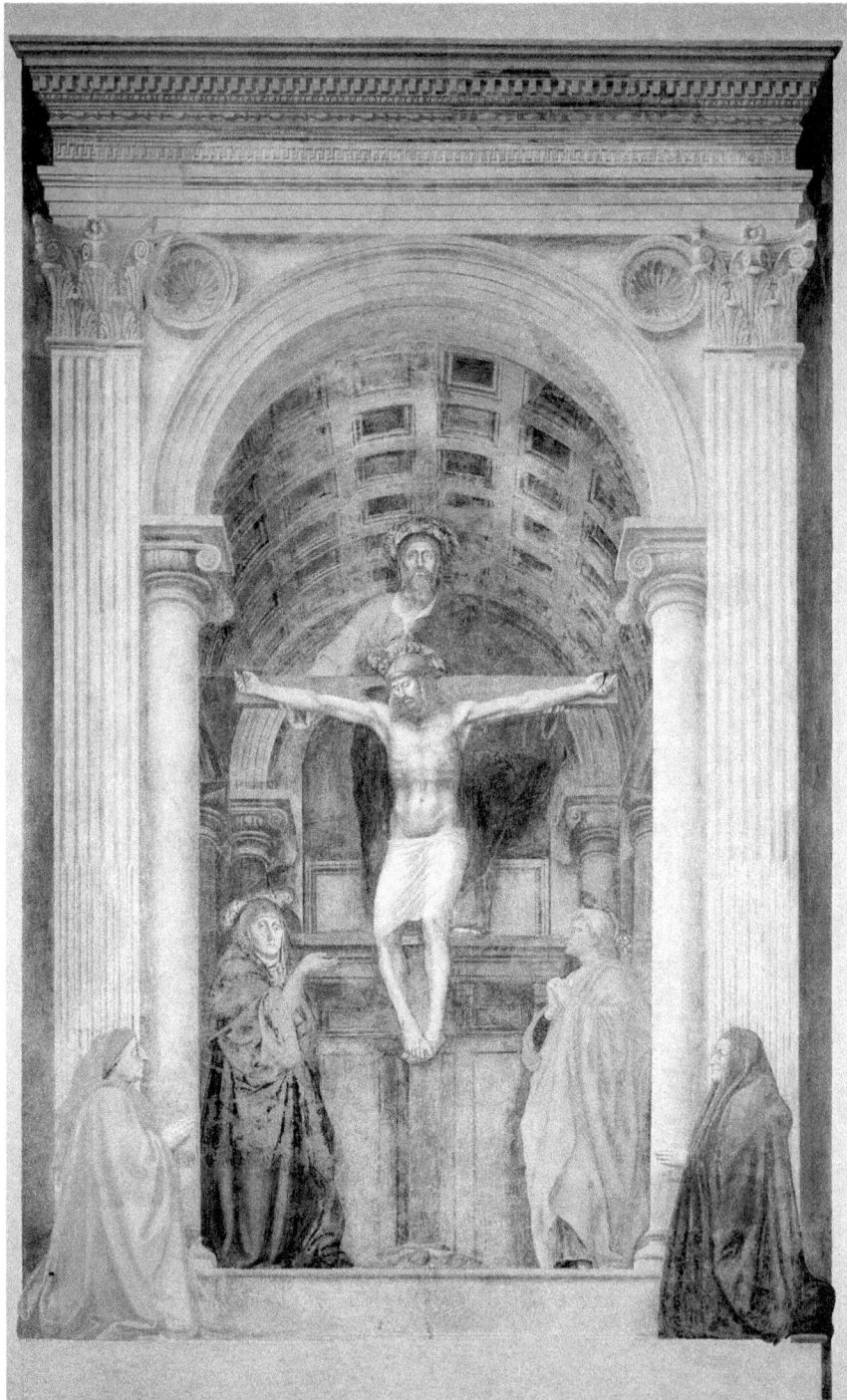

Res.65 Masaccio, Teslis'in tasvir edildiği sahte şapel, 1428 civarı, Santa Maria Novella, Floransa

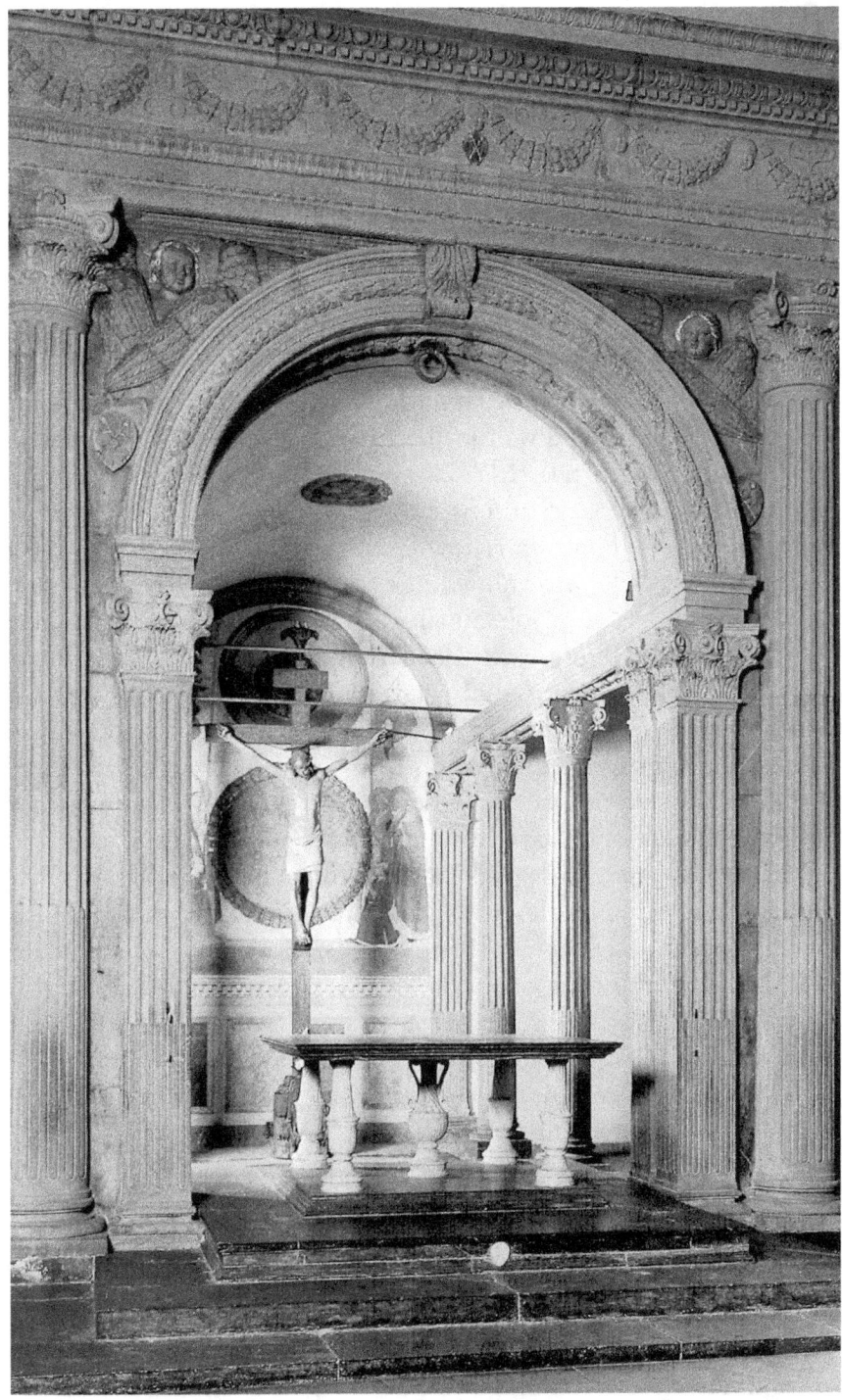

Res.66 S. Francesco, Pescia, Cappella Cardini [Cardini Şapeli], 1440 civarı ve 1451, Massacio'nun freskinin replikası

Dönemin perspektif uygulamalarında mimarlık sanatı ile resim sanatı arasında kurulan ortaklık resim sanatında da sürdürülür. Floransalı genç ressam Massacio'nun Santa Maria Novella'daki freski "Eski Şapel"le aynı tarihlerde, yani 1428 civarında yapılmıştır. Fresk, Brunelleschi'nin biçim diline, onu harfi harfine alıntılamasa da, duyarlılıkla yanıt verir.[33] Ama analoji bundan ibaret değildir, zira sanatçı bir iç mekânı resimlemekle yetinmemiş, fresk kilisedeki iç mekân oluvermiştir (**Resim 65**). Yan sahının duvarı, yalnızca resimde var olan bir şapele açılır. Bu kurgu, izleyicinin "sahte" şapele bakacağı yerin orta sahın olarak belirlenmesiyle kusursuzlaşır, zira yanılsamanın etkili olması için tam o noktada durmak gerekir. Bizim gördüğümüz ne yalnızca bir duvar ne de gerçek bir şapeldir, resim ve mimarinin bir melezidir. Brunelleschi'nin yaptığı *Ospedale degli Innocent* tarzındaki büyük pilasterler, sanki ana mekâna aitlermiş gibi duvara bitişiktirler. Aralara yerleştirilmiş sütunların İon üslubundaki başlıkları ise şapelin hayali, resmedilmiş derinliğine doğru eğilirler.

Bu *tromp l'oeil* mimarinin etkisi eski sunak henüz freskin önünde yer alırken daha da güçlüydü. Sunak kilisede izleyicinin durduğu yerde bulunuyordu. Daha yüksekte olan hayali şapel ise sadece bakışımızla ulaştığımız, içine giremediğimiz bir konumdadır. Aşağıdan yukarıya bakmamız bizi belli bir mesafede tutar. Şapeli kiliseye bağışlayan çift—freskte şapelin girişinde diz çökmüşlerdir—bir şapel yaptırmak yerine şapelin resmini yaptırmıştı. Bu nedenle, perspektifin görevi, gerçek bir şapel yanılsaması yaratmaktı. Fakat o dönemde *prospettiva*'nın boyutlarla oyunu duvar formatında değil, daha küçük formatlarda başarılı oluyordu. Burada freske alttan bakıldığı için görme piramidinin yapısı bozulmuştur.[34] Dolayısıyla, bu fresk resim ile gerçek mimari arası hibrid bir biçimdir.

Massaccio'nun freskindeki iki kaçış noktası, bedenimizle ilintili ampirik bir perspektifin, soyut bir şemaya bağlı matematiksel perspektiften farklı olduğunun kanıtıdır. Norman Bryson'un gösterdiği gibi,[35] bu iki sistem Meryem Ana'nın yüzünde adeta harmanlanmıştır. Bu çok anlamlıdır, zira Meryem iki farklı yere aittir. Hem tarihi Çarmıha Gerilme olayında hem de freskin bulunduğu yerde, Floransa'da karşımıza çıkar. Freskteki şapel çağdaş bir şapel gibi göründüğü ölçüde, çarmıha gerilmenin mekânı olmaktan çıkacaktır. Şapelin olmadığı yerde bir şapel, orada veya dönemimizde gerçekleşmesi mümkün olmayan bir çarmıha gerilme sahnesi görürüz. Bu hesabın tutması ikili bir bakışı gerektirir. Perspektif burada izleyicide bir empati yaratırken resimdeki iskelet, fazlasıyla iyimser bakışı ürkütür ve izleyicinin bu yerdeki varlığını tartışmalı hale getirir.

Bu ölü ikiz, perspektifin yücelttiği bakışın fâniliğini anımsatır izleyiciye.

Resim sanatı ile mimarinin Massacio'daki etkileşiminin, araştırmacıların üvey evladı olmaya maalesef hâlâ devam eden mimaride sürpriz bir epiloğu da oldu: Pescia'daki San Francesco Kilisesi'ndeki Cardini Şapeli, Massaccio'nun freskini taklit etmek için yapılmış gibidir (**Resim 67** ve **Resim 66**).[36] Bu işte Brunelleschi'nin damadının parmağı vardır, ama bugün biliyoruz ki, şapel Brunelleschi henüz hayattayken inşa edilmişti. Berto Cardini ancak 1451'de şapele gömüldü ve mezar kitabesinin yer aldığı freski oğulları ancak o zaman yaptırdı. Nero di Bicci'nin haçının yapılışı da o tarihe rastlar. Hiç kuşkusuz burada Massacio'nun Teslis'e adanmış freski model alınmıştır. Fakat Pescia'daki şapel salt bir kopya değildir, zira Brunelleschi'nin repertuarının mimari biçimlerde de serbestçe kullanıldığı görülmektedir.

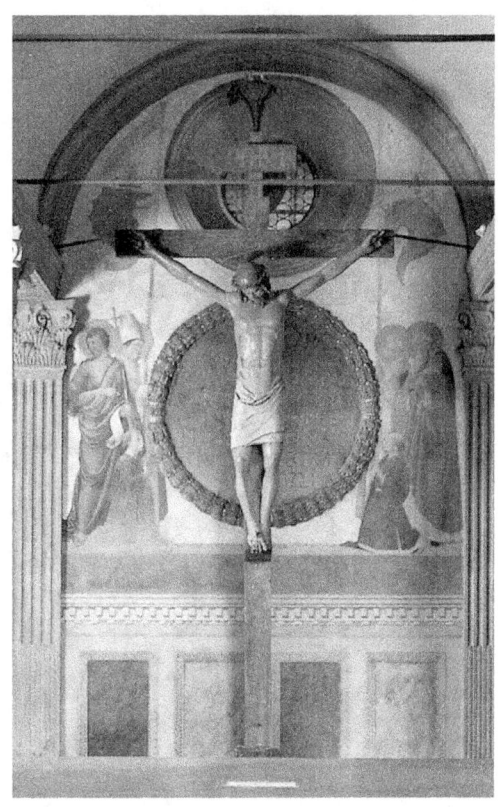

Res.67 Santa Francesco, Pescia: Cappella Cardini, 1440 civarı ve 1451, Nero di Bicci'nin 1451 tarihli çarmıhıyla

Bizi bu şapelde ilgilendiren tek şey burada resmedilmeyip inşa edilen perspektiftir. Girişteki sunak bizimle şapel arasına bir perspektif mesafesi koyar. Şapelin iç kısmı başka türden bir resim gibidir. Farklı nedenlerle de olsa, burada da şapelin içine adım atamayız. Yine bu şapel de bir izleyicinin göz noktasına göre düzenlenmiş bir optik imgedir. Pescia'da görme çizgilerinin kaçışı farklıdır, çünkü bu kez şapelin bulunduğu düzlem ile izleyicininki aynıdır. Freskteki "bölmeler"in devamı niteliğindeki yan bölmelerden mezar kısmına girebildiğimiz için, perspektif resmin tüm etkisini gösterdiği ana girişi kullanmamıza gerek kalmaz. Floransa'daki freskte Teslis'in bir parçası olan çarmıh, Pescia'da duvardan ayrılmış, mekânın ortasına yerleştirilmiştir. Fakat iki yerde de ana fikir skenografi, yani bir mekânı resim biçiminde yapmak ya da mekânı resme dönüştürmektir. Skenografi, bir sahneye, bizim bakışımız için kurulmuş bir sahneye benzeyen bir şapel görünümü yaratır.

Erken dönem perspektif resminin çok farklı bir örneği de, Massacio'nunkiyle neredeyse taban tabana zıt olan ve ondan bir kuşak sonra

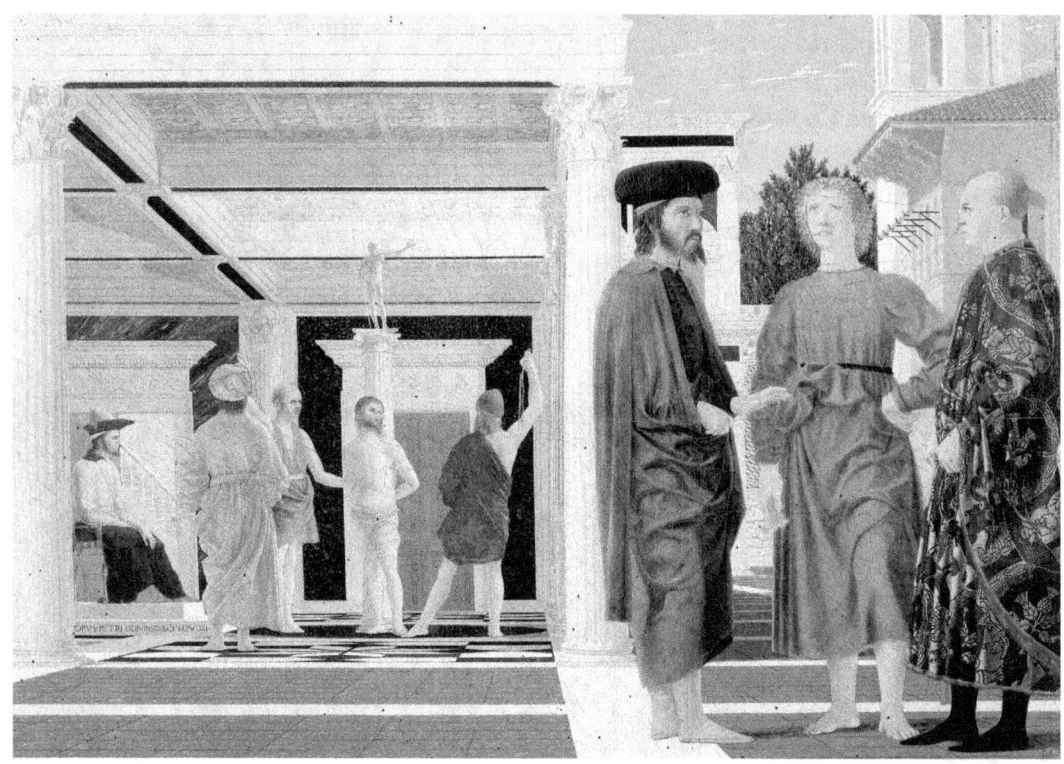

RES.68 Piero della Francesca, *İsa'nın Kamçılanması*, 1460/65 civarı (?), 67,5×91 cm, Galleria Nazionale, Urbino

Piero della Francesco tarafından Urbino'da yapılan *İsa'nın Kamçılanması* tablosudur (**RESİM 68**).[37] Tablodaki ölçüm yöntemini daha önce ele almıştık (s. 161). Floransa'daki fresk normal "pencere resmi" boyutlarını kat kat aşarken, Piero'nun bu çok özel eseri tam tersine küçücüktür. Tabloyu sipariş ettiği sanılan Federico da Montefeltro'nun hayatta olduğu dönemde Urbino'ya hiç getirilmediği keşfedilen meşhur eserin içeriği o zamandan beri tartışmaya açıktır. Ön plandaki üç kişiden biri olan delikanlı bir ölüyü, genç Prens Oddantonio'yu temsil eder; prensin katlinde halefi Federico'nun parmağı vardı herhalde.[38] Fakat bizim burada üzerinde duracağımız mesele resmin konusu değil, ressamın iki anlatıyı, ön tarafta çağdaş, arka tarafta İncil'den alınmış bir temayı, izleyicinin bakışını iki farklı yere yönlendirmek suretiyle nasıl ayırdığı sorusudur.

Resmi ikiye ayıran mimari, gözü sütunlarda gezdirdikten sonra merkezdeki kaçış noktasına yönlendirir; bu kaçış noktası, iki yer—öndeki siyasi sahne ile arkadaki alegorik sahne—arasında görünmez bir parantez oluşturur. Sağ tarafta, üç çağdaş figürün hâkim olduğu bir kent manzarası, sol tarafta ise bir iç mekân, Pilatus'un İsa'yı kamçılattırdığı evini görürüz. Kentteki binalar, sanki başka bir çağdaymışız gibi, tümüyle antik mimari normlarına göre yapılmıştır. İki olayın geçtiği yerler—gerçek bir kent ile hayali bir mekân—birbirinden o kadar farklıdır ki, görüş alanımıza aynı anda girebilmeleri ancak özel bir perspektif sayesinde olur: Yeni perspektifin en temel ilkesinin zaman ve mekân birliği olmasına rağmen, burada iki farklı yer, iki farklı çağ—şimdiki zaman ve antikçağ—görürüz. Piero'nun bu çifte sahneyle şifrelendirdiği resminin karmaşık anlamını çözmeye çalışan yorumcuların hiçbiri başarılı olamamıştır.

İç mekân (Kudüs'teki saray) ile dış mekân (İtalya'da bir kent) arasında öyle bir ilişki kurulmuştur ki, resmin sol tarafında bir pencere açılıyor gibidir. İki yer gözümüze farklı uzaklıklarda görünür. Arka plandaki ana sahneye ilerleyen kaçış çizgileri, oraya yönelen bakışı uzun bir mesafe katetmeye zorlar. Alberti'nin resim "pencere"si bir iken iki olmuştur—tıpkı günümüzün bilgisayar ekranında da iki "pencere" (*window*) açıldığı gibi. Binoküler görmeye yönelik gizli bir ima da olabilir burada. Perspektif Alberti'nin "*historia*"sı anlamında resimsel bir anlatı yöntemine dönüştürülmüş ve belki de fazla zorlanmıştır. Piero, optik imgenin simgesi olarak tasarlanan şeyi iki sahnede birden devreye sokmuştur. Mimariyi temel alan matematiksel perspektifle iki temayı birden anlatan, aynı zamanda da şifrelendiren anlatımsal perspektif arasında muğlak bir çekim oluşmuştur. Bir matematik dâhisi olan Piero burada zorlu bir işe soyunmuş, ancak maniyerizmde ve Barok dönemde standartlaşan bir yöntemi, yani tek bir resimde iki öyküyü birden anlatmayı denemiş olabilir. Biz hem resmin *içine* çekiliriz hem de iki bakış arasında simgesel bir seçimle karşıya karşıya kalırız. Piero'nun, olağandışı küçük formatından ötürü uzman gözler için yapıldığını düşündüren bu ufacık tablosu, erken Rönesans döneminden kalma bir tür "laterna magica," büyülü fenerdir. Hemen şunu da ekleyelim ki, Barok dönemde "laterna magica"lar, tıpkı Piero'nun tablosu gibi, özel bir bakışa mahrem bir gösteri sunarken, tiyatro sahnesi kamusal bakışa hizmet ediyordu.[39]

Tiyatro Sahnesinin Görünümü

Görme eylemini adında da barındıran tiyatro gösterisi, yeniçağın görsel kültüründe çok önemli bir yere sahipti. Bir kültür tekniği olarak tiyatroyu da fetheden yeni perspektif resmi bu bağlamda sahne dekorunu da ele geçirdi.⁴⁰ Özellikle de "perspektifli sahne" için geçerlidir bu, ama sanat tarihçilerinin pek sözünü etmediği bu perspektifli sahne tiyatrobilimin teması olarak kalmıştır. Eski sahne dekorlarının yalnızca geçici bir süreliğine kullanılmalarından ötürü günümüze ulaşmamalarından da kaynaklanıyor olabilir bu; nitekim biz bu dekorları sadece yazılı tasvirlerden ya da eskiz çizimlerinden biliriz. Bu tür tasvirlere, daha önce ele aldığımız Serlio ve Vignola'nın (s. 30 vd) ders kitaplarında geniş yer verilir. Perspektif sanatı sahnede ancak düşüncede olabilecek bir saflıkta geliştirildi. Perspektifi salt nesnelleştirilmiş bir görme olarak düşünmekten ve bilim kategorisine sokmaktan vazgeçmemiz gerekir. Perspektif sadece hayali bir dünyada—tiyatro gösterisinde—sorunsuz bir biçimde uygulanabiliyor, olay ya da anlatıya bakmadan mimari görünümle yetinen bir sahne dekorunda rahatça kullanılabiliyordu.

Rönesansın dünyevi tiyatrosu, antikçağda bu biçimiyle var olmayan bir sahne yarattı. Bu özellikle de sahne dekoru için geçerlidir. Antikçağdaki örnekleri model alan kalıcı tiyatro binaları ancak 16. yüzyıldan itibaren inşa edildi. Ondan önce tiyatro gösterileri, geçici dekorlarla hazırlanan yerlerde gerçekleştiriliyordu. Sahne dekoru anlamına gelen Almanca *Bühnenbild* kavramının düz çevirisi "sahne resmi"dir, zira bir gösterinin yapılacağı yeri belirtmek için bir resim gerekiyordu. Resimdeki mimari modern perspektif kurallarına göre hazırlansa da, antikçağda bir yeri temsil ediyordu ve az çok antik bir görünümdeydi. Oyun bir prensin sarayında sahnelense bile, gösteri yeri ancak bir dekorla birlikte oluşuyordu. Değiştirilebilen kulisler de henüz yoktu. Daha sonra göreceğimiz gibi, sahne dekorunun bir işlevi de, seyircilere oyunun bir trajedi mi, yoksa komedi mi olduğunu anlatmaktı.

Resmedilmiş perspektifin araçları olan tablo ve dekor birbiriyle rekabet halindeydi. Ama sahne dekoru, tek bir istisnayı saymazsak, daima mimari görünümle sınırlıydı. Oyuncular dekorla etkileşim içinde değillerdi, ama perspektif görünümün etkisini güçlendirmek ve gösteriye katmak için bazen dekorun arka planına çocuklar yerleştiriliyordu.⁴¹ Dekor ile oyunun sergilendiği yerin birbirinden kesin olarak ayrılması kuralı Yüksek Rönesansta bile geçerliliğini korudu. Görünüm (sahne) özenle yerleştirilmiş statik resimlerden oluşurken, oyun her an değişiyordu. Böylece, tiyatro aynı anda iki yere bakmaya davet ediyordu: Ön planda *oyunun mekânı* vardı, arka planda ise gösteri süresince sabit kalan *perspektifin mekânı. Kullanılan mekân* (oyun mekânı) ile *tasvir edilen mekân* (görünüm) arasında bir ilişki yoktu. Uzunca bir dönem boyunca oyunlar

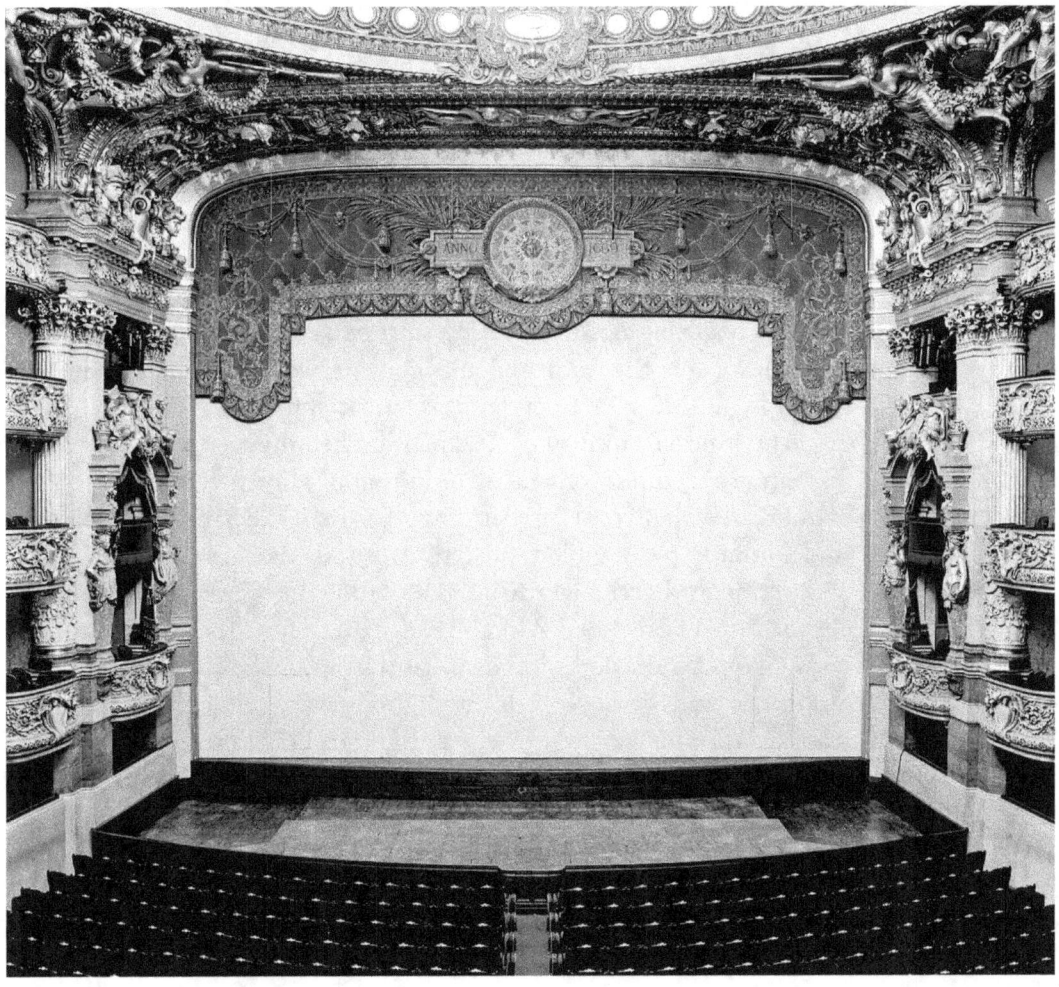

RES.69 Candida Höfer, *Palais Garnier*, Paris VI, 2004. Eski Opera'nın yangın perdesi

seyircilerin hemen önünde, rampadaki daracık proskenede oynanmış, tüm sahne derinlik izlenimine ayrılmıştı.

Fakat sahne ile seyircilerin bulunduğu mekânın birbirinden tamamen ayrılması ancak yerleşik tiyatro binalarının inşa edilmesiyle oldu ve modern dönemde artık standart haline geldi. Perspektif tablonun çerçevesi resim ile resmin önünde duran izleyici arasına mesafe koyduğu gibi, bu iki mekân da karşıya karşıya gelecek şekilde düzenlendi ve gösterilerde her biri kendi içinde kapalı mekânlar oluşturdu. Dışarısı (seyirciler) ile içerisi (sahne) ayrımı ikisi arasındaki "estetik sınır"la iyice pekişti. Perdenin ve sahne rampasının ardındakiler bir tür üç boyutlu resimdi, kulis ve oyuncular ancak bakışın ulaşabileceği başka bir dünyaya aittiler. Sahnenin yarattığı bu çerçeveli resim etkisi, Candida Höfer'in Paris'in eski operası Palais Garnier'in içini çektiği fotoğrafta çok net bir biçimde görülür (**Resim 69**).[42] Sahne ile salon arasına—kırmızı bir perdenin yapabileceğinden çok daha keskin—bir sınır çeken beyaz yangın perdesi, perdenin ardında sahne olduğu bilinse de, henüz boş bir tuvale ya da sinema perdesine benzer. Seyirci salonundaki tüm koltuklar bu projeksiyon alanına odaklanacakları şekilde yerleştirilmiştir. Tiyatronun ilk döneminde seyirciler ile sahne arasında böyle bir ayrım yoktu. Bu sınır daha ziyade oyunun oynandığı yer ile dekor arasında, yani sahnenin içindeydi ve seyircilerin oyun mekânı ile kurduğu ilişki gösteriden gösteriye değişiyordu.

Ama yine de, farklı oyun mekânlarının hepsinin aynı anda kurulduğu eski sahne düzeninin yerini artık tek bir sahne almıştı ve perspektif dekor oyunun arka planıydı. Dagobert Frey, "Seyirciler ve Sahne" adlı makalesinde, ortaçağ resmi gibi, ortaçağ tiyatrosunda da bakışın sahnedeki bir olay yerinden diğerine gezdirildiğine, sahnenin tamamının göz önüne alınmadığına işaret eder. Zaman ve mekânın sahnede de eşzamanlı olarak algılanması ancak yeniçağda bakışın kanunu olmuştur. Daha 1561'de Scaliger, o anda söyleyecek bir repliği olmayan oyuncuların neredeyse yok sayılarak bir kenarda öylece durdukları eski sahne düzeniyle alay ediyordu. Onun döneminde, yeni resmin temsil ettiği perspektif mekân bütünlüğü tiyatroda da benimsenmişti.[43] Zaman ve mekânın bütünlüğü dekorla da kuruldu, zira çeşitli kulislerle bölünmeyen tek bir oyun mekânı bu sayede oluştu.

Perspektifin icadının atfedildiği Brunelleschi aynı zamanda gözde bir sahne dekorcusuydu ve ortaçağdan kalma sahnede bir devrim yaratmıştı. Onun döneminde, *sacra rappresentazione* kavramından da anlaşılacağı gibi, dini konuları ele alan ve ortaçağ geleneğini sürdüren oyunlar halen kilise salonlarında oynanıyordu. Brunelleschi 1422 yılında Floransa'daki Santa Maria del Carmine'de gerçekleştirilen "İsa'nın Göğe Yükselişi" oyunu için kilisenin her tarafında değişiklikler yaptı. Bu girişim için cemaat salonunu seyirci salonuna, kilise korosunu sahneye dönüştürdü. Sahnede İsa bir makara düzeneği sayesinde yapay dağdan kubbenin tepesine yükseliyordu. Yükseltilmiş bir sahnede sıralanan oyunculardan oluşan bir melek çemberi göğü temsil ediyor, bunun üzerindeki perde göğün yedinci katına açılıyordu. Görme teorisinin cennette bile geçerli olduğu kuşku götürse de, burada da yine perspektif öğretisi uygulanmıştı.[44]

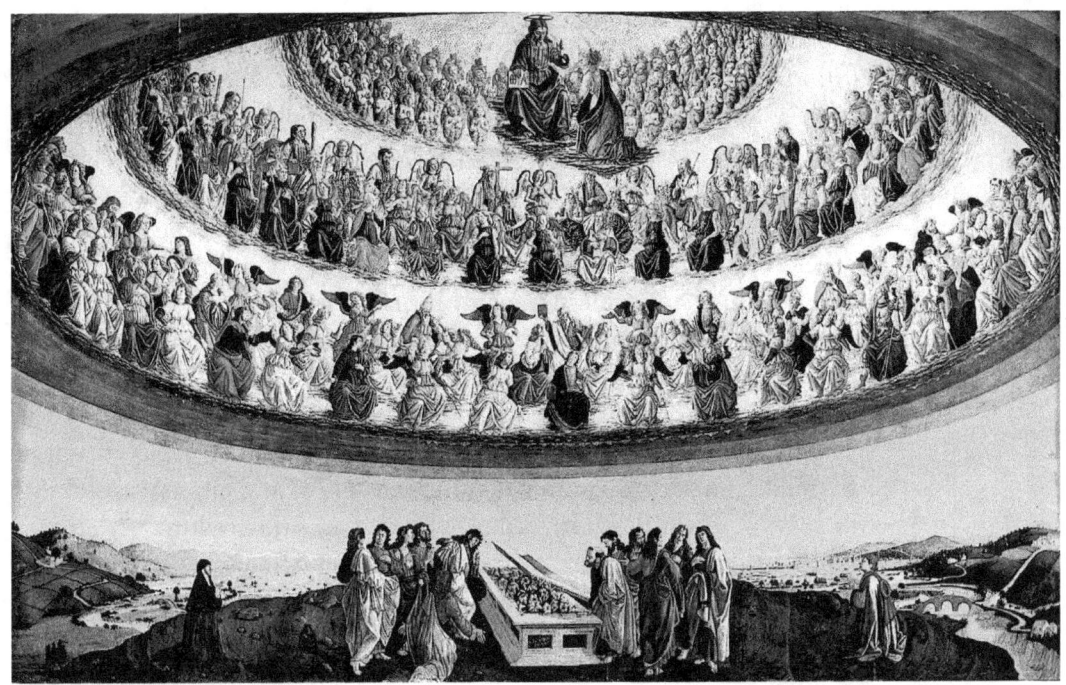

RES. 70 Francesco Botticini, *Meryem'in Göğe Yükselişi*, 1474/76, National Gallery, Londra

Brunelleschi yine Floransa'daki Santa Felice Kilisesi'ndeki bir cennet gösterisi için de sahne tasarımı yaptı. Göğü temsil eden içi boş bir yarı küre aşağıya bakacak şekilde kilisenin kubbesine sabitlenmişti. Bu döner kürenin iç kısmındaki çıkıntıya oturtulan ve melekleri simgeleyen oğlan çocuklarının aşağı düşmesi demir askılarla engellenmiş, bir makara sistemiyle havada uçtukları izlenimi yaratılmıştı. Francesco Botticini, bugün Londra'daki Ulusal Galeri'de bulunan tablosunda Brunelleschi'nin eski sahne dekorlarından esinlenmiş gibidir (**RESİM 70**). Perspektif kurallarına sıkı sıkıya bağlı kalınan bu devasa tabloda (1474-76) Meryem'in göğe yükselişi tasvir edilir. Floransa yakınlarındaki bir doğa manzarasındaki mavi göğün üzerinde, Meryem'in kabul edildiği bir başka gök daha açılmıştır.[46] Kilise kubbesine benzeyen gökyüzü, kocaman bir çan gibi asılıdır manzaranın üzerinde. Ressamın çanı perspektiften ötürü eliptik yapmak zorunda kalması, kubbenin tamamını görmemizi zorlaştırır. Perspektif şemaya—sanki cennette bile geçerli olduğu kanıtlanmak istercesine—kubbede daha da titizlikle uyulmuştur. Melekler ve azizler dünyevi gözler için bir perspektif gösterisi yapar gibidir.

Perspektifli sahne diye bilinen sahne düzeni ancak 16. yüzyılda, halk dilinde gerçekleştirilen komediler için geliştirildi. Perspektifli sahnede "yapılarda kaçış çizgileri, arka planda da kaçış noktası kullanılır. *Prospettiva* ya da *scena* arka plan görünümü, *apparato* ise genellikle sahne dekoru anlamına gelir."[47] Üç boyutlu ya da resmedilmiş dekor ortak bir kaçış noktasına sahipti ve oyun alanının gerisinde, daha yüksek bir düzlemdeydi. Gerçekliği küçük bir mekânda yeniden üreten sahnenin tıpkı gerçek gibi görünmesi insanlarda hayranlık uyandırıyordu. "Yapıların sahici görünümü"nden ve resim sanatında çoktandır uygulanan "iyi oturmuş (*bene intesa*) perspektif"ten söz ediliyordu.[48]

Antikçağ binalarının sıralandığı sahne görünümü yitirilen Altın Çağı canlandırıyor, bakışı nostaljiye davet ediyordu. Plautus'un 1531'de Roma'da sahneye konan bir oyunundan bildiğimiz gibi, sahne tekniği de büyük şaşkınlık yaratıyordu. Seyirciler arasında bulunan Marco da Lodi'nin söylediğine göre, sahnedeki dekorda Atina o kadar başarılı bir biçimde canlandırılmıştı ki, tapınaklar resim de olsalar, gerçek gibiydi. Sahnenin arka kısmında uzanan yolda "sadece bir buçuk *palmi*, avuç, büyüklüğündeki küçük kuklalar hareket ettiriliyor, bunlar çok uzaktan görülen insanlara benziyorlardı."[49] Perspektif, sahnede de "simgesel biçim"di. "Bakışın yeni sahneleri" iç mekânlarda kuruluyor, ama dünyaya açılan perspektif pencere resminde de olduğu gibi, dış dünyayı tasvir ediyorlardı. Perspektifli sahne için "mesafelerin ölçülebildiği geometrik bir model" olması gerekir.[50] Ama seyirciler ile oyuncular arasında perspektif işlemiyordu, çünkü tiyatroda perspektifin sabit bir mesafe noktası yoktu. Ufuk ya seyirci salonuna ya da sahne önüne göre ayarlanıyordu. O nedenle, sahnenin yarattığı yanılsama izleyicilerin bakışını aynı noktaya yöneltmekten ibaretti. Koltuk seviyesinin arkalara doğru yükselmesi ya da yan koltuklar ortak bir bakış noktası fikrini zaten ortadan kaldırıyordu, ama yine de de perspektif şemaya ısrarla bağlı kalınıyordu.

Mimar Sebastiano Serlio (1474-1554) tiyatroda çift kaçış noktası kullanarak ve sahneye ikinci bir ufuk çizgisi yerleştirerek, sahnenin seyirci salonundan geriye doğru çekildiği ve "komşu bir mekân" oluştuğu izlenimini yarattı. Sahne tasarımını Baldassare Peruzzi'den öğrenen Serlio, en büyük başarısını, Vitrivius'un kurallarını yeniden yorumlayarak tiyatronun üç farklı janrı için yarattığı tasarımlarla kazandı. İktidar sahibi kişilerin hayatından konuların işlendiği "trajedi janrı" (*scena tragica*), sarayların ve kamu binalarının manzarasıyla göz dolduruyordu (**RESİM 72**). Serlio'nun o dönemde halk ağzıyla sahnelenen tiyatro oyunları içinde en yaygın

RES.71 Ferrara'da bir tiyatro sahnesi, 1520, Casa Strozzi Koleksiyonu, Floransa

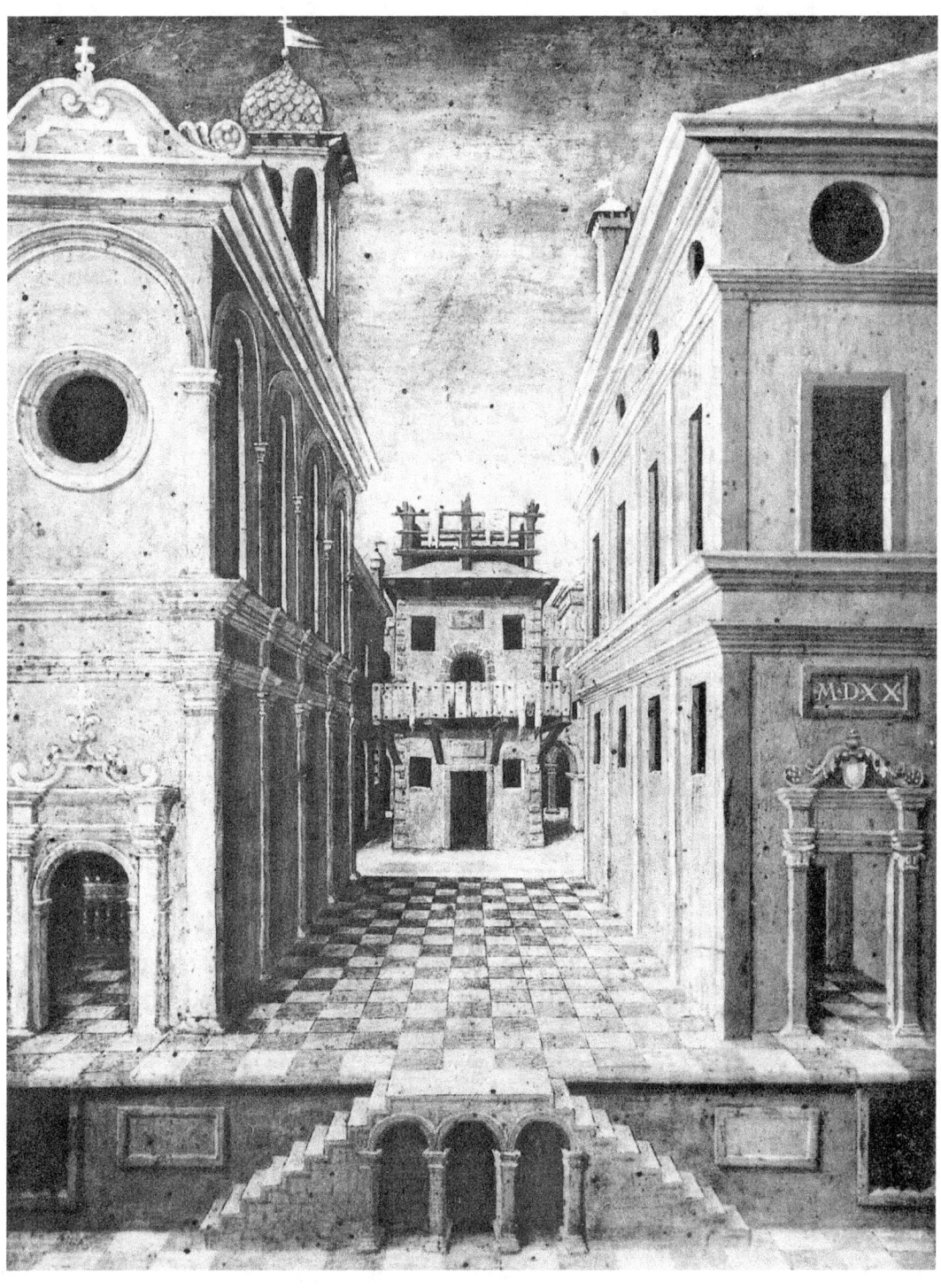

TİYATRO SAHNESİNİN GÖRÜNÜMÜ

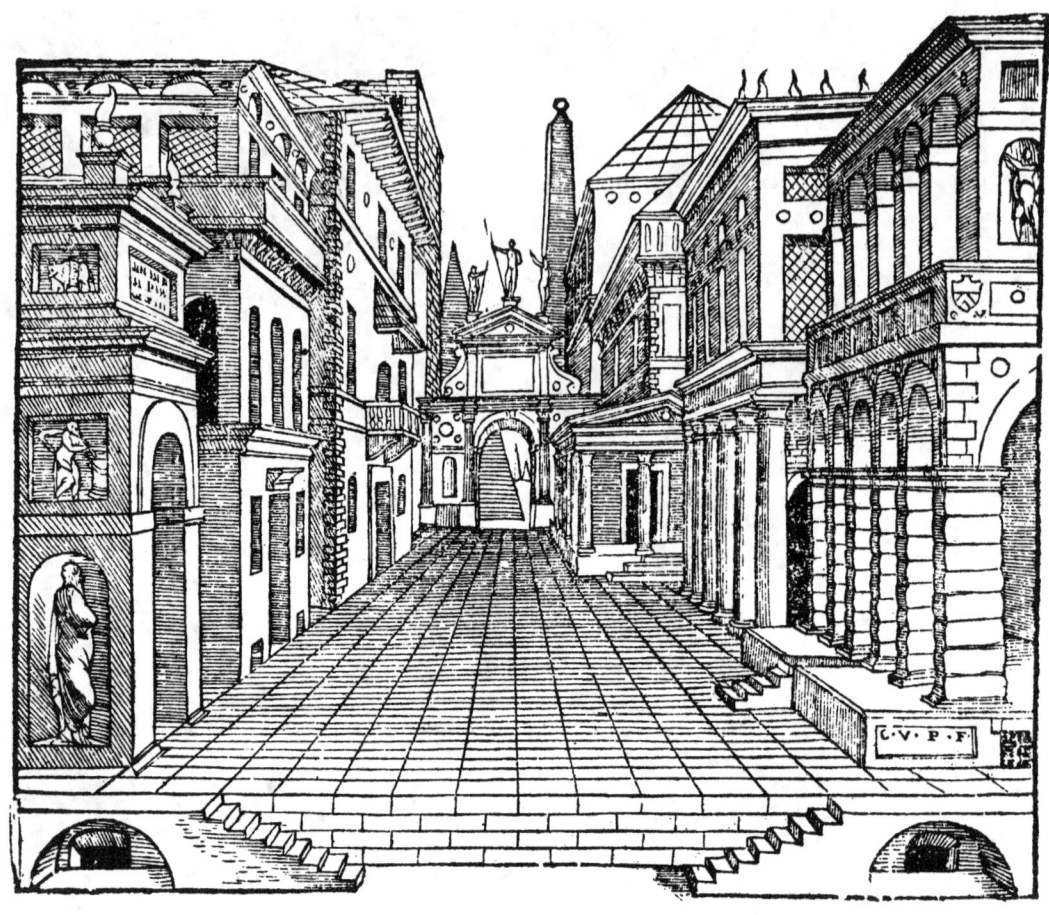

RES. 72 Sebastiano Serlio, *Perspektif Üzerine* (Cilt II): Tragedya sahnesinin arka planı

janr olan "komedi janrı" için uygun bulduğu dekor, karma yapıları ve kilisesiyle gündelik yaşamı yansıtan bir kent görünümüydü. Üçüncü janr olan "satirik tiyatro"nun sahnesi ise çiftlik evlerinin serpiştirildiği geniş bir manzaraya açılıyordu. Göz noktası janra göre değişiyordu; örneğin, komedi sahnesindeki göz noktası halkın bakışını temsil etmesi için daha aşağıya yerleştirilmişti.[52]

Serlio sahne dekorunun bulunduğu alanda canlı oyuncuların olmasına izin vermez; o kısımda, arka plandaki kaçış çizgileri boyunca mimariyle birlikte küçülen ahşap ve kartondan figürler vardır sadece. Ona göre, sahne dekorunda "küçücük bir alandaki görkemli saray ve kocaman tapınakların ya yakın ya da uzak görünmesi gerekir." Sahnedeki her şey, "izleyicinin gözüne en iyi görünecek" şekilde düzenlenmelidir.[53] Bakış

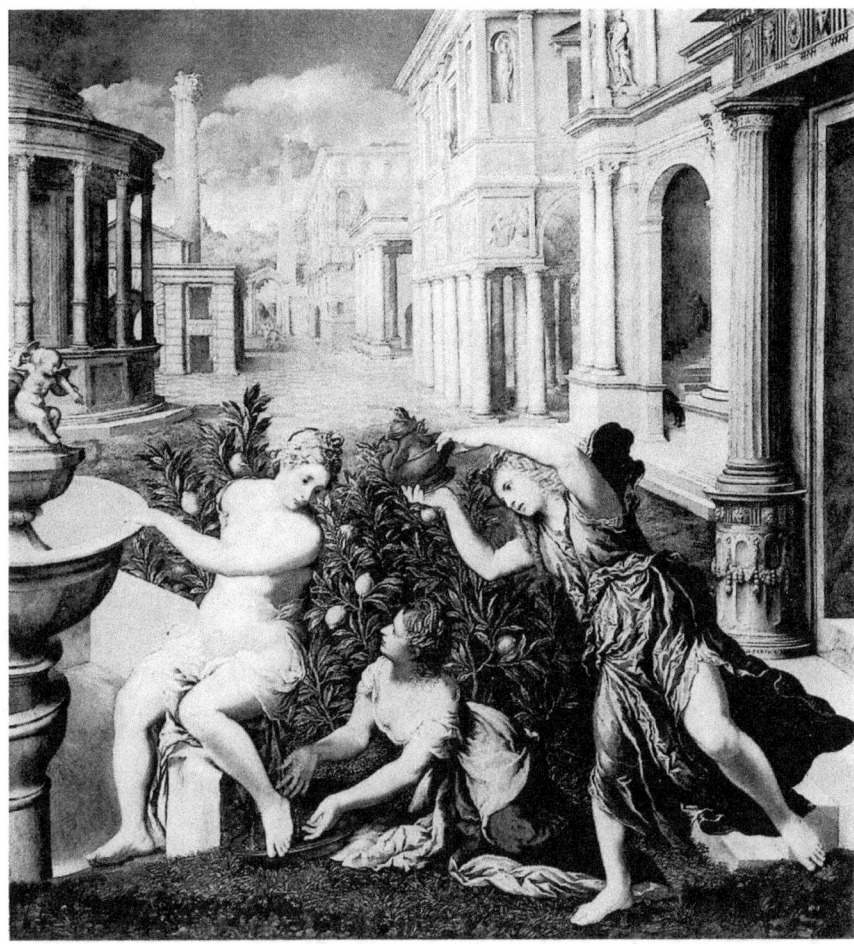

Res. 73 Paris Bordone, *Yıkanan Batşeba*, 1545 civarı, Wallraf-Richartz Müzesi, Köln

oyunda—gösteri anlamındaki Almanca *Schauspiel* kavramı çok isabetlidir—kulaktan farklı olarak sahnenin gerisindeki resimle de ilintiliydi. Serlio, trajedi sahnesinin görünümünde (**Resim 72**) "yer darlığı nedeniyle tam anlamıyla başarılı olamadı"ğı için üzülür. Nitekim sahnenin ahşap oyması yeterince kuvvetli bir mekân duygusu yaratmaz. Oysa, 1520 yılında Ferrara'da yapılan bir sahne dekorunda resim ile sahne arasındaki geçişin belirsizliği daha açıktır (**Resim 71**).[54] Buradaki çifte merdiven yanlarda değil, sahnenin tam önündedir. Perspektif yer karolarının proskenede aniden kesintiye uğradığını daha iyi görürüz. Ön taraftaki daracık şerit sadece evlerin köşesine kadar yürümeye müsaittir. Arka plana uzanan sokak sahnesi, sadece resmedilmiş bir mekân olan *sahne dekoruna* dönüşür.

Gösteri yeri ile sahne görünümünün mekânda birbirinden ayrılması katı bir perspektif anlayışının sonucuydu. Aynı düalizm, resimlerinde iki mekân ve iki görünüme yer veren ressamlarda da görülüyordu.[55] Öte yandan, Serlio'nun sahne görünümleri tiyatro seyircisinin bu resimleri okuyabilmesini sağlamıştı.[56] Venedikli ressam Paris Bordone'nin bir tablosu bu konuda bize bir fikir verir. Bordone 1545'te, Serlio'nun eserinin ikinci cildinin yayımlanmasından kısa süre sonra, İncil'de Davud ve Batşeba'nın mutsuz biten hikâyesini Serlio'nun "trajedi sahnesi"nde yeniden yorumlar (RESİM 73). Arka plandaki kent manzarası ön plandaki İncil hikâyesiyle tezat içindedir; öndeki bahçenin çimleri sokağın başladığı yerde aniden kesintiye uğrar. Yıkanan Batşeba'yı gözetleyen Davud, o dönemde oyuna dahil edilmeyen kulise ince bir mizahla yerleştirilmiştir. Bu tabloda resim sanatı ile tiyatro arasındaki ilişki tersine çevrilmiş, tiyatro sahnesi tabloyu da resmedilmiş bir tiyatroya dönüştürmüştür.[57]

Rönesans sahnesinin "manzaraları" İngiltere'deki sahnelere ancak bir asır sonra, İtalya ve Fransa'da bu manzaraların modası artık geçmek üzereyken girdi. *Fırtına*'da tiyatro sahnesinin dayanıksızlığından yakınan Shakespeare, sahne görünümüyle henüz haşır neşir olmamıştı. Oysa, Ben Jonson ile mimar Inigo Jones, bir *masque*da—o dönemde belirli bir tarzdaki oyunlara *masque* deniyordu—dekora mı, metne mi, yani *body*'ye (beden) mi, *soul*'a (ruh) mı öncelik verileceği konusunda anlaşmazlığa düşmüşlerdi. Mimar, döneminin yeni tiyatro tekniklerine olduğu kadar, Rönesans sahnesine de âşinaydı. Onun çizdiği bir kent meydanı manzarası, perspektifli sahnenin etkisini Serlio'nun eski ahşap gravürlerinden daha iyi yansıtır (RESİM 74). Jonson'ın *The Masque of Blackness* adlı oyununda dekorlar sahnenin etrafında tek tek sıralanmıyor, olay yerinin bir bütün olarak tasvir edildiği bir sahne görülüyordu. Dönemin tanıklarından birinin anlattığına göre, "*prospective* çizgileri öyle bir çizilmişti ki, eser adeta insanın gözüne hücum ediyordu." Sahne dekoru "etrafta dolanan tüm o güzellerden" çok daha etkileyiciydi.[58] Perspektif İngiliz tiyatrosunda yepyeni bir şeydi.

Lorenzo Lotto'nun 16. yüzyılın 20'li yıllarında Bergamo'daki Santa Maria Bazilikası'ndaki koronun kakmaları için çizdiği taslaklar dönemin sahne tasarımı alanındaki gelişmelerin bir adım gerisindedir. Lotto, İncil'deki Davud ve Golyat hikâyesinin tek bir epizodunu bir kutu sahneye yerleştirmiştir (RESİM 75).[59] Kutu sahnede Kral Saul'ün taht salonu ve onu dövüşmeye davet eden genç Davut görülür. Sahnenin önünde hikâyenin devamı, yani Davut ile Golyat arasındaki mücadele tasvir edilmiştir.

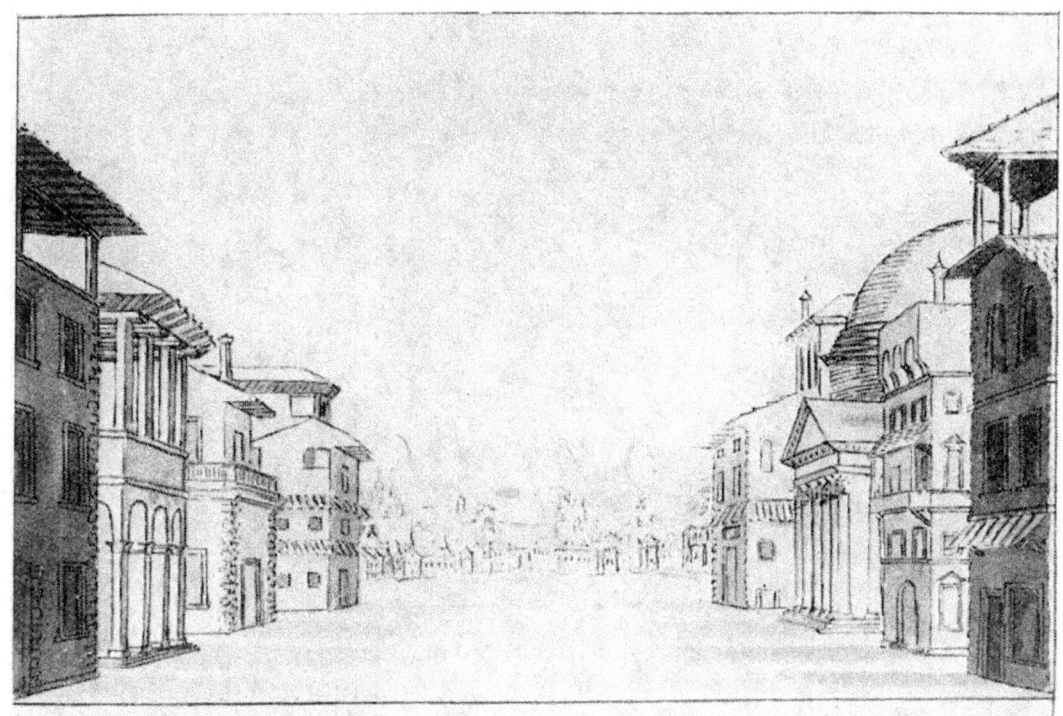

Res.74 Inigo Jones, *Kent Meydanı*, sahne dekoru, Chatsworth, The Duke of Devonshire Koleksiyonu

Sahne, yanlardaki iki çıkış kapısına ve merdivenlerine rağmen, temsil ettiği şeyin kendisi, bir sarayın odasıdır. Böyle bir sahne ne ortaçağın kutu sahnesine ne de dönemin perspektifli sahnesine tekabül eder, zira çok önemli bir özellikten, perspektifli sahne görünümünden yoksundur. Esrarengiz sanatçı başka eserlerinde olduğu gibi yine burada da belirsizliklerle oynamıştır. Buradaki muğlaklık yerle ilgilidir, çünkü taht salonu bir sahneye benzer, ama sahne değildir. Bir sahneyi andırsa da, İncil'de hikâyenin geçtiği yerdir.

Rönesansın tiyatro sahnesi 17. yüzyılda köklü bir değişime uğradı. Artık sahne gerisinde de oynandığı için bağımsız resim karakterini yitirdi. Homojen bir görüş alanı izleniminin yerini oda ya da mekânların değiştiği yanılsaması aldı. Bulutların ve yangınların simülasyonunu yapan teknisyenler ressamlardan daha önemli hale geldi. Sahnede artık bir kulise de yer verilmesi, sahne dekorunun yalnızca perde aralarında değil, oyun esnasında da değiştirilmesini sağladı. Nicola Sabattini, cennet ya da cehennemin nasıl sahneleneceğini ayrıntılarıyla anlatır.[60] Sahnedeki gerçekliği ortadan kaldırma eğilimi, Rönesans sahnesine karşı bir hareket

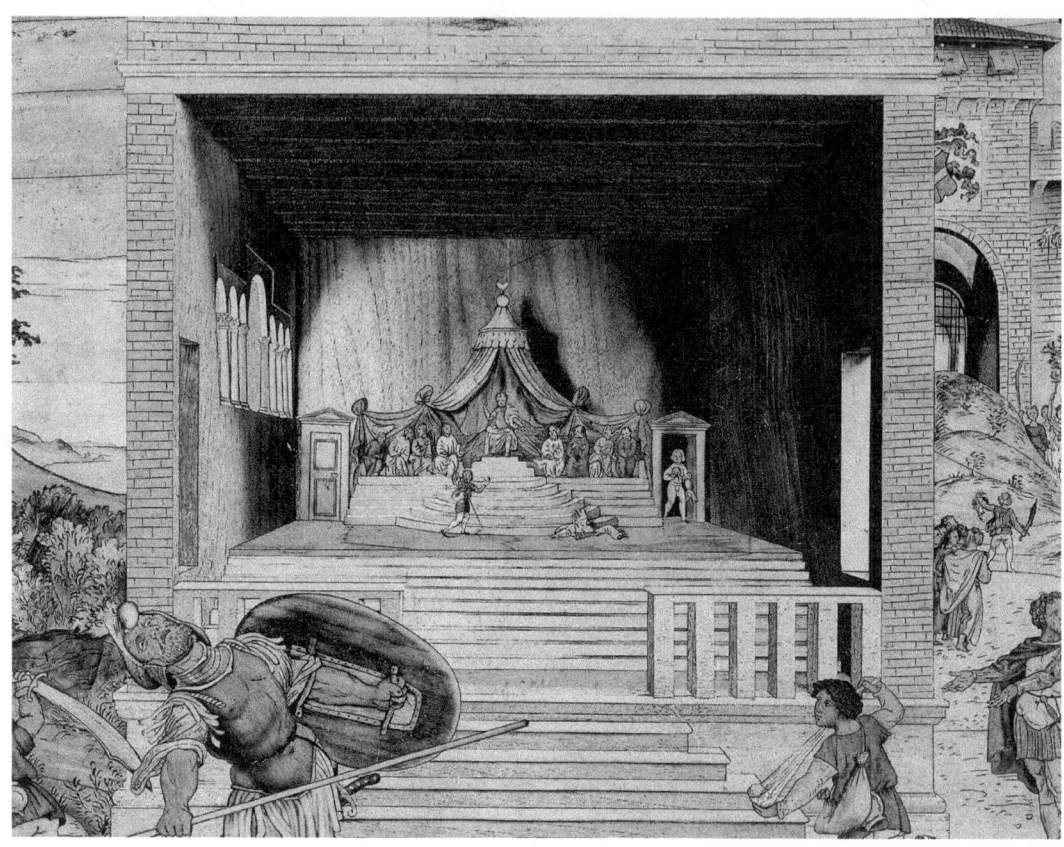

RES. 75 Lorenzo Lotto, tiyatroda Kral Davud'un hayatından bir sahne, kakma işi, 1527, Santa Maria Maggiore, Bergamo, koro alanı

olarak görülebilir. Sahnede statik *mekân sanatının* yerini dramatik *zaman sanatı* aldı. Perspektif karşıtı bir kampanya perspektif yöntemlerini kullanarak öznenin özel konumunu elinden alınca, perspektifli sahne de miadını doldurmuş oldu. Burada, perspektifi *trompe l'œil*'ün suç ortağı yapan bir paradigma değişiminden söz edilebilir.

Cizvit fresk ressamı Andrea Pozzo'nun amacı, "görme duyusunu yanıltmak"tı. "Kurguyla gerçekliğin birbirine karışması" perspektifi safi oyuna dönüştürdü. Pozzo hem tiyatrolar hem de kiliseler için çalışıyordu. Kiliselerde yaptığı freskler de kendine özgü bir tür tiyatro gibiydi. İzleyici bir freskten diğerine giderken, aslında bir kilisede olduğunu unutuveriyordu. Göğün genişleyerek açıldığı yanılsaması için gereken "göz noktası," Roma'daki Sant'Ignazio Kilisesi'nde yerdeki bir levhayla belirtilmiştir. Ama başka bir yerde durulduğunda resmin yanılsamadan başka bir şey olmadığı görülür.[61] Görme duyusunun zaafları açıkça gö-

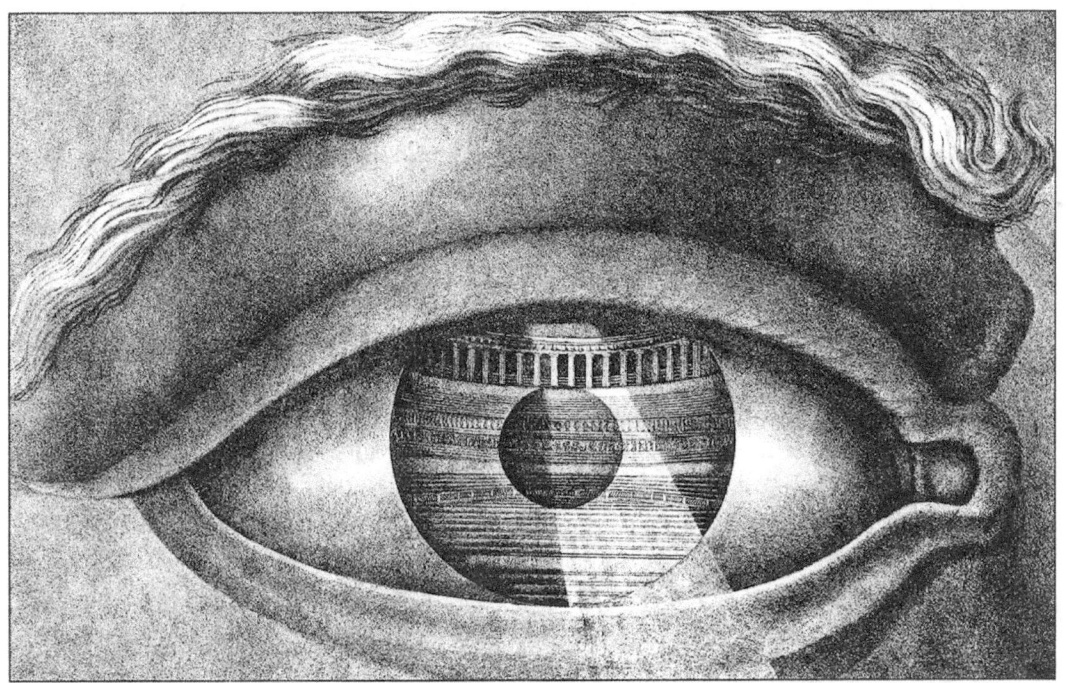

rülünce, perspektif de bakışın gücü için taşıdığı önemi yitirmişti. Ama göz bu yenilgisinden sonra yeni heyecanlar peşine düştü.

Christine Buci-Gluckmann'ın kavramıyla söyleyecek olursak, "*folie du voir*," yani göz aldatmacası gerçekliği alt etti ve heyecan verici yeni görsel metamorfozlarla birlikte, kavram olarak ilk o dönemde karşımıza çıkan gizli perspektife, anamorfoza da kucak açıldı.[62] Bakışın gerçekliği yitirildiği ve artık sadece yanılsamalar görüldüğü için düşsel dünyalara kaçmak gibi bir seçenek vardı şimdi. Nitekim tiyatro da dünyanın bir yanılsamadan ibaret olduğunu göstermekte uzmanlaştı. Calderon'un 1635 tarihli *Hayat bir Rüyadır* adlı komedisinde Sigismondo hapishane ile kral sarayı arasında gidip gelirken yavaş yavaş kimliğini yitirir. Ne zaman uyanık olduğunu, ne zaman uyuduğunu bilemediğinden, gerçek ile hayali birbirinden ayırt edemez. Ölünce uyanana kadar "hayatı düşlediğimizi" söyler. "Hayat nedir o zaman? Bir yanılsama, bir gölge, bir kurgu."

Antikçağın siyasi tiyatrosundan hayranlıkla söz eden muhafazakâr eleştirmenler, sahne dekorunun hilelerinin oyunda işlenen konunun gerçekliğini tehlikeye atmasından korkuyorlardı. Nitekim Abbé Aubignac *Pratique du théatre* (1657) adlı kitabında, yanılsamanın sahne dekorunun

Res. 76 Claude Nicolas Ledoux, *L'Architecture considerée sous le rapport de l'art, des mœurs et de la l'égislation* (1804). Sahne ve göz

ve oyunu oynama tarzının ötesine geçmemesi gerektiğini savunur. Ona göre, oyun bir "*fiction*," kurgu olsa da, "göze hitap etse" de, açıktan açığa kandırmaca olmamalıdır. "*Tromperie*," yanılsama, tiyatronun ve "dâhiyane büyüsü"nün önemli bir görevidir elbette; nitekim komediler insana tiyatro izlediğini unutturacak şekilde sahnelenebilir. Fakat tragedyada "temsil ile gerçeklik" arasında farklı bir ilişki olmalıdır. Aubignac, durumu "iki farklı biçimde" bakılabilen "bir tabloyla karşılaştırmayı" önerir. Ona göre, tablo ilk başta, renkleri ve resmedilmiş "hayali dünyaları" nedeniyle "bir resim" izlenimini uyandırır. Ama aynı tablo içerik, yani "düzeni ve mantığı içinde" de okunabilir. Benzer şekilde dram da bir yandan "gösteridir, sanatın gerçekte olmayan şeylerin imgelerini gösterdiği bir oyundur sadece." Öte yandan, bir hikâyeyi "yaşanmış bir olay gibi" anlatır.[63]

Barok dönemin saray tiyatrosu—localarıyla ve toplum düzeninin ayrıcalıkları ya da kısıtlamalarıyla—tamamen hükümdarın bakışına göre düzenlenmişti, sahnedeki yanılsama ancak onun bulunduğu yerden görülebiliyordu.[64] Perspektif ilkesi mutlakiyetçi olmuştu, çünkü hükümdarın mutlak bakışına tabi kılınmıştı ve onun tiyatro gibi ülkesine de hâkim olduğu yanılsamasını besliyordu. Aydınlanma döneminde buna karşı çıkanlar tiyatroyu demokratikleştirmek istediler. Claude-Nicolas Ledoux 1779'da Besançon'da yeni bir tiyatroyu bu amaçla tasarladı.[65] Burada bambaşka bir görsel rejim muştulanıyordu. Ledoux mimari üzerine yazdığı ders kitabında, "tiyatronun en büyük avantajlarından biri, her yerden görmek ve görülebilmektir," der. Toplumun doğal düzeni tiyatroda tüm seyirciler "aynı biçimde görme hakkına sahip olduklarında" kurulacaktır. Burada halk kendini temsil eder, "tek bir kişinin gözetimi altında değildir." Perspektif mekân kolektif düzlemde yeni baştan düzenlenmektedir.

Fakat kolektif görüş alanıyla neler olabileceğini de sezer Ledoux. Mimarın belki de devrim yıllarından sonra yaptığı *Coup d'œil* adlı bir illüstrasyonda, bütün tiyatroyu içine alabilecek kadar dev bir göz vardır (**RESIM 76**). Gözün hâkimiyeti altındaki bu yerde hiçbir şey ondan saklı kalmaz. Sahneden yaydığı görme ışınında karşısındaki seyirci sıraları yansılanmaktadır. Göz ile nesne arasındaki en kısa bağlantı olan düz görme ışını, metinde sözü edilen "gözetleme" işlevini yerini getirir. Görme mekânı üzerindeki denetim anonimleşmiştir. Michel Foucault modern çağın kitlesel bakışı için "panoptik bakış" kavramını yürürlüğe sokarken bu örnekten yararlanmıştı. "Her şeyi görünür kılan, ama kendisi görünmez kalan" kontrol tekniği, tüm toplumu gözetim altında tutan "çehresiz bir bakış" gibidir. Tiyatro kamusal alandaki özel konumunu yitirir. Sahne

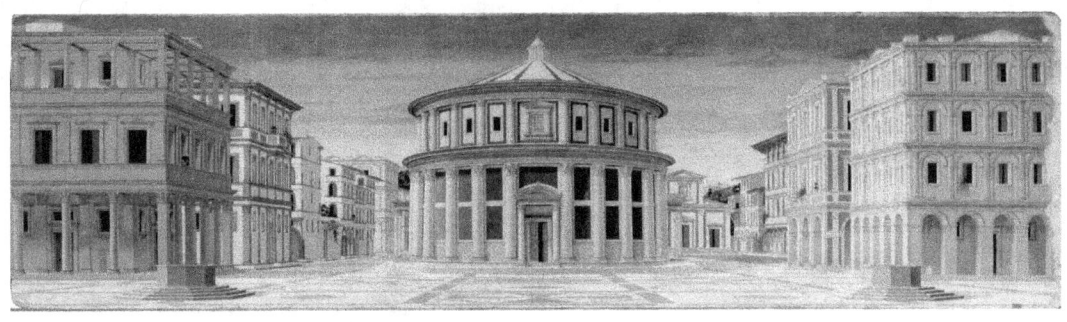

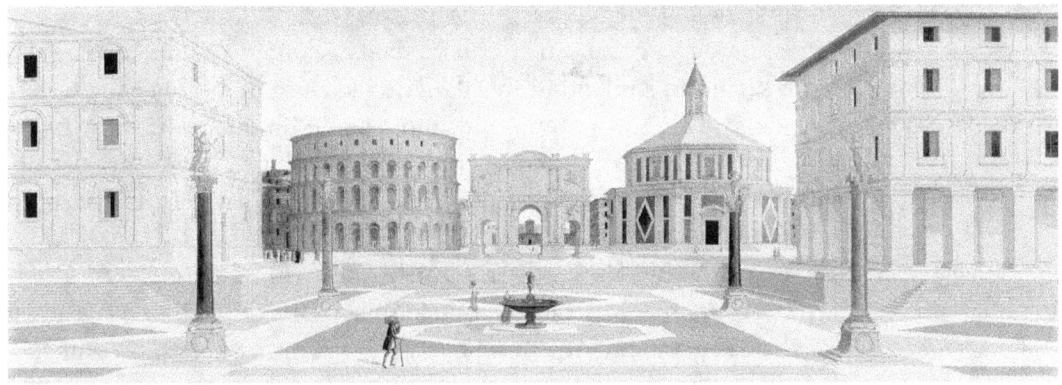

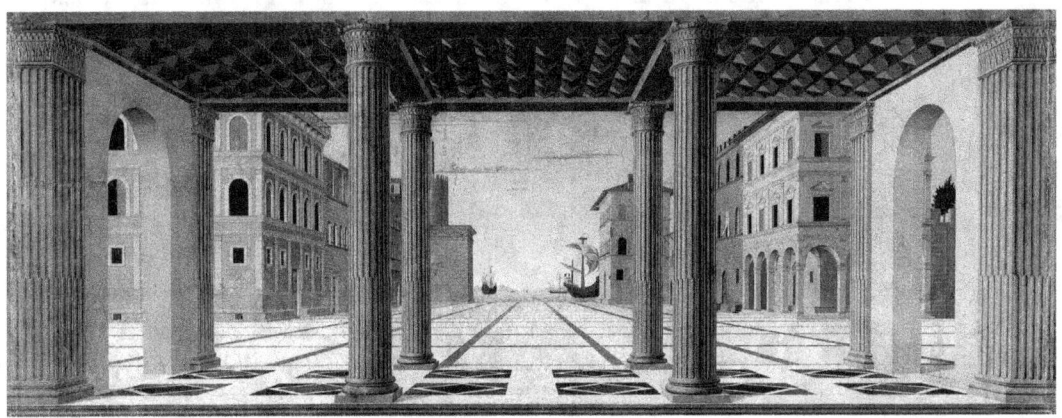

Res.77 Urbino'dan üç ideal kent panoraması, 1470 civarı; üst: Galleria Nationale, Urbino; orta: Walters Art Gallery, Baltimore; alt: Staatliche Museen Preußischer Kulturbesitz, Berlin

izleyicilerin bakışlarının karşısındaki yer değildir artık; Ledoux'nun dediği gibi, adeta seyircilerin bakışına karşılık vermektedir.

Urbino Panoramaları

Alberti'nin perspektif diyagramları (s. 187) günümüze ulaşamadı. Fakat o ıssız Urbino manzaralarının, tiyatroda bu tür sahnelerin henüz kullanılmadığı bir dönemde yapılan, tıpkı sahne dekorlarına benzeyen o meşhur resimlerin onun fırçasından çıktığı düşünülmektedir. 1470 civarında yapılan üç tabloda sanatçı imzası yoktur; zaten bu tablolar somut şehir manzaraları değil, perspektif bakışın teorik resimleridir (**Resim 77**). Manzaralarda ya hiç insan yoktur ya da gerçek boyutlarından çok daha büyük binaların sıralandığı meydanlarda karınca büyüklüğünde bir iki insan dolaşır. Bugün Urbino, Baltimore ve Berlin'deki müzelerde bulunan bu tabloları yapma fikri küçük Urbino Dükalığı'nda ortaya çıkmış olmalı, zira panoramalar arasında sicili belirtilmiş olan tek tablo Urbino kökenlidir.[66]

Burada herhangi bir gösteri sahnelenmez, günümüzün tek bir tıklamayla durdurabildiğimiz üç boyutlu animasyonları gibi sahnenin kendisi tema haline getirilmiştir. Bu üç manzarada sahneye konan bizim bakışımızdır. Belki de o dönemin tiyatrosu için yapılmıştı bu panoramalar. Böylesine radikal bir perspektif anlayışı ancak mimaride uygulanabilir, zira gündelik yaşamın devamlı hareket halindeki cisimlerini bu şekilde ölçebilmek mümkün değildir. Özellikle de perspektifte ampirik görme deneyimine sırt çevrilmesi ve geometrik bir dünyada hareketli gözden uzaklaşılması bir paradokstur.[67] O zamanlar henüz bilinmeyen "ütopya" kavramı, gerçek dünyada "yeri olmayan" bir düşünceye işaret eder. Esasında pespektif dünya, bakışı idealize edip yücelten ütopik bir dünyadır.

Üç tablonun üçünde de, en azından yüzeyde, her şey tek bir bakışa odaklandırılmış mutlak bir bütünlük içindedir. Her birinin eskizi hep aynı prensibe göre tablonun zeminine kazınmış, boyama aşamasına daha sonra geçilmiştir. Berlin'deki tablonun ön kısmında yer alan proskene resmin sahne karakterini daha da vurgular (**Resim 78**). Boş meydan bakışımızı kentin ilerisindeki denizin ufku üzerindeki kaçış noktasına götürüverir. Denizdeki gemi adeta bu hayali kaçış noktasına doğru yelken açmıştır (ayrıca bkz. **Resim 100**). Baltimore'daki tablonun kaçış noktası ise bir zafer takının arkasında uzanan sonsuzluktadır (**Resim 79**). Burada, Brunelleschi'nin perspektif gösterisini yaptığı Floransa'daki vaftizhane akla gelir. Zafer takının hemen yanındaki Colosseum, Roma'dan yapılmış bir alıntı gibi yükselir Rönesans binalarının yanında. Urbino'daki tabloya kondurulan yuvarlak bir tapınak, tam da Vitrivius'un bir tapınağın olduğunu söylediği yerde yükselir. Antik dünya bu resim sahnesinde bir model karakterine bürünür. Her kentin bir sahne dekoru gibi tasarlandığı bu üç manzara belli ki tek bir projenin çeşitlemeleriydi.

Bunların bildik anlamda eserler olmadığı aşikârdır, zira hiçbirinde bir olay ya da tema işlenmediği gibi, onları yaratan ressamın adı da yer almaz. Peki nedir o zaman bu tablolar? Urbino'daki tablonun künyesi bizi Federico da Montefeltro'nun sarayına götürür; nitekim eski bir envantere göre, Federico'nun *camera*'sındaki kapının üstünde bu tarz bir tablo asılıydı.[68] Perspektifin yaşlı başrahibi Floransalı Uccello 1465 yılında Urbino'ya taşınmaya davet edilmişti. Birkaç yıl sonra, 1469'da, Piero della Francesca da Urbino'ya gitmiş, perspektife ilişkin eserinin bir kopyasını Urbino hükümdarına sunmuştu.[70] Piero'nun Federico için yarattığı başyapıtlar Piero ile dük arasında sıkı bir ilişki olduğunun bariz kanıtlarıdır. Bu eserler arasında, dük ile düşesin bugün Uffizi Galerisi'nde asılı olan portresi ve Milano'daki Brera Sanat Galerisi'nde bulunan sunak resmi de vardır.

Urbino dükü, Leon Battista Alberti'ye, sarayının inşaasına başlayacağı zaman Urbino'ya gelip mimar olarak çalışmasını defalarca teklif etmişti. Cristoforo Landino'dan öğrendiğimize göre, Alberti ile dük arasında samimi sohbetler oluyordu. Üç panoramanın üçü de Alberti'nin 1472'deki ölümünden sonra yapılmıştı gerçi, ama haklı olarak bu tabloların fikir babasının Alberti olduğu öne sürüldü.[71] Bu anıtsal tablolar perspektif ütopyanın birer ifadesidir. Anthony Grafton ütopist Alberti'yi, Papa'nın idealindeki kent olan Pienza'nın inşaasına katkıda bulunan ampirist Alberti'den ayırır.[72] Alberti, *Mimari Üzerine On Kitap* adlı eserinde yeni bir kent kurma fikrini ele almıştı. Her çeşit binadan oluşan bir kataloğu andıran bu tasvirler sözcüklerden oluşan manzaralardır. Kent planında her yapının yeri kesin olarak belirlenerek binalar arasındaki bağlantılar kurulmuştur. VII. Kitap'ta tapınaklar ele alınır, VIII. Kitap'ta yazar tiyatro binalarından doğrudan sahne dekorlarına geçer; kentin toplumu yansıtacağı gibi, bunlar da tiyatronun janrlarını yansıtacaklardır.[73]

Kent manzaralarının Urbino için yerel bir anlamı da vardı ama. Bu ütopik manzaralar gözlerimizi Federico'nun 1466'dan beri kurguladığı devasa bir yeni saray projesine çevirmemize neden olur. Dükün *gerçek* Urbino'nun çok ötesinde düşündüğü ve bu ufacık dağ kasabasını *hayali*

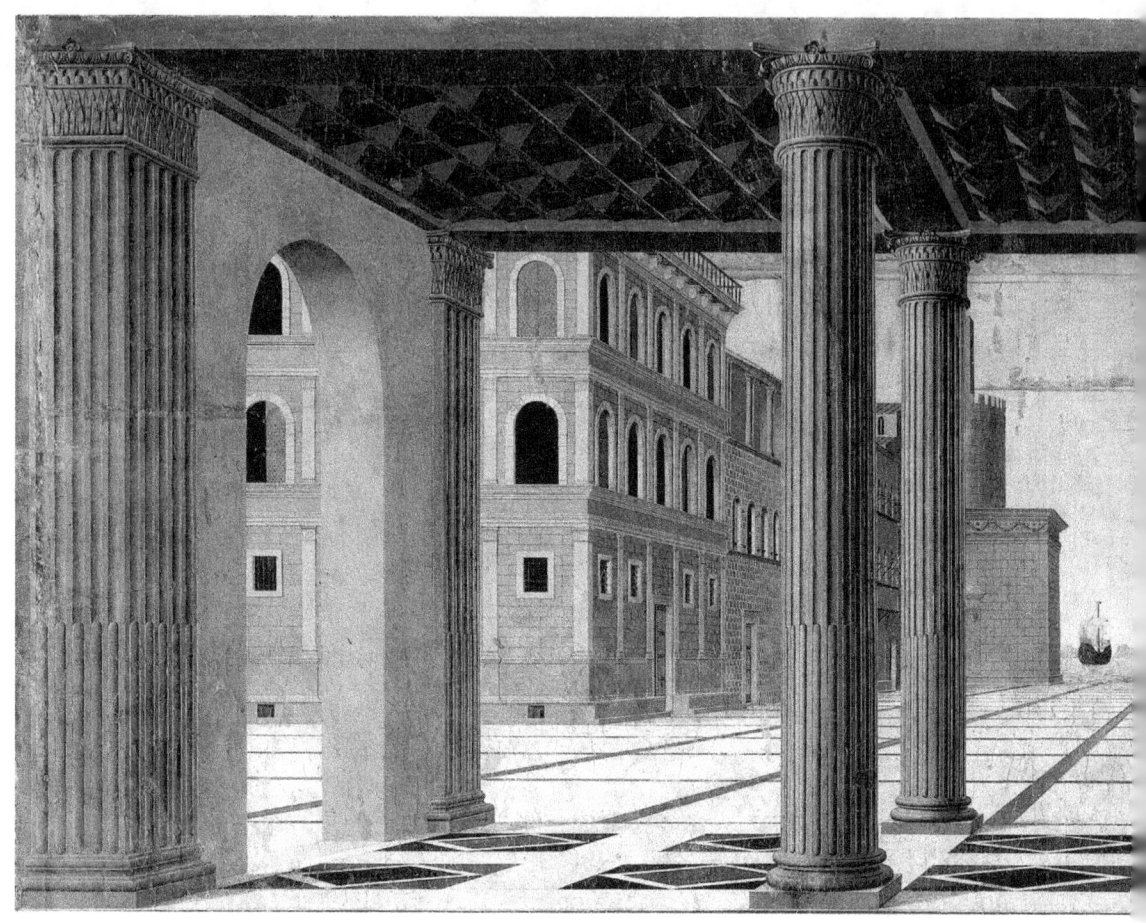

RES.78 Urbino'dan kent panoraması, 1470 civarı, Staatliche Museen Preußischer Kulturbesitz, Berlin

bir yere dönüştürmek konusunda ne kadar ısrarlı olduğu, inşaat projesinin ölçeklerinden de anlaşılır. Gerçeklik ile fikir arasındaki gerilim sarayın kente bakan kapalı cephesi ile vadiye bakan cephesi arasındaki tezattan da bellidir. Lucio Laurana sarayın vadiye bakan cephesine seyir terası görevi gören görkemli iki *loggia* inşa etmişti. Dük bu teraslarda otururken Urbino'nun bunaltıcılığını unutup idealindeki kentin hayalini kurabilirdi. Nitekim, panorama resimlerini, Andreas Tönnesmann'ın önerdiği gibi, "kurgusal pencereler" olarak görmek cazip bir fikirdir.[74] Sarayın kapılarındaki zengin ahşap kakmalar da bu türden pencerelerdir ve panoramalara en ince ayrıntılarına kadar benzerler. Dük ne zaman bir kapıyı açsa, kendi imgeleminin emrinde olan hayali bir dünya görüyordu. Panoramalara ne zaman baksa, Vitrivius'un ve Alberti'nin fikirlerinden

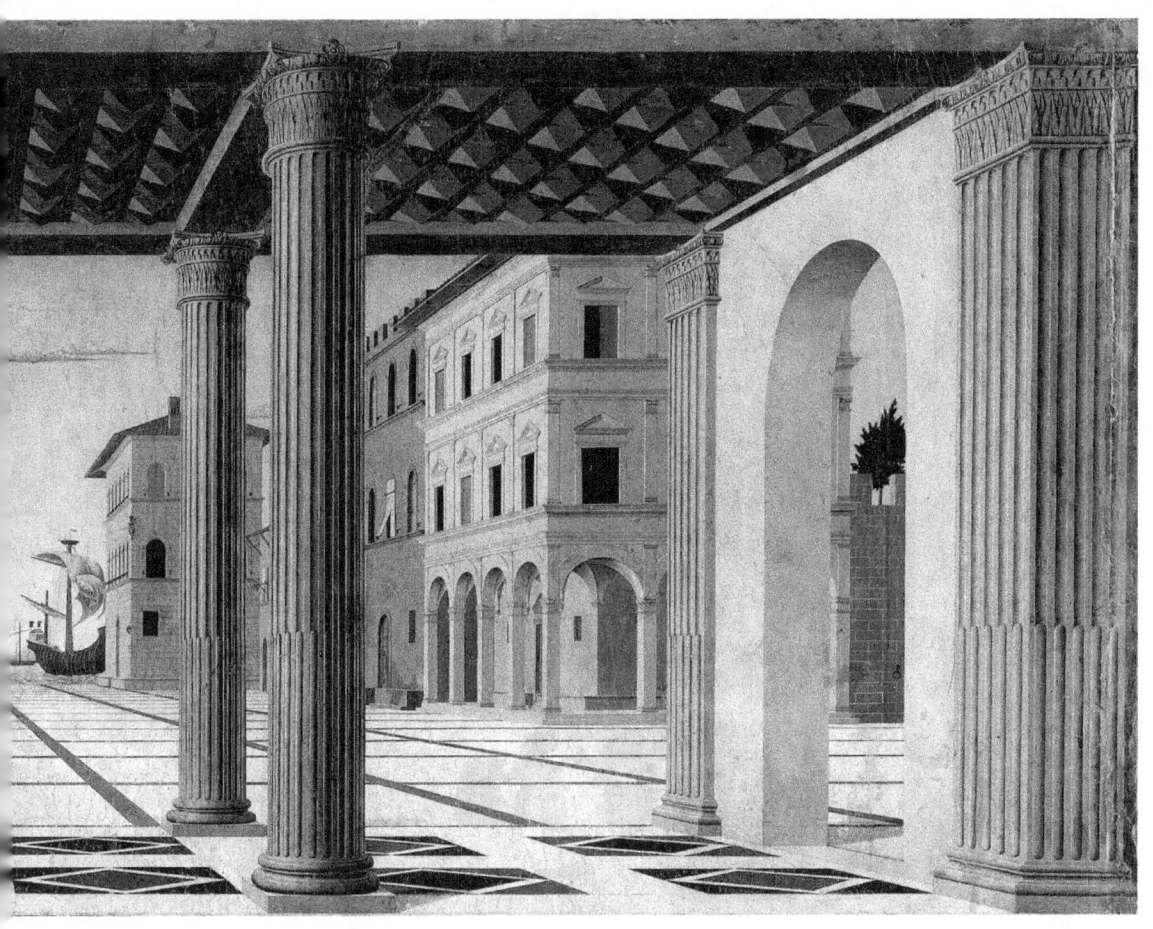

yola çıkan, antikçağdan beri görülmemiş koca kentler inşa eden bir mimar gibi hissediyordu kendini. O zaman kendi projelerinin sınırlarının dışına çıkıyor, bunların yerini asla gerçekleştiremeyeceği bir düş alıyordu.

Bu ütopik panoramalarda perspektif o dönemde güncel olan bir anlam da taşır. Nitekim bir plan yaparken bugün de hâlâ perspektiften söz ederiz. Urbino panoramaları, Federico ve çağdaşları için henüz taslak aşamasında olan bir projenin modelleri gibiydi. Antik modellerden yola çıkarak ideal kenti tasarlarken, perspektif fikrini tiyatrodaki gibi kurgulamışlardı. Bu nedenle, panoramalar hep aynı tarzda olsa da, her birinin görünümü farklıdır. Mimarlık kuramcısı Filarete'nin "Sforzinda" adını verdiği ideal kenti gibi hayali kentler o dönemde herkesin dilindeydi. Filarete bu kurgusunda o kadar ileri gitmişti ki, mimari incelemesi üzerinde

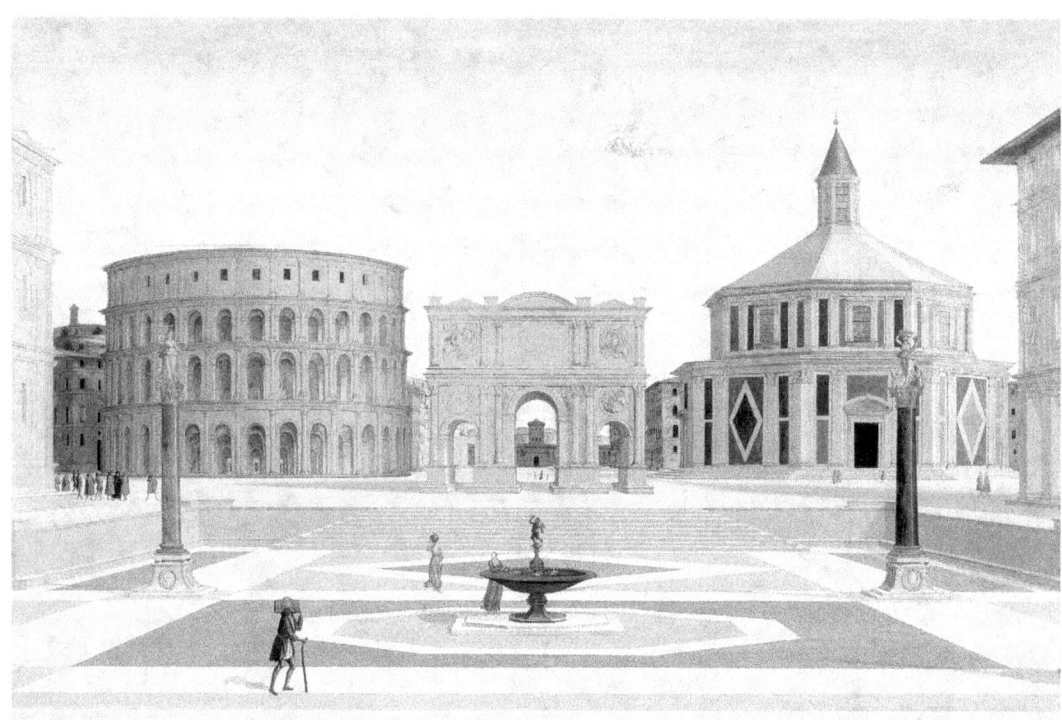

RES. 79 Urbino'dan kent panoraması, 1470 civarı, Walters Art Gallery,

henüz çalışırken, kentin temelinin Nisan 1460'ta atıldığını iddia etmişti. Onun "Sforzinda"sı sekizgen bir temele ve yazarın planları ve kesitleriyle birlikte tasvir edip resimlediği radyal bir sokak sistemine sahipti.[75]

Fakat bizim burada ele aldığımız üç panorama basitçe ideal kent manzaraları değildir, yoksa her biri bu kadar farklı olmazdı. Bu panoramaları, herhangi bir figür ya da olaya yer vermeksizin salt bakışı tasvir ederek perspektif hesaplarını sınayan bir tür deney modeli gibi görürsek, nasıl bir düşünceyle yapıldıklarını daha iyi anlarız. Panoramalardaki boş sahnelerin başaktörü dük değil, onun bakışıdır. Bakış kendine o kadar yoğunlaşmıştır ki, binalara bina gözüyle bakıldığında neredeyse soyut oldukları izlenimini uyandırırlar. Kent panoramaları, ancak Federico gibi sıradışı, aynı zamanda da bunalımlı bir hükümdarın sipariş edebileceği bir projedir. Manzaralarda kurulan bakış ve resim denkleminde, konstrüksiyon mekânı ile görsel mekân örtüşür. Perspektif sistem burada o kadar mükemmel bir biçimde uygulanmıştı ki, saray maiyetinin gözlerinin önüne serilebiliyor, onların sofistike sohbetlerine esin kaynağı oluyordu.

Blickwechsel: Mukarnasın Geometrisi

Perspektif ile İslam geometrisi arasındaki bir bakışmanın en uygun öznesi mukarnastır, zira Batı'daki perspektif kadar mukarnas da matematikçilerin dikkatini çekmiştir. Binbir çeşit mukarnasın İslam mimarisinde ayrıcalıklı bir yeri vardı; her yere hâkim geometrinin timsali olan mukarnas, geometrik fantezilerin gösteri alanı gibiydi. Mukarnası Batı kavramlarıyla açıklamak kolay değildir. Fakat mukarnasın *ne olmadığını* söylersek işimiz kolaylaşır. Mukarnas sadece kubbe ve tonozlara özgü bir biçim değildir, zira dış cephelerde de niş olarak karşımıza çıkar, ama sadece yüzey süslemesi de değildir —ya da aynı anda her ikisidir. İki boyutlu mukarnasla sadece desen kitaplarında karşılaşırız, çünkü binbir çeşidiyle üç boyuta aktarılmak ve ışıkla örülmek için tasarlanmıştır mukarnas. İşlevsel olmadığı için "İslam sanatının simgesel biçimi"—bu kavram akademik çevrelere henüz girmemişse de—olmaya birinci adaydır.[76]

Mukarnas 11. yüzyıldan beri uygulanır, yani yazı reformu ve "düğüm üslûbu" gibi mukarnas da büyük matematikçi İbnü'l-Heysem'in döneminde ortaya çıkmıştır. Mukarnas 15. yüzyılda, Floransa'nın perspektifi icat ettiği dönemde doruk noktasına ulaşır ve matematikçileri daha önce hiç denenmemiş yeni modüller bulmaya teşvik eder. Peki, nedir mukarnas? Petek desenine ya da sarkıtlara benzeyen mukarnas, prizmayı andıran hücreleriyle bir kubbeden öbek öbek sarktığı gibi, bir nişte adım adım geri de çekilir. Semerkand sarayında bir matematikçi olan Gıyâseddin Cemşîd el-Kâşî (ö. 1429), mukarnası "birbirleriyle dik açı ve yarım dik açı oluşturan yüzeylerle tırmanan bir merdiven" olarak tasvir etmişti.[77] Mukarnasın önemi, geometrinin "bezeme ile mekân" arasında büyük bir parantez açmasından kaynaklanıyordu. "Bir yapının görünümü geometrik olmalıdır."[78] Mimarlar mukarnas için özgün çözümler bulmak konusunda ne kadar cesur davranırlarsa, o ölçüde başarılı oluyorlardı. Mukarnas katmanlar halinde yapıldığından, gün ışığının da yardımıyla hep yeni yeni biçimlere bürünüyordu. Mukarnasın hiçbir unsuru kendi içine kapalı olmadığından, matematiksel ve mantıksal ölçek ve konfigürasyonda sınır tanımıyordu.

Mukarnas, geometriyi yüzeyin sınırlarından kurtarıp ötesine taşıyarak üç boyutlu mekâna götüren dâhiyane, hatta neredeyse eşsiz bir mimari buluştu. Mukarnas için ışığın önemi, İbnü'l-Heysem'in görme teorisindeki ışığın rolü kadar büyüktür (s. 110) ve bizim bakışımızla ilintili değildir, o, kendi yoluna gider. Ayrıca, geometrinin yasaları da bakışın değil, bölmenin, toplamanın ve çarpmanın yasalarıdır. Matematikçi José

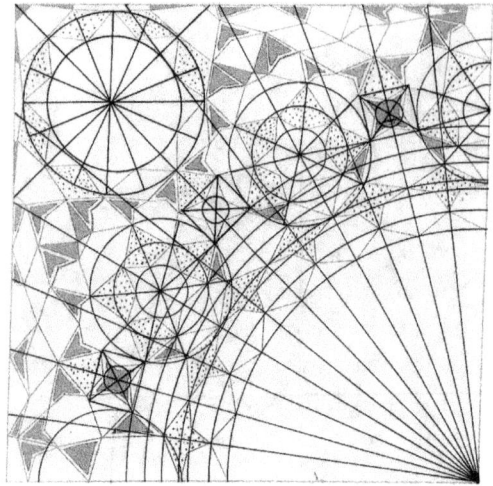
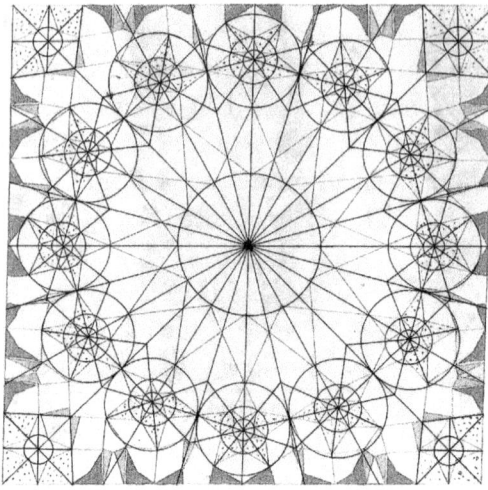

RES.80 Bir mimari çizim rulosundan bir desen, İran, 1500 civarı, Topkapı Müzesi, İstanbul (MS H. 1956/Necipoğlu, 1995, No. 5)

RES.81 Bir mimari çizim rulosundan bir desen, İran, 1500 civarı, Topkapı Müzesi, İstanbul (MS H. 1956/Necipoğlu, 1995, No. 22)

M. Montesinos *tesselation*'dan ya da yansıma eksenleri de dediği rotasyon eksenlerinin olduğu mozaik işi alanlardan söz eder. Buralarda, genellikle gizlenmiş olan yansıma noktalı simetriler oluşur.[79] Bazı desenler bir aksın etrafında katlanarak yeni akslar oluştururlar. Bir yüzeyde sadece 17 rotasyon ve simetri varyasyonu olsa bile, üçboyutlu bir yüzeyde iki yüzden fazla varyasyon ortaya çıkar. Mukarnas biçimler işte burada anlamlarına kavuşurlar. Mekâna nüfuz ederler ve ışığın yansıdığı ya da kırıldığı küçücük hücrelerden oluşurlar. Sferik biçimli yüzeyleri etkileşime geçer ve ışığın yollarıyla ittifak kurarlar.

İstanbul'da bir zamanlar padişahın sarayı olan Topkapı Müzesi'nin kütüphanesinde yapılan sürpriz bir keşif mukarnas tasarımı hakkında daha fazla bilgi sahibi olmamızı sağladı. Gülru Necipoğlu'nun bu kütüphanede keşfettiği, hemen hemen otuz metre uzunluğundaki parşömende yer alan 114 mimari çizimin önemli bir kısmı mukarnas desenleridir (**RESİM 45**).[80] Tek bir kişinin elinden çıkan ve parşömene kamış kalemle çizildikten sonra mürekkeple çizgilerin üstünden geçilen desenler 1500 civarında İran'da yapılmıştır. Mimariyle ilintilendirilmeyen bu desenlerdeki geometri fantezileri, perspektif ders kitaplarındaki konstrüksiyon çizimleriyle keskin bir tezat içindedir. Necipoğlu bu desenler ile Batı ortaçağının mimari çizimleri arasında paralellikler bulmaya çalışmıştı. Ama biz burada, perspektifin mekân düşüncesi ve bakışla ilişkisi ile parşömendeki desenler arasındaki yapısal tezatları ortaya koymak durumundayız. Düzey bakımından birbirine eşit olan bu tezatlar, iki farklı dünya görüşünün ifadesidir. Perspektif nasıl simgesel biçimse, mukarnas da, öncelikleri çok farklı olan bambaşka bir kültürün simgesel biçimiydi.

Geometrinin İslam sanatında evrensel bir geçerliliği vardı. Mimari, el sanatları ve kaligrafi arasındaki sınırları aşan geometri salt zanaatçıların meselesi değildi, seçkinlerin bilgisini de temsil ediyordu, çünkü bu kültürün estetik ve ruhani mottosu olan geometri genel kültürün de bir parçasıydı ve başka kültürlerde resmin işgal ettiği yerde bu kültürde geometri hâkimdi. Daha 11. yüzyılda, bir hükümdarın "bizzat tasarladığı binaların çizimlerini kendi elleriyle yaparak geometri bilgisini ispatladığı" kaydedilir.[81] Bu çizimler binaların temelleriyle sınırlı kalmamış olsa gerek. Dolayısıyla, matematikçilerin çeşitli denklemleri geometrik tasvirlere dökmeye ve matematik teoremlerine gizemli bir biçimde hayat vermeye meraklı olmalarına şaşmamak lazım. Daha önce sözünü ettiğimiz el-Kâşî, mukarnası dört türe ayırır, dördüncü tür, şirazî denen mukarnastır. Karmaşıklıkta diğer mukarnas türlerini geride bırakan şirazî, genellikle eğrisel çizgilerle zenginleştirilmiş radyal ve çokgenlerden oluşur.

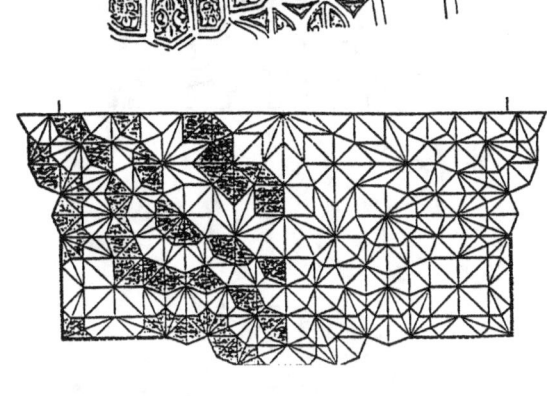

RES.82 Mukarnas şeması (Dold-Samplonius, 2003, s. 255).

Topkapı Parşömeni'ndeki mukarnasların çoğu çeyrek dilimler halinde tasvir edilmiştir, ama bir mimar ya da yapı ustası bunların tam görünümünü kolayca ortaya çıkarabilir. Desenler ne kadar karmaşık olsalar da, iki ana aks boyunca yansılanarak tekrarlanıyorlardı (**RESİM 80**). Bazı çizimlerde ise yelpaze biçimindeki bir tavanın tamamı görülür (**RESİM 81**). Üçüncü boyutun—cisimde ya da mekânda—nasıl uygulanacağı taslakta kesinleşmemiş, sanatçıya bırakılmıştır. Desen çizimle gösterildiğinden önce yüzey için tasarlanıyordu (**RESİM 82**).[82] Fakat iki boyutlu desenin yine yüzey kesitlerinden oluşan üçüncü boyuta aktarılması, zanaat atölyelerinin titizlikle koruduğu bir sırdı. Bugün bilgisayarda desenin stereometrik görünümünü elde etmek ve yan yana sıralanan unsurların yüzeyden prizmatik bir biçimde nasıl öne çıktığını görmek mümkün (**RESİM 83**). Bu

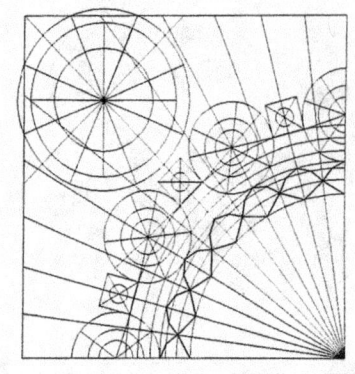

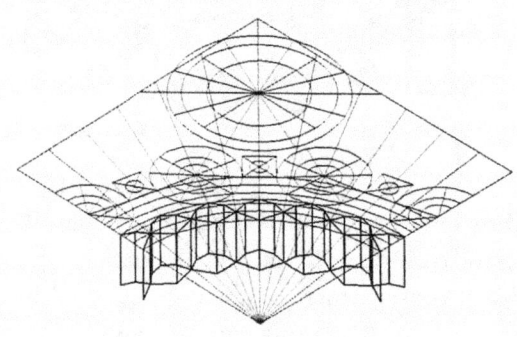

RES.83 Mukarnas şeması (el-Asad, 1995, s. 355)

yöntemle üç boyutlu simülasyonlar da yapılabiliyor (**RESİM 84**). Fakat Muhammed el-Asad'ın da belirttiği gibi, o dönemde bir çizimin üç boyutlu uygulamasını tam olarak yansıtamayan bu çabalar birer tahminden öteye geçmiyor.[83]

Desenler tam önlerinde durması gereken bir izleyiciye göre değil, kendi içlerindeki bir düzene göre geliştirildikleri için, istenilen her yüksekliğe, her açıda uygulanabiliyorlardı. Desenlerin geometri hesabı sadece kendileriyle ilintiliydi, yani somut bir bakışa yönelik dünya tasvirinin tam zıddıydı. İbnü'l-Heysem'in ışık teorisine de hâkim olan kozmik düzen inancı, duyusal algının bilişsel olarak ötesine geçmeyi amaçlıyordu. "Geometrik analizde mukarnasın parçalarına ayrılması gerekir. Bu parçalar, hücrelerden (*beyt*) oluşan tek merkezli sıralar ya da tabakalardır. Onları algılayabilmek için bütünden evvel en küçük geometrik birime bakmak gerekir."[84]

İbnü'l-Heysem'in kavramıyla söylersek, geometrik "figürler" (s. 116 vd) radyal biçimde düzenlenmiş çizgiler (ışınlar) boyunca ilerler ve İbnü'l-Heysem'in ışığın yolları için de varsaydığı gibi, geometrik açılarda yön değiştirirler. Işık onların üzerinde kendine özgü desenlerini yaratır. Fakat insanların gökyüzüne bakar gibi başlarını kaldırıp baktıkları kubbelerde, önce yüzey üzerinde hesaplanmış olan bir izdüşümdü mukarnas. Kubbelerdeki mukarnasta yüzey ile mekân aynı çizgilerle düzenlenir ve bunlarla kat kat genişleyen karmaşık bir desen yaratılır. Burada mesele, mukarnasın temelinde bir görme teorisinin olup olmadığı değildir. Fakat ortak bir hayal dünyasının hem matematik teorisine esin vermesinde hem de mukarnasın geometri oyunlarına anlam katmasında gizli bir analoji vardır. İbnü'l-Heysem'e göre, mukarnas tarzında karmaşık bir geometrik biçim, hayal gücü ile bilginin insanın algısına sunulmasının bir örneğiydi (s. 118).

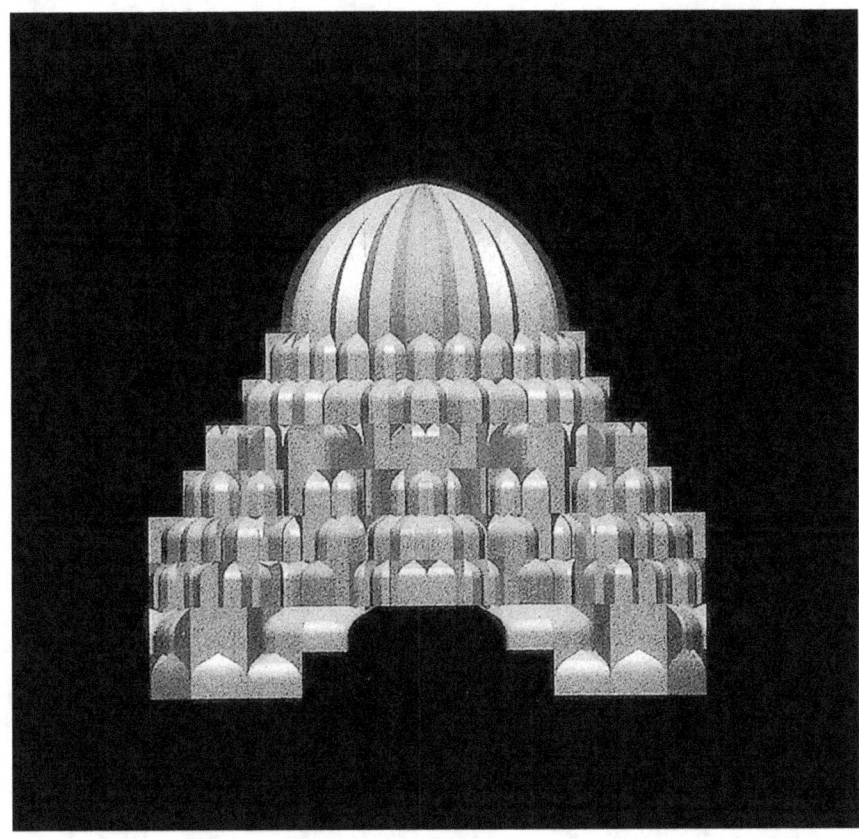

RES.84 Mukarnas modeli (el-Asad, 1995, s. 358)

Sonsuzca devam eden bir rotasyon ve simetri ilkesi Topkapı Parşömeni'nin diğer çizimlerinde de görülür. İster ışın biçimindeki bir kubbe görünümü, isterse de yarım daire nişlerin bulunduğu bir cephe kesiti olsun, prensip hep aynıdır (**Resim 85** ve 86).[85] Kubbenin köşelerindeki üçgenler ve çokgenler, yüzeyi kaplayan radyal çizgilerde kırılırlar. Biçimlerine bakılırsa, kubbede steometrik bir biçimde öne çıkmaları amaçlanmıştır. Çizer, boş alanların yüzeyleri dantel gibi kaplayan yelpazevari bir mikro desenle doldurulacağını tek bir köşede göstermekle yetinmiştir. Bir başka çizimdeki (**Resim 86**) üç kapılı ya da üç parçalı cephe, aynı çizgilerle bölünmüş nişlerle aynı düzlemdedir. Burada görünüm ile izdüşüm üst üste biner. Duvar ile kubbenin geometrik çözümü aynıdır.

Mukarnas, Batı'daki perspektifin konumundan baktığımızda gözümüze yepyeni bir ışıkta görünür. Perspektif resminin can damarı olan göz noktasının mukarnasta olmaması, mekân ve yüzeyin sınırlarının çok

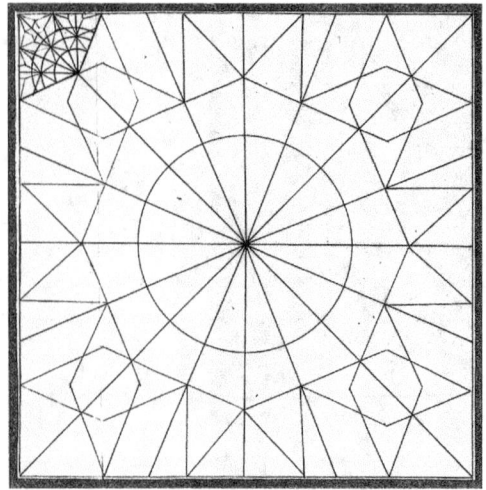 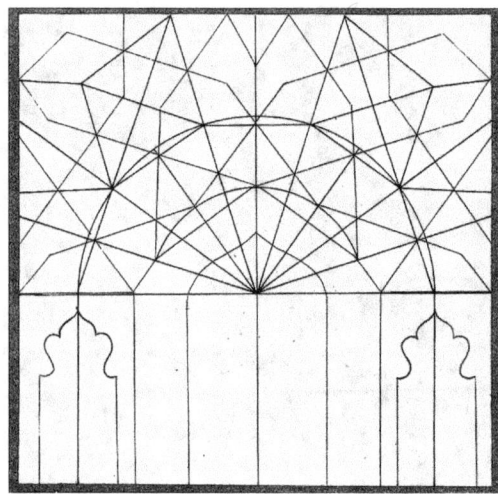

RES.85 Topkapı Parşömeni'nden bir desen, İran, 1500 civarı, Topkapı Müzesi, İstanbul (MS H. 1956/ Necipoğlu, 1995, No. 104)

RES.86 Topkapı Parşömeni'nden bir desen, İran, 1500 civarı, Topkapı Müzesi, İstanbul (MS H. 1956/ Necipoğlu, 1995, No. 105)

ötesine geçerek görsellikte sonsuz çeşitlemeler yaratmaya imkân tanır. Mukarnas izleyiciyle ilintili bir imge sunmaz, izleyicinin öznel bakışına bir konum bulmaz. Mukarnasın yüzey desenleri mekânla çelişmez, zira burada başka bir mekân kavramı vardır. Desenler farklı katman ya da tabakalara böldükleri yüzey ile mekân arasındaki eşiği doldururlar. Yüzeyler mekânı sınırlamaksızın mekâna geçit verirler. Perspektifin laytmotifi olan görme ışınları mukarnasta yoktur, çünkü mukarnas başka yasalara tabi olan ışık ışınlarını yakalar. Üç boyutun iki boyuttaki izdüşümü olan perspektif, mekânsal bakış ilkesine tabi olduğundan, yüzeyi görmezden gelip "onun ötesine bakmayı" talep eder bizden. İslam kültüründe ise yüzey korunur, hatta hesaplamanın ve algılamanın ortamı olarak adeta kutsallaştırılır. Mukarnas, pencerenin ajur kafesinde maşrabiyye biçimini alınca, ışıktan oluşan yüzey desenleri duvarlara ve yerlere yansır. Batı'da resimdeki perspektifin simgesel biçim olması gibi, mukarnasta da geometri sembolik biçim olmuştur.

VI.

Resimdeki Özne

SİMGESEL BİÇİM OLARAK PERSPEKTİF

Bir Simgenin Çalınması: Bakışın Timsali Göz

Perspektifin simgesel biçim olarak buradaki anlamı, Erwin Panofsky'nin simgesel biçim kavramına yüklediği anlamdan farklıdır (s. 23). Simgesel biçim kavramını ortaya atarken perspektiften söz etmeyen Ernst Cassirer bu kavramla genel olarak sanatı kastediyor, *dil, mitos* ve *bilimi* de simgesel biçimler olarak görüyordu. Panofsky'den değil de Cassirer'den yola çıkarsak, sanatın perspektifle birlikte yeniçağ kültürünün simgesi haline geldiğini söyleyebiliriz. Perspektifle köklü bir değişime uğrayan resimde, izleyicinin bakışıyla kendine mal ettiği üç boyutlu bir mekânın simülasyonu yapılır. Bu mekân ile insanın görüş alanı arasında kurulan analoji son kertede kanıtlanması mümkün olmayan bir düsturdur. Fakat görme teorisinin resim teorisine dönüşmesinin koşuluydu. Perspektif öznenin bakışını resme sokarken özneyi de resme taşır. Perspektifle aynı dönemde icat edilmesi bir tesadüf olmayan portredeki gibi resimde özne olarak tasvir edilmesine bile gerek yoktur artık. Öznenin resimde mevcut olması için, kendi bakışı olarak gördüğü bir bakışın tasvir edilmesi yeterlidir. Bakan özne resmin önünde aldığı pozisyonla dünyayı bir resim olarak sahiplenir.

Rönesansta tek başına tasvir edilen bir "göz" duyu organı değil, bakışı, bakan bedenden "ayıran" bir simgedir. Gözüyle bakan birini temsil eder ve gözün eylemine işaret eder. Peki ama bakan kimdir ve kim böyle bakabilir? Her şeye hâkim bakış, her şeyi gören ve bir cismi olmayan Tanrı'ya mahsustu. Ancak Tanrı'nın bakışları olabilirdi insanın üzerinde, ya da insan ancak onun bakışlarını üzerinde hissedebilirdi. Dolayısıyla,

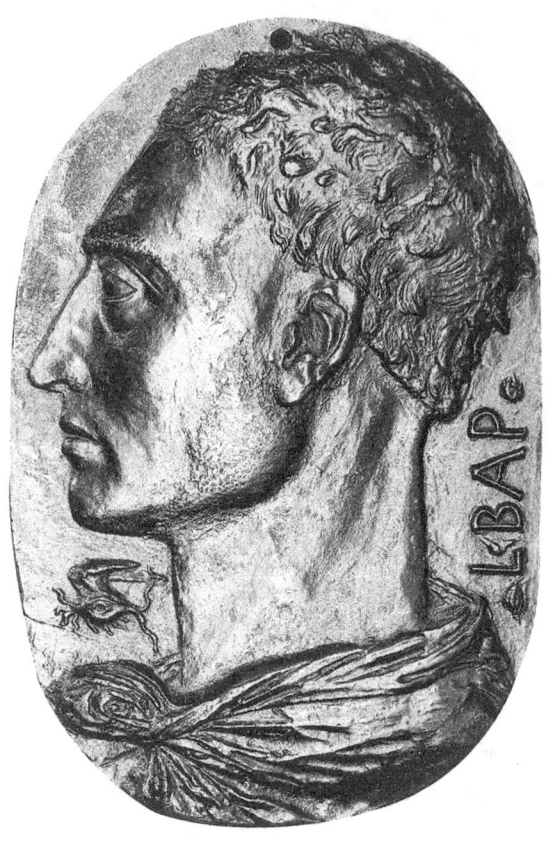

RES. 87 Leon Battista Alberti, otoportre, 1436, bronz madalyon, National Gallery, Washington, Kress Collection

Leon Battista Alberti'nin Tanrı'yı simgeleyen gözü alıp da kendi amblemi haline getirmesi, dünya görüşünde insanı merkez alan bir dönüşüm yaşandığının göstergesiydi. Daha sonra göreceğimiz gibi, Alberti'nin çağdaşı büyük Cusanus buna bir karşı-stratejiyle tepki vermişti (s. 225). Perspektifin ilk teorisyeni olan Alberti'nin göz simgesini gasp etmesi tesadüf değildir. Ona göre, perspektif insanın kendi bakışının hem tekniği hem de simgesiydi. Nasıl Tanrı'nın dünyaya hâkim olduğu düşünülüyorsa, izleyici de böyle bir resmin önündeyken resme hâkim olduğunu hissedebilirdi (zaten bunu istiyordu). Bu önemli bir değişimdir. Tanrı'nın gözü, resimlerde bağımsız bir göz, adeta *dünyanın dışında* ve üstünde bir göz olarak tasvir ediliyordu. Alberti'nin gözü ise bakışı, bakışın kendini *dünyanın içinde* hissettiği bir resme yöneltir.

Alberti'nin amblemindeki gözün üst kapağında bir kartal kanadı vardır, göz uçarak bedenden ayrılmak istiyor gibidir; bu gözün etrafında alevlerin de olması, onun her şeyi çok berrak bir biçimde gördüğünü ifade eder (**RESİM 87** ve 88).[1] Tanrı'nın her şeyi gören gözünün aksine, insanın görme gücü sınırlıdır. Bu nedenle, gözün bir şey görmek istediği her yere bizzat gitmesi gerekir. Göz bağlı olduğu bedenden daha hızlıdır, zira bedenin ağırlığından kurtulmuştur. Kanatlar gözün hareketliliğine işaret eder, insan zaman ve mekânı adım adım araştırmak için hareketli olmak zorundadır. Kanatlı göz uçarken, perspektifin öngördüğü gibi sabit bir göz noktası olamaz, görüş sürekli değişir. Ama perspektif bakış resme girince bedenden ayrılır. Bugün eleştirmenlerin dediği gibi, modern okülersantrizm, yani gözü diğer tüm duyuların üstünde tutan yaklaşımın habercisidir bu. Portrelerle ilk kez o dönemde yüz yüze geldiğimiz gibi, Alberti'nin göz amblemi de doğrudan izleyiciye bakar. Fakat Alberti'nin otoportresi, sanki kendini dışardan görebiliyormuş gibi, hâlâ eski tarzda, yani profildendir.

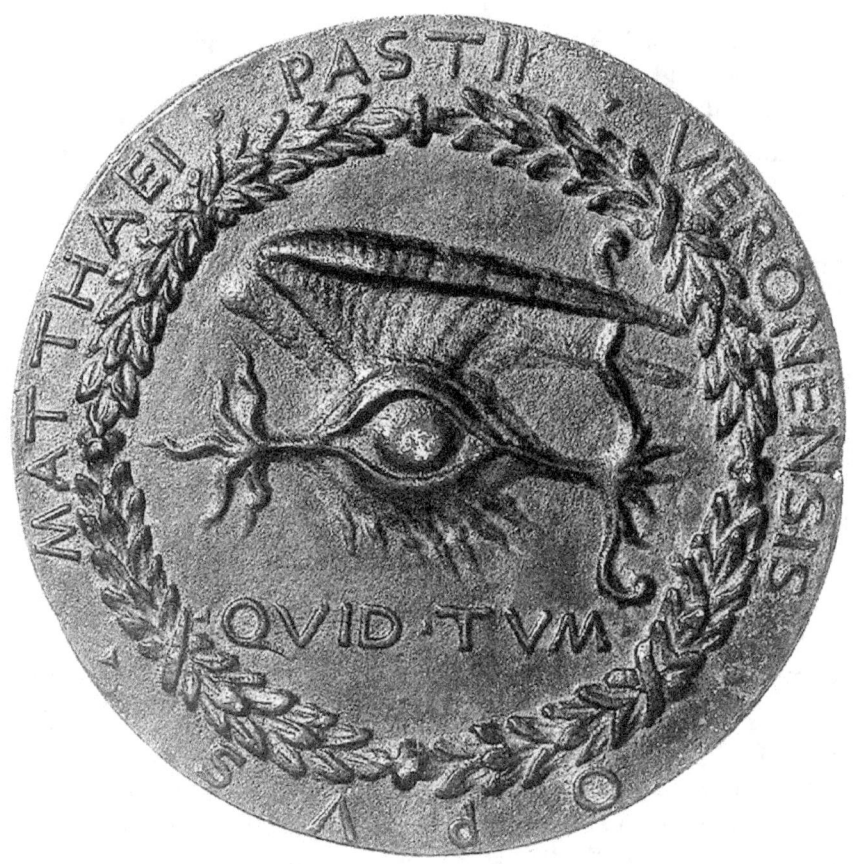

Res.88 Matteo de' Pasti, Leon Battista Alberti'ni anma madalyonu, arka yüz, bronz, British Museum, Londra

Alberti'nin kanatlı gözü, bakışta bağımsız olmak isteyen öznenin amblemidir. Yeni düstura göre, insan görerek ve gözlemleyerek bilgi sahibi olur. Portre-madalyonda Alberti'nin adı ve göz amblemi, ikisi birbirine aitmiş gibi yan yanadır. Matteo de' Pasti bu amblemi Alberti için yaptığı madalyona da koymuştur (**Resim 88**).[2] Alberti'nin *Masa Sohbetleri* (1431) adlı derlemesinde yer alan "Anuli" ya da "Halkalar"da göz ayrıntılarıyla sözü edilen ve açıklanan bir simgedir. Konuşmacılardan biri, ortasında "iki kartal kanatlı bir gözün bulunduğu" bir taçtan (*corona*) söz eder. Açıklamaya göre, "hiçbir şey, vücudun organları arasında öne çıkan (*praecipatus*) gözden daha güçlü (*potentius*), daha hızlı (*velocius*) ve daha onurlu (*dignius*) değildir. Bir kraldır göz, Tanrı gibidir (*quasi deus*)." İyi bir Hıristiyan olan Alberti bu tanrısallığa bir sınır getirir: "Eskiler, tüm evreni her ayrıntısıyla gören Tanrı'yı göze benzeterek (*simile*) tasvir ediyorlardı. Bu bizi Tanrı'nın varlığı önünde huşuyla eğilmeye sevk eder. O, bütün yaptıklarımızı görür, bütün düşüncelerimizi bilir." Fakat sonra usulca kendi gözüne döner. Amblemin değişmesi "müteyakkız *(pervigiles)* ve tedbirli *(circumpectos)* olmamız için" bir uyarıdır. Çünkü "her şeyi araştırmakla tanrısallığa öykünmüş oluruz."[3]

Alberti ne kadar ihtiyatlı davransa da burada bir tabuya dokunur. İzole edilmiş göz hem tek olmasıyla hem de bedenden ayrılmasıyla iki gözümüzün doğasına aykırıdır. Bakışlarını dünyanın üzerinden ayırmayan Tanrı'ya mahsustu bu amblem.[4] Bedensiz göz Tanrı'nın her şeyi gören bakışını, Cusanus'un yazdığı gibi "mutlak" bakışını temsil ediyordu (s. 225). 16. yüzyıla ait bir çizimin yanındaki yazıda "Tanrı'yı bu şekilde tasavvur etmemiz" istenir.[5] Bu tasavvur, Louvre'in kısa süre önce satın aldığı bir Jan Provost tablosunda daha da keskindir. Dönemin teolojik dünya görüşünü özetleyen akademik bir alegoridir bu tablo. Bedensiz Tanrı'nın gözü dünyanın üzerinde hareketsiz durmakta, yine aynı şekilde bedensiz elinde yerküre bulunmaktadır. İsa ve annesi Meryem, Tanrı'nın insanda vücut bulduğunu beyan ederler. Resmin alt kısmındaki tek göz ellerini dua eder gibi açarak huşu içinde yukarıya bakmaktadır. Tanrı'nın—İncil'deki ifadeyle—"suret"ine göre yapılmış tanrısal gözün aynası gibidir. Huşu dolu bakışını, resimdeki dünyanın tüm dikkatini kendisi üzerinde toplasa da, bu dünyaya herhangi bir tepki vermeyen Tanrı'nın gözüne dikmiştir (**RESİM 89**).[6] Barok dönemde bu soyut göze Teslis'in geometrik simgesi üçgen de eklendi. Fransız Devriminde göz simgesi bu biçimiyle yeni toplum düzeninin simgesi haline geldi.

Alberti bu tek gözle Tanrı mimesisi yaparken çok cesurdur. Gerhard Wolf'un hoş bir kelime oyunuyla ifade ettiği gibi, onun gözü aynı anda *"voyeur* ve *voyageur,"* yani hem dikizci hem de gezgindir.[7] Bu göz insani olduğundan, görme gücünün engellerini aşmak için gezmek zorundadır. Daha sonra bu geziler, gözün kuşandığı teleskop ve mikroskopla da yapılacaktır. Fakat Alberti'nin ambleminin yanında tuhaf ve gizemli bir motto da yer alır: "Quid tum?" (Şimdi ne olacak?). Göz öznenin dünyadaki ajanı olmuştur gerçi, ama yeni kazandığı özgürlüğü henüz yanıtlanamayan bazı sorulara da yol açar. Öznenin görme dürtüsü ve görsellik güdüsü belirsizliğe de yol açar. "Şimdi ne olacak?" ya da "Bundan sonrası nasıl devam edecek?" sorusu *Masa Sohbetleri*'nde de yöneltilir. Adından da anlaşılacağı gibi, "didinip uğraşmayı seven" Philoponus, sanat ve bilim dallarının geleceğinden kuşkuludur. Bu güvensizliği onu her daim tetikte

RES.89 Jan Provost, *Tanrı'nın Gözünün Alegorisi*, 1520 civarı, Louvre, Paris

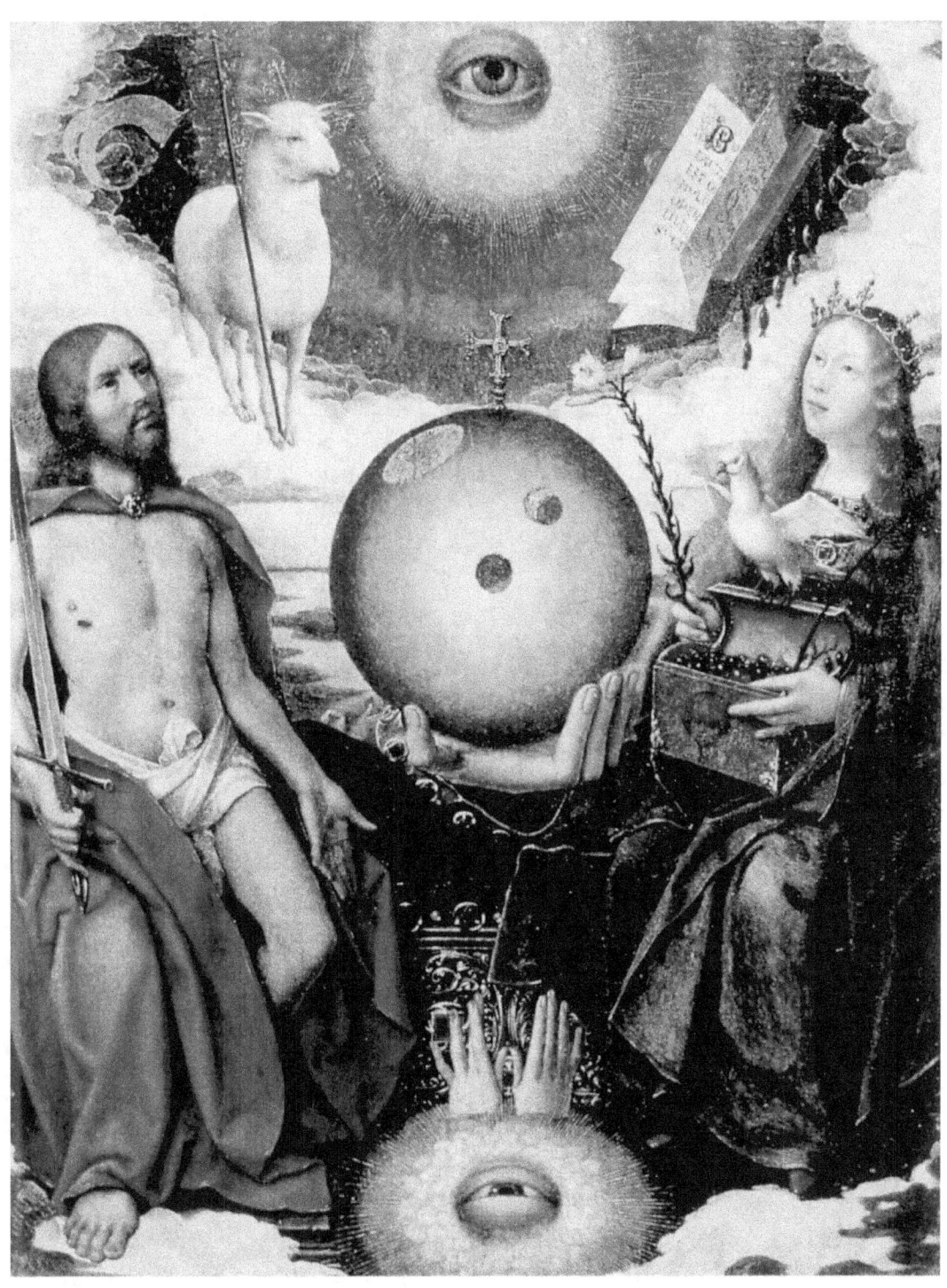

olan gözünün kartal kanatlarına binmeye iter, böylece "tehlikeli sular"ın üzerinden boğulmadan geçebilecektir.[8]

Bu yeni göz kültü, görmeyi zihinsel aktiviteden sayan Leonardo da Vinci'nin yazılarında doruk noktasına ulaşır. Ona göre, göremeyen insan "mezara diri diri gömülmüş" gibidir, "dünyanın güzelliği" sadece gözle kavranabilir. Göze hiç güvenmeyen Müslüman okurlar Leonardo'nun göze "astronominin efendisi," "matematiğin prensi" diye coşkulu övgüler düzdüğünü okusalardı çok şaşırırlardı. Leonardo'ya göre, göz "Tanrı'nın yarattığı her şeyin çok üstündedir. Onun soyluluğu (*nobiltà*) nasıl ifade edilebilir ki!" Gözün ruhun penceresi olduğu metaforu eskidir ama bu metafora yepyeni anlamlar yüklenmiştir. Şimdi göz "yolumuzu görmemizi ve doğanın güzelliğinin tadını çıkarmamızı sağlayan bedenin penceresidir" artık. Göz olmasa, "ruh içine hapsolduğu bedeni zindan gibi algılayarak büyük acılar çeker."[9] "Gözün gördüğü güzellikleri (*eccelentia*) sadece hayal gücümüzle görmemiz mümkün değildir," zira hayal gücü ve gerçeklik ilişkisi (*effecto*) gölge ve beden ilişkisi gibidir. Hayal gücü daha ziyade şiirin alanıdır. Oysa resim sanatı "doğrudan görme duyusu"yla (*virtù visiva*) ilintilidir.[10]

Fakat gözün bu üstünlüğü bir sorundu aynı zamanda, çünkü Yeni-Platoncu felsefe duyuları tehlikeli buluyor, güzelliği metafizik bir deneyim olarak görüyordu. Portekizli bir Yahudi olan ve 1493'te İtalya'ya kaçmaya zorlanan Leone Ebreo, 1513 civarında yazdığı *Dialoghi d'Amore* (Aşk Diyalogları) adlı eserinde, güzellik aşkının her tür duyusal ve görsel deneyimle çeliştiğini söyler. Âşık Philon (Filone) sevgilisi Sophie'nin (Sofia) yanından geçerken bazen onu görmez bile, çünkü sevgilisinin kişiliği ve fiziksel görünümüyle ilgisi olmayan ideal imgeye âşıktır. Sevgilisine "Sofia" der, çünkü bilgeliğe âşıktır o, duyusal bir güzelliğe değil. Leonardo'nun savunduğunun aksine, burada ruhu imgelerle besleyen göz değil, hayal gücüdür. Leone, onun Aristotelesçi bir eğilim içindeki eserinin karşısına farklı bir tezle çıkar.[11]

Dönemin sanatı en yüce gayesini bakış kültünde bulmuştu. Fakat göz bununla çelişen başka bir anlam da kazandı. Görme ışınlarının ok gibi saplandığı, adeta hedef tahtası haline gelen göz artık bakışın simgesi değil, duyusal izlenimlerin engelsizce akın ettiği görme organının suretiydi. Resim teorisi ile görme teorisi arasındaki fark bu dönüşümle gözler önüne serilir. Resim teorisinde göz, dünyayı resme döken özneyi temsil eder. Görme teorisindeyse optik uyarılara tabi olan, bazen bunlara yenilen görme organıdır. Gözün barındırdığı ikinci anlam, merkezi görme ışınının

RES. 90 Jacques de Gheyn II, *Okçu*, 1610, ahşap gravür, Museum Boymans-Van Beuningen, Rotterdam

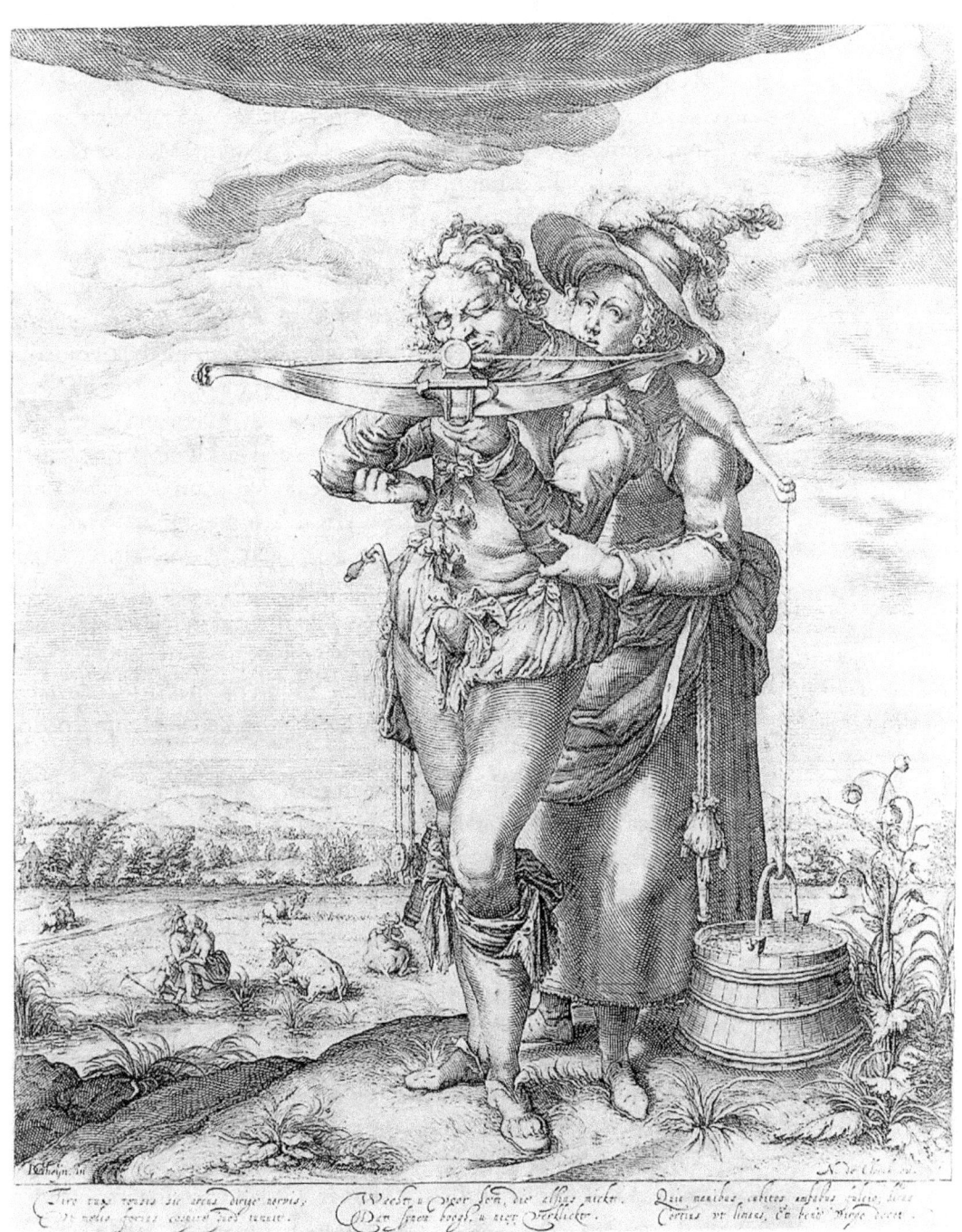

çizdiği yolu izleyen okuyla doğrudan gözü hedef alan okçu resminde çok güzel tasvir edilmiştir. Okçu görme ışınını temsil eden bir figür değildir sadece. Aynı zamanda da, izleyiciyi perspektifle tam gözünden vurarak izleyicinin resmi gerçek sanmasına neden olan ressamdır. Michael Kubovy burada bir "ok metaforu"ndan söz eder.[12]

Bu ok motifini 15. yüzyılın ortalarında genç ressam Andrea Mantegna, Padova'daki Overtari şapeli için resmettiği bir aziz efsanesinde kullandı. Efsaneye göre, Christophorus'a fırlatılan ok yolundan "sapmış," onun bir din şehidi olarak ölmesini emreden "kral"a isabet etmişti. Mantegna'nın resminde, kral sarayının penceresinden olayı izlerken, hiç beklenmedik bir anda gözüne saplanan okla kör olur (**Resim 91**). Fakat Alberti bir ressamın "okuyla neyi hedef alacağını bilmiyorsa, yayını boşuna gerdiğini," yani perspektif uygulamayı bilmediğini söylerken farklı bir yorum yapar. Filarete bu düşünceyi biraz daha geliştirir ve bir okçunun hedef tahtasına nişan aldığı gibi, perspektifin de göze nişan alması gerektiğini yazar.[13] Bu metafor daha başka anlamlar da içerse de, yine o döneme ait bir ahşap gravürde (1610 civarı) çok net bir biçimde tasvir edilmiştir. Gravürde bir okçu okunu izleyicinin gözüne saplamak için doğrudan izleyiciye "nişan alır" (**Resim 90**).[14] Fotoğraf makinesiyle bir fotoğraf "çektiğimiz"* ifadesinden çok daha dolaysız bir anlamı vardır bunun perspektifte. İzleyiciye şiddet uygulayan resmi "çeken" ressam değil, gözü hedef alan perspektif konstrüksiyondur.

Perspektiften büyülenen Rönesansın sona ermesiyle, göz de bakışın simgesi, öznenin timsali olmaktan çıktı. 17. yüzyılda sadece optik bilimin simgesiydi. 1613'te Anvers'te bir optik ders kitabı yayımlandı; bu eserle Anvers'teki Cizvit okulunda fen bilimleri eğitimine başlanacaktı. Kitabın illüstrasyonlarını Peter Paul Rubens'in ta kendisi yapmış, daha sonra bu çizimler Theodor Gall tarafından bakır gravüre uyarlanmıştı. Kitabın kapağında, tahtında oturan optik tanrıçasının elinde optik bilimin iki sembolünü tuttuğu görülür (**Resim 92**). Bunlar, görme piramidi ve ucunda tek bir göz bulunan bir asadır. Algı teorisini temsil eden "Juno Optica"ya kartal ve tavuskuşu eşlik etmektedir. Görme piramidi, görme merkezini piramidin tepesine yerleştiren eski prensibi temsil eder, oysa yazar piramidin aslında bir koni olduğunu bilir. Fakat Agilonius—bu isim kartala gönderme yapar—Kepler'in dokuz yıl önce açıkladığı retina imgesinden

Res.91 Andrea Mantegna, *Christophorus Efsanesi*'nden detay (kralın körleşmesi), 1448-57, Chiesa degli Eremitani, Padova, Cappella Ovetari

---

* Almancadaki "ein Foto schießen" ya da İngilizcedeki "to shoot a picture" deyişlerindeki "ateş etme, vurma" anlamlarına gönderme yapılıyor—çn.

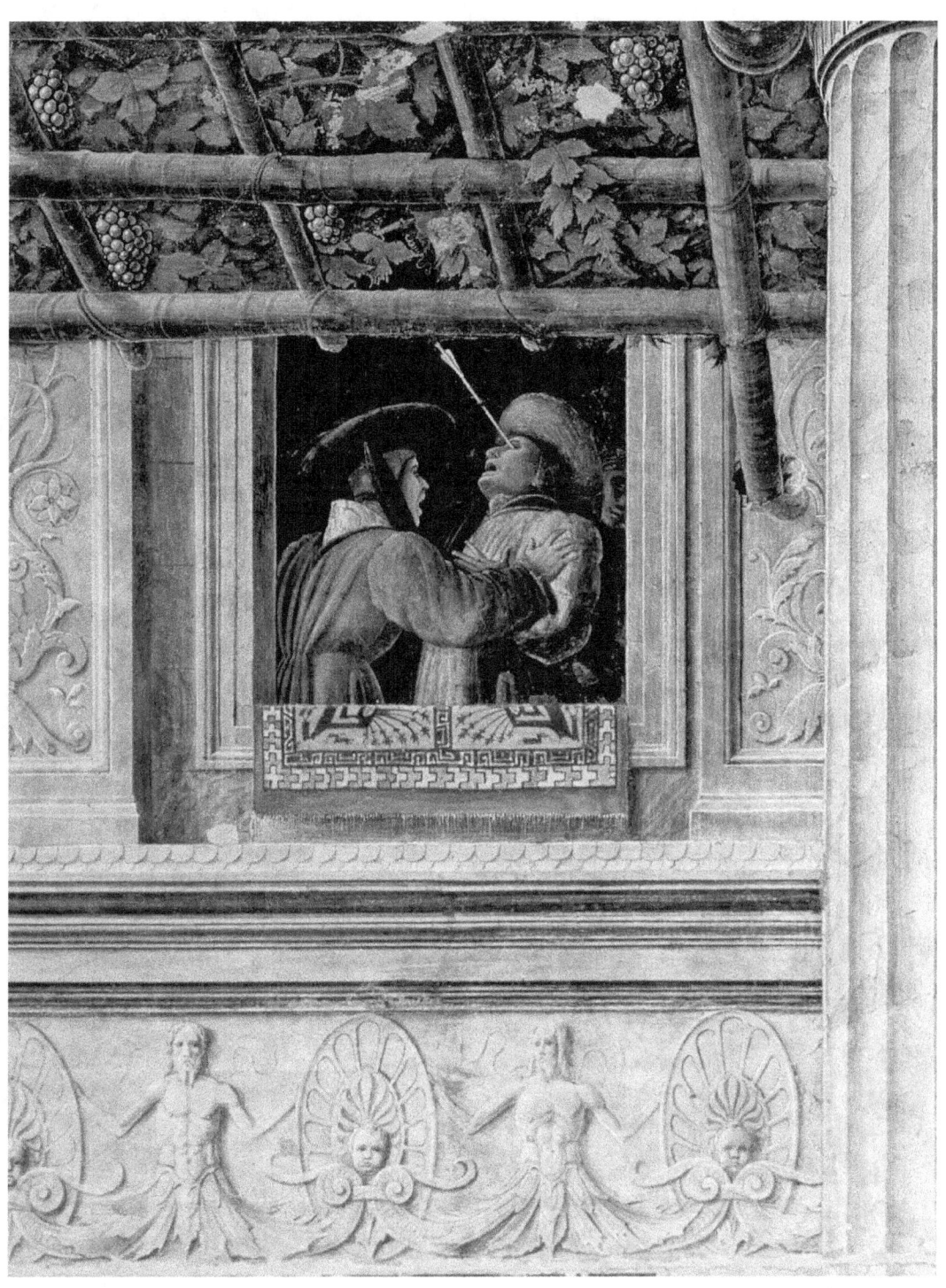

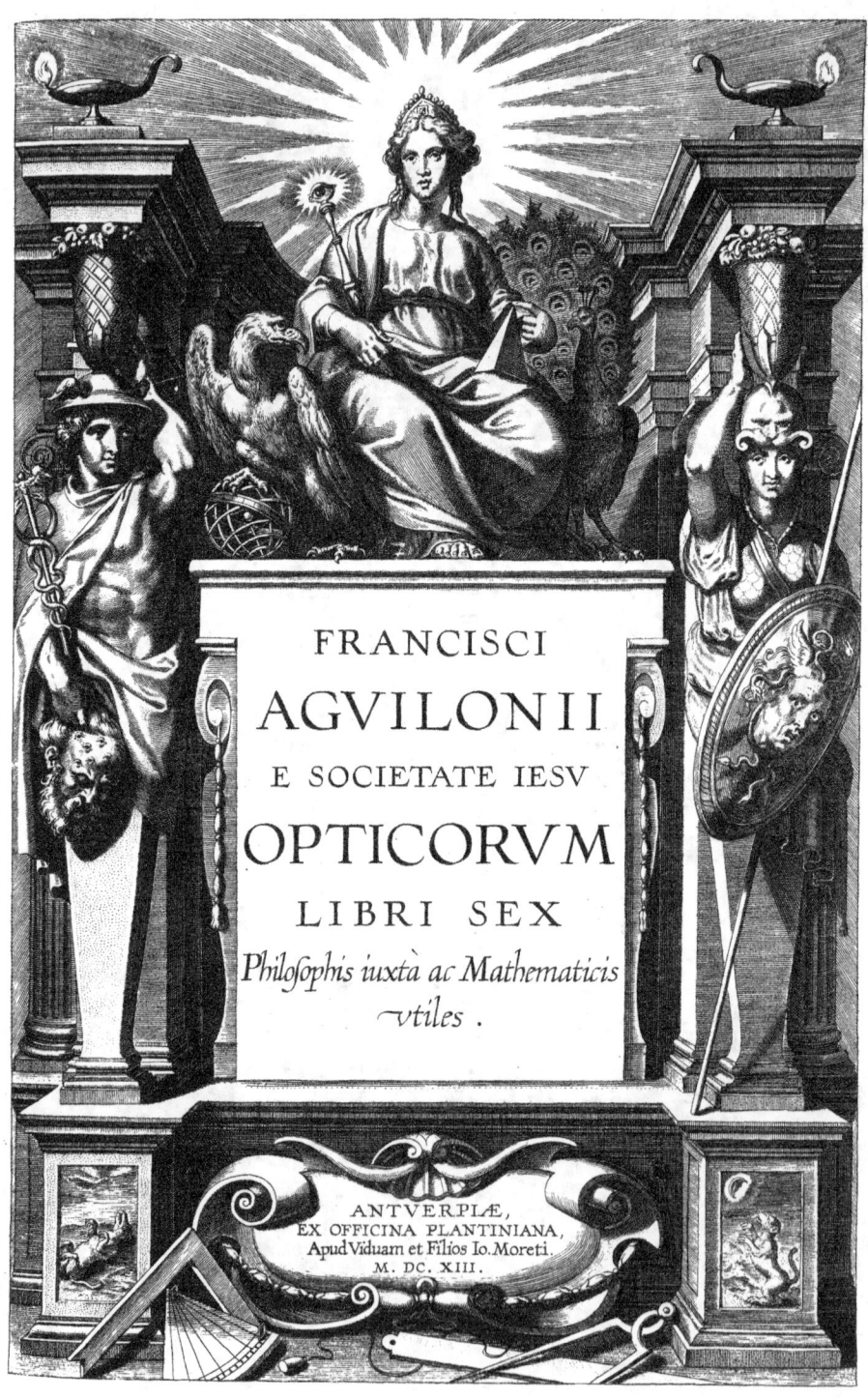

haberdar olmadığından, geçerliliğini yitirmiş bir kuramdan yola çıkıyordu. Resimde kişileştirilmiş optiğin yanında görülen iki figür, bakışı ve bakışın gücünü temsil eden Merkür ve Minerva'dır. Merkür bin gözlü Argus'u öldürmüştür, Minerva'nın kalkanının üzerinde ise bakışlarıyla ölüm saçan Medusa vardır. Bilimin tutku ve tehlikelerden korunması gerekir. Bu iki yan figür görme teorisinin değil, mitolojinin figürleridir. Bizi kem gözlerden ve bakışın ölümcül gücünden onlar koruyacaktır.[15]

Barok dönemde Nicolas Poussin'de karşılaştığımız göz sembolü yorumu da yine sınırlıdır, çünkü burada göz sembolü resim sanatının amblemine dönüşmüş, resimdeki öznenin simgesi olmaktan çıkmıştır. Poussin'in 1650'de bir arkadaşının ısrarıyla yaptığı, bugün Louvre'da bulunan meşhur otoportresinin arkaplanında bir dizi tablo görülür. Bunlardan birinde resim sanatının alegorisi olarak tasvir edilen kadın figürünün başındaki taçta bir göz vardır. Figürü açık kollarla karşılayan kişiyi tabloda göremesek de, bu kişi ancak izleyici olabilir, zira izleyici resmi ve onun bakışını (kendi bakışını değil) kabul etmeye, hatta "kucaklamaya" hazırdır.[16] Buradaki göz sembolü adeta başka bir mecraya geçmiştir, çünkü kendini resimde bulan bakışı simgelemek yerine, estetik bir araç olarak göz zevkine hizmet eden resim sanatını simgeler. Elinde teoriyi simgeleyen bir kitap tutan Poussin'e göre, resim sanatının bir teoriye dayanması gerekse bile, resim sanatı görsel sanat olmuştur artık. İnsan bakışına duyulan güven Barok dönemde bir değişime uğramıştır. Bakış, artık bizzat kontrol edemediği bir yanılsamalar dünyasına mahkûm olmuştur.

Res.92 Franciscus Aguilonius, *Optik Ders Kitabı* (1613), kapak resmi: Peter Paul Rubens

Cusanus ve Tanrı'nın Bakışının Egemenliği

Alberti'nin ünlü bir çağdaşı olan teolog Nikolaus von Kues, namı diğer Nikolaus Cusanus, çokça alıntılanan *Tanrının Bakışı Üzerine* (*De Visione Dei*) adlı eserinde yeni perspektif bakışı eleştirir. Bu karşı tavrın şimdiye kadar pek dikkate alınmaması tesadüf değildir. Papanın sarayında hümanist Alberti'yle de karşılaştığı tahmin edilen Cusanus, perspektifin simgesel biçim olarak temsil ettiği özerk bakış iddiasına son derece sofistike bir söylemle karşı çıkar. Cusanus eserinde Tanrı'nın ebedi bakışını, yarattığı mahlukların fâni bakışıyla karşılaştırırken, Alberti'nin göz amblemiyle yıktığı tabuyu ima eder. Okurlarının kendi bakışlarını Tanrı'nın bakışından ayıran uçurumu kavrayabilmeleri için onları bir deney yapmaya ve kilise korosundaki bir ikonanın önünde durmaya davet eder. Ona göre,

Tanrı'nın tekelindeki bakış, kendi bakışını ikonikleştirmek isteyen bir izleyici tarafından ele geçirilemezdi. Bu düşüncesiyle Cusanus, ikonanın cepheden bakışını kendine mal eden yeni tarz portreye de küçük bir darbe indiriyordu.

1453'te Cusanus *De Visione Dei*'sini Almanya'nın güneyindeki Tegernsee Manastırı'nın keşişlerine gönderdi. Keşişlere kitabının yanı sıra, Hollanda'da yapılan yeni bir İsa ikonasını da gönderen Cusanus, keşişlerden ikonanın karşısına dizilerek bir deney yapmalarını istedi.[17] Çünkü ikonanın karşısında durduklarında, her biri ikonanın bakışını kendi üzerinde hissedecekti, hangi açıda dururlarsa dursunlar ikona onlara tek tek bakacaktı. Böylece, "insani bir biçimde tanrısallığa yükselebilirler"di, zira "her şeyi gören yüce Tanrı'nın resimden etrafa aynı biçimde baktığını" göreceklerdi. "O nedenle, ikonanın etrafına dizilin ve ona bakın. İkonanın aynı anda hepinize birden ve her birinize ayrı ayrı baktığını görüp şaşıracaksınız." İkona duvarda asılı olduğundan, "sabit bakışın hareketi karşısında hayrete düşeceksiniz, çünkü siz adım attıkça ikonanın bakışı (*visus*) da sizinle birlikte gezinecek."

Michel de Certeau, burada keşişlerden bir "bakış geometrisi" kurmaları istendiğini söyler.[18] Bu düşünceyi biraz daha geliştirebiliriz. İkonanın karşısında farklı noktalarda durdukları halde keşişlerin hepsi de aynı şeyi görüyorlarsa, tek bir bakış noktasından hareket eden yeni perspektif çürütülmüş oluyordu. Gruptaki her birey kendi bakışının sınırlı ve bir başkasınınkiyle değiştirilebilir olduğunu görmüştü. Bu durumda kimse bağımsız bir özne olarak ya da yanındakinden farklı bir biçimde bakamazdı. Dolayısıyla, insanın bakışı, Tanrı'nın mutlak bakışını temsil eden ikonanın bakışına tabiydi. İkonanın gözleri herkesi aynı anda ve ayrı ayrı görebiliyorsa, Tanrı'nın mutlak gözü için de geçerliydi bu ve o dönemde perspektifin insanın bakışına tanıdığı otoritenin sonu anlamına geliyordu.

Cusanus görme organının anatomik ve fiziksel sınırlarını vurgularken görme teorisinden de söz eder. "Kimimizin gözü diğerlerininkinden daha keskindir. Bazılarımız en yakınındaki şeyleri görmezken, bazılarımız en uzaktakileri bile görür." Buna karşılık, Mutlak Bakış, insanın görme gücünün sınırlarının ötesindedir (I.5). "İnsanın soyut bir algısı (*visus abstractus*) yoktur, kısıtlı bir algısı (*visus contractus*) vardır." Bakışı hep belirli bir görüş alanıyla sınırlıdır, zira her şeyi aynı anda göremez. İnsan hep hareket halinde olduğu ve bakışı da kendisiyle birlikte gezindiği için hep kısmi görünümlere tabidir. Kısıtlı bir bakış açısına sahip olan insanın aksine, Cusanus'un keşişlere hediye ettiği küçük İsa ikonası böyle bir bakışla sınırlı değildir. İkonaya da bir nebze yansıyan, "tüm kısıtlama ve sınırların ötesindeki mutlak bakış" (*visus absolutus*), görme yetisinin *Urform*'u, ilk-biçimidir. "Zira kısıtlı tüm görme biçimleri mutlak bakışta sınırsız bir biçimde mevcuttur" (2.7). Tek bir bakış noktasına göre kurgulanan ve bu görünümü mutlak ilan eden perspektifle taban tabana zıt bir görüştür bu. İkonanın bakışı, sanatçının resme istediği gibi koyduğu perspektif bakıştan farklıdır.

Cusanus, ikonayı yapan ressamın o her yeri gören bakış izlenimini yaratmak için özel bir teknik kullandığını bilir. O nedenle, bakışın izleyiciyi takip ettiği başka portrelerden örnekler verir. "Brüksel belediye binasındaki bir tabloda"—ki bu bir freskir aslında—ünlü ressam Rogier von der Weyden'ı "resimdeki bakışından" tanımıştı, oysa figürden geçilmeyen tabloda kimin kim olduğunu anlamak zordu. Hemen bir sonraki cümlede Cusanus'un "Koblenz'deki şapelimdeki Veronica" dediği ikonanın bakışının da benzer bir etkisi vardır. Bu, İsa'nın Roma'daki "gerçek ikona"sının taklidi olan ve o dönemde tüm Avrupa'ya yayılan ikonalardan biriydi (**Resim 93**).[19] Cusanus'un Tegernsee'deki keşişlere gönderdiği "Tanrı ikonası" da bu tarz bir resim olmalı.

Fakat Cusanus'un Tanrı'nın her şeyi gören bakışıyla ilgili düşünceleri burada bitmez. Cusanus'a göre, "optik biçimler" (*species*) "ayna benzeri gözümüze" belli bir açıda teker teker ulaşırken, Tanrı'nın görüşü doğası gereği zaman ve mekânla sınırlı değildir (8.30). Yunanca "theos" kavramı görmeyi de içerir ve "her şeyi gören" (*intuetur*) tek varlık, yani Tanrı anlamına gelir. Dolayısıyla, mutlak biçimde baktığı söylenebilecek tek bakışı ikonadaki bakış yansıtır. Cusanus ince zekâsıyla optik ve ayna konularını eski teolojik söyleme yönlendirir. Gerçi ona göre, ayna "biçimlerin biçimi"dir ve dünyadaki cisimleri algılamamızı sağlayan tüm "optik biçimleri" yakalar. Fakat ayna "ebediyetin canlı aynası"nın bir metaforundan başka bir şey değildir. Nitekim cilalı camdan yapılmış bir aynaya bakan biri kendi yansımasını görür, ama ikonaya bakan hiç kimse ikonada kendi görüntüsünü görmez. Tam tersine! "Ebediyetin aynasında gördüğümüz şey bizim kendi görüntümüz değil, önünde bir resimden başka bir şey olmadığımız bir hakikattir" (15.63). Böylece, yeni perspektif için büyük önem taşıyan ayna metaforunu Cusanus tersine çevirivermiştir. İkonadan bize bakan, bizi kendi "suretine göre" yaratan Tanrı'dır (Tekvin, 1,27).

Perspektif resim sırf çerçevesiyle bile kendi sınırlarını çiziyordu, zira resim çerçevesi dünyanın görünümünden "bir kesit" alıyordu. Cusanus

Res. 93 Jan van Eyck, *İsa'nın Portresi*, 1438, Staatliche Museen Preußischer Kulturbesitz, Berlin

Res. 94 Jan van Eyck, *Otoportre*, 1433, bir ressamın yaptığı ilk otoportre, National Gallery, Londra

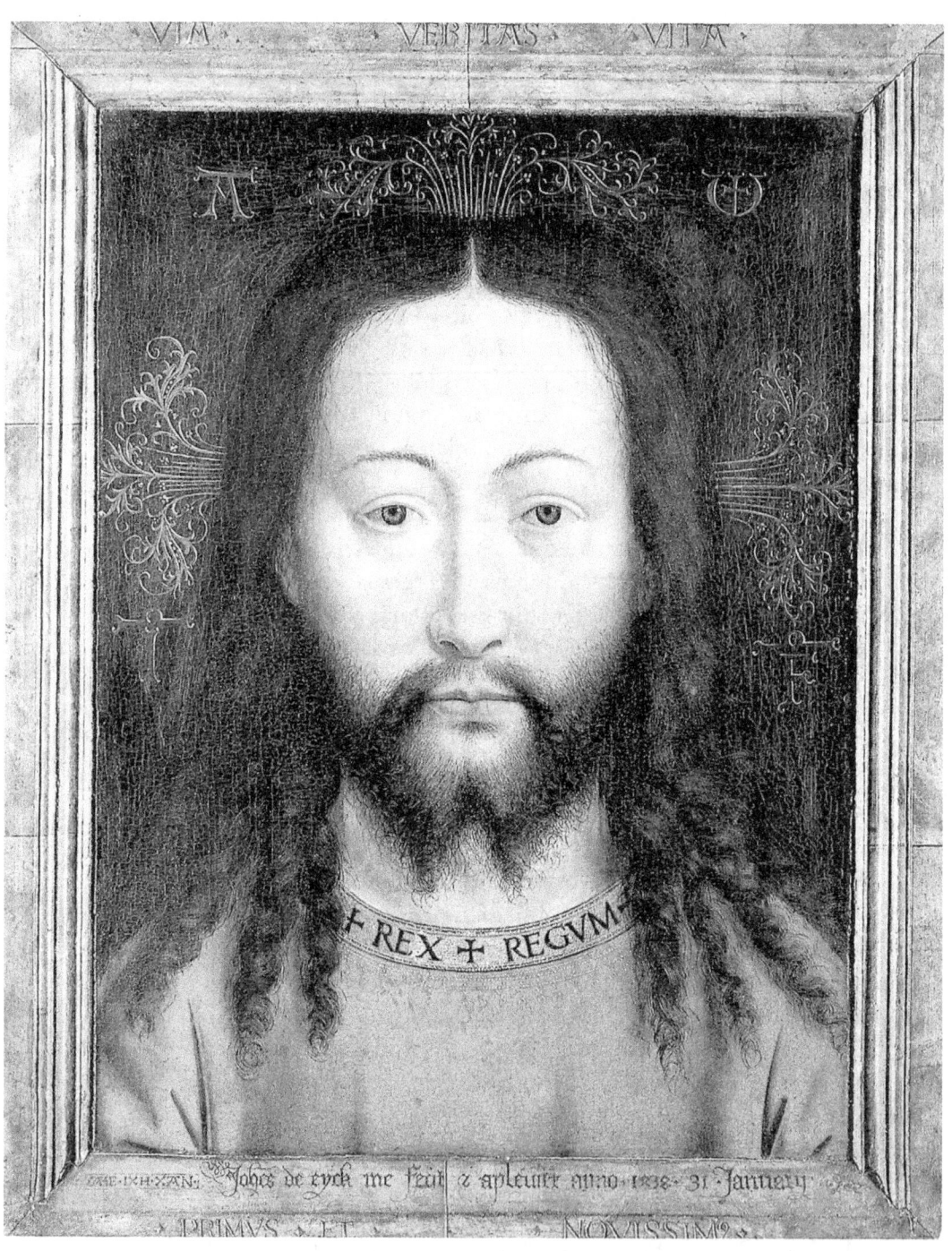

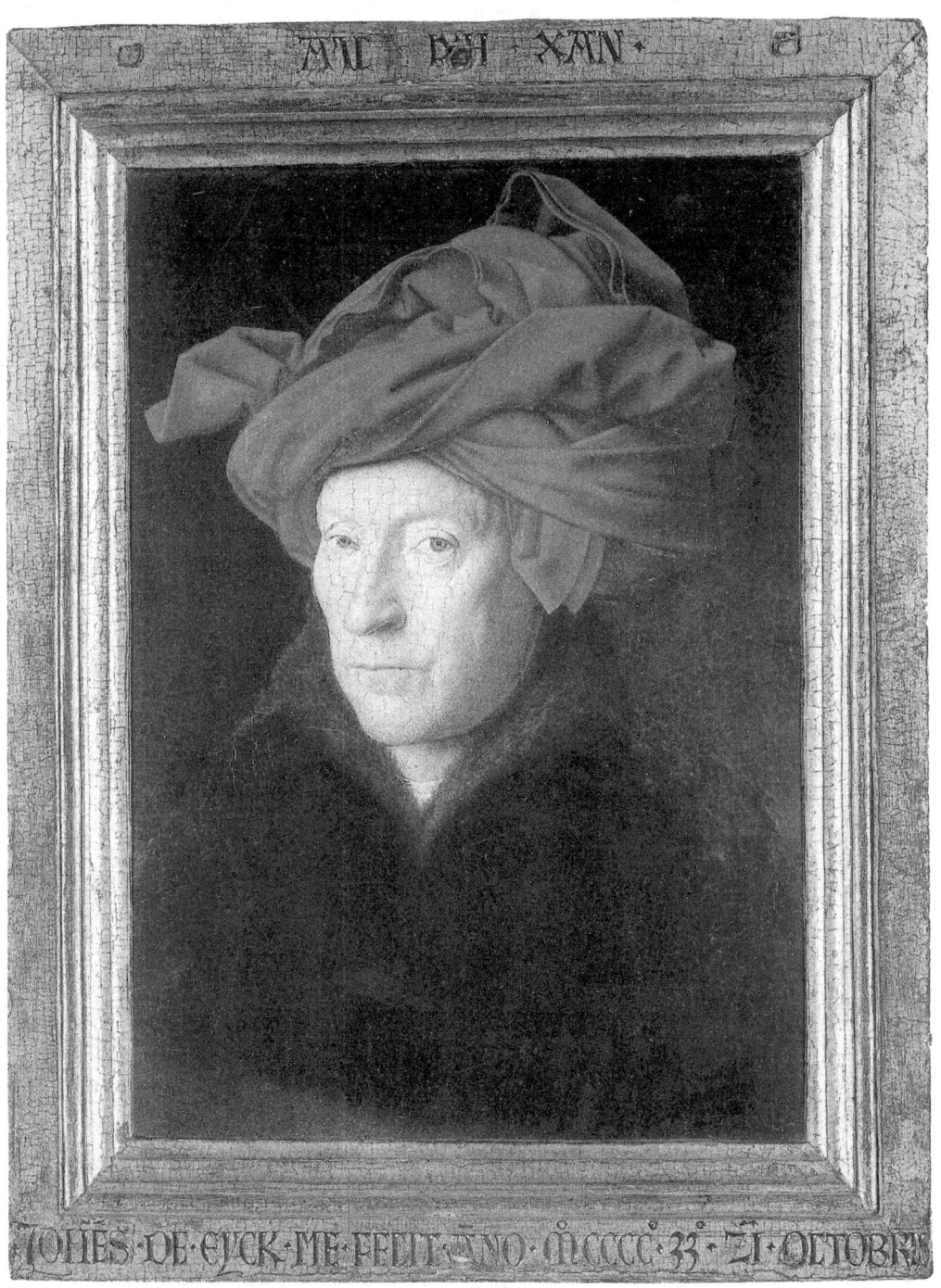

ufukta görünen devrimin farkındaydı. Ama öznel bakışın kendini özerk hissettiği antroposentrik simgenin karşısına, "ortaçağ ile yeniçağın Janus çehresini" ifade eden teosentrik argümanını koydu.[20] Ona göre, fâni varoluş ebediyette, fâni bakış ise sınırsız bir bütünlükteki bakışta yansılanır. Gottfried Boehm'ün kavramıyla söyleyecek olursak, "perspektif ben-lik" Cusanus için halen "tanrısal ufkun sonsuz yakınlığı ve uzaklığı" ile ilintilidir.[21] Cusanus'un metafiziği, farklı bir biçimde de olsa, kendince perspektivistti. Teolog Cusanus ile hümanist Alberti arasında—birbirlerinin adını anmadan—yaşanan çatışma, perspektif bakış ile teosentrik ikona arasında bir denge tutturmanın ne kadar zor olduğunu göstermektedir.

Aynı sorunu sanatta, Cusanus'un çağdaşı olan Flaman ressam Jan van Eyck'da da görürüz. Jan van Eyck, ikona ile portrenin bir sentezini bulmaya çalışırken öyle bir noktaya vardı ki, birbirini hem çürüten hem de ayakta tutan iki resim janrını portrede buluşturdu. Siyah bir arkaplanla "modernleştirdiği" ve fizyonomisini çağdaş portre normlarına göre yaptığı İsa'nın "gerçek ikonası," tıpkı bir portre gibi ressamın imzasını ve portreye—normalde modelle birlikte—ne zaman başlandığını gösteren tarihi taşır (**Resim 93**). Yine de İsa, ikonanın soyut bakışıyla—Cusanus'un kastettiği o "mutlak" bakışla—bakar bize. Cusanus'un Tegernsee'deki keşişlere gönderdiği ikona da muhakkak böyleydi. Tanrısal bakış, insan İsa'da vücut bulsa bile, dönemin portresi gibi izleyiciyle diyalog içinde değildir, monolog ve "sınırsız"dır. O dönemde yerini portrelere bırakan eski ikonaların tarzı tam da bakışla yeniden yakalanmıştır.[22] Böylece, Eyck'ın tablosunda, Cusanus'un ifadesiyle "karşıtların birliği" oluşmuştur.

Fakat Flaman ressam, ikonanın karşısına koyduğu portre resminde o zamana kadarki tüm sınırların ötesine geçti. Sanat tarihinin ilk otoportresinde portre fikrini öyle uç noktalara götürdü ki, portre ikonanın gölgesinden sıyrılıverdi. Van Eyck bugün Londra'da bulunan portresinde, yüzünün belleğe sonsuza kadar kazınması için aynaya büyük bir dikkatle bakar (**Resim 94**). Cusanus'un da gördüğü gibi, aynadaki imge ikonanın zıt kutbudur. Van Eyck'ın Ekim 1433'te Brügge'de tamamladığı portresindeki yüzü odasının karanlığını delip geçer. Ressam otoportredeki dublöründe sadece ne gördüğünü değil, kendini nasıl gördüğünü de en ince ayrıntısıyla tasvir etmiştir. O "kendine" bakar. Ama nedir bu "kendi"? Sadece fizyonomisi değildir, kendi varlığından emin olma ve varolma hakkı anlamında kendini ortaya koymasıdır. Resmin çerçevesinde yer alan "elimden geldiği kadar" ("als ich chan") ibaresi, van Eyck'ın resme tüm uçuculuğu ve fâniliğiyle birlikte daima koyduğu kendi bakışını tasvir etmenin bir tekniğini bulduğunu vurgular. Bunun için aynadaki mekanik izdüşümü resmetmek yeterli değildi. Çünkü ressam hâlâ dışbükey bir aynayla yetinmek zorundaydı, o pahalı düz aynalardan birine sahip değildi. Aynadaki görüntüyü basitçe tabloya aktaramadığından, düz ayna görüntüsünün ancak simülasyonunu yapabilirdi tablosunda. Yani ayna sadece bir tasvir aracı değildir, ressamın kendini temsil etme biçimini bulma ve özne olma girişimini de simgeler.[23]

Bu nedenle, arma kalkanından hareketle "şilt" diye de anılan tabloda bakışın hükümranlığından söz edebiliriz.[24] Bakışın egemenliği, insanın bir resme ve resimde yer almaya hakkının olması demektir. Bugün Londra'da bulunan bu otoportredeki bakış, kendini temsil etmeyi başaran ressamın bakışıydı. Ama izleyicilerin bakışına da muhtaçtı tabii, zira onların bakışıyla özne olacak ya da özne olarak kalacaktı. Fakat o dönemin izleyicisi her perspektif tasvirde kendi bakışını, hatta kendi yüzünü arıyordu. Matematiksel perspektifi bilmeyen, ama fiziksel nesnelerin ve ortamlarının ampirik varlığını besleyen bir alternatif geliştiren Flaman resmi için de geçerlidir bu. Flaman van Eyck'in otoportesi ile Floransalı Alberti'nin resim sanatı hakkındaki eseri aynı döneme aittir. Floransa'da perspektif tasvir nasıl simgesel biçim idiyse, bu tablonun da simgesel biçim olarak nitelenmesi gerekir. Pencere sembolizmi ve aktarılabilen karakteriyle bu tablo, yaşayan bir kişi ve bakışıyla kurulan analojinin bir ifadesi olması bakımından simgesel bir biçimdir.

Yeni Narcissus Olarak Özne

Alberti'nin perspektif kuramını geliştirdiği metinde yeni bir Narcissus yorumuyla da karşılaşırız; antikçağ mitosu bu yorumda adeta baş aşağı çevrilmiştir. Perspektifi, simgesel biçim ve kültür tekniği olarak tüm kültürel ve felsefi yönleriyle birlikte kavramak istiyorsak, Narcissus efsanesinin bu yeni yorumuna ve Alberti'nin onu içine oturttuğu bağlama biraz daha yakından bakmamız gerekir. Alberti, resim sanatını Narcissus'un icat ettiğini söyler. Oysa Alberti'nin de bildiği gibi, Narcissus ressam değildir, o her zaman bir izleyici olmuştur. Fakat bu antikçağ delikanlısı kendi yansımasına baktığını bilmiyordu ve resmin özü hakkında da bir fikri yoktu. Fakat Alberti'de durum farklıdır. Alberti'nin yorumunda, suya yansıyan görüntüsünde kendini kaybetmeyen, sanat aracılığıyla kendini bulan bir Narcissus görürüz. Mitosu tersine çeviren bu beklenmedik yorumun anlamı, konu her zamanki gibi sanatla sınırlanmadığında—

Alberti de hep sanattan söz etse de—ve yeni perspektif resminde kendi bakışını yeniden bulan özne bağlamında ele alındığında anlaşılır. Bakış, Alberti'nin göz simgesinde ve Narcissus yorumunda benzer bir rol oynar, zira her iki durumda da özne, yeni Narcissus olarak, dünyayı bakışıyla kendine mal eder. Yeni resim sanatı bunun için bir teknik geliştirmiş ve ilk kez öznenin bakışını resme koymuştur.

Bu şaşırtıcı bir dönüm noktasıdır aslında, çünkü antikçağda bakış pek çok açıdan tabuydu. Narcissus'un kendi bakışıyla karşılaşması ölümle sonuçlanmıştı. İnsanın aynada kendisiyle karşılaşmasının bir metaforundan başka bir şey değildi bu. Ayna tehlikeliydi; aynada kendi bakışınızla karşılaştığınızda hayatınızı ya da kendinizi kaybedebilirdiniz.[25] Alberti'nin Narcissus'u yasak bir bakışın kurbanı olarak görmeyip mitosu olumlu biçimde yorumlaması, kendi bakışına güvenen yeni bir Narcissus yaratır.[26] "İkonik bakış" diyebileceğimiz resimsel bakış, ölüme değil, bir resme yol açar, ama yeni sanatla dönüşüme uğrayan bir resimdir bu. Eski Narcissus yansımasına bakarken, kendini değil, bir başkasını arzuluyordu. Yeni Narcissus da kendi yansımasına bakar, ama oradaki imgede kendini görür, çünkü imge ile gerçekliği birbirinden ayırt etmeyi bilir ve imgenin simgesel karakterini kavramayı öğrenir. Perspektif resmi, hayatın değil, temsilin yeri olmasıyla izleyiciye bir mesafe ve güven sundu. Resim ile resme bakan kişiyi simgesel bir biçimde birbirinden ayırdı ve tam da bu nedenle izleyiciyi kendisiyle buluşturdu. Fakat aşağıdakilerin anlaşılabilmesi için, "kendini yansıtma" kavramını biraz açmamız gerekir, yoksa burada sadece portre söz konusu olurdu. Şöyle ki; perspektif resim modelinde bakışın ve bakan kişinin rolünü keşfetmek, başka bir deyişle, insanın sadece kendine bakışının değil, dünyaya bakışının da yeni bir Narcissus yarattığını görmek gerekir.

Fakat ondan önce, Alberti'nin Narcissus'tan söz ettiği metne biraz daha yakından bakalım. Alberti, resim tablosunun, bir hareketle pürüzlenmeyen "durgun bir suyun yüzeyini andırdığını" söyler.[27] Su yüzeyinin doğal "aynası" da yüzeyde üç boyutlu bir dünya yaratır. Yani ressam doğada da gözlemleyebildiği bir şeyi "sanatıyla" taklit eder. Su yüzeyi ile resim tuvali analojisi—doğada kıpırtısız bir su yüzeyi olmasa da—doğa ve sanat ilişkisinde, resmin gerçekliğin koşullarını yerine getirdiği bir denklem kurar. Perspektif icat edildiği zaman insanları en çok büyüleyen, dünyanın gizemli ve geçici yansımalarının birdenbire kalıcı bir resme dönüşerek sabitlenmesi olmuştur herhalde. Fakat hareketli bakışın resme dönüşmesi de aynı şeydir. Nitekim, insanın kendi bakışının ebediyen

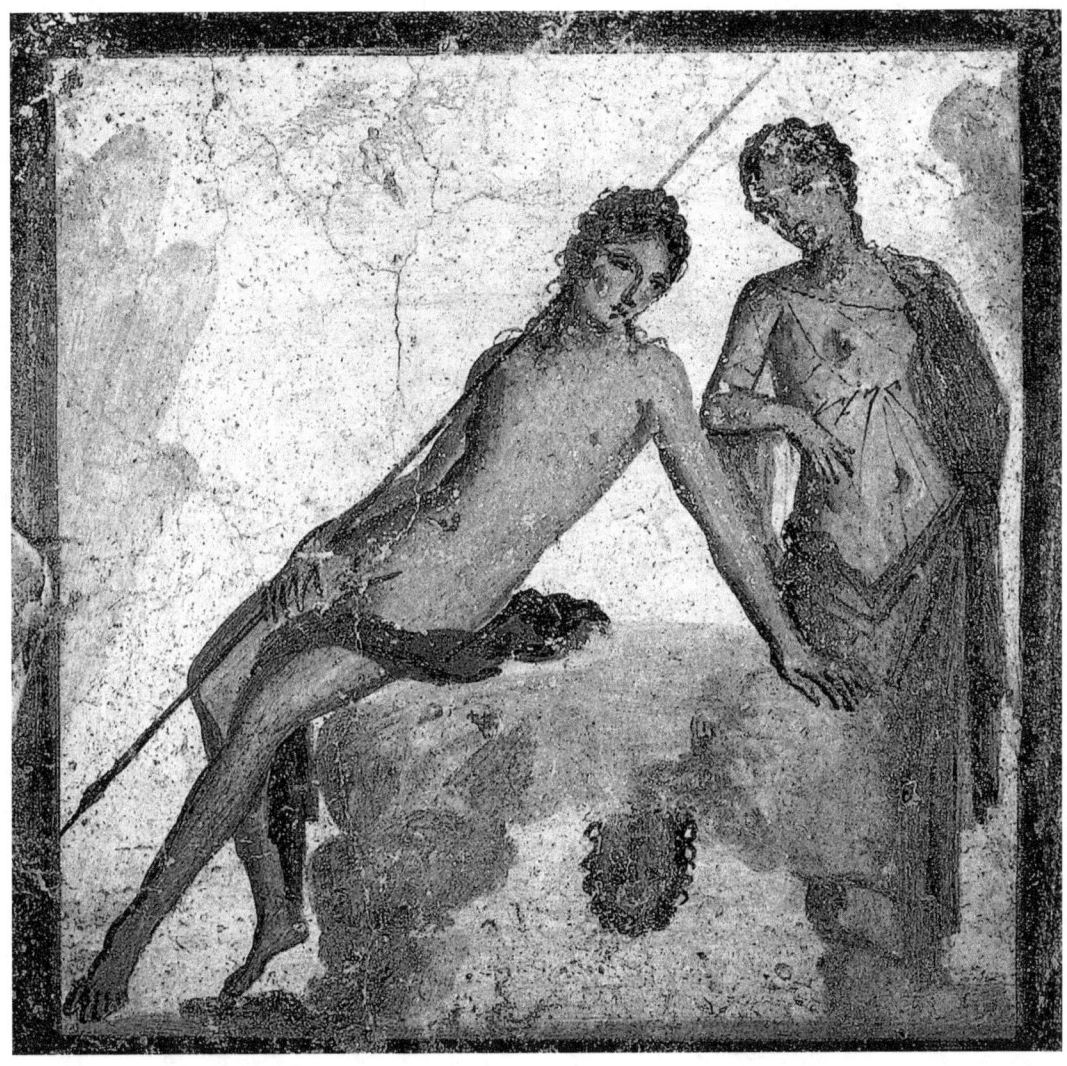

RES.95 Narcissus mitosu, fresk, 1. yüzyıl, Cornelius Teges'in evi, Pompei

sabitlenmesi, fotoğrafla ilk kez karşılaşanları fotoğrafın kendisinden daha fazla şaşkınlığa uğratmıştı. Aynada bir görüntünün oluşabilmesi için aynaya bakmak gerekir. Fakat dünya aynada görüldüğü halde, gördüğümüz yerde değildir. Dünyayı oraya koyan bakışımızdır. Aynı şey resim tablosu için de geçerlidir; nitekim resimdeki perspektif değişim o dönemde, Brunelleschi'den Filarete'ye kadar, hep aynayla açıklanmıştı (Beşinci Bölüm). Perspektifle birlikte—perspektifin mimesis sanatına bile daha alışamadan—herkesin önünde kendi kişisel deneyimini yaşayacağı baş döndürücü bir uçurum açılmıştı. Dikkatle okursak, sanat kuramı da her şeyden önce bakışın kuramıydı ve bakışla birlikte özne de devreye girmişti.

Fakat biz şimdi Alberti'nin Narcissus'tan bahsettiği metne dönelim: "Arkadaşlarıma hep derim ki, şairlere göre resim sanatının mucidi Narcissus'tur. Tüm sanatların tomurcuğunun (*flos*) resim sanatı olduğu, Narcissus hikâyesinde çok güzel anlatılır. Öyle ya, Narcissus'un kendi imgesini gördüğü o su yüzeyini sanatla (*arte*) kucaklamaktan (*amplecti*) başka nedir ki resim yapmak?" (2.26). Alberti burada bir kelime oyunu yapar, zira insan bir resmi değil, ancak başka bir bedeni "kucaklayabilir." Alberti'nin okurları, Narcissus'un "bedensiz (*sine corpore*) bir umudu sevdiğini" ve "sudaki yansımayı (*unda*) bir vücut sandığını" söyleyen Ovidius'un *Metamorfozlar*'ını biliyorlardı.[28] Alberti, Narcissus'un kendisiyle bakışmasını, sanata bakış, yani her şeyi değiştiren bakış olarak yorumlar. Mitosta boş bir yanılgı diye gözden kaçırılan şey, resme sanat olarak geri döner. Bu Narcissus yorumunun antikçağda bir örneği yoktur, zira o dönemde bu mitos olumsuzluk ifade eder. Gerhard Wolf'un yazdığı gibi, putperestlik suçu yalnızca sanatsal değil, felsefi bir 'kendini yorumlamaya' dönüşünce, "ressam için Narcissus'un ikilemi çözülmüş gibidir."[29] Bir zamanlar yasak olan bakışı, ancak *sanat*, bu yeni anlayışa sahip sanat meşrulaştırır. Zira dolaysız bakışı sanata çeviren ressam da vardır artık işin içinde. "Bir yüzeyin kucaklanması paradoksu" tabulaştırılmış bakışı simgesel bir bakışa dönüştürür.

Antikçağ resminin mucitleri arasında Narcissus yoktur tabii (Romalı tarihçi Plinius mitolojik bir figürü nasıl onlardan biri sayabilirdi ki?). Ama Plinius'tan farklı olarak Alberti, "resim sanatının tarihini değil, sanatın yepyeni bir teorisini yazmak" ister ve "antikçağ yazarlarının bu konudaki belgelerine (*monumenta*)" kendi döneminde rastlayamadığını, bunların belki de kaybolduğunu söyler. Etrüsklerde en parlak dönemini yaşayan İtalik resim sanatına dair bir bilgiye de rastlamaz antikçağın "edebiyat eserlerinde" (*monumentis litterarum*). Fakat resim ancak yeni bir teoriyle sanat olur. Kişisel bakışın sanata uygulanması için bilim ve sanat el ele verir. Bilim, insanın kendisiyle karşılaştığı ayrıcalıklı bir yer haline getiren bir teoriyle onaylar sanatı. Özne, kendi bakışının tuzağına düşmek yerine, farkındalığın simgesel bakışıyla kendini yeniden yaratan "modern" bir Narcissus olduğunu büyük bir şaşkınlıkla idrak eder.

Medusa mitosu gibi Narcissus mitosu da, yeniçağla keskin bir tezat içindeki antikçağ kültürünün bir ifadesiydi. Narcissus suyun karanlık aynasında yaşamını yitirmişti. Aktaion, bakire Diana'yı banyo yaparken seyrettiği için cezalandırılmıştı. Orpheus arkasına dönüp baktığı ve bu bakışıyla yaşam ile ölüm arasındaki yasak eşiği aştığı için Eurydike'yi bir kez daha kaybetmişti. *Apo-trepein* kavramının da ifade ettiği gibi, apotropeik sihirli sözler ve tılsımlar kem gözleri, kötü nazarı "savuşturmaya" yarıyordu. Gorgo/Medusa'nın bakışı kurbanlarını cansız taşlara, yani bir bakışa bakışlarıyla karşılık veremeyen ölü resimlere dönüştürüyordu. Gorgo'nun bakışıyla bütün hayatlar sönüyordu. Ölüler bu dünyadaki taştan imgeler, öte dünyada bedensiz gölgelerdi. Perseus aynayı Gorgo'nun yüzüne tutunca, Gorgo kendi bakışının kurbanı olmuştu.[30]

Robert Caillois'nın Medusa mitosu hakkında yazdığı gibi, antikçağ insanı "bakışlarıyla dehşet yaratan" gözden korkuyordu. "İnsanın başını döndüren ve ölüm getiren" o tekinsiz yuvarlaktan kaçınıyordu.[31] Pascal Quignard'ın antikçağdaki dehşet ve büyülenme üzerine yazdığı denemesinde belirttiği gibi, Narcissus'u kendine olan aşkı değil, bakışı öldürdü.[32] Antikçağ "görme eylemi karşısında dehşete düşüyor," gözden somut cisimler çıktığına inanıyordu. Görmek "şiddet dolu, cinsel, tekinsiz bir eylem olarak algılanıyordu. Göz göze gelmek yasaktı. Aynadan da kaçırılıyordu gözler. Gözlerini kaçıramayanlar, bakışlarını alamayanlar, büyünün etkisinde kalıyorlardı."[33] Her genellemede olduğu gibi, bunda da bir abartı payı olabilir. Fakat bizim bağlamımızda antikçağın göz korkusu, yeni bakış ütopyasını iyice öne çıkaran bir fon gibidir.

Antikçağ resminde Narcissus genellikle suya bakmaktan kaçınır, zira sudaki yansıması göz çukurları boş bir ölü maskını andırır. Pompei'deki ressamlar tragedyanın gidişatını engellemek istercesine sonunu açık bırakmışlardır (**RESİM 95**).[34] Ünlü eseri *Eikones*'te Napoli'deki bir resim galerisini tasvir eden Philostrates, Narcissus'un resminin önüne gelince, delikanlıyı sudaki imgesine (*eidos*) bakmaması için uyarır.[35] Çünkü o gölge (*skia*) ona kendi bakışlarıyla bakmaktadır. Aynadaki gölge ölümle kurulan bağın güçlü bir ifadesidir, zira ölülerin Hades'te bedensiz gölgeler olarak yaşadıklarına inanılır. Ovidius'a bakarsak, suda görülen sadece "bir yansımanın gölgesidir" (3.434). "Yunanca ve Latince 'gölge' kavramlarının 'yansıma' anlamı da vardır," yani yine cisimsizlik, geçicilik söz konusudur. Gölge Narcissus'u yansılar, hemen ardından Narcissus da tıpkı ölüler gibi bir gölgeye dönüşür.[36] Yansıma ve öz-sevgi birbiriyle ilintilidir, çünkü öz-sevgi bakışta meydana gelir. Gerekli mesafenin yaratılması ve insanın kendini başkalarının gördüğü gibi göremeyeceği bilinci ancak düşünceyle olur. İnsan kendini kendi bedeninde değil, sadece aynada görebilir.

Antikçağda insanın kendi imgesiyle yaşadığı deneyim ölüme yol açıyordu. Koyu bronz aynalar onlara bakanlara geleceği gösteriyordu, zira insan öldüğünde yeraltı dünyasında bir gölge olarak yaşayacak ve ölü bedeni artık sadece bir resmi andıracaktı. Antikçağda bronz aynaların ayna işlevini yerine getirebilmeleri için yüzeylerinin devamlı cilalanması gerekiyordu.[37] Platon'un görünüşler ve yansımalarla ilgili öğretileri bile bozamamıştı o eski ayna büyüsünü. Aynadaki yansıma ruhu ele geçirdiği takdirde ölüme yol açabilirdi. Aynaya bakan kişi ile aynadaki imgesi arasında açılan uçurum, Rönesansta olduğu gibi sanatla kapatılamıyordu. Antikçağda aynalar dehşetin ve büyünün nesneleriydi, zira İbnü'l-Heysem'in başlattığı gelişimi sürdürerek her şeyi rasyonalize eden bir optik teorisi Ptolemaios'a rağmen yoktu o dönemde. Arkadia'daki Despoina tapınağı önüne meşhur bir ayna konmuştu; gezgin yazar Pausanias'ın dediğine göre, tapınağa gelenler aynaya baktıklarında çifte bir görme deneyimi yaşayabiliyorlardı. Yüzlerinin "koyu ve silik" (*amydros*) yansımasında, kendi imgelerinden arınma çağrısını görüyorlardı. Sonra aynı aynada, tapınağın içindeki tanrıçanın daha heykellerini görmeden görüntülerini "açıkça" görebiliyorlardı.[38]

Narcissus temasına Ovidius'un yorumu kadar damgasını vurmuş bir başka metin yoktur herhalde. Ovidius'un, dünyanın kanunu olarak gördüğü metamorfozlar üzerine felsefi düşünceler geliştirdiği eserinde, ölü Narcissus her ilkbaharda yeniden açan nergis çiçeğine dönüşür. Fakat Ovidius'un eserinin odak noktasında bir ben-bölünmesi vardır: Ego kendini incelerken kendine âşık olmuştur. Kendine bir bakış fırlatan kişi, hayatını tehlikeye atar, çünkü ölüme bakar. Kehanete göre, ancak "kendini bilmeyen," yani "kendini görmeyen" hayatta kalacaktır (3.348). Narcissus kendi imgesine bakarken, vaktinden önce ölümünün imgesine dönüşür (3.430). İçindeki hayat Paros mermerinden bir heykel gibi kaskatı kesilir (3.149). "Sahte imgesine doymak bilmeyen gözlerle bakarken, kendi bakışında yok olur gider" (3.439). "Aradığın şey hiçbir yerde yoktur;" zira aradığın şey "seninle gelir, seninle gider" (3.433). Ben ile imge arasındaki bölünme aynanın yaşattığı bir deneyimdir. Kurtarıcı düşünce ("Oradaki, o benim") düşüncesi bile işe yaramaz Narcissus'ta (3.463). "Gözyaşları suyu bulandırmaya başlayınca" ve su yüzündeki yansıması dağılınca Narcissus imgesinin ardından acıyla haykırır: "Nereye kaçıyorsun?" (3.475).

Ovidius'un yararlandığı Yunanca kaynaklar kayıptır. Onun dışında bu gelenekten beslenen diğer kişi, çağdaşı Konon, Narcissus'un cezalandırılmasını, tüm ilanı aşkları geri çevirmesiyle açıklar.[39] Narcissus bizzat reddedilince büyük bir umutsuzluğa kapılıp intihar etmiştir. Ovidius'tan sonra, daha önce sözünü ettiğimiz Yunan Philostratos, İkinci Sofistler'in retoriğinin etkisiyle yazdığı Narcissus yorumuyla öne çıkar. Philostratos estetik bir düşünceyle, "su kaynağının Narcissus'u resmettiği (*graphei*) gibi, resmin de (*graphe*) su kaynağını ve Narcissus'un başına gelenleri tasvir ettiğini" söyler.[40] Resim sanatıyla yarışan Philostratos mitosu olabildiğince "pitoresk" anlatırken resim konusuna hiç girmez. Hatta, kurgusal bir diyalogda Narcissus'a, bir resim (*graphe*) değil, sudaki basit bir yansıma tarafından aldatıldığını haykırtırken konuyu basite indirger. Burada, sanatı, kendini yansılamanın trajik hikâyesinden ayrı tutma çabası vardır.

Alberti Narcissus mitosunu yeniden yorumlarken sadece antikçağa değil, mitosa olumsuz bir anlam yükleyen ortaçağa da karşı çıkmıştı. Mitosun "edepli Ovidius" diye bilinen Hıristiyan versiyonunda Narcissus, Tanrı'nın sureti olduğunu ve bu sureti fâni bedeninde değil, ancak ruhunda bulabileceğini kavramak zorunda kalır. Kendine âşık olma yanılgısına düştüğü için cezası ölümdür. Gözün şehveti her tür ulvi bilginin önünde engeldir, çünkü putperestliğe yol açması kaçınılmazdır.[41] Dante'nin "Cehennem"inde iki yalancı şahit "Narcissus'un aynasını yalamaktan kendilerini alıkoyamadıklarını," ama susuzluklarını bir türlü gideremediklerini söyleyerek birbirleriyle dalga geçerler.[42] "Cennet"te Dante bir zamanlar "insan ile su arasındaki aşkı kıvılcımlandıran" yansımalar zanneder ruhları (3.16). Fakat cennette doğa yasalarının hükmü ortadan kalkmıştır ve "yansımaya benzeyen" ruhlar (*specchiati sembianti*) "düz ve şeffaf yüzeyde" bizi yanıltan "ayna yansımaları"ndan (*postille*) daha fazla töz sahibidirler (3.13). Gerhard Wolf'un açıkladığı gibi, Dante ve Petrarka'nın eserlerinde İsa "olumlu bir Narcissus" olarak karşımıza çıkar.[44]

Sadece antikçağın değil, ortaçağın arka planından da bakıldığında, Alberti'nin Narcissus yorumunun antik mitosun engellemiş olduğu antroposentrik dönüm noktasına işaret ettiği görülür. Aynaya bakmak tabu olmaktan çıkar, bilinçlenme evresindeki özneye dünya ve kendisi hakkında bilgi vaat eder. Bakış suya dalıp gitmek yerine, perspektif resminde kendini bulur. Perspektif resminde ayna bir anahtar kavram haline gelir (s. 173). Fakat tablonun aynaya göre—en azından 17. yüzyılda düz aynalar yaygınlaşıncaya kadar—önemli bir avantajı vardı. Gerçi tablo kendiliğinden oluşmuyordu, yabancı bir bakışın ve uygulayıcı bir elin tüm risklerini barındıran bir artefakttı. Yine de, ayna imgesini ve aynanın geçici izdüşümünü—daha sonra fotoğrafın da yaptığı gi-

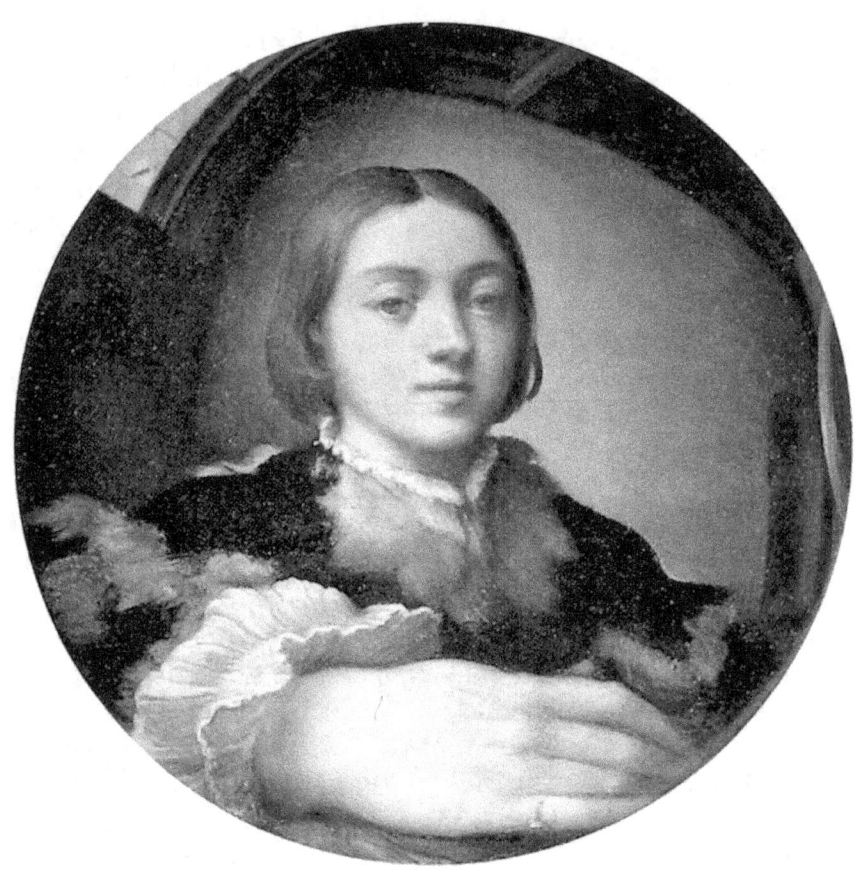

RES. 96 Parmiagianino, *Dışbükey Aynada Otoportre*, 1523, Kunsthistorisches Museum, Viyana

bi—devre dışı bıraktığı için memnuniyetle karşılandı. Bu başarısından ötürü tablo—sonra da fotoğraf—kalıcı bir görüntüye sahip yeni bir ayna olarak yüceltildi.

Alberti'nin açısından bakarsak, portrenin yeni Narcissus'la ilintilendirileceği daha en başından belliydi. Aynaya gönderme yapan sayısız portre vardır, ama görüntünün bir görünüp bir kaybolduğu bildik aynalar değildir bu portreler. "Aynadaki imgeyi" sonsuza dek sabitler portre, hatta tasvir ettiği insandan çok daha uzun ömürlüdür. Portresi yapılan kişinin kendisiyle olan ilişkisi ressamın müdahalesiyle kontrol edilmekte, aynı zamanda da onaylanmaktadır. Sanatçının kendi resmini yaptığı otoportrede durum farklıdır tabii. Gencecik Parmigianino'nun 1523'te Roma'da yaptığı otoportrede—tablo şimdi Viyana'dadır—sanatçı kendisiyle ayna arasına bir mesafe koymak için, yüzünü aynadan kurtarmak yerine, aynanın dışbükey yüzeyinin resmini yapar. Mekanik ayna imgesi ile aynaya—sanki resim değil de, gerçek bir aynaymış gibi—bakan Ben arasındaki bölünme, bu eseri türünün eşsiz bir örneği kılar (**Resim 96**).[45] Ressam, görüntüsünü acımasızca deforme eden aynanın bombeli yüzeyini bir deneyin nesnel gözlemcisi gibi kaydeder. Bu küçük yuvarlak resmin formatıyla, hatta üzerine resmedildiği ahşabın bombeli olmasıyla da bir berberin aynasından ayırt edilememesi Vasari'yi de büyülemişti. Ressam dışbükey aynanın üzerinde neyi görüyorsa onu resmetmiştir. Bu, resme uyarlanmış katoptriktir. Aynaya yakın duran el devasalaşırken, arkadaki baş küçülerek mekânın derinliğine çekilir.

Deformasyona uğramış ayna görüntüsü, yeni Narcissus'un antikçağdaki hatanın üstesinden geldiğini ifade eder. Aynı zamanda da resim sanatındaki ayna perspektifinin bir eleştirisidir ve Parmigianino bu yaklaşımla manyerizmin temelini atmıştır. Resim ile ayna arasındaki analoji burada ironik bir biçimde sorgulanır. Ne var ki, aynanın mekanik işlevindeki görme teorisi resim teorisi üzerinde sadece görünüşte zafer kazanır, çünkü özne salt aynadaki imgesine bağlı kalmaktan kurtulmuştur. Parmigianino hem kişi hem de görünüş olarak aynadaki yansımasından farklıdır. Sanatçının ayna ve bakış arasına normalden kat kat büyük elini koyması durumu iyice paradoks bir hale getirir. Ressam elini aynadaki imgeyi düzeltmekte kullanabilirdi, ama bunu yapmaz. Ayrıca el aynaya ters yansıdığından ressamın sağ eliymiş gibi görünür. Oysa ressam sol eliyle resim yapmaz. Tablonun sağ kenarında, sanki tesadüfen resme girmiş gibi, ressamın bu tablosu gibi yuvarlak formatlı bir resim üzerinde daha çalıştığı ima edilmiştir. Bizim gördüğümüz nedir peki? Bir ayna mı, yoksa bir tablo mu? Burada ayna portre sanatına bir hayalet gibi geri dönmüştür.

16. yüzyılda, ayna ile tablo arasındaki kırılgan denklemi konu alan, aynı zamanda da sorgulayan başka gizemli resimler de vardır. Son derece özgün bir çözüm de bir mimarın portresinde görülür: Mimar aynaya bakarken aynada kendi yüzünün yanında ressamın yüzünü de görür. Aynada Michelangelo'ya benzeyen mimar kendi gözlerine bakmaktadır. Ama parmağıyla ressamı işaret eder, ressam ise aynadaki yansımasını gözleriyle teğet geçerek bakışlarını modeline yöneltir. Ressam ile modeli aynada birbirlerinin yerini almaya çalışır gibidir. Fakat son kertede ressam mimarın aynasıdır. Savonarola'nın bir keresinde dediği gibi, ressamlar daima kendilerinin resmini yaparlar. Dolayısıyla, biz burada tek bir tabloda iki Narcissus birden görürüz (**Resim 97**).

O dönemde ressamlar antikçağın Narcissus temasını nadiren işliyor-

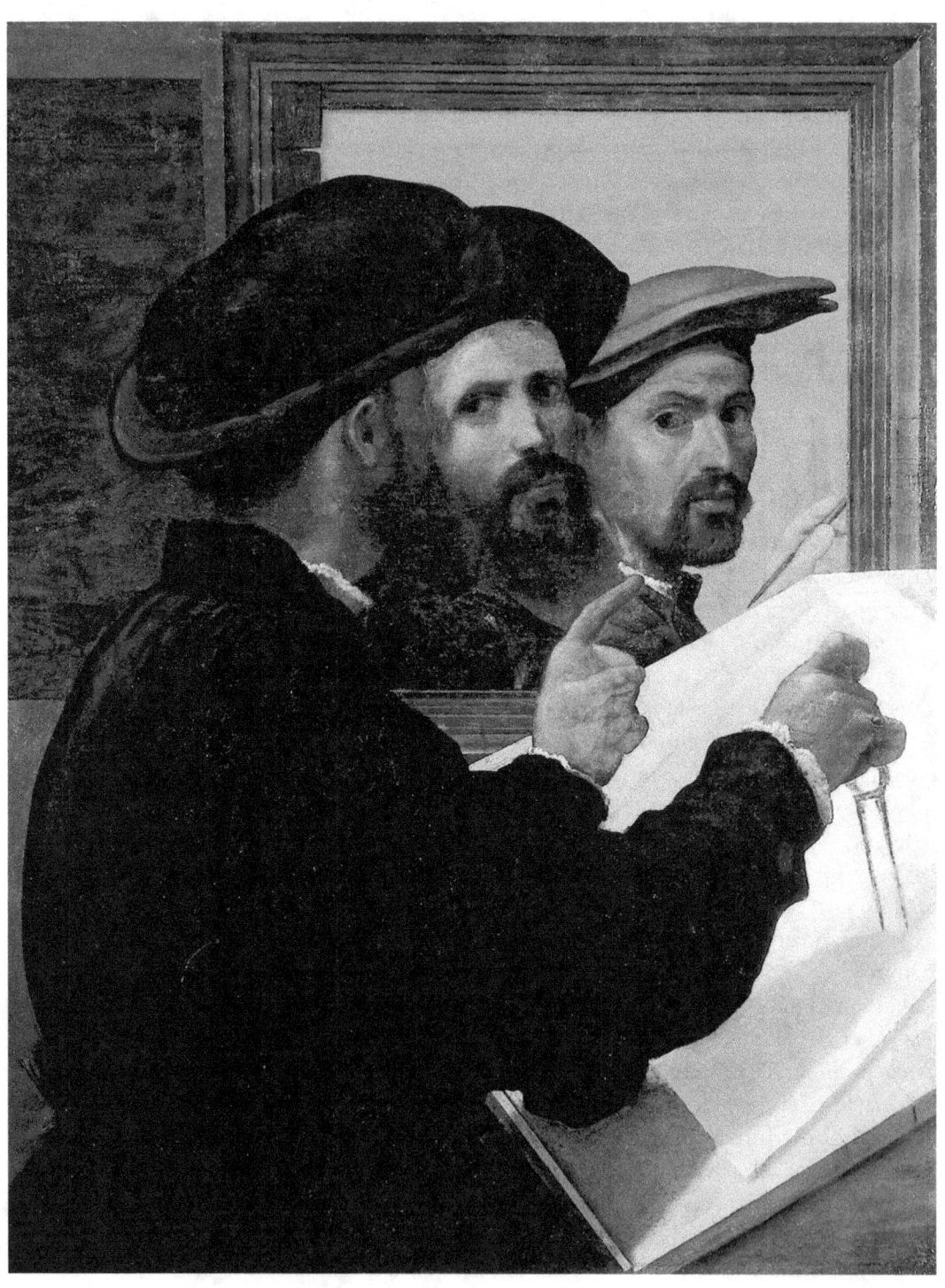

lardı, zira bu yeniden eski Narcissus'a dönmek anlamına gelirdi. İnsan kendini, suyun üzerine eğilmek yerine kendi resmini yaratan yeni Narcissus olarak hissederken, Narcissus'un olumsuz yorumunu hatırlatmak oyunbozanlıktı. Narcissus'u eski versiyonuyla tasvir eden nadir örneklerden biri Caravaggio'nun eseridir, fakat eserdeki yorum çok muğlaktır, ayrıca bir istisna olduğu için temanın geleneğinin sürdürülmesine örnek gösterilemez.[46] Tabloda Narcissus sanki suya girmek üzereymiş gibi, iyice eğilmiştir suyun koyu yüzeyine. Fakat suyu asla "kucaklayamaz," yoksa boğulma tehlikesiyle karşı karşıya kalacaktır. Suyun aynasındaki imge o kadar belirsizdir ki, ressamın asıl derdinin bu tema olup olmadığından kuşkulanır insan. Yansıma trajik bir yanılsamadan başka bir şey değildir ve üzerine eğilen hayat dolu bedenin canlılığı karşısında adeta silinir. Sanatçı biçimsizliğe bakışıyla bir biçim vermek istemiş olabilir. Fakat Caravaggio'nun mitosu yorumlayışı, işlediği diğer tüm temalarda da olduğu gibi o kadar kendine özgü ve çift anlamlıdır ki, basitçe antik mitosun bir yorumu olarak görülemez.[46] Caravaggio'nun döneminde antik mitosa duyulan ilginin farklı yönlere kaydığını gösteren başka örnekler de var. Burada tek bir örnek vermekle yetineceğim: Poussin'in "Narcissus ve Echo" temasını işlediği, bugün Louvre'da bulunan eserinde mitosun yorumu önemli bir değişime uğramış, Narcissus'un suya bakışı tasvir bile edilmemiştir. Delikanlı sadece ayağının yansıdığı suyun başında cansız gibi yatarken, arka plandaki Echo onun yasını tutmaktadır. Narcissus'un sesi artık çıkmadığı için yankısı da sessizliğe bürünmüştür. Fakat elinde yanan bir meşale tutan bir "putto," kanatlı ve çıplak bir erkek çocuk, ölü delikanlının yanında açan ve ilkbaharda yeniden canlanacak olan nergislere bakmamızı ister.[47]

Yeni Narcissus'un icadı bakışın olumlu yorumunun bir metaforudur ve perspektif modelin anahtarı da bu metafordur. Ama bakışın önemi sanatta Rönesanstaki düzeyini koruyamaz, yeniçağ ilerledikçe anlamı da değişir. Rönesansta bakış adeta dünyaya açılır, çünkü kendini algıların efendisi olarak görür. Araştırmacı bir gözle kendi seçtiği bir konumda pozisyon alır. Ama narsisist güdü görmek istediği şeyler üzerindeki hâkimiyetini çok geçmeden yitirir ve yine kendine odaklanır. Resim sanatı da tasvir ettiği dünya yerine giderek kendini referans alır, hatta göz yanılsamasının yüksek sanatı haline gelir. Kendi kendinin tutsağı olan bakışa kalan tek yol, yeni kazandığı özgürlüğü kendi kurgularıyla yaşamaktır. Bakış, sanatın onu hayal gücünün odalarına çekmesine izin verir, fantazmagorilerde ve görsel bilmecelerde büyük bir şehvetle ken-

RES.97 Bernadino Licinio (?), *Bir Mimarın (?) Portresi ve Ressamın Otoportresi*, 1520/30, Martin von Wagner Museum, Würzburg

dini kaybeder. Doğa gözleminde sanatın ihmal ettiği görevleri üstlenen teknik resimler gözü mahcup ederler. Sanatın ve görme kültürünün bu rota değişikliğiyle birlikte bakış ile resim arasındaki etkileşim de öyle bir yön alır ki, bakış kendinin çok ötesine varsa da tatmin olmaz. Şimdi başgösteren korkuları unutmanın tek yolu illüzyon sevdasıdır.

Ufuk ve Pencere Bakışı

Perspektifin yeni resim kültürünü iki metafor çok iyi özetler: Pencere ve ufuk. Farklı kategorilere ait olmalarına ve bu yüzden aralarında doğrudan bir karşılaştırma yapılamamasına rağmen, her ikisinin de ortak yönü bakıştır ve göz noktası ve kaçış noktası gibi birbiriyle ilintilidir. Gerçek pencere ya da resimdeki pencere, pencereden dışarıya, dünyaya bakan öznenin simgesidir. Buna karşın, ufuk bakışın sınırlarını simgeler, zira bakışın ampirik menzili ufukta sona erer. Perspektif, göz noktası ile kaçış noktası arasındaki alanda kullanılır. Göz noktasının bir çerçeve olarak pencereye ihtiyacı vardır, kaçış noktası ise ufuktadır. Dolayısıyla, pencerenin ve ufkun perspektif modelde sağlam bir yeri vardır. Ancak bakışta oluşan ufuk eski bir kavramdır, ama ilk kez perspektif resminde ölçülmüştür.

Ufkun ortaçağdaki gibi dünya dışı bir gözle değil, insan bakışıyla ilintilendirilmesi kültür tarihinde önemli bir dönüm noktasıydı. Böylece, dünyanın kendi içindeki döngüsü resimde tamamlandı. Göz ile ufuk arasında ölçülebilir bir mekân, bir *görme mekânı* vardır. Ufuk artık hem *bakışın sınırı* hem de *mekânın* sınırıdır. İnsani ölçütlere kavuşan mekân bakışın mekânıyla özdeşleşir ve bir insan bedeninden çıkan bakışa tabi olur. Göz yanılabildiğinden, bakışın alanının ölçülmesi gerekir. Ufuk, ardında uzanan bir şeyin eşiği de olabilir gerçi, ama perspektif resminde ufkun önüne işaret edilir, bakışın yurdu burasıdır. Başka durumlarda ufuk *yokluk* anlamına gelebilirken, burada *varlığın* simgesidir. Zira bir izleyiciyi gerektirir ve ancak bir izleyicinin bakışıyla varolur. Çerçeveli resimde ufuk görüş alanının bir parçasıdır, aynı zamanda da dünyanın görülebilirliğinin simgesidir.

Ufkun anlamı pek çok kültürel değişime uğradı. Nitekim Albrecht Koschorke bu nedenle *Ufkun Tarihi*'ni yazabildi.[48] Bu tarihte, perspektifteki ufkun başka hiçbir şeyle kıyaslanamayacak, kendine özgü bir yeri vardır. Görsel bilgiye güvenen erken yeniçağda ufuk "izleyici olan bir öznenin bakışına tabidir ve onunla birlikte değişim gösterir."[49] Fakat

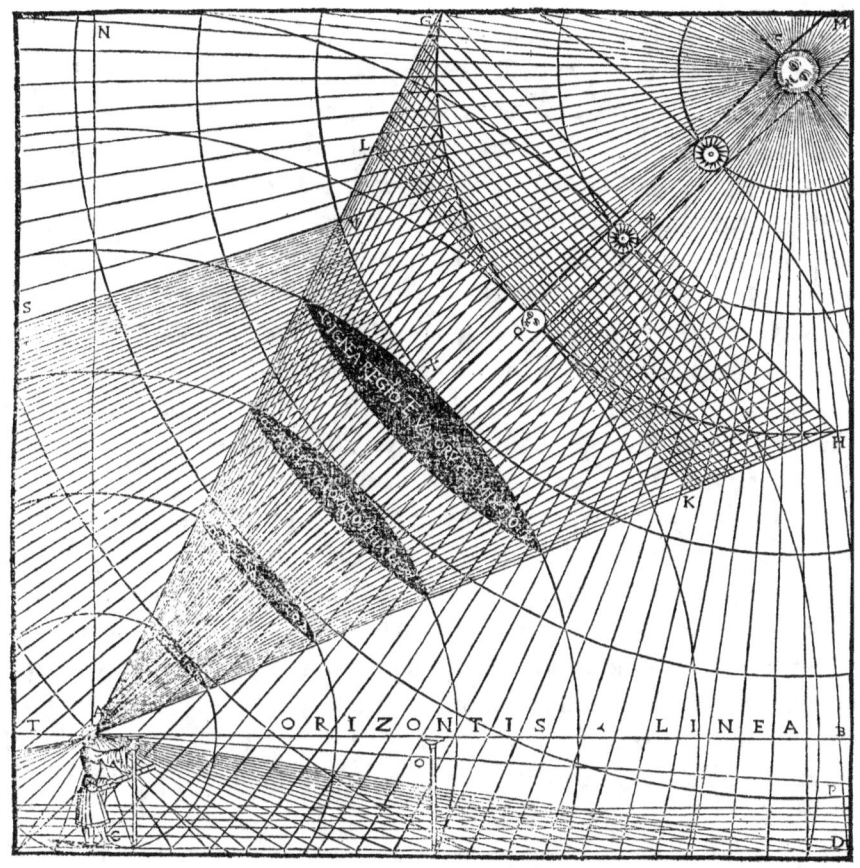

RES.98 Vitrivius, *De achitectura*, haz. Cesare Cesariano (1521), fol.12v: Gezegensel perspektifin görünümü

insandan uzaklaşan ufuk dünyaya ancak sınırlı bir bakış sunuyorsa, perspektif resminde yerinin sabitlenmesinin tek anlamı, ufkun önündeki mekânı hesaplamak ve ölçmektir. Koschorke'nin "içkinliğin sınır değeri" diye nitelediği "ufkun icadı," resimlerin bir özneye odaklanmasıyla aynı döneme denk gelir. "Resmin yüzeyi, özneye odaklanmak ile bakışın sonsuzluğa kaçması arasındaki gerilimin alanı haline gelir."[50] Matematiksel perspektifin resmin her tür ontolojisiyle çelişerek temel aldığı ilke göz mesafesidir. Perspektif bakış alanı basitçe "doğal değildir, matematiksel bir altyapısı vardır."[51]

Ufuk doğrusal perspektif resminin ayrılmaz bir parçası haline gelir. Serlio ve Vignola'nın diyagramlarında (**RESİM 3** ve 4) gözden ufka doğru yatay bir çizgi uzanır. Bu yatay çizgi bir ölçüm değeridir ve göz noktasında tüm bu konstrüksiyonu harekete geçiren bedene bağlanmıştır. Serlio ve

Vignola'nın çağdaşları bundan o kadar etkilenmişlerdi ki, daha fazlasını düşünmeye de cesaret etmişler, perspektifle gezegenler sisteminin bile ölçülebileceği ütopyasını yaratmışlardı. Milanolu mimar Cesariano'nun 1521'de yayımladığı bir Vitrivius edisyonundaki illüstrasyonda böyle bir deneme görülür (**Resim 98**).[52] İllüstrasyonda "Orizontis Linea" (ufuk çizgisi) göz hizasında (AB) çizilmiştir. Fakat ölçülebilen tek şey, zemindeki çizgilere (CD) giden görme ışınlarıydı. Nitekim ızgara zemine, mesafe noktası (C) ile resmin sınırı (D) arasına bir ölçüm cetveli dikilmiştir. Oysa gezegenlerin döndüğü uzayda ölçüm için sabit bir nokta yoktur. Orada görme piramidi de bir işe yaramaz. Cesariono'nun hayranlıkla sözünü ettiği, gözün "hayali merkezi"nden hareketle her tür mesafenin ölçülebildiği bir "gezegenler piramidi" yoktur. Burada gururla yüceltilen antroposentrik bakış dünyevi bakış olmaya devam eder.

Yine de—ya da bu nedenle—kaçış noktasındaki ufuk, yeni, dünyevi bir sonsuzluğu temsil eder. Bakışa bir hedef vaat eder ama bu yalnızca matematiksel bir değerdir. Bakış burada kendisinin dışına çıkar, aynı zamanda da kendini yansıtır. Dolayısıyla, burada sorgulanması gereken, "dünya"yı kaçış noktasında "terk eden astronot"tur,[53] çünkü yolculuk yıldızlara değildir. Matematikçi Brian Rotman'ın yazdığı gibi, geometride bir izdüşümün çizim düzlemine yerleştirilebilmesi için "sonsuzluktaki farazi bir noktanın çıkış noktası olarak postüle edilmesi" gerekir.[54] "Sıfır, rakamlar için, hayali para, para simgesi için neyse, kaçış noktası da perspektif yöntemle çizilmiş şeyler için odur."[55] Sıfırın cebiri değiştirdiği gibi, kaçış noktası da imgeler dünyasını değiştirmiştir. Aynı zamanda da "izleyiciyi *temsil eden* bir sistemin dayanak noktasıdır."[56] Kaçış noktası, perspektif resminde tüm boyut ve mesafelerin hesap edilebildiği sıfır noktasıdır. Bütün tasvir onun etrafında döndüğü halde tasvir edilememesinin nedeni budur. Onun yeri diyagramlardır. Ama geometrik konumu ampirik bakışımız gibi resim sanatıyla da postüle edebilir.

Kaçış noktasında doruğa ulaşan ufuk için de geçerlidir bu. Fakat mekân derinliğinin az olduğu yerlerde, örneğin iç mekânlarda ya da bir anlatının araya girdiği yerde farazi olarak vardır. Hatta ufkun görünmez kılınması diye bir prensip olduğu bile düşünülebilir, zira nesneler dünyasından çok farklı bir yapıdadır ufuk. Kaçış noktası gibi ufuk da resimde tasvir edilemeyen işaretlerdendir. Üç Urbino manzarasından sadece birinde, Berlin'de olanında ufuk görünür, o da sırf şehir denize açıldığı için (**Resim 99**). Dünyayı perspektifte verebilmek için kente, bunun için gereken anahtara sahip olmak için de ufka ihtiyaç vardı. Fakat ressam

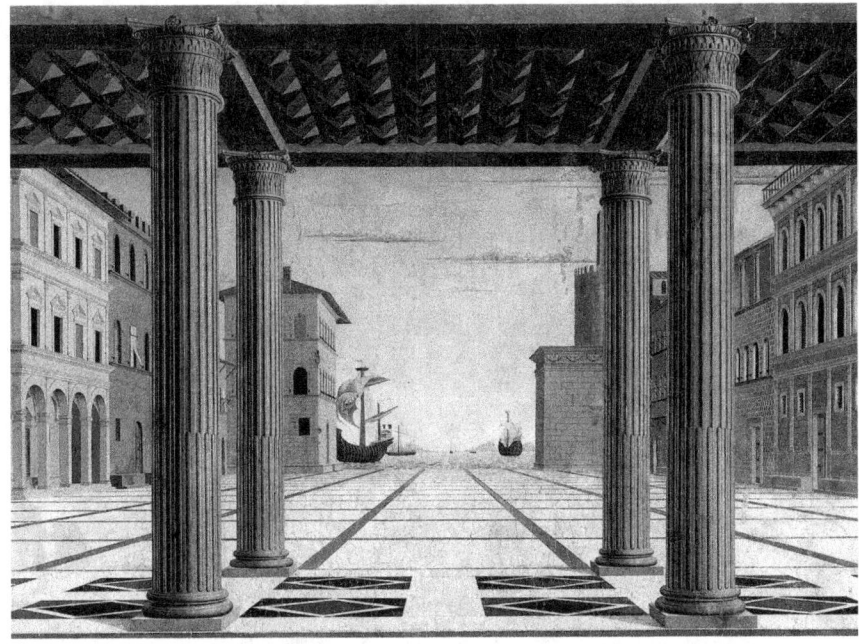

Res.99 Urbino manzarası (Resim 78'den bir detay)

kaçış noktasını belirtmekten kaçınmış, görünmezliğini vurgulamak için hemen yanına minnacık bir gemi kondurmuştu. Bir başka örnekte, ufku resimdeki diğer her şeyden ayırt etme çabasını görürüz. Jan de Vries'in bu perspektif resminde ufuk mimarinin bir parçası değil, sanatçının resim konstrüksiyonunu gösteren bir çizgidir, kaçış noktası ise izleyicinin başı tarafından kapatılmıştır (**Resim 100**).

    Pencere ufuktan tamamen farklı bir olgudur. Perspektif devrimde en başından beri perspektifi tanımlamakta kullanılır. Perspektifle ilgili metinlerde perspektif için bir metafor ve modeldir. Gerçek bir pencerede görülen şeyler açık pencerenin *ardındadır*; resimdeki pencerede ise aynı etkiyi elde etmek için hayali bir pencere camına yansıtılır. Leonardo sanatçılara, ağacın kontürlerini bir camın üzerine çizmelerini tavsiye eder; gerçek ağaç camın ardından görülmelidir. Daha sonra sanatçılar çizimlerini camın ardındaki gerçek ağaçla karşılaştırmak için bir gözleriyle camdaki ağaca, bir gözleriyle de camın ardındaki ağaca bakmalıdırlar.[57] Leonardo'ya göre, perspektif özetle "ardındaki her şeyin yüzeyine çizildiği" camın üzerindeki dünyanın görünümüdür. Dürer Latincedeki yeni *perspectiva* kavramını, "algılamak" anlamına gelen antik *per-spicere* sözcüğünden yola çıkarak, "içinden bakmak," yani resim yüzeyinin içın-

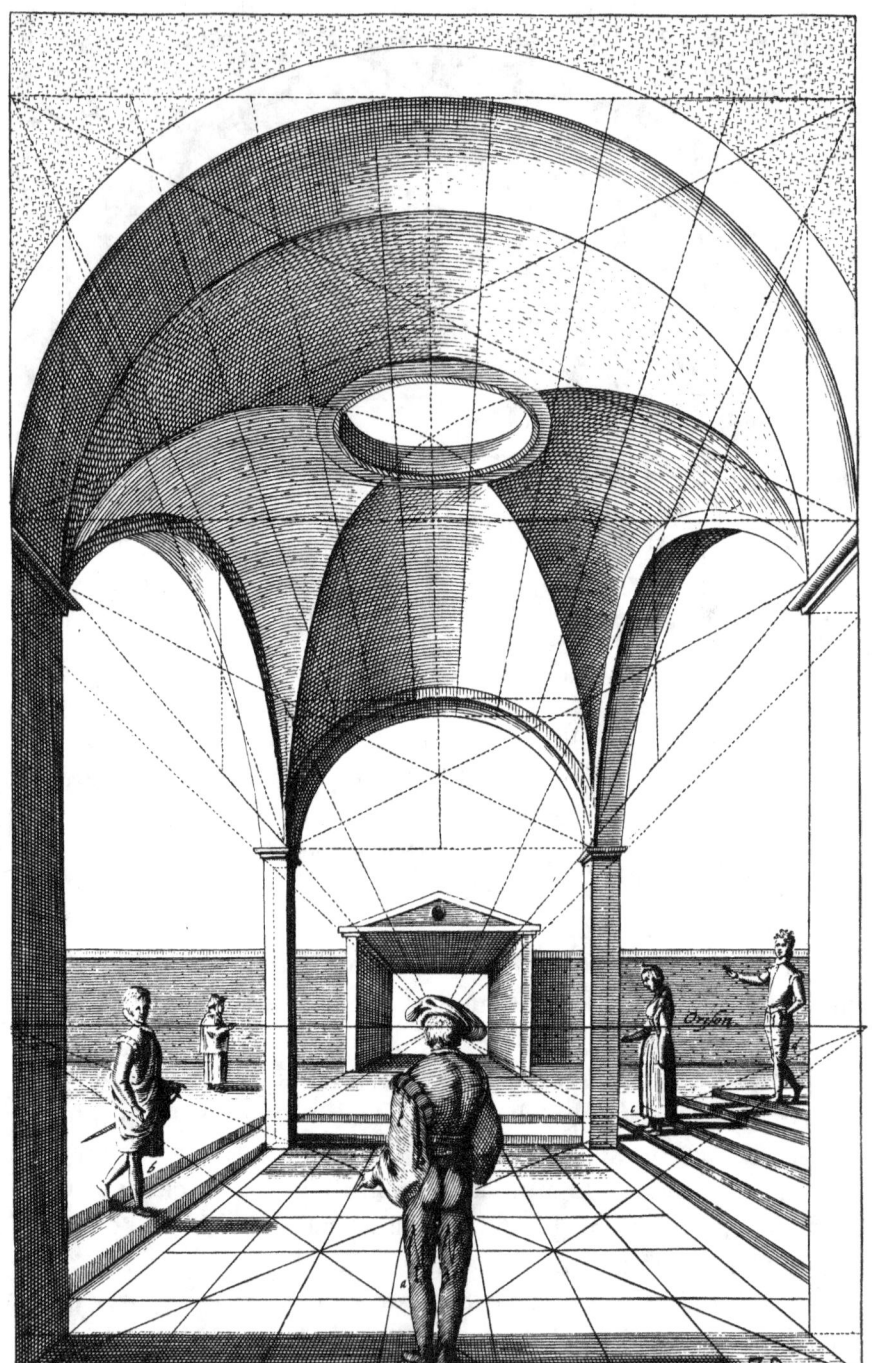

RES. 100 Jan de Vries, *Perspectiva*, 1604, bakır gravür No. 30

246   RESİMDEKİ ÖZNE

den bakmak diye çevirmiştir. Bunun için de içinden bakılan bir resim yüzeyinin olması gerekir.[58] Sözcüğün ressamlar tarafından benimsenen İtalyanca çevirisi "prospettiva"da henüz "manzara" ya da "görünüm" anlamları da vardır.

Alberti gözün *ruhun penceresi* olduğuna dair eski metaforu (Herakleitos da algılara ruhun penceresi der) pencere diye tarif ettiği tabloya aktardı. Gözyuvarı, dışardan bakıldığında, yüzeyinde dünyayı yansıtan yuvarlak bir aynadır; ama bakış gözbebeğinin karanlık deliğinden sanki pencereden fırlatılıyormuş gibi dışarı çıkar. *Perspectiva naturalis*, dünyaya bir pencereden bakmak doğalmış gibi, hep pencereyle ilintilendiriyordu. Böyle bir bakış ancak Batı kültüründe doğal görülebilirdi. Nitekim ressamlara matematiksel perspektifi resme uygulamaktan daha kolay gelen "perspektif penceresi" de Batı'da icat edildi.[59] Daha sonra "perspektif" dürbün ya da teleskop için de yerleşik bir ifade haline gelince, sahne görünümü, perspektif ve pencere çevrimi kapandı.

Pencerenin bir de çerçevesi vardır elbette. Pencere çerçevesi "matematiksel kesinliğin gereğini yerine getirir" ve bakışın periferisindeki net olmayan alanı devre dışı bırakır.[60] Dolayısıyla, sadece estetik bir sınır değil, bir ölçüm değeridir. Resim çerçevelerinin ilk başlarda gerçek pencere çerçeveleri biçiminde yapılması tesadüf değildir.[61]

Bir tablo dünyaya yöneltilen bakışı sergilerken, izleyicinin durduğu yeri de gösterir. İç ve dış çelişkisi, Batı resim tarihinin adeta kanunudur. Simgesel bir pencerenin ardında uzanan dünya görülen bir dünyadır. Perspektif kavramının kültürel önemi ancak o zaman gözler önüne serilir. "İçinden bakmak," ancak bir pencerede ya da kapıda duran birinin yapabileceği bir şeydir. Bir pencere, izleyicinin bedeniyle "burada" olmasına, aynı zamanda da sadece bakışın uzanabildiği "oraya" gidebilmesine müsade eder. Çokça eleştirilen "okülersantrizm" işte burada başlar. Göz, duvar engelini aşarken, pencerede duran izleyiciyi de bedensizleştirir. Pencere motifi, Batı'nın bakış tarihinde bir dönüm noktasıdır. Dünyayla ilişki pencerede belirlenir. Gilles Deleuze Leibniz üzerine yazdığı kitapta, Batı düşüncesine damgasını vuran, iç ve dış arasındaki o *scission* ya da "bölünme"den söz eder.[62] İç, erken yeniçağdan beri öznenin (ben'in) simgesel yerini temsil ederken, dış dünya sadece bakışta ulaşılabilen bir yerdir. Almanca *Fernsehen* (televizyon) sözcüğünde hâlâ yankılanan *Fernblick* (uzak görüş), pencerenin ötesindeki dünyanın peşindedir.

Pencere durumu, kendi imgesi haline gelen bakışın ontolojik güvencesi olarak da anlaşılabilir. Bu anlamda yeni pano resmi simgesel bir pencere görevi görüyordu. Pano resmi, dünyaya yoğun bir bakış fırlatan bir öznenin varlığından yola çıkar. Pencere, kamusal alan ile özel alanın da birbirinden ayrıldığı yerdir. Pencerenin önünde uzanan dünya, öznenin kendisiyle olduğu yer değil, başka bir yerdir. Descartes şeyler ve görünümler dünyasının dışarda "uzandığı"ndan (*extensa*) söz eder, ama bakıştaki Ben'in bunlara ulaşabileceğine artık inanmaz. Pencere aynı zamanda hem cam hem de açıklıktır, hem çerçeve hem uzaklıktır. Pencereyi açıp kapatabilirsiniz, pencerenin arkasına saklanabilir ya da pencerenin camına yansıyabilirsiniz. Fakat modern dönemde çerçevenin camı pencere camının yerinin almıştır. 1911'de Louvre'dan Mona Lisa'yı çalan hırsız, çerçevenin camını müzede bırakmıştı.

Uzunca bir dönem evlerin pencereleri resim panolarından çok daha büyük değildi; resim gerçek pencereyi çağrıştırıyordu. Her iki durumda da izleyici kapalı bir iç mekândaydı ve dünya dışarda kalmıştı. İçerisi öznenin yeriydi, dışarıda ise Ben'in içerden izlediği dünya vardı. Bu *iç mekân deneyimi* Batı kültüründe kişinin *özdeneyimini* de belirlemiş olsa gerek. Oysa Arap kültüründe pencerenin bambaşka bir anlamı vardır (s. 255). Asya kültüründe iç mekânların çok farklı olması, orada Batı tarzında bir özne kavramının gelişmesini engellemiş olabilir.[63] Asya'da evlerdeki kaydırılabilen kapı ve duvarlarından ötürü iç ile dış arasında değişken bir ilişki vardır. Bu kültür pencere formatındaki Avrupa resmiyle ancak 19. yüzyılda tanıştı. Rulo resmin, sırf formatı ve resim düzeniyle bile, izleyicinin duvarın tam karşısında durup baktığını farz eden pencere bakışıyla bir ilgisi yoktu. Aynı şey resim paravanları için de geçerliydi, çünkü paravanlar katlanabiliyor ve odada istenen yere konulabiliyordu. Dış dünyaya bir pencere açmak yerine, dış dünyayı iç mekâna getiriyorlardı.[64]

Alberti mimarlık teorisinde mimarlara, bir binadaki pencerelerin yerini göze göre ayarlamalarını tavsiye ediyordu, zira "biz ışığı ayaklarımızla değil, gözlerimizle görürüz."[65] Mimarlık üzerine yazdığı eserinin onuncu kitabında şöyle der Alberti: "Bakış, durabileceği sakin bir nokta bulduğunda oraya saplanır."[66] Bu da pencerenin ardındaki yerdir. Genç Filarete, tabloyu (*quadro*) mesafeleri resimdeki görüş alanında belirleyen "hayali pencere" (*finta finestra*) olarak tarif eder. Ona göre, ancak böyle bir pencere bakışında "gözle benzerlik" kurulabilir.[67] Yeni tablo bakış için simgesel pencere görevini görür. Fakat burada fikir ile gerçeği birbirinden ayırt etmemiz gerekir, çünkü pencere ile resim düzlemi aynı şey değildir. Resim düzlemi gözün önüne sürer kendini, pencere ise açıktır.

Sadece pencere camı bu iki özelliğe sahiptir. Fakat tablo sadece hayali bir camdır. Alberti'nin yarı şeffaf bir zar (*velum*) ya da bir tülden söz etmesi, pencere ile resim düzleminin uzlaştırılmasıdır.[68]

Ama Alberti'nin pencere metaforu, mekândan ziyade eylem ve hareketle ilgili betimleyici resimlere de uygulandığında geçerli midir hâlâ? Alberti'nin tabloya hangi bağlamda "açık pencere" dediği genellikle gözden kaçırılır. Çünkü o, "*historia*'yı izlediği açık" bir pencereden söz eder.[69] Dolayısıyla, burada *historia* kavramının üzerinde durmamız gerekiyor. Alberti kitabın İtalyanca baskısında aynı pasajda "oraya resmedilecek her şeye içinden baktığım açık bir pencere" der. Ama bir sonraki cümlede, resimde insan figürlerinin de olacağını belirtir. Perspektifin simgesel biçim olarak uygulanmasının bir nedeni de, resimdeki hikâye için bir sahne yaratmaktı. Hikâyedeki figürlerin karşılaşacakları bir yer, yani izleyicinin bulunduğu yerden farklı bir mekân gerekiyordu. Bu önemlidir, çünkü Alberti için *historia* kavramı basitçe hikâye değil, bir konunun tiyatro sahnesindeki gibi sergilenmesi anlamına gelir. Ressamın en soylu eseri olan *historia* epik bir hikâye ya da bir hikâyenin yorumu değildir, sahne ile izleyici arasındaki gibi teatral bir durumdur.[70]

İzleyici resimden o kadar etkilenmelidir ki, resimdeki insanlar sanki gerçekten seviyor ve acı çekiyormuş gibi hissetmelidir. Daha sonra Diderot'nun dediği gibi, Avrupa sanatının kendi "teatralliği"ni bulmasını sağlayan işte bu mottodur.[71] Alberti'ye göre, resimde "izleyicinin dikkatini yaşanan olaya çeken" en az bir figür olmalıdır resimde; bu figür "elinin bir hareketiyle bizi bakmaya davet etmeli" ya da "tehditkâr bir yüz ifadesi ve korkunç bakışlarla daha fazla yaklaşmamızı engellemelidir." İzleyicinin "resimdeki kişilerle birlikte gülüp ağlaması" bir kurguydu elbette. Ama bu kurgu izleyici ile resim arasındaki mekân ilişkisini de belirliyordu. Alberti'nin resimdeki figürlerle izleyici arasında, oyuncu ile seyirciler arasındakine benzer bir "uyum" oluşması gerektiğini söylemesinin nedeni budur. Perspektif resmi, bir temanın sanki gerçekmiş gibi resmedildiği bir sahneye dönüşmüştür.[72] Günümüzdeki sinema gibi, o dönemde de resim sanatı hayali bir sahne ya da hayali bir tiyatro sahnesi gibiydi ve izleyici olarak geliştirdiğimiz mimetik yetileri harekete geçiriyordu. Fakat, sahne ile pencere—aynı tarzda olmasa da—bakışa hizmet ederler. Bu küçük keşif gezisini bitirirken, resim tablosunun hem pencere hem de sahne olarak görülebileceğini söyleyebiliriz. Burada, ressamların her ikisinde de bakışı somutlaştırdığı ikili bir temsilden söz edilebilir. Yeni perspektifin mihveri haline gelen tasvir ve bakış

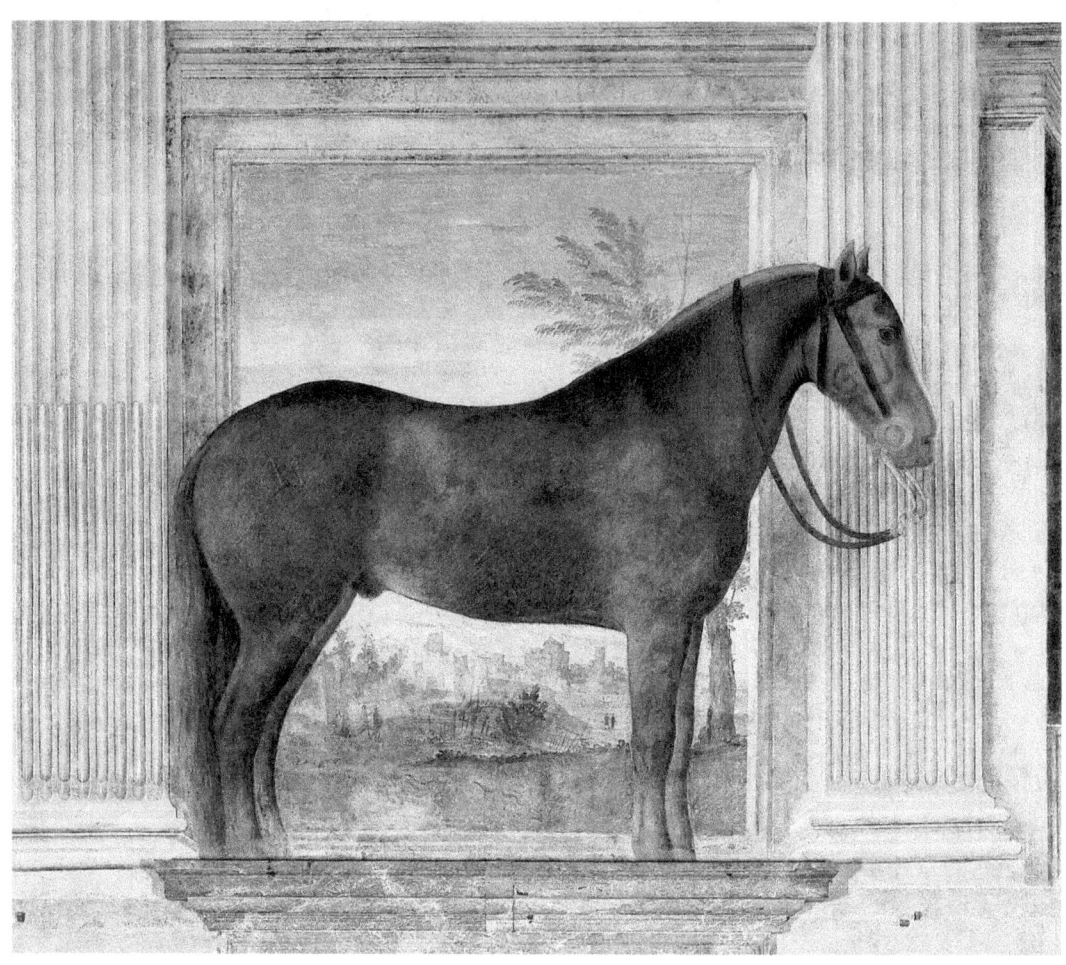

Res.101 Giulio Romano, duvar resmi (detay), Palazzo del Te, Mantua, "Sala dei Cavalli" (Has Ahır)

izometrisi böyle oluşmuştur.

Perspektifin simgesel biçim olduğu özellikle de pencere metaforunda açıkça görülür. Fakat pencere metaforuyla ilgili bir düşünceyi daha eklemeden geçmeyelim. Perspektifin pencereden bakışı temsil etmesi, resim çerçevesi haricinde pencerenin kendisinin de tasvir edildiği anlamına gelmez, çünkü pencere sadece bakışın yeridir. Diğer bir ifadeyle, pencerenin unutulması ve izleyicinin rahatça dışarıya bakabilmesi için pencerede görülmemesi gerekir. Zira pencere sadece bakışı dışarıya yöneltmeye bir vesiledir. Ressam resme hem pencereyi hem de pencereden bakışı koyamaz. Nitekim pencere tasvirleri, pencere bakışına elverişli olmayan fresklerde görülür sadece. Ressamların sahte pencerelerle oynadığı pek çok duvar resmi ya da fresk örneği vardır, ama izleyici bu pencerelerde durmaz, çünkü onun bulunduğu yer manzaralı duvarın önüdür. Baldassare Peruzzi bakışı, Roma'daki Villa Farnesina'da resmettiği sahte sütunlar arasındaki pencereden dışarıya yöneltir. Sanki duvar birdenbire açılmış gibi, villanın bulunduğu Trastevere semtinin manzarası görülür. Bu resim ile Pompei'nin illüzyon resimleri arasındaki en önemli fark, buradaki topoğrafyanın gerçeği yansıtmasıdır. Giulio Romano'nun 1530 civarında Mantua'da, kendisini büyük bir sipariş için Roma'dan getirten Gonzaga Dükü'nün sarayı Palazzo del Te'de yaptığı kurgusal has ahır resminde, dükün en sevdiği atlar gerçek boyutlarıyla resmedilmişlerdir ve gerçek bir ahırdaki gibi iç duvarın önünde dururlar (**Resim 101**). Dışarıdaki manzaraya açılan pencere tasvirlerinin önünde durmaları onların daha da canlı görünmesini sağlar. Atlar ve pencereler gibi pencereden görülen manzara da yalnızca bir resimdir. Parmigianino'nun daha önce sözünü ettiğimiz otoportresinde meslektaşlarının ayna saplantısıyla dalga geçmesi gibi, bütün bu kurgu da o dönem resmindeki pencere saplantısının ironik yorumudur aynı zamanda (**Resim 96**).

Ressamlar ancak 17. yüzyılda pencereye karşı mesafeli bir tavır takınır ve "pencere bakışı"na kuşkuyla yaklaşırlar. O dönemde resim sanatında dışarıya açılan pencerenin yerini pencereli iç mekân alır. Ev sakinlerinin kendi aralarında olduğu iç mekân dış dünyayı dışarda bırakır. Resimdeki illüzyonun virtuozlarından olan Samuel van Hoogstraten bir adım daha atar ve pencereyi pencere olarak resmederek ve izleyiciyi pencereden baktırmak yerine resimdeki pencereye baktırarak her şeyi tersine çevirir. Pencere bakışının uğradığı bu dönüşümü gerçekten hissetmek için bugün Viyana'da bulunan 1653 tarihli bu tabloyu (**Resim 102**) görmeye değer. Resimdeki dış duvarda görülen parmaklıklı pencerenin camları yuvarlak ve bombelidir ve sakallı bir adam kapalı pencerenin açık kanadından başını inatla dışarı uzatmıştır; sanki zorla dışarı çıkmaya çalışır gibidir.[73] Sadece bakışının ulaşabileceği bir yere başını zar zor sokmuştur. Pencerenin ardındaki vücudunu göremediğimiz bu kürk kalpaklı adam, dışardan yardım istermiş gibi yalvaran gözlerle bize bakar. Pencerenin etrafındaki çatlak taş duvarla etkisi daha da kuvvetlenen bu mizansende, adamla dünya arasındaki tüm mesafeyle birlikte pencere bakışının sunduğu oryantasyon da ortadan kalkar sanki. Pencerenin önündeki küçük şişeye biz bu hayali evin sakininden daha kolay ulaşabilecekmişiz gibidir. Hoogstraten bu tür

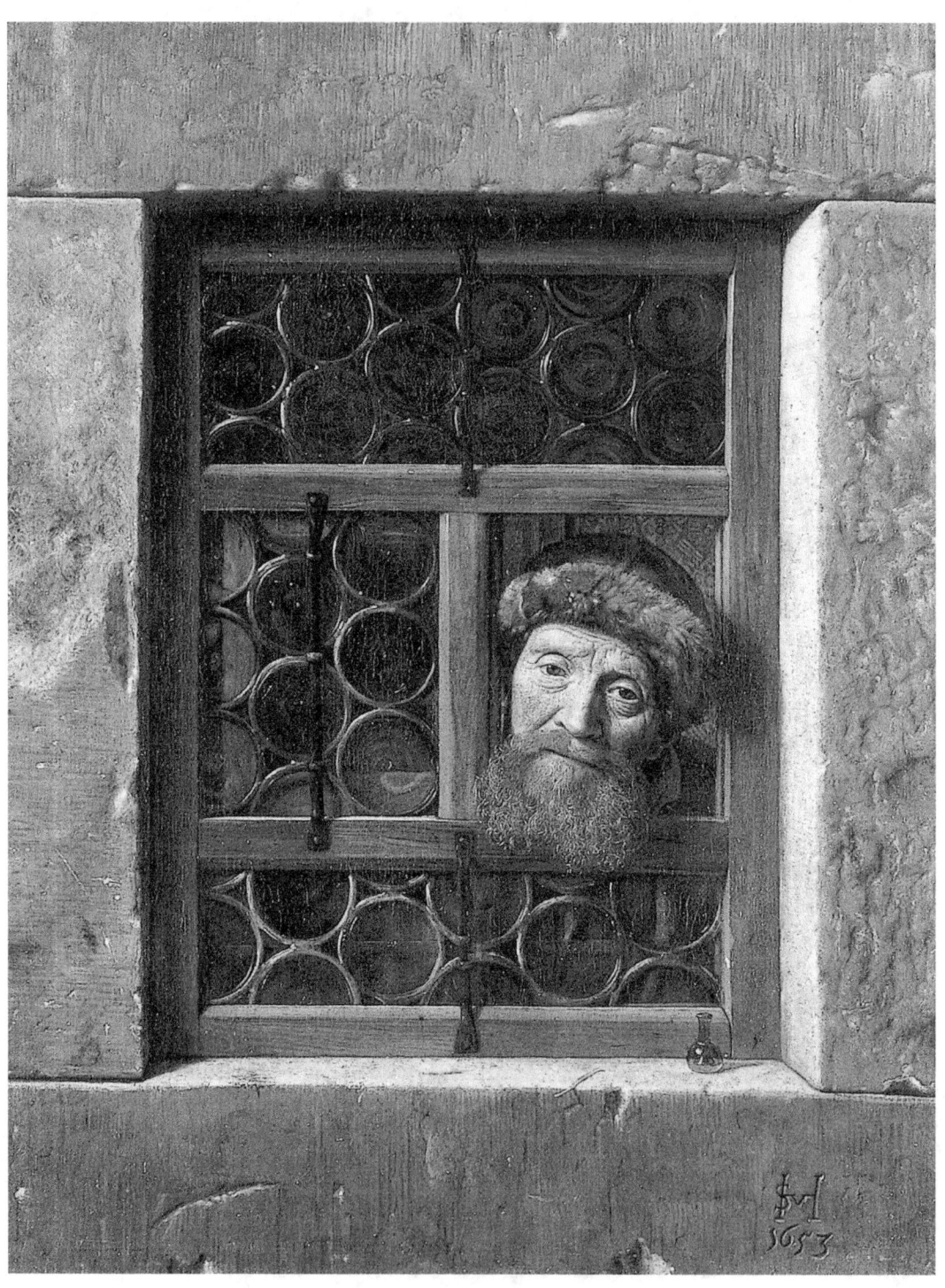

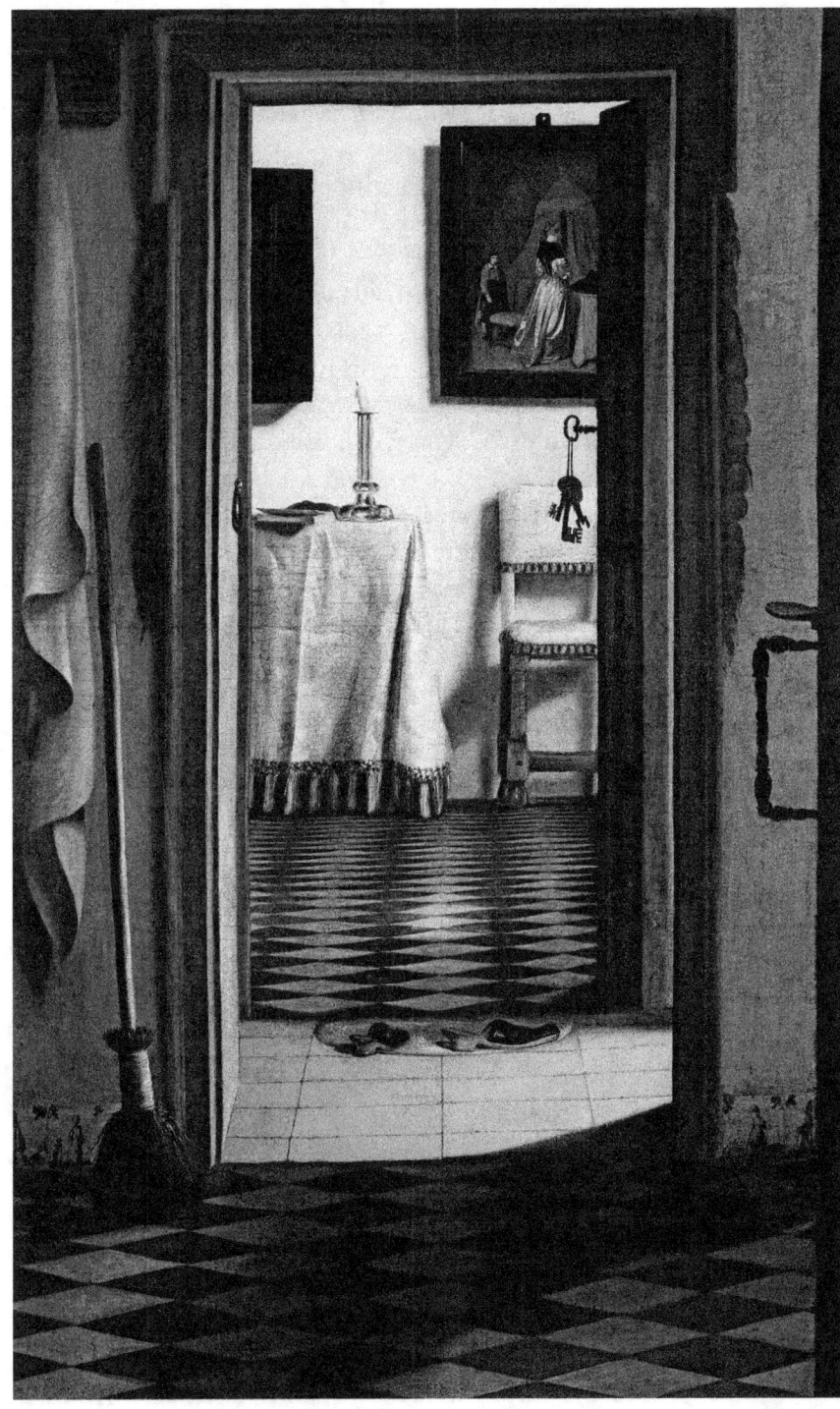

Res. 102 Samuel van Hoogstraten, *Pencere*, 1653, Kunsthistorisches Museum, Viyana

Res. 103 Samuel van Hoogstraten, İç Mekân, 1658, Louvre, Paris

efektler yaratmakta uzmandı. Ressamın "pencere bakışı"nı eserinde tam tersine çevirme yöntemi mükemmeldir. Biz kendimiz de penceredeki yerimizden olurken, içeriye hapsolmuş bir izleyici bizimle imkânsız bir iletişim kurmaya çalışır.

Hoogstraten *camera obscura* imgelerini başka resimlerinde de taklit etmişti. Bugün Louvre'da bulunan bir koridor resminde, koridordaki açık kapıdan bir başka odaya bakarız ve odanın duvarında o dönemin bir başka ressamının tablosunu görürüz (**RESİM 103**). Demek ki izleyiciye ayrılan yer, koridordaki açık kapının önüdür. Ne koridorun ne de bitişiğindeki odanın tamamını görürüz. Evin içinde öznenin yeri pencere değildir artık. Pencere bakışında evin içi tasvir edilmiyordu. Oysa şimdi bakış pencereden uzaklaşmıştır. Pencereden fırlatılan bakış "dışarda" bir yerdeyse, bilinç de "orada"dır. Ama bakış içerde kalacaksa, pencereden uzaklaştırılması gerekir. İç mekân seçeneği pencere bakışıyla bir sorun yaşandığına işaret eder; bu sorun özne kavramının da altını oyar. İç mekânda ayrıcalıklı bir yer yoktur, çerçevelenmiş bir bakış da yoktur. Özne bakışıyla kendisinin dışına çıkmadan, kendi içinde kalır.

Jan Vermeer'in resimlerindeki favori tema iç mekândır. Pencereler ışığı içeriye alır ama bakışı dışarıya vermezler. Bu, kasıtlı bir çelişkidir ve Vermeer'in sanatının genel bir özelliğidir. Vermeer'in Berlin'deki Gemäldegalerie'de sergilenen tablosundaki genç kadın da pencerenin hemen yanındaki aynaya bakarken, ne pencereyle ne de dış dünyayla ilgilidir. Kelimenin iki anlamıyla da kendindedir, zira aynada kendine bakar. Vermeer'in başka eserlerinde kişiler açık pencerenin önünde mektup okurken dışarıya bakmazlar bile.[74]

Descartes'ın konularından biri de, insanlar ile dış dünya arasındaki mesafeydi. *Diyoptrik* adlı eserinde yazdığı gibi, yanılsamalar dünyasında duyular aldatıcı olduğundan, bizim algılarımız yanılsamadan başka bir şey değildir, "zira gören ruhtur, göz değil."[75] Descartes *Yöntem Üzerine Konuşmalar*'da (*Discours de la méthode*), dünyayı tanımak için yolculuğa çıkmadan önce "sobalı odada bütün gün yalnız kalıp düşüncelere daldığını" anlatır.[76] *Metafizik Düşünceler*'de (*Méditations métaphysiques*) adeta "pencere bakışı"nın ipliğini pazara çıkarır. "Pencereden dışarıya bakarken tesadüfen insanların sokakta gezindiğini gördüğümde, sokakta insanlar gördüğümü sanıyordum, oysa pencerede şapka ve paltolardan başka bir şey görmüyordum. Onların gerçekten insanlar olduğunu düşünmem, gözlerimle göremediğim şeyleri algılamamı sağlayan ruhumdan kaynaklanıyor."[77] Sahi, pencerede durduğunda dünya hakkında ne öğreniyordu ki insan? Optik süreçte kör bir otomatizm gören Descartes, kişinin gözüyle edindiği bilgi ve kanaate güvenmiyordu.

Leibniz *Monadoloji*'sinde (*Monadologie*) Barok dönemin pencere krizini doruğa taşıdı. Monadların "içlerine girilmesine ya da içlerinden çıkılmasına elveren pencereleri yoktur." Monadların yapısı kendi "içsel ilkeleri" doğrultusundadır ve onların algısı basitçe "dışsal şeyleri tasavvur eden içsel durumu" yansıtır. Bu durumda bakışın ne etkisi olabilirdi ki? "Çeşitli evrenler aslında sadece tek bir evrenin perspektifleriydi, çünkü onlar monadların çeşitli bakış açılarıydı sadece."[78] Monad, Gilles Deleuze'ün yazdığı gibi, "bir iç mekânın, dış dünyası olmayan bir iç dünyanın özerkliğidir."[79] Pencere metaforunun yerine başka bir şey koyma çabaları Barok dönemde pencereden bucak bucak kaçılmasına yol açar ve geriye dönüp baktığımızda, bu kaçışın pencere konjonktürünün eşsizliğini kendince bir kez daha vurguladığını görürüz.

"Pencereden bakış" bağımsızlaşmış ve bedenden ayrılmıştı. Hem pencereyi hem de pencereden bakan kişinin bedenini ortadan kaldırıyordu. Aksi takdirde, izleyici kendini arkadan görecek, o şekilde tasvir etmek zorunda kalacaktı. Fakat Alman romantizminde pencere bakışı tamamen tersine döndü. Caspar David Friedrich pencere motifini yeniden resme sokarken, resme arkadan görünen figürü de ekledi. Bu figürle birlikte kendi bakışımızdan ayrı bir bakış da devreye girdi. Pencereden bakan bir figürün sırtına bakıyorduk şimdi. Wolfgang Kemp bunda "içsel bakışı dışsal bakışın üzerine koyma" arzusunu görür.[80] Ama yine de bölünmüştür bakış. Biz izleyici olarak iç mekânda dururuz, ama "dışarıya bakış" bir başkasının işidir. Bu noktada geriye dönüp pencere bakışının uzun tarihine baktığımızda, pencere bakışının özne için ne büyük bir simge haline geldiğini ve öznenin bakışını resme nasıl koyduğunu daha iyi anlarız. Simgesel biçim olarak perspektif, özneyi kendi bakışında temsil etme fikrine odaklanmıştı.

Blickwechsel: Meşrebiyenin Simgesel Biçimi

"Perspektif" kavramındaki gibi "içinden bakılan" bir pencere, Arap-İslam kültüründeki pencere kavramıyla taban tabana zıttır. Aşağıdaki *Blickwechsel* kısmı yeniçağın görsel kültüründe çok önemli bir yere sahip olan pencereye bağlansa da, okura bu kez çok alakasız gelebilir: Batı kültüründe pencere ve pencere bakışı ayrılmaz bir bütündür. Fakat Arap kültürüne baktığımızda böyle bir bağ göremeyiz. Ne var ki, Arap kültüründe pencere bakışının ve Floransa'da icat edilen anlamda bir perspektifin "eksik" olduğunu tespit etmek yeterli değildir. Önemli olan, o kültürde bunun neden öyle olduğuna, bakışın organizasyonu ve toplumsal kontrolü konusunda hangi öncüllerin ağır bastığına kafa yormaktır. Her kültürde olduğu gibi Arap kültüründe de pencereler vardır elbette, ama hangi bakımdan farklı oldukları anlamlı bir sorudur. Burada maalesef daha ayrıntılı bir incelemede bulunmamız mümkün değil. Batı yeniçağındaki göz, pencere ve ufuk konularındakine benzer sorular sormamıza izin veren özelliklerin teşhisiyle yetinmek zorundayız. Soruların yanıtlarını, İslam kültürünü, ışık mizanseniyle bir simge sayılabilecek pencerenin semantik spektrumunu gözler önüne serebilecek kadar iyi bilen uzmanlara bırakmak gerekir. Burada farklı bir bakış açısı olarak önerdiğimiz karşılaştırmanın amacı, her iki kültürü de kendi içinde daha iyi anlamak ve henüz yeterince geliştirilmemiş bir diyaloğa katkıda bulunmaktır. Ayrıca, kendini resimde yaratan "yeni Narcissus"un muhakeme gücünün, tabularla karşılaşacağı bir başka kültüre yapılan yolculukta doğru yönde ilerleyecek kadar keskin olduğunu ilave edelim.

Aşağıdaki düşüncelerin çıkış noktasını hatırlatmak için erken yeniçağın pencere bakışına bir kez daha dönelim: Batılı bakış, bir pencereden aramaya çıktığı resimler peşindedir. Nitekim 1500 civarında bir Alman ressamın iki Türkü ya da Arabı dünyaya baktıkları bir pencerede dururken tasvir etmesi ilginç olmakla birlikte yanlış bir yorumdur (**Resim 104**). Bugün Stuttgart'taki Devlet Galerisi'nde bulunan "Pullendorf Sunağı"nın sarıklı bu iki figürü Eski Ahit'ten peygamberlerdir ve o dönemde Batı kültürü için tipik olduğu üzere, açık bir pencerede tasvir edilmişlerdir. Dünya, içeriden dışarıya fırlatılan bir bakışta görünür kılınmıştır. Dış ile iç ilişkisi dolaysız ve açıktır, zira bakan kişinin bedeniyle değil, sadece bakışıyla ilgilidir; bakan kişi dünyaya "dış dünya" olarak bakar ve onu bakışıyla kendine mal ederken bedeni "içerde" kalır.

İslam dünyasında bu eşiğe bir *kafes* konmuştur; bu kafes pencere kafesidir ve sanatsal enerjinin nesnesi haline gelmiştir. Kafes geçirgendir ama—en azından prensipte—*bakış* için değil, ışık için geçirgendir ve ışık, iç ile dış arasındaki ilişkiyi de tersine çevirmiştir. Bu gözlem daha önce ele aldığımız konuyla, bakışın ölçümü ile ışık ölçümü arasındaki farkla (s. 110) ilintilidir. Işığın iç mekânlara girmesi için pencereler hep vardır gerçi, ama buradaki mesele farklıdır. Zira Arap yaşam alanlarında ışığın kendine özgü sembolizmiyle adeta sahneye konulduğunu, bir ışık mizanseni yaratıldığını görürüz. Işık her zaman dışarda oluşur, ama bu-

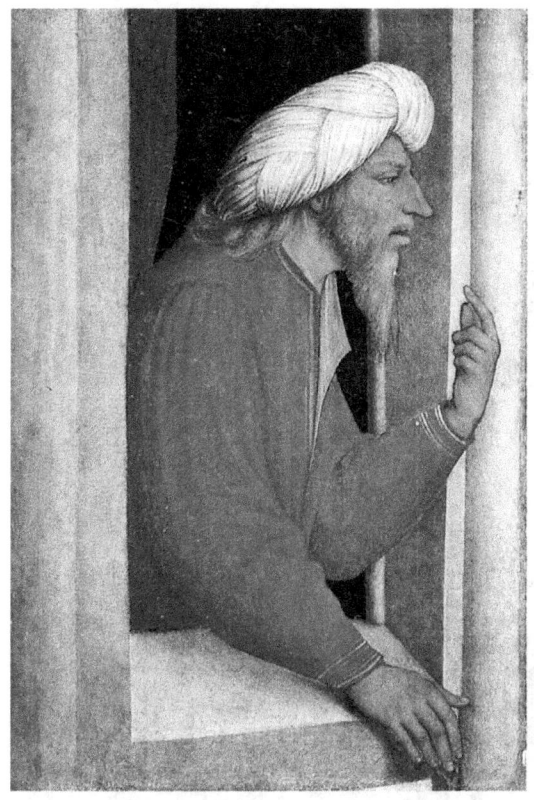 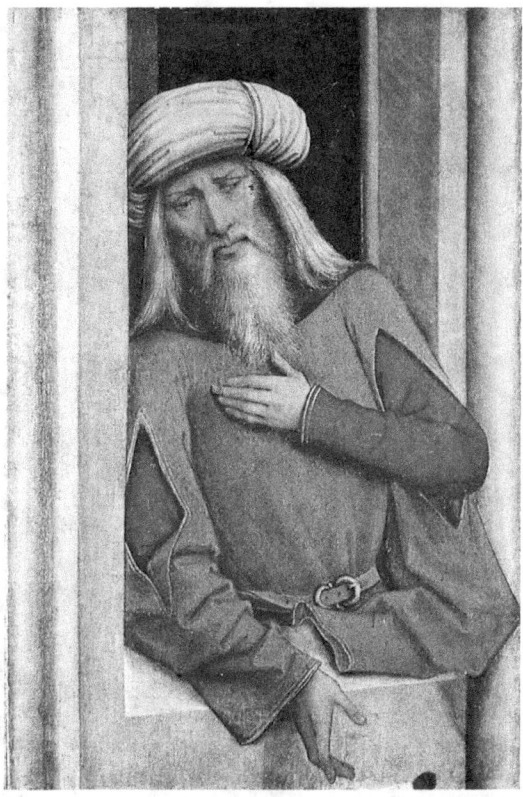

rada özel olarak iç mekâna yönlendirilir ve bu mekânların sakinlerinin dışarıya bakmasına gerek kalmadan onların bakışlarını kendi üzerine çeker. Işığın düşüş açısı ve pencere kafesinin geometrisiyle sahneye konan mizansen, ışığın *akisleridir*.

RES. 104 Pfullendorf Sunağı'nın üstatları, İki Peygamber, 15. yüzyıl sonu, Staatsgalerie Stuttgart

Pencerenin genellikle kafesli olmasının nedeni, özel ve kamusal alanın ayrılması anlamına da gelen iç ile dış ayrımıdır. Mekânın sakinleri sokaktan görülemezler, ama gizlice sokağı seyredebilirler. Yoğun bir filtreden geçiyormuş gibi pencereden içeriye süzülen ışığın pencere kafesinden iç mekâna vurmasıyla yarattığı desen, gün ışığıyla birlikte değişerek odada yavaş yavaş gezinir. Daha önce gördüğümüz gibi, ışık yansıması İbnü'l-Heysem'in karanlık oda deneylerinin de konusudur (s. 101). Geometrik kafes işi—İbnü'l-Heysem'in keşfettiği gibi—dünyada sadece ışınlarıyla gezinen ışığı geometrik bir düzene sokar ve bu geometrik düzen ışığı ölçülebilir kılarak bakışları onun üzerine çeker. Göz, pencere kafesi ve ışığın etkileşimiyle oluşan bir geometrik desen görür. Burada perspektiften

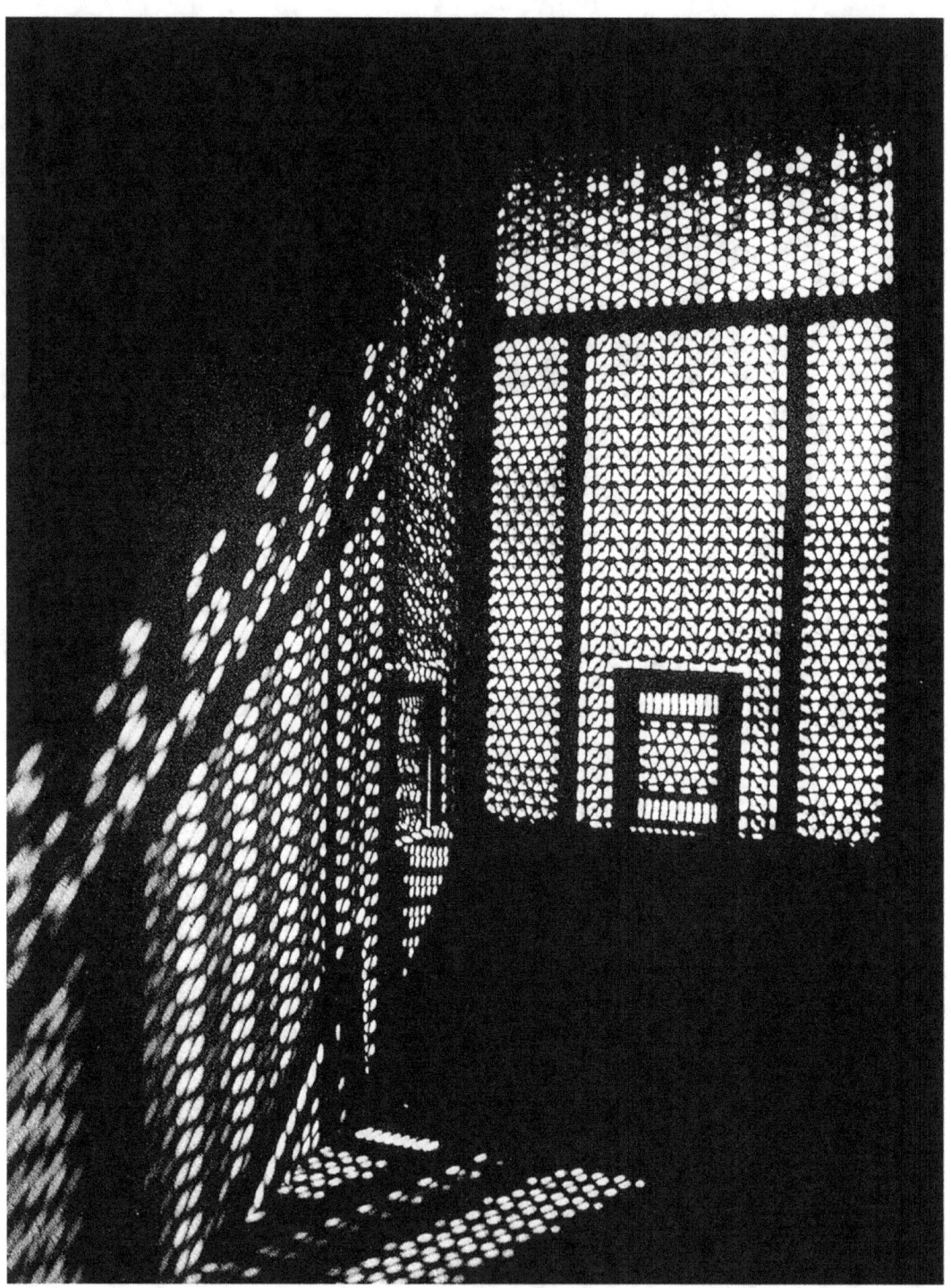

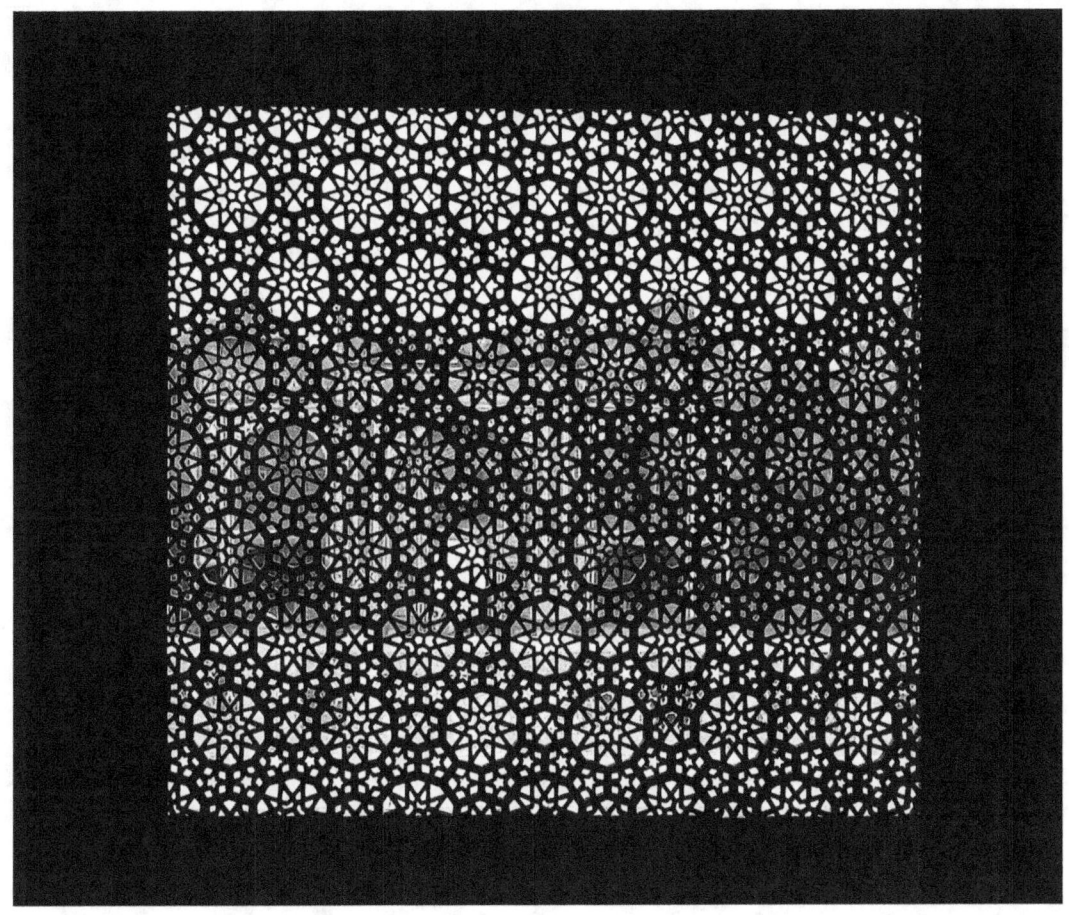

söz edeceksek, Arap optiğinde perspektifin ışığın perspektifi olduğunu söyleyebiliriz; ışık pencere engelini aşıp içeriye girerken pencere dekorunun geometrisiyle bir düzene sokulur. Ama bizim anladığımız anlamda "resimlerin" üretilmediği bu süreçte ışık renklerle karışarak cisimlerin biçimlerini de göze iletir ve dış dünyada olduğundan çok daha saf ve soyut görünür. Pencere kafesi ışık ışınlarının ve görme ışınlarının ittifakını ortadan kaldırır. Yansımalarında saflaştırdığı ışığın özünü ortaya çıkarır.

Perspektif simgesel biçimse, perspektif eksikliğinin de aynı gerekçelerle simgesel biçim olarak görülmesi gerekir. Ama perspektif "eksikliği"nden söz etmek, perspektifin ya mevcut ya da "eksik" olan temel bir koşul olduğu anlamına gelecektir. Oysa perspektif bir gelenektir ve kolayca tasvir edilebilen niyet ve beklentilerden kaynaklanır. Ayrıca, bir anti-perspektif

Res. 106 I'timad al-Daula'nın mezarı, Agra, 1628, pencere kafesi

Res. 105 (Karşı sayfada) Hasan Fethi, iç mekân, Luksor yakınlarındaki Yeni Gourna köyü, 1950 civarı

bile, erken yeniçağdaki spesifik perspektif biçiminin temel alınması anlamına gelirdi. Perspektifi kültürel ya da simgesel biçim olarak incelemenin yegâne anlamı, göz manipülasyonunun başka biçim ve kurallarını da anlamak, görmenin ve tasvir etmenin simgesel biçimini kültür tarihinin sabit değeri olarak kabul etmektir. Işık İslamdaki simgesel biçim olarak görülebilir. Bu simgesel biçim insan bakışıyla değil, ışığı filtreleyen ve düzenleyen dekorla üretilir. Pencerenin geometrisi, ışığın simgesel biçim olarak sahnelenmesini sağlar.

Modern İslam mimarisinin temsilcilerinden olan Mısırlı mimar Hasan Fethi, meşrebiyenin simgesel biçim olduğunu söylüyordu. Meşrebiye eski bir pencere biçimiydi, fakat evlerin bakonlarını da süslüyordu. Meşrebiye, tahtaya dantel gibi işlenmiş kafes tekniğidir (Fethi'nin ifadesiyle, "a wooden latticework screen") ve adını daha sonra kullanıldığı pencerelere de vermiştir. Bu önemlidir, çünkü vurgu "pencere açıklığı"ndan "pencere gölgeliği"ne kaymıştır. Fethi *Meşrebiyenin Masalı* adlı edebi metnini adadığı bu pencere biçimini, savaş sonrası dönemin modern mimarisinde yeniden canlandırmak istiyordu.[81] Fethi, meşrebiye diye bilinen pencere kafesinin ışığı gölgeyle birleştirerek gözlerin güneşten kamaşmasını önlediğini ve gün ışığıyla birlikte gezinen desenleriyle iç mekânın duvarlarını adeta ortadan kaldırdığını yazar. Fethi'ye göre, desen göz hizasına kadar ajur gibi yoğun ve minik delikli olmalıdır, fakat göz hizasının üstünde, içeriye daha fazla gün ışığının girebilmesi için, geniş ilmekli olabilir. *Camera obscura*'daki gibi bu ışık kafesinde de bir ışık gösterisi sahnelenir. Meşrebiyenin iç mekânı dışarıdaki gözlerden koruması dışındaki bir avantajı da, hava sirkülasyonu sağlamasıdır.

Fethi 1974 tarihli bir röportajda, Arap mimarisinin içerden dışarıya yöneldiğini söylemişti. Ona göre, Arap mimarisi duvarların değil, iç mekânların mimarisiydi.[82] Fakat iç mekânlarda hüküm süren ışığın dışardan içeriye süzüldüğü ortadadır. Fethi, Luksor yakınlarında kerpiç tuğlalardan yaptığı bir köyde pencere kafesinin dekoruyla canlı bir ışık ve gölge deseni yaratmıştır. Pencerelerden içeriye süzülen ışık, pencere ve mimariyle daima başka açılar oluşturarak gün ışığıyla birlikte duvarlarda ve yerlerde yavaş yavaş gezinir (**RESİM 105**).[83] Burada geometrinin teması haline gelen ışık, onu ileten somut araçtan, yani pencere kafesinden kurtularak değişken kırılmalar ve farklı açılarla evin içinde serbestçe dolanır. Simgesel biçim tam budur işte. Pencerenin bakışı dışarıya değil, içeriye yönelttiğini söylersek, paradoksal ama isabetli bir tespitte bulunmuş oluruz. Meşrebiye bakışın penceresi değil, ışığın penceresidir, zira

Res. 107 Ursula Schulz-Dornburg, *Dicle Kıyısında Ev* (*Kayıp Manzaralar* serisi) 1980/2002, fotoğraf

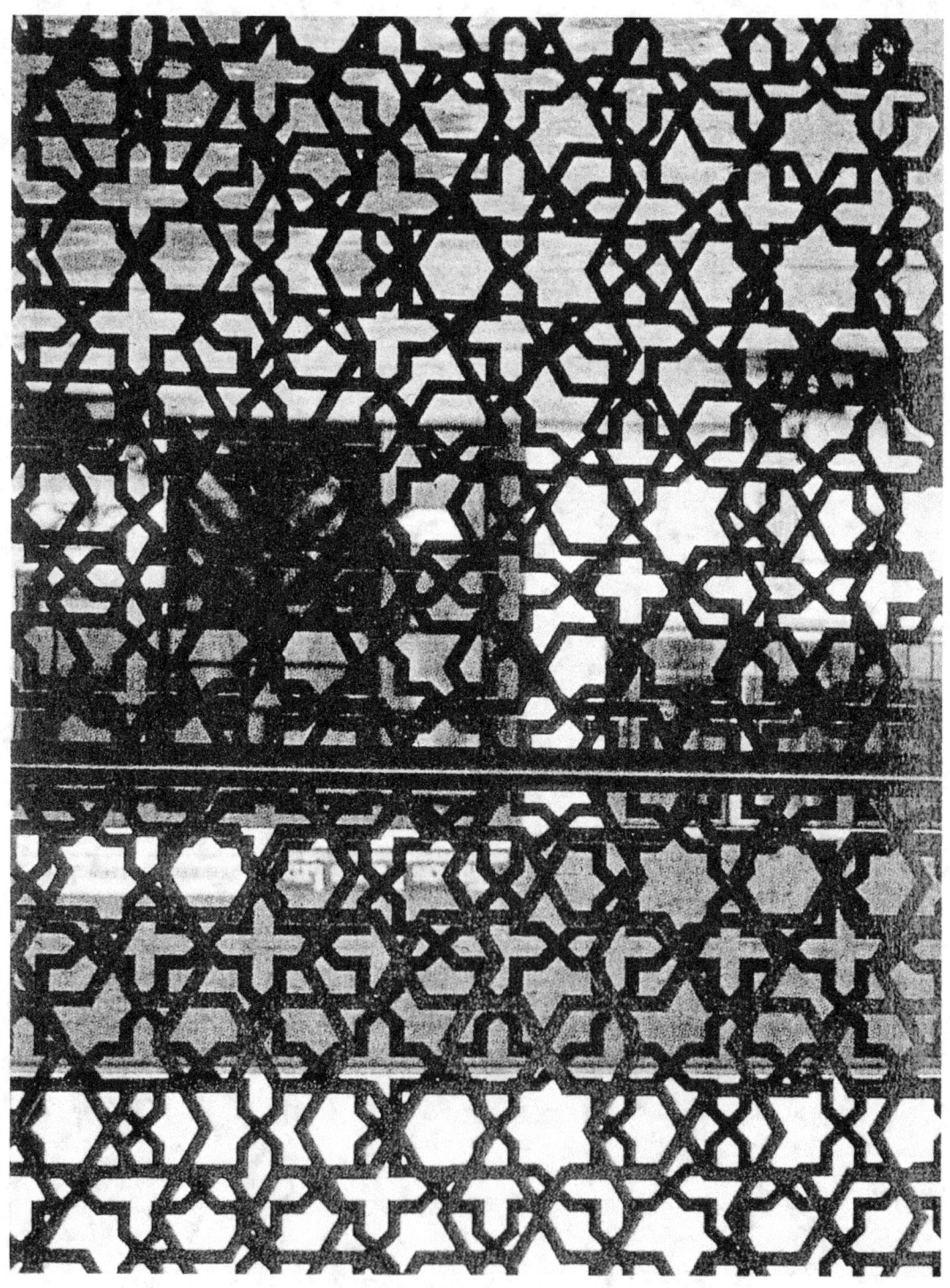

pencerenin ışığa kafesle kazandırdığı varlık ancak evin içinde somutlaşır, yani bunun için bir iç mekâna ve karanlık bir fona ihtiyaç vardır. Mimari mekân ışık huzmelerinin bu oyununda geride dururken, pek sevdiğimiz "ışık gösterisi"nin sahnesine dönüşür. Işık mizanseninin burada özel bir anlamı vardır. Işık iç mekânda günün saatlerinin ritmiyle birlikte rotasında ilerlerken, kozmik bir güç olarak "tezahür eder."

İslam mimarisinde bu tarz pencerelerin tarihi çok eskiye dayanır. Yeni Delhi'nin kuzeyindeki Agra'da 1628 yılında inşa edilen bir türbede bunun tam anlamıyla mükemmel bir örneğini görürüz. Burada mermere uygulanan desen, genelde yüzeylerde görülen daire ve ışınlardan oluşan sıkı geometrisiyle ışıkla birleşir ve iki türde okunabilen çifte bir örüntü yaratır (**Resim 106**).

Meşrebiye modern dönemden önce kırsal alandaki Arap halkın evlerine de damgasını vurmuştu. 1980'de Ursula Schulz-Dornburg'un Mezopotamya'da, daha şimdiden tarihe karışmışa benzeyen bir kültür ortamını belgelediği kapsamlı fotoğraf serisindeki fotoğraflardan birinde, Irak'taki bir köy evinin karanlık girişinin önünde akan Dicle nehri manzarası görülür (**Resim 107**). Beşgen kapının üzerinde bulunan ve kapıyla aynı boyut ve biçimde olan pencere içeriyi aydınlatırken, basit örgülü kafesinin ardındaki ışık gözümüzü cezbeder. Hem pratik hem de simgesel bir işlevi vardır bu pencerenin. Bakış sadece kapıdan dışarı salınır. Dış dünyanın değişen imgeleri sadece kapıdan görünür. Fakat odayı aydınlatmaya yarayan pencere, bakışı tüm imgelerden arındırır ve sık örgülü geometrinin koyu ajurunun ardındaki saf ışığa yöneltir.

2003'te Londra'da gerçekleştirilen, peçe temasına adanmış bir fotoğraf sergisinde, İngiltere'de yaşayan sanatçı Henna Nadeem'in olağanüstü fotoğrafları da yer alıyordu. Sanatçı, oturduğu Bric Lane semtini bir tür meşrebiyenin filtresinden süzerek görüntülemiştir (**Resim 108**). Meşrebiye, fotoğraflardaki sokakları ve dünyayı doğrudan görmemizi engeller. Hemen önümüzdeki yüzeyin bakışlarımızı tutsak alan geometrisi, kafesin ardındaki belirsiz ve muğlak görüntülerden daha çok kazınır belleğimize. Sanatçı, kendi kültürünün gözleriyle gördüğü Londra sokaklarının üzerine adeta bir peçe örtmüştür. Peçe ile kafes burada birbirlerine atıfta bulunur. Bu çağdaş sanat yaklaşımı, ışıkla diyalog içindeki geometrinin, dünyanın tesadüfi görünümlerinden daha güçlü bir varlığa sahip olduğu bir görsel kültürün anısını da yaşatır.[84]

Mısır'ın modernist mimarlarından Fethi için her kültür "insanların içinde yaşadıkları ortama verdiği eşsiz bir tepkidir. Bu tepki, fiziksel

Res. 108 Henna Nadeem, pencere kafesi (detay), 1997

ihtiyaçlarımıza ve ruhsal isteklerimize daima yeni yanıtlar bulmaya çalışmamızın bir kanıtıdır."[85] Dolayısıyla, bakışımızı Batı'nın penceresinden meşrebiyeye kaydırmamızdaki amaç, iki kültür arasındaki farkları vurgulamak değil, onların karakteristik özelliklerini anlamaktır. Ayırt etmek yorumlamak için bir vesiledir. Ama bunun koşulu, Batı kültürünü evrensel kültür olarak görmemek, diğer tüm kültürleri yerel bir statüye indirgememektir. Bu açıdan bakıldığında, Batı'nın penceresi de yerel bir olgudur. Rönesansın resim sanatı pencerenin anlamını yorumlamaya müsaittir, zira yeniçağ resmi simgesini pencerede bulmuş, pencere bakışını kilit teması haline getirmiştir. Meraklı bakış dünyada imge peşinde koşar. Buna karşılık, meşrebiye bakışı ehlileştirir ve iç mekândaki ışığının keskin geometrisiyle dış dünyanın tüm duyusal imgelerinden arındırır. İki kültürdeki iç ve dış ilişkisi, bakış ve ışık ilişkisi kadar farklıdır. Bu farkın, özneye de bambaşka roller yükleyen farklı dünya görüşlerinden kaynaklandığı açıktır. Özne, bir kültürde bakışta aktifleşirken, diğer kültürde ışığı—yani insanüstü bir gücü—kozmik bir gösteri olarak yaşar. Perspektif kadar pencere metaforu da Batı kültürünün simgesel biçimidir. Işığın görünümünü tematize eden meşrebiye ise Arap kültürünün simgesel biçimidir.

Sonuç

KÜLTÜRLER ARASI BAKIŞ KARŞILAŞTIRMASI

Yeniçağdaki Batı sanatının yarattığı beklenti, izleyicinin bakışını yansıtması ve bu bakışı görünür kılmasıydı. Dolayısıyla, bakış ile resim arasında kurulan ittifak, diğer bir deyişle, bakışların resim olması ya da resme girmesi, gerçek anlamı ve yerel (yani Batıya özgü) karakteri ancak kültürler arası karşılaştırmada görülen bir girişimdir. Daima bakışa yönelen resimler, bakışlar olmasaydı tüm anlamlarını yitirirlerdi. Fakat bu, resimlerde tam da bu bakışların tasvir edildiği anlamına gelmez, zira o zaman inisiyatif yine izleyicide olur. Bu durumda, izleyiciye ve izleyicinin dünya görüşüne bir ayna tutabilmek için anlatı ya da kıssanın ikinci planda kalması gerekir. Batı perspektifindeki gibi "ikonik bakış" resme dönüşmüş bir bakıştır. Bu anlamda "bakışın ikonolojisi," kolektif ve bireysel bakışın yanı sıra, bakışın tarihsel ve toplumsal dönüşümünü de kapsayan resim tarihi için kullanılan bir kavramdan başka bir şey değildir. Resim tarihi olmasaydı, Batı'daki bakışın tarihi hakkında sadece tahminlerde bulunabilirdik. Bir zamanlar böyle bakmış olan insanlar artık hayatta değiller, ama eski resimler onların bakışı için yaratılmıştı.

Ayna ve pencere dünyaya bakışın simgelendiği yerlerdi. Ayna, kültürel kodlar doğrultusunda kullanılıyordu. Öznel bakışı yasıttığı ve resimlere model oluşturduğu için Batı için büyük önem taşıyan pencere için de geçerlidir bu. Batı'da ayna ve pencere, insanda dünyayı kendi bakışıyla kontrol etme ve bilimsel araçlarla donatma dürtüsü uyandırmıştı. Bakış dünyaya, en azından teorik olarak, egemen oldu. Gerçi görsel güdü dünyanın her yerinde vardı, ama toplumsal ve kültürel tezahürü farklıydı. Ayna ve pencere Batı kültüründeki imge üretimine hem yön verdi hem de meşrulaştırdı. *Skopofili* ya da *skopofobi* gibi kavramlar dünyaya ilişkin görsel yaklaşımdaki tezatları ifade etmekle kalmazlar,[1] farklı kültürlerde farklı anlamlar da taşırlar.

Batı'daki bakışın spesifik özelliği, kendi tarihine sahip olmasıdır. Bakışı tema haline getiren tüm o söylemler, evrensel bir bakışın değil, yerel kurallar, özgürlükler ya da tabularla yüklü bir bakışın söylemleridir. Görsel bir kültürden söz edebilmek için o kültürde tarihsel kavramlarla açıklanabilen kolektif bakış normlarının olması gerekir. Ancak tarihsel bir gelenek varsa bakışın tarihinden söz edilebilir. Saray ortamındaki bakış kuralları burjuva toplumundakilerden farklıydı, burjuva toplumun da ortadan kalkmasıyla başka kurallar devreye girdi. Kitle iletişim araçları çağında, ardından dijital çağda bakış alışkanlıkları bir kez daha değişime uğradı. Resimler—Batı tarzındakiler—kolektif bakıştaki değişimi yansıtırlar.[2] Bakışa kur yapar ya da onu ürkütürler, gözleri yüceltir ya da aşağılarlar. Tarihte resimler huzursuz gözlerimizin duyu-motor mekanizmasını kesintiye uğratmış, "an"ı ebedileştirmişlerdi, oysa günümüzün hareketli ya da canlı görüntüleri, kibarca söyleyecek olursak, bakışımıza rakip çıkmışlardır.

Bakışın batıya özgü olduğu, bakışın tarihinden söz edilmesinden de bellidir. Zira hep sözü edilen bakış çağı genellikle Batı tarihiyle sınırlıdır. Michel Foucault 1800 civarındaki klinik bakışı ve anonim bakış kontrolünü incelemişti.[3] Christian Metz, sinema sanki kapalı bir dünyayı temsil ediyormuş gibi, sinemanın "görsel rejimi"nden söz ediyordu.[4] Kimileri de Barok dönemdeki (Christine Buci-Gluckmann[5]) ya da modern dönemin başındaki (Jonathan Crary[6]) görsel rejimleri inceledi. Roland Barthes fotoğrafla ilgili meşhur araştırmasında "bakışın tarihini" kaleme alırken, konuyu sadece fotoğraf bağlamında irdeliyordu.[7]

Oysa bakışın tarihi ya da ikonolojisi algının tarihiyle eşanlamlı değildir; fakat pek çok araştırmada, daha başlıkta bile, aradaki ayrımın dikkate alınmadığı görülür.[8] Hepimiz etrafımıza gözlerimizle bakar, dünyayı gözlerimizle algılarız, ama bakış her şeyden önce bireyin ifadesidir ve toplumsal bir edimdir. Bu ayrımı resim tarihine uyarladığımızda, resimlerin çifte bir işleve sahip olduğunu, ya algıya ve kodlarına hizmet ettiklerini ya da tarihsel bağlam içinde izleyiciyi temsil ettiklerini görürüz. Fransızcada tek bir kavramla, *représentation* sözcüğüyle karşılanan *Vorstel-*

lung (tasavvur, fikir) ve *Darstellung* (tasvir, temsil) kavramları birbirlerini tamamlarlar. Daha basit bir ifadeyle, dünyaya dair imgelerimiz *tasavvurda* doğar: Bunlar zihinsel imgelerdir ve tasvir konusuna eleştirel yaklaşan Arap kültüründe de büyük bir önem taşıyorlardı. Buna karşın, *tasvirden* kastımız genellikle fiziksel resimlerdir; tasavvurumuzu bunlarla kontrol ederiz. Nöroloji sayesinde tasavvur dünyamızın *içsel temsilinden* ve resim yapma pratiğinin gerçekleştiği bir *dışsal temsilden* söz edebiliyoruz.[9] Bu durumda, içsel imgelerin alanı olan tasavvur ile kamusal imgelerin yeri olan temsil arasındaki sıkı etkileşim daha da önem kazanır.

Dillerin bakış için geliştirdiği kavramlar tam da aralarındaki farklardan ötürü önemlidir. Fransızca *regard* kavramı, "dikkat etmek ya da gardını almak" anlamındaki *prendre garde* çağrışımına davet eder. Bu anlamda Jean-Luc Nancy portre üzerine yazdığı kitapta *regarder* ya da "bakmak" kavramını *garder* ve *surveiller*, yani "gözetim altında tutmak" ile ilintilendirir.[10] Michel de Certeau görmek ile bakmak arasındaki bir "zıtlık"tan söz eder.[11] Bir başkasının bakışı bizim bakışımızı (*vue*) elimizden alır. İngilizcedeki *regard* ve *regardful* ifadeleriyle *watch* ve *"watch out"* sözcüklerinin anlamına, yani nesnel "bakma"nın ötesine geçen otokontrollere ve davranış biçimlerine biraz daha yaklaşırız. Katja Silverman ve Martin Jay için *gaze* ve *look* kavramlarındaki "bakış" çok farklıdır,[12] nitekim *gaze* (dik bakış) ile *glance* (üstünkörü bakış) arasında ayrım yapan Norman Bryson, bu iki bakış arasındaki "düalizm"den söz eder.[13] Bu labirentte metaforlar bakışı bambaşka kavramlara büründürür. Genel "bakış" (*Blick*) gibi, genel "tablo"dan (*Bild*) da söz eden Almancada *Blick* sözcüğü—Grimm Almanca Sözlüğü'ne göre—*Blitz* (şimşek) sözcüğünden türemiştir. Almancada "bakışların saplandığı" ifadesi hâlâ kullanılır.

Bakış ne fizyolojik kavramlarla tanımlanabilir ne de kullandığı algı tekniklerine bağlanabilir. Bizi özneye götüren bir dayatma vardır bakışta; özne bakışıyla şiddet uygulamakta ya da bakıştaki şiddete maruz kalmaktadır. Fakat son dönemde özne bir dekonstrüksiyon modasının kurbanı olmuştur. Bakışın arzuları ya da inhibisyonlarından içgüdünün mekanizmaları sorumlu tutulur. Ne var ki, bakış temasını yakalayan tarihi dikkate almazsak hayaletlerle savaşırız. Bakış her toplumda kolektif bir biçimde gerçekleştirilir, oysa herkes bakışı kendi bakışı olarak görür. Farklı ırklardan insanların belli bir kültüre aidiyetleri beden duruşları ya da dansları gibi, bakışlardan da ayırt edilir. Bu anlamda, bakışın fetişizmi de kültürel bir olguydu. Algının aynı zamanda hem motoru hem de frenidir bakış. Bakış ve göz, ister suç ortağı ister düşman olsunlar, ayrılmaz bir bütündür. Bakış konusuna sadece cinsiyet tartışmalarında gereken önem ve dikkat verildiyse de, bakışın devamlı maruz kaldığımız iktidarı sırf bu meseleye indirgenerek daraltıldı.[14]

Çeşitli kültürlerdeki resim korkusu genellikle bakışla ilgili tabulara işaret eder. Bu olgu, etnolojik saha araştırmalarında kameraların yerli bir topluma çevrilmesiyle ortaya çıkmıştı. Araştırmacılar fotoğraf makinelerini kullanırlarken bakışla ilgili yerel gelenekleri ya da bakışla ilgili hassas kuralları çiğnemişlerdi. Norbert Elias'ın uygarlığın gelişimi tezlerini eleştiren Hans Peter Duerr, "ilkel" denen toplumlarda güdülerin kontrol edilmesinde bakışa yüklenen rolün altını çizer.[15] Mahrem alanda "gözler istenmeyen yerlere yöneltildiklerinde" yaptırımlar uygulanıyordu. Dolaylı bakışlar ve görünmez bakış sınırları ("hayalet duvarlar") kamusal alanda özel alanlar yaratıyor, insanlar birbirini görmezden geliyordu.

Günümüzde İslam toplumlarında kadının baskı altına alınmasının bir simgesi olan peçe, bir zamanlar çok ince ayrımlara sahip olan ve her iki cinse de sorumluluklar yükleyerek özel ile kamusal alan arasındaki sınırı çizen bir bakış kültürünün bir parçasıydı. Kadınlar örtünmekle, erkekler ise gözlerini kaçırmakla yükümlüydü. Hamid Naficy "kaçırılan bakış" ile ilgili metninde duvarlar ve kelimelerinkine benzer bir anlam atfeder peçeye. "Duvarlar, kelimeler ve peçe, kadınlar kadar erkekleri de damgalar, maskeler ve ayırır."[16] Erkek eve girerken sesini yükseltmek, geldiğini belli etmek zorundaydı. Ses de bir anlamda biçimsel bir dille "peçeleniyordu." Bu iletişim, "bakışın hem kontrol ettiği hem de kontrol edildiği" bir sistem kuruyordu.

Naficy'nin sözünü ettiği İran sanatının "hiç perspektif olmayan minyatürleri de" anlatı mekânını birbirinden kesin olarak ayıran, sadece belirli aktörlere yer veren, başkalarının giremeyeceği katman ve alanlara bölerler. Meşrebiye tarzı pencere kafesi de bir bakış engeliydi ve iç ile dışı birbirinden öyle kesin biçimde ayırıyordu ki, bu eşikten sadece ışık geçebiliyordu (s. 255). Bu estetik anlayışı, bir toplumun çok uzun bir sürede oluşmuş bakış kurallarını yansıtır. Duyusal dünya yazı ve geometriyle şifrelendiğinde ve dünya ile bakış arasına, bakışı engellemekten ziyade ehlileştiren ve resimlerden arındıran bir filtre konduğunda doruğa ulaşan bir estetiktir bu. Bu sanatta bakışı kafese koyan geometri, Batı'daki perspektif resmini yaratan geometriden tamamen farklıdır. Nitekim toplumsal bir pratik olduğu için özellikle de resim meselesinden yola çıkılarak Batı kültürüne ve karakteristik özelliklerine eleştirel bir gözle bakılabilir. Fakat her iki kültürün uzmanlarının da birbirlerini pek dikkate almadıkları bir meselede iki arada bir derede kalma riskinden ötürü bu konu pek ele alınmamıştır.

Bu nedenle son olarak, Uzakdoğu kültürüyle ilgili olsa da, buradaki konumuz için de yol gösterici iki araştırmaya daha değinmek istiyorum. Norman Bryson "Genişletilmiş Görüş Alanında Bakış" adını taşıyan makalesinde, Japon sanatı ve felsefesi ile Batı sanatı ve felsefesindeki bakışı karşılaştırarak analiz eder; François Jullien ise Batı'daki gibi bir resim objesiyle ilişki kurmayan Çin sanatındaki resim kavramını inceler.[17] Norman Bryson Batı'nın, özellikle de bakışıyla sahip olduğu nesneyle tanımlanan özne kavramından yola çıkar. Buna karşın, Uzakdoğu kültüründe bakışın sınırlandırılmaması özneyi sabit bir yere koymuyor, bakışına güvenli bir yer sunmuyordu. Bryson'a göre, Japon filozoflar Batı'nın düşünce biçimini, yani özneyi tanımlayan bir nesneye ihtiyaç duyulmasını daima eleştirmişlerdir. Konturları olmayan, Japonca "boşluk" ya da *sunyata* kavramıyla nitelenen bir mekânda her nesne kendi konturunu da yitirir ve Batılı anlamda sahiplenen bakışın ihtiyaç duyduğu odak da ortadan kalkar. Bakış çerçevesi elinden alınan bir izleyici duyusal görüntülerin hiç kesilmeyen akışının içine çekilir ve bağımsız bir izleyici olmaktan çıktığı için algının ölçütü de olamaz.

Eski Çin'in resim ruloları değişken görüntülerin akışını tek ve aynı sanat eserinde gösteriyorlardı. Bu ruloları açan izleyicinin bakışı çerçevelenmiş bir resimdeki gibi tek bir yere odaklanmadan görüntülerde geziniyordu. Ancak nesne üzerinde kurulan kontrol bir bakışı bireyselleştirebilir. François Jullien'in yazdığı gibi, Uzakdoğu sanatında bir biçim ve görünürlük aranacaksa, bu ancak devamlı değişen görüntülerin "sadece bir evresi" olabilirdi. Buna karşın, Jullien Batılı bakışta, özne ile nesne arasındaki bakış düzeninde "her tür temsilin özünü" görür. Zira Batılı bakışın ille de görmek istediği "nesne izleyicide ancak mimesisle üretilir." Tasvir ve gözlem ancak bu sayede adeta gerçekçi olmaya zorlanır, ki gerçekçilik çağdaş Çin sanatında bile hâlâ sinik bir yapmacıklık içindedir.

Fakat Uzakdoğu sanatına yaptığımız bu kısa gezinti, bakışın Batı dünyası ile Yakındoğu dünyası arasındaki kültürel karşılaştırmasına bir model oluşturamaz, çünkü Batı ile Yakındoğu'yu birbirinden ayıran resim sanatı Uzakdoğu'da yine de bir ölçüde mevcuttur.

Sonsöz

2003 ilkbaharında Paris'teki College de France'da "Bakışın Tarihi"ne adanmış dersler verirken, bir gün bu derslerden elinizdeki kitabın doğacağını henüz bilmiyordum. Resim ve bakışı temel almam ve iki farklı kültürün bakışıyla birleştirmem ancak rotayı değiştirmemle mümkün oldu. Bu rota değişikliğinin esin kaynağı, Heinrich Böll Vakfının daveti üzerine gittiğim Fas'taki bir konferanstı. Konuyla ilgili ilk tezlerimi, Şubat 2006'da Berlin'deki Humboldt Üniversitesinde gerçekleştirilen Thyssen Konferansı'nda sundum. Yeni sorulara yol açan bu davet için Gottfried Boehm ve Horst Bredekamp'a, ayrıca Fritz Thyssen Vakfına teşekkür ederim. Bu ilk sunumdan sonra Eylül 2007'de Toledo'da gerçekleştirilen Academia Europea Kongresi'nde, şu sıralarda İbnü'l-Heysem hakkında bir kitap yayımlamış olan matematikçi Ricardo Moreno Castillo ve matematikçi José Maria Montesinos ile yaptığım görüşmeler bana cesaret ve ilham verdi. Aralık 2007'de, aralarında George Saliba ve Claus-Peter Haase'nin de bulunduğu İslam araştırmacıları ve bilim tarihçilerinin katıldığı bir konferansta tezlerimin bir sunumunu yaptım. Berlin'deki Sanatlar Üniversitesinde gerçekleştirilen bu konferansa, çeşitlilik projesi kapsamında beni de davet eden ve çalışmalarımı sürdürmem için cesaretlendiren Siegfried Zielinski'ye teşekkür borçluyum.

İslam araştırmacılarının önerileri ve desteği olmasaydı, bu konunun üstesinden gelinemezdi. Almir Ibric (Viyana), Silvia Naef (Cenevre), Alia Rayyan (Ramallah) ve özellikle de Oleg Grabar'ı (Princeton) bu vesileyle anmak isterim. Ayrıca, Berlin'deki Literatür Araştırmaları Merkezi'nden Silvia Horsch ve Sasha Degani'ye, Osmanlı İmparatorluğu'nun son dönemlerini araştıran Wendy Shaw'a (İstanbul) yardımları için teşekkür ederim. Fuat Sezgin ve Frankfurt'taki Arap-İslam Bilimleri Tarihi Enstitüsündeki ekibi de yardımlarıyla çok destek oldu. Peter Lu ve Paul Steinhardt'ın Şubat 2007'de *Science* dergisinde yayımlanan ve büyük yankı uyandıran makalesi, Arap dünyasındaki matematik ve sanat konusuna yepyeni bir boyut kazandırdı. En büyük teşekkürü, İbnü'l-Heysem'in başyapıtının eleştirel baskısını yayımlayan ve İngilizceye çeviren, yöntem ve terminoloji konusunda bana yol gösteren Abdulhamid Sabra'ya (Harvard) borçluyum. Gülru Necipoğlu'nun (Harvard) Topkapı Parşömeni üzerine yazdığı, Getty Vakfı tarafından yayımlanan anıtsal eseri de benim için benzer bir öneme sahiptir, zira İslam sanatındaki geometri araştırmalarını yeni bir temele oturtmaktadır. Bu bağlamda, John Onians'ın (Norwich) *Neuroarthistory* adlı eserinin birinci cildindeki bölümlerden birini İbnü'l-Heysem'e ayırdığını belirtmek isterim. Biagio Pelacani'nin mekân kavramını ele aldığım inceleme ilk kez 2007 yazında, Peter Sloterdijk'e armağan kitabının içinde yayımlandı.

Kitabın giriş yazısından da anlaşıldığı gibi, bakışın kültürel karşılaştırmasında Norman Bryson'ın çalışmalarına ve Norman Bryson okuru olarak kaçış noktası ile Arapların icat ettiği sıfır arasında bir ilişki kuran ilk kişi olan matematikçi Brian Rotman'ın bir kitabına çok şey borçluyum. Werner Hofmann'ın modern sanatın kökenlerini perspektif öncesi ortaçağda aradığı araştırması gözlerimin açılmasını ve konuyu daha derinden ele almamı sağladı. *Schleier und Spiegel* (Peçe ve Ayna) adlı kitabıyla Rönesans araştırmalarında bana metodik bir yol gösteren Gerhard Wolf'a beni Floransa'ya davet ettiği ve tezlerimi tartışma fırsatı verdiği için teşekkür ederim. Dostlarım ve meslektaşlarımın öneri ve eleştirilerinden de çok yararlandım. Burada sadece bir kısmının adını anabiliyorum: Klaus Krüger (Berlin), Friederike Wille (Frankfurt), medya antropolojisiyle yeni Narcissus temasını ön plana çıkaran Christiane Kruse (Marburg), ayrıca Sigrid Weigel (Berlin), Annette Hoffmann (Floransa), Martin Schulz (Karlsruhe), Almut Sh. Bruckstein (Berlin), Ecke Bonk (Yeni Zelanda) ve Peter Weibel (Karlsruhe). Viyana'daki Uluslararası Kültür Bilimleri Araştırma Merkezi'nden Gertrud Koch, Erwin Panofsky'nin eserini eleştirel bir bakışla incelememi önerdi. Kai Müller-Jensen (Karlsruhe) metnimi eleştirel bir gözle okudu ve oftalmojiyle ilgili pek çok öneride bulundu. Sergius Kodera (Viyana) beni Leone Ebreo'nun düşünce dünyasıyla tanıştırdı. Candida Höfer ve Ursula Schulz-Dornburg büyük bir cömertlik göstererek fotoğraflarını kitabıma almama izin verdiler. Hanns Kunitzberger (Viyana), Helga Kaiser-Minn (Helmsbach) ve Alexander Polzig tamamlanmış bölümleri beğeniyle okudular ve zaman zaman kaybettiğim cesareti yeniden kazanmamı sağladılar. Kitabımı, konuya her evresinde eşlik eden ve birlikte çıktığımız seyahatlerde bakışımı genişleten Andrea Buddensieg'e ithaf ediyorum.

C. H. Beck yayınevinin benden bu kitap projesinde de esirgemediği coşku ve destek metnin üzerindeki son çalışmaları hızlandırmamı sağladı. Kitaba büyük bir ilgi gösteren Detlef Felken'le heyecanlı sohbetlerimiz esnasında kitabın adı da ortaya çıktı. Tüm çabaları için Ulrich Nolte ve Beate Sander'e, kitabın tasarımına büyük bir özen gösteren Jörg Alt'a teşekkür ederim. Editörüm Stefanie Hölscher olağanüstü bir katkıda bulundu, çünkü kendinden kuşkuya düşen bir yazara bu kitaba giden yolu açtı.

Notlar

Giriş

1. Saliba, 2007.
2. Hogendijk/Sabra (haz.), 2003.
3. Kheirandish, Elaheh, "The Many Aspects of Appearances. Arabic Optics to 950 A.D.," Hogendijk/Sabra (haz.), 2003 içinde, s. 55-84.
4. Debray, Régis, *Un Mythe contemporain. Le dialogue des civilisations* (Paris, 2007).
5. Trojanow, Ilija ve Ranjit Hoskoté, *Kampfabsage. Kulturen bekämpfen sich nicht —sie fließen zusammen* (Münih, 2007).
6. Panofsky, 1998.
7. Bryson, 1983.
8. Almanca baskı, Rotman, 2000.
9. Rotman, 2000, s. 23.
10. Rotman, 2000, s. 47.
11. Rotman, 2000, s. 11.
12. Rotman, 2000, s. 31.
13. Sabra, 1989, Cilt I, s. 7.

1 Resimde Perspektif Meselesi. Doğu ile Batı Arasındaki Yollar

1. Perspektifle ilgili literatür seçkisi: Panofsky, 1998; White, 1957, 1967; Edgerton, 2002; Damisch, 1994; Kemp, 1990; Elkins, 1994; Frangenberg, 1990, s. 17-43; Pérez-Gómez/Pelletier, 1997; Schmeiser, 2002. Ayrıca bkz. Edgerton, 2004 ve Kemp, 1997, s. 121 vd.
2. Cassirer, Ernst, *Philosophie der symbolischen Formen*, Cilt I-III (1923-29), alıntı yapılan baskı: Darmstadt, 1994. Ayrıca bkz. agy.: *Der Begriff der symbolischen Form im Aufbau der Geisteswissenschaften* (1921/22), yeniden

basımı: Cassirer, Ernst, *Wesen und Wirkung des Symbolbegriffs* içinde (Darmstadt,1956).

3   Panofsky, 1998, s. 689.
4   Paetzold, Heinz, *Die Realität der symbolischen Formen. Die Kulturphilosophie Ernst Cassirers im Kontext* (Darmstadt, 1994).
5   Boehm, 1969, s. 14.
6   Cassirer, 1994, Cilt III, s. 165 vd, 184 ve 188.
7   Cassirer, 1994, Cilt II, s. 105; Panofsky, 1998, s. 666.
8   Cassirer, 1994, Cilt II, s. 107 vd.
9   Panofsky, 1998, s. 666 vd.
10 Panofsky, 1998, s. 684 ve 698.
11 Summers, 1987, s. 44 vd pek çok belgeyle.
12 Panofsky, 1998, s. 684.
13 Panofsky, 1998, s. 756.
14 Panofsky, 1998, s. 686.
15 Boehm, 1969, çeşitli kısımlar. Ayrıca bkz. Le Pan, Don, *The Cognitive Revolution in Western Culture* (Londra, 1989).
16 Borchmeyer, 2004, s. 307. Bkz. Nietzsche, *Genealogie der Moral*, III.12. Nietzsche için bkz. Gerhardt, Volker: "Die Perspektive des Perspektivismus," *Nietzsche Studien 18* içinde, 1989, s. 260-281.
17 Borchmeyer, 2004, s. 305.
18 Novotny, 1938.
19 Hofmann, 1998.
20 Malraux, André, "Le Musée imaginaire" (1948), agy., *Les Voix du silence*, I. Böl. içinde (Paris, 1951). Bkz. Belting, Hans, *Das Ende der Kunstgeschichte* (Münih, 1995), s. 160 vd.
21 İlk kez "Le Langage indirect et les voix du silence" adıyla yayımlandı, *Les Temps modernes 7* içinde, 1951/52, s. 2113 vd ve *Temps modernes 8* içinde, 1952/53, s. 70 vd. Almanca çevirisi: Merleau-Ponty, Maurice: *Das Auge und der Geist* içinde (Hamburg, 1984), s. 69 vd, özellikle de s. 78 vd.
22 Greenaway, Peter, *Prospero's Books* (New York, 1991) ve Belting (bkz. dn. 20), s. 193 vd.
23 Greenaway, Peter, *The Baby of Mâcon* (Paris, 1994), 105 vd.
24 Bonk, Ecke, "Der Raum der Malerei ist erleuchtet vom Flimmern der Bildschirme," *Wolkenkratzer* içinde, Haziran 1984, s. 1 vd, özellikle de s. 5.
25 Elkins, 1994, s. 50 vd ve Resim 2; Romanyshyn, 1989, s. 74 vd.
26 Bkz. Yates, 1969.

27 Rosenfeld, 2003, s. 281 vd.
28 Bkz. Rosenfeld, 2003.
29 Massey, Lyle, "Configuring Spatial Ambiguity. Picturing the Distant Point," Massey (haz.), 2003, s. 164 vd içinde.
30 Massey (bkz. dn. 29), s. 166.
31 Massey (bkz. dn. 29), s. 161-167.
32 Massey (bkz. dn. 29), s. 161-166.
33 Romanyshyn, 1989, s. 32 vd, 65 vd ve özellikle de 69.
34 Gottfried Boehm, Kopernikus'taki dönem noktasında benzer bir çelişkiye işaret etmişti. "Hem görüp hem de kendi gördüğünü yansıtana, bakışının efendisi denebilir. Ama bu kişi aynı zamanda da güçsüzlüğünü de itiraf etmek durumundadır. Çünkü ne görürse görsün, kendi algısının sınırlarını görebilir. Gözün dünyası kendini perdeler, görünmez olan onun görünürdeki ufkudur." (Boehm, 1995, s. 28)
35 Snyder, Joel, "Picturing Vision," William J. T. Mitchell (haz.), *The Language of Images* (Chicago, 1974) içinde, s. 219 vd ve özellikle s. 246.
36 Havelange, 1998, s. 244 ve 301 vd.
37 Frangenberg, 1986, s. 150 vd ve özellikle 159.
38 Lomazzo, Giovanni Paolo, *Idea del tempio della pittura* (Milano, 1790), s. 67 vd (Böl. 23); bkz. Schlosser, Julius von, *La letteratura artistica*, haz. Otto Kurz, Floransa, 1967), s. 395 vd ve 402.
39 Summers, 1987, s. 32 vd.
40 Belting, 1990.
41 Bkz. Ricklin, Thomas, *Der Traum der Philosophie* (Leiden, 1998).
42 Necipoğlu, 1995, s. 283.
43 Bkz. Gulbenkian Vakfı, Lizbon, jübile kataloğu (Lizbon, 2006), No. 36.
44 Wood, Christopher, "The Perspective Treatise in Ruins," Massey (haz.), 2003 içinde, s. 238 vd.
45 Sonraki baskı: Piccolpasso, Cavalliere Cipriano, *I tre libri dell'arte del Vasaio* (Pesaro, 1879).
46 Necipoğlu, 1995, s. 103 vd.
47 Carboni (haz.), 2006, s. 253 vd, No. 155: Pistoia'da bir piskopos tahtının parçası.
48 Kühnel, 1949, s. 3 vd.
49 Necipoğlu, 1995, s. 111 vd.
50 Bkz. Francesco Pelligrino, Peter Flettner'in desen kitapları, özellikle de Giovanni Antonio Taglientes işleme eseri, bkz. Carboni, 2006, s. 13 vd ve 29, Katal. No. 58.

51   Passeri, Giovanni Battista, *Istoria della pittura in majolica* (Venedik, 1758), s. 95; bkz. Fontana, Maria V., Carboni (haz.), 2006 içinde, s. 286 vd.
52   Carboni (haz.), 2006, s. 30.
53   140-145 no'lu yapraklar için bkz. Bach, Friedrich Teja, *Struktur und Erscheinung. Untersuchungen zu Dürers graphischer Kunst* (Berlin, 1996), s. 177 vd ve Unverfehrt, Gerd (haz.), *Dürers Dinge* (Göttingen 1997), Katal. No. 10.
54   Auld, Sylvia, "Maitre Mahmud et l'incrustation des œuvres de métal au 15e siècle," *Carboni* (haz.), 2006 içinde, s. 123 vd ve Katal. No. 101.
55   Carboni (haz.), 2006, Katal. No. 130 ve Grube, Ernst J., Carboni (haz.), 2006 içinde, s. 239 vd.
56   Bkz. Edgerton, 2004, s. 2 43 vd: Die Geometrie und die Jesuiten im Fernen Osten.
57   Screech, Timon, "Rezeption und Interpretation der westlichen Perspektive im Japan des 18. Jahrhunderts," Doris Croissant ve Lothar Ledderose (haz.), *Japan und Europa 1543-1929* (Berlin, 1993) içinde, s. 128 vd.
58   Ayr. bkz. Screech (bkz. dn. 57), s. 128 ve s. 130 vd.
59   Croissant/Ledderose (haz.) (bkz. dn. 57), No. 5/28.
60   Lycett, Andrew, Rudyard Kipling (Londra, 1999), s. 36.
61   Gutman, Judith M., *Through Indian Eyes. 19th and Early 20th Century Photography from India* (New York, 1982).
62   Fahr-Becker (haz.), 1993, s. 32 ve 184 vd, ayr. bkz. Belting, Hans, *Das unsichtbare Meisterwerk* (Münih, 1998), s. 212 vd.
63   Ting, Li Xiang, "Die moderne Kunst im Dialog der Kulturen," Hans Belting ve Lydia Haustein (haz.), *Das Erbe der Bilder* (Münih, 1998) içinde, s. 94 vd.
64   Naef, 1996, s. 299 vd.
65   Osmanlı İmparatorluğu'nda modernizm üzerine bir yayın hazırlamakta olan, Türkiye'deki müzeler üzerine yazdığı kitapla (*Possessors and Possessed*, Berkeley, 2003) bir çığır açan ve bana esin kaynağı olan Wendy M. K. Shaw'a çok şey borçluyum.
66   Shaw, 2003 (bkz. dn. 65), s. 97 vd.
67   Nerval, Gérard de, "Peinture des Turcs" (1844), *Œuvres complètes*, Bd. II (Paris 1984) içinde, s. 869-874.
68   Nerval (bkz. dn. 67), s. 873.
69   Pamuk, Orhan, *Rot ist mein Name* (Münih, 2001).
70   Meyer zu Capellen, Jürgen, *Gentile Bellini* (Wiesbaden, 1985), s. 87 vd; Barry, 2004, s. 41 vd; Campbell, Caroline ve Alan Chong (haz.), *Bellini and the East* (sergi kataloğu, Londra, 2005), s. 78.

71 Brown, Patricia Fortini, *Venetian Narrative Painting in the Age of Carpaccio* (New Haven, 1988), s. 54 vd, çeşitli belgelerle.
72 Bkz. Barry, 2004, s. 45 ve Carboni (haz.), 2006, s. 23 vd ve Katal. No. 4 ve 5.
73 Barry, 2004, s. 43 vd.
74 Shaw, Stanford, *History of the Ottoman Empire and Modern Turkey* (Cambridge, 1976), s. 75.
75 Bu kavramı, Gülru Necipoğlu'nun, İstanbul'daki Topkapı Müzesi'ndeki bir serginin anıtsal kataloğunda yayımlanan "The Portraits of Ottoman Sultans" adlı yazısından aldım: "The Sultan's Portrait. Picturing the House of Osman" (Istanbul 2000), s. 31 vd. Ayrıca bkz. Julian Raby (s. 136 vd) ve Filiz Çağman'ın (s. 164 vd) aynı katalogda yer alan yazıları.
76 The Sultan's Portrait (bkz. dn. 75), No. 22, 23 ve 40.

2 Ehlileştirilmiş Göz. İslamda Görme Eleştirisi

1 En kapsamlı genel bakış için bkz. Naef, 2007, özellikle de s. 66 vd ve 84 vd.
2 Belting, Hans, "Bildkulturen und Bilderstreit," Ursula Baatz et al. (haz.), *Bilderstreit 2006. Pressefreiheit? Blasphemie? Globale Politik?* (Viyana, 2007) içinde, s. 47 vd.
3 Necipoğlu, Gülru, "The Life of an Imperial Monument," Robert Mark ve Ahmet S. Çakmak (haz.), *Hagia Sophia from the Age of Justinian to the Present* (Cambridge 1992) içinde, s. 195 vd.
4 Grabar, André, *L'Iconoclasme byzantin* (Paris, 1957); Bizans ve İslam arasındaki resim kavgası için bkz. Belting, 1990, s. 166 vd; Grabar, Oleg, "Islam and Iconoclasm," Anthony Bryer ve Judith Herrin (haz.), *Iconoclasm* (Birmingham 1975) içinde, s. 45 vd. Islam konusunda alıntılanan çalışmaları için ayrıca bkz. Rudi Paret; Clément, 1995; Aziza, Mohammed, *L'Image et l'Islam* (Paris, 1978). Son dönemde özellikle de Ibric, 2004, Ibric, 2006 ve Naef, 2007.
5 Ibric, 2004, s. 14 vd, 24 vd ve 97.
6 Allen, Charles, *God's Terrorists. The Wahabi Cult and the Hidden Roots of Modern Jihad*, (Londra, 2006), s. 64 ve T. E. Ravenshaw, *A Memorandum on the Sect of Wahabees*.
7 Jean Damascène, *Ecrits sur l'Islam*, haz. Raymond Le Coz (Paris 1992), s. 15 vd ve 30 vd. Ayr. bkz. Khoury, Paul, *Jean Damascène et l'Islam* (Paris 1994).

8 Jean Damascène (bkz. dn. 7), s. 220.
9 Jean Damascène (bkz. dn. 7), s. 240 vd.
10 Vasiliev, Alexander A., "The Iconoclastic Edict of Caliph Yazid," *Dumbarton Oaks Papers 9/10*, 1956 içinde, s. 41.
11 Clément, 1995, s. 19.
12 Grabar, André (bkz. dn. 4), s. 67 vd. ve 62–66. Bkz. Paret, Rudi, "Die Entstehungszeit des islamischen Bilderverbots," *Die Kunst des Orients XI*, 1976/77 içinde, s. 77 vd.
13 Dazu Grabar, Oleg (bkz. dn. 4), s. 45 vd. ve özellikle de Grabar, 1996, s. 52–116.
14 Busse, Heribert, "Die arabischen Inschriften im und am Felsendom," *Das Heilige Land 109* (1977) içinde, s. 8-24 ve Grabar, 1996, s. 56 vd.
15 Paret, Rudi, Textbelege zum islamischen Bilderverbot," *Das Werk des Künstlers. Festschrift Hubert Schrade* (Stuttgart, 1960) içinde, s. 36 vd. ve özellikle de s. 37; Clément, 1995, s. 14 vd.
16 Paret (bkz. dn. 15), s. 39 ve takip eden alıntı için s. 45.
17 Paret (bkz. dn. 15), s. 46, Hanbeli İbn Kudame'nin *Kitâb el-Mukni* adlı kitabıyla ilintili.
18 Ibric, 2004, s. 60 vd, belgelerle birlikte.
19 Clément, 1995, s. 20 vd.
20 Philostratos, *Die Bilder (Eikones)*, haz. Otto Schönberger (Münih, 1968), s. 84.
21 Därmann, Iris, *Tod und Bild. Eine phänomenologische Mediengeschichte* (Münih, 1995), s. 144 vd.
22 Debray, Régis, *Dieu, un itinéraire* (Paris, 2001), s. 87 vd.
23 Morgan, David, *The Sacred Gaze. Religious Visual Culture in Theory and Practice* (Berkeley, 2005).
24 *Bedae Venerabilis Opera*, Cilt II.2, haz. David Hurst (Turnhout, 1962), s. 213. Alıntıyı Carsten Juwig'e borçluyum.
25 Paret, Rudi, *Der Koran. Kommentar und Konkordanz* (Stuttgart, 1986); agy., *Mohammed und der Koran* (Stuttgart, 1957, 2005); Khoury, Adel Theodor et al. (haz.), *Islam-Lexikon* (Freiburg, 1991), Cilt. II, s. 453 vd.
26 Wolfson, Harry A, *The Philosophy of the Kalam* (Harvard, 1976), Böl. 3.3. Ayr. bkz. Smith, Wilfred C., "Some Similarities and Differences between Christianity and Islam," James Kritzeck (haz.), *The World of Islam* (Harvard 1959) içinde, s. 244 vd.
27 Dodd, Erica, *The Image of the Word. Koranic Inscriptions in Islamic Architecture* (Beyrut, 1981).

28 Grabar, 1992, s. 64.
29 Grabar, 1992, s. 69. Ayr. bkz. Saggar, Mohammed Said, "Introduction à l'étude de l'évolution de la calligraphie arabe," Beaugé/Clément (haz.), 1995 içinde, s. 99 vd; Arbery, Arthur J., *The Koran Illuminated* (Dublin, 1967); Weisweiler, Max, *Der islamische Bucheinband des Mittelalters* (Wiesbaden, 1969).
30 Grabar, 1992, s. 70.
31 Grabar, 1992, s. 72 vd ve Tabl. 7–8, ayrıca Rice, David S., *The Unique Ibn al Bawwah Manuscript in the Chester Beatty Library* (Dublin, 1955) ve Ryan, Michael (haz.), *The Chester Beatty Library* (Dublin, 2002), s. 52, resimlerle birlikte.
32 Grabar, 1992, çeşitli yerlerde, "mediatio" olarak yazı için bkz. s. 47–118; geometri için özellikle de s. 119 vd.
33 Dude, Dorothee (haz.), *Islamische Handschriften*, Cilt II.1: *Die Handschriften in arabischer Sprache* (Viyana, 1992), s. 185 vd. Burada, 9. yüzyıla ait fragmanlar söz konusu (Mixt. 814 imzasıyla).
34 Grabar, 1992, Res. 127.
35 Grabar, 1992, s. 113.
36 İpşiroğlu, Mazhar S., *Meisterwerke islamischer Kunst. Gemälde und Miniaturen im Topkapi Museum in Istanbul* (Stuttgart, 1980), s. 17 vd, Res. 1-7; Grube, Ernst J., "Fostat Fragments," Basil W. Robinson et al. (haz.), *Islamic Painting and the Arts of the Book* (Londra, 1976) içinde, s. 25 vd.
37 İpşiroğlu (bkz. dn. 36), s. 40.
38 Nizami, *Das Alexanderbuch*, haz. Johann Christoph Bürgel (Zürih, 1991), s. 288 vd.
39 Bürgel, Johann Christoph (haz.), *Die Abenteuer des Königs Bahram und seiner sieben Prinzessinnen* (Münih, 1997), s. 72 vd.
40 Belting, Hans ve Dagmar Eichberger, *Jan van Eyck als Erzähler* (Worms, 1983).
41 Pamuk, Orhan, *Rot ist mein Name* (Münih, 2001), s. 150, 41, 111, 99.
42 Lacan, Jacques, *Les quatre Concepts fondamentaux de la psychoanalyse* (1964), haz. Jacques-Alain Miller (Paris, 1973), s. 97.
43 Belting, Hans, "Der Blick im Bild. Zu einer Ikonologie des Blicks," Bernd Hüppauf ve Christian Wulf (haz.), *Bild und Einbildungskraft* (Münih, 2006) içinde, s. 121 vd.
44 Nancy, 2000, s. 80 vd.
45 Neumeyer, Alfred, *Der Blick aus dem Bilde* (Berlin, 1964), s. 34 vd.

46 Riegl, Alois, "Das holländische Gruppenporträt," *Jahrbuch der kunsthistorischen Sammlungen des Allerhöchsten Kaiserhauses 23* içinde, 1902, s. 71-278.
47 Fried, Michael, *Absorption and Theatricality* (Chicago, 1980).
48 Roettgen, Steffi, *Wandmalerei der Frührenaissance in Italien*, Cilt II: *Die Blütezeit 1470-1510* (Münih, 1997), s. 164 vd, kapsamlı bir analiz ve burada verilen örneğin resmi Tabl. 96.
49 Vasari, *Le vite*, haz. Gaetano Milanesi, Cilt III (Floransa, 1906), s. 265.

3 İbnü'l-Heysem'in Işık Ölçümü. Arap İcadı Camera Obscura

1 Moreno Castillo, Ricardo, *Alhacen. El Arquimedes arabe* (Madrid, 2007) ve Steffens, 2007.
2 Temel bir eser: Sezgin, 1974, s. 358 vd ve Sabra, 1989, Cilt II, s. XIX vd. Ayr. bkz. Wiedemann, 1970, Wiedemann, 1984, çeşitli yerler, Endress, 2003 ve Ovians, 2007, s. 38 vd.
3 Omar, 1977 ve Sabra 1994. Ayr. bkz. sonraki dipnot.
4 Endress, 2003, s. 144 ve 147.
5 Bkz. Nazif Bey, 1942; Schramm, 1963; Sezgin, 1974, s. 358 vd. (İbnü'l-Heysem'in matematiği) ve Sezgin, 1978, s. 251 vd. (İbnü'l-Heysem'in astronomisi); Lindberg, 1987, s. 11 4 vd.—Sabra, 1989, Cilt II, s. LI vd; Lindberg (haz.), 1972; Rashed, 1968, s. 197 vd (bkz. Ronchi, 1956, s. 33-45) ve Rashed, 1999, s. 43 vd. Yeni bir çalışma için bkz. Sabra, 2003, s. 85-120 ve Endress, 2003, s. 146 vd. Ayr. bkz. Wiedemann'ın çalışmaları (bkz. dn. 2).
6 Sabra, 1989, Cilt I, s. 6.
7 Endress, 2003, s. 149 vd ve Sabra, 2003, s. 90.
8 Sarton, George, "The Tradition of the Optics of Ibn al-Haitham" (1938), Sezgin et al. (haz.), 2001, Cilt 34 içinde, s. 69-72 ve Lindberg (haz.), 1972.
9 Sabra, 1989. Aşağıdaki metinde Sabra'dan alıntılar yapılarak sayfa numarası belirtildi. Farklı bir açıklama yoksa, İbnü'l-Heysem'in metninin yer aldığı birinci ciltten alıntı yapılmaktadır.
10 Necipoğlu, 1995 ve Puerta Vílchez, 1997.
11 Klein, 1978 ve Summers, 1987.
12 En büyük istisna: Puerta Vílchez, 1997, s. 686 vd (İbnü'l-Heysem'in optiği ve estetik algı kuramının oluşumu), s. 689 vd (Görsel ve estetik bilgi), s. 698 vd (Estetik algı kuramı) ve s. 715 vd (İbnü'l-Heysem'de sanat terminolojisi).

13 Sezgin/Neubauer (haz.), 2003, s. 163 vd.
14 Necipoğlu, 1995, s. 96.
15 Huygens, Constantin, Œuvres complètes, Cilt XX (Den Haag, 1940), s. 265. Bkz. Sabra, 1994, Nr. VIII, s. 299 vd: "Ibn al-Haytham's Lemmas for Solving 'Alhazen's Problem'."
16 Ayr. bkz. Sezgin/Neubauer (haz.), 2003, s. 184; Schramm, 1963, s. 210 vd; ve Sabra, 1989, Cilt II, s. XLIX–LII ve LXXVI.
17 Sabra, 1989, Cilt I, s. 19; ayr. bkz. Cilt II, s. LII ve 29 vd.
18 Wiedemann, Eilhard, "Über die erste Erwähnung der Dunkelkammer durch Ibn al-Haitam" (1910), Sezgin et al. (haz.), 2001, Cilt 33 içinde, s. 162 vd ve Würschmidt, Joseph, "Zur Theorie der Camera obscura bei Ibn al-Haitam" (1915), Sezgin et al. (haz.), 2001, Cilt 33 içinde, s. 253 vd.
19 Omar, 1997, s. 83 ve 89.
20 Bkz. Sabra, 1989, Cilt II, s. 24, yorumlarla birlikte.
21 Sabra, 2003, s. 105 vd.
22 Simon, 1991 ve Rashed, 1999, s. 43 vd.
23 Bkz. Frontisi-Ducroux/Vernant, 1997, s. 138.
24 Frontisi-Ducroux/Vernant, 1997, s. 145.
25 Frontisi-Ducroux/Vernant, 1997, s. 145.
26 Frontisi-Ducroux/Vernant, 1997, s. 146.
27 Lindberg, 1987, s. 148.
28 Burada sözü edilen palavracı, pörtlek göz diye de bilinen Abu Uthman (ö. 869). Bkz. Wiedemann, Eilhard, " Zur Physik bei den Arabern" (1906), Sezgin/Neubauer (haz.), 2003, içinde, s. 31 vd.
29 Frontisi-Ducroux/Vernant, 1997, s. 243.
30 Frontisi-Ducroux/Vernant, 1997, s. 184: Euripides, *Medea*, 1159–62 dizeleri.
31 Frontisi-Ducroux/Vernant, 1997, s. 143.
32 Alıntı: Omar, 1977, s. 99.
33 Sabra, 1994, Nr. III, s. 551: Explanation of optical reflection and refraction.
34 Rashed, 1968, s. 213 vd ışık felsegesi konusunda: "Les lignes droites sont des lignes virtuelles et non reélles."
35 Rashed, 1968, s. 214 ve Sabra, 1989, Bd. II, s. 9.
36 Rashed, 1968, s. 213 vd.
37 Bkz. Rashed, 1968, s. 205, 207, 216 ve 220.
38 Omar, 1977, s. 66 vd.
39 Lindberg, 1987, s. 137 ve 139.
40 Sabra, 1994, Nr. VII, s. 2 vd.
41 Ayrıntılı bilgi: Omar, 1977, s. 78 vd.

42 Sezgin/Neubauer (haz.), 2003, s. 172.
43 Sezgin/Neubauer (haz.), 2003, s. 178, resimlerle.
44 Sezgin/Neubauer (haz.), 2003, s. 180 ve Omar, 1977, s. 71 vd Res. 7.
45 Ayrıntılı açıklama için bkz. Sabra, 1989, Cilt II, s. 68-70, ayr. Sabra, 1994, No. XI, s. 115-140 (alıntı için bkz. s. 140).
46 Sabra, Abdelhamid I., "Psychology versus Mathematics. Ptolemy and Alhazen on the Moon Illusion," Sabra, 1994 içinde, s. 217 vd özellikle de 229 vd.
47 Puerta Vílchez, 1997, s. 699 vd ve *The Encyclopaedia of Islam,* yeni baskısı, Cilt VI (Leiden, 1991), s. 346 vd. Berlin'deki Literatür Araştırmaları Merkezi'nde görevli Silvia Horsch'a bana yol gösterdiği için teşekkür ederim.
48 Bkz. İbnü'l-Heysem'in *Almagest* hakkındaki yorumları ve yıldızların görünümü üzerine makalesi (ilk kez Sabra tarafından çevrildi: Sabra, 1994, s. 228 vd ve özellikle de 238).
49 Sabra, 1994, s. 239.
50 Ayr. bkz. Puerta Vílchez, 1997, s. 701; bu kapsamlı İbnü'l-Heysem araştırmasında Arap estetiği farklı bir bağlamda ele alınmaktadır. Yazar genellikle Nazif Bey'in 1942 tarihli Arapça baskısından alıntı yapmaktadır.
51 Alıntı: Puerta Vílchez, 1997, s. 694.
52 Sabra, 1989, Cilt II, s. LIV ve 63 vd; Puerta Vílchez, 1997, s. 691 vd ve Necipoğlu, 1995, s. 201 vd.
53 Puerta Vílchez, 1997, s. 715 vd.
54 Puerta Vílchez, 1997, s. 719.
55 Sabra, 2003, s. 96 vd.
56 İbnü'l-Heysem'in sanat anlayışını ve hayal gücüyle ilgili araştırmalarını ilk inceleyen kişiler olarak önemli bir girişimde bulunmuş olsalar da, bu özellikle de Puerta Vílchez ve Necipoğlu için geçerlidir.
57 Grabar, 1992, s. 69 vd.
58 Necipoğlu, 1995, s. 107.
59 Grabar, 1996, s. 57 vd ve 71 vd ayr. Res. 38-49.
60 Necipoğlu, 1995, s. 92.
61 Necipoğlu, 1995, s. 120.
62 Grabar, 1992, s. 25 vd ve 144.
63 Necipoğlu, 1995, s. 103.
64 Gonzalez, 1995, s. 69 vd ve özellikle de 74 vd.
65 Necipoğlu, 1995, s. 118 vd ve Grabar, 1978, s. 145.

66 José Montesino'nun Eylül 2007'de Toledo'da Academia Europea konferansındaki konuşması.
67 Grabar, 1987, s. 67 vd ve özellikle 282 vd.
68 Bourgoin, Jean, *Arabic Geometric Pattern and Design* (New York, 1973).
69 Makovicky, Emil ve Milota, "Arabic Geometrical Patterns – A Treasury for Crystallographic Teaching," *Neues Jahrbuch für Mineralogie*, 1977 içinde, s. 58-68.
70 Makovicky (bkz. dn. 69), s. 66.
71 Lu, Peter ve Paul Steinhardt: "Decagonal and Quasi-Crystalline Tilings in Medieval Islamic Architecture," *Science 315*, 2007 içinde, s. 1106—1110. Ayr. bkz. John Bohannov, *Science 315*, 2007 içinde, s. 1066.
72 Lu/Steinhardt (bkz. dn. 71), 2007, s. 1106.
73 Necipoğlu, 1995.
74 Kofmann, 1973; Alpers, 1983, s. 26-71 (Kepler'in göz modeli); Crary, 1996, s. 37-76 (Camera obscura ve öznesi); Bexte, 1999, s. 81-109 (Kartezyen Kör); Hick, 1999, s. 47-80 (Camera obscura); Schmeiser, 2002, s. 146-191 (Kör Kâhin II"); Schaaf, 2002, s. 48 vd. Kepler için ayr. bkz. Lindberg, 1987, s. 312 vd.
75 Kepler, 1939, s. 151 vd (burada s. 152): "Modus visionis." Ayr. bkz. Almanca çevirideki alıntı: Konersmann (haz.), 1997, s. 105-115 ve Lindberg, 1987, s. 326 vd.
76 Kepler, 1939, s. 152.
77 Kepler, 1939, s. 151.
78 *Appendix Hyperaspitis 19*: Panofsky, 1998, s. 675, dn. 11.
79 Lindberg, 1987, s. 349.
80 Descartes, René, "La Dioptrique," *Descartes*, 1988 içinde, s. 704. Ayr. bkz. Bexte, 1999 ve Schmeiser, 2002.
81 Descartes (bkz. dn. 80), s. 705.
82 Descartes (bkz. dn. 80), s. 705.
83 Descartes (bkz. dn. 80), s. 687 vd.
84 Descartes (bkz. dn. 80), s. 699.
85 Descartes (bkz. dn. 80), s. 686 vd.
86 Bkz. Hick, 1999, s. 81 vd ve 115 vd.
87 Hick, 1999, s. 43 vd.
88 *Life and Letters of Henry Wotton*, haz. Logan Pearsall Smith (Oxford, 1907), Cilt II, s. 205 vd. Ayr. bkz. Nicolson, Marjorie Hope, *Newton Demands the Muse. Newton's Opticks and the 18th Century Poets* (Princeton, 1946), s. 78.

4 Bilgi Olarak Algı. Görme Teorisinin Resim Teorisine Dönüşmesi

1. Temel bilgi için bkz. Tachau, 1988, s. 3-27 ve 113-155. Ayr. bkz. Federici Vescovini, 1965.
2. Lindberg, 1983, s. 3 vd ve 134, 200.
3. Lindberg, 1983, s. 4 vd.
4. Tachau, 1988, s. 8. Görünür optik biçimler konusunda bkz. Camille, 2000, s. 197 vd ve özellikle Clark, 2007, s. 16 vd.
5. Tachau, 1988, s. 14.
6. Tachau, 1988, s. 16.
7. Clark, 2007, s. 15 vd.
8. Camille, 2000, s. 210 vd.
9. Camille, 2000, s. 113-134.
10. Camille, 2000, s. 131.
11. Camille, 2000, s. 131.
12. Summers, 1987, s. 35, referans: *Opus Maius*, Cilt V.1, Kıs. 1, Böl. 1.
13. Belting, 1989, s. 32 vd: Görüş ve kişisel deneyim.
14. Ayrıntılı bilgi için bkz. Trottmann, 1995.
15. Belting, 1989, s. 52 ve Poeschke, 2003, s. 338 ve Tabl. 203. Burada, S. Maria Novella'da yer alan, 1356'da resimlerini Nardo di Cione'nin yaptığı Strozzi Şapeli söz konusu.
16. Belting, 1989, s. 34 vd.
17. Literatür seçkisi: Panofsky, 1998, s. 714 ; White, 1967, s. 57 vd ve 72 vd; Kemp, 1996, s. 16 vd ve 26 vd; Kemp, 1990, s. 9 vd; Feldtkeller, 1989; Edgerton, 2004, s. 72 vd; Hills, Paul: "Giotto and the Students of Optics," Andrew Ladis (haz.), *The Arena Chapel and the Genius of Giotto* (New York 1998) içinde, s. 310-317; Mueller von der Hagen, Anna, *Die Darstellungsweise Giottos* (Braunschweig, 2000); Parkhurst, Charles, "Roger Bacon on Colour," Karl-Ludwig Selig ve Elizabeth Sears (haz.), *The Verbal & The Visual. Essays in Honour of William Sebastian Heckscher* (New York 1990) içinde, s. 192 vd.
18. Schwarz, Michael Viktor ve Pia Theis, *Giottus Pictor*, Cilt I: *Giottos Leben* (Viyana, 2004), s. 387 ve Wolf, 2002, s. 304, Res. 1.
19. Bkz. White, 1967, Edgerton, 2004 ve Kemp, 1990.
20. Villani, Filippo, *De origine civitatis Florentiae* (1381-1390), alıntı: Schwarz/Theis (bkz. dn. 18), s. 287.
21. Kemp, 1996, s. 22 ve 26 vd.
22. Belting, 1989, s. 54 vd, metinle ilgili kapsamlı bilgi: Marx, Friedrich (haz.), *Incerti auctoris de ratione dicendi ad C. Herennium Libri IV* (Leipzig, 1894), s. 278 vd (III. Kitap).

23 Basile, Giuseppe (haz.), *Giotto. Gli affreschi della Capella Scrovegni a Padova* (Milano, 2002), s. 21 vd ve Res. 378-379 ve Poeschke, 2003, Tabl. 98.
24 White, 1967, s. 72 vd, resimler için: Poeschke, 2003, Tabl. 129-141.
25 Poeschke, 2003, s. 250 vd ve Tabl. 148-149 ve Ladis, Andrew, *Taddeo Gaddi* (Columbia, 1982), s. 88 vd.
26 Belting, 1989, s. 56 vd, kapsamlı kaynakçayla; resim: Poeschke, 2003, Res. 64. Karlsruhe'da Raphaele Preisinger eser hakkındaki kapsamlı doktora tezini tamamlamak üzere.
27 Van Os, Henk, *Sienese Altarpieces 1215-1460*, Cilt I (Groningen, 1984), s. 79 vd ve Res. 91; Frugoni, Chiara, *Pietro and Ambrogio Lorenzetti* (Floransa, 1988), s. 14 vd ve Res. 15 ; Kemp, 1990, s. 10 vd ve Res. 5.
28 Kemp, 1990, s. 11.
29 Graziella Federici Vescovini'nin araştırmaları sayesinde Biagio bilim tarihinde sağlam bir yer edindi, ama bu araştırmalar İtalyanca literatür dışında henüz fazla yankı uyandırmadı. Bkz. Federici Vescovini (haz.), 1961, 1965, 1980, 1999, ayrıca Barocelli, 1997 ve Sorge, 1999.
30 Pelacani, Biagio, *Quaestiones physicorum* ve *Quaestiones de anima*, alıntı: Federici Vescovini, 1980, s. 345.
31 Federici Vescovini, 1980, s. 334 ve dn. 14.
32 Federici Vescovini, 1980, s. 336 vd ve dn. 33.
33 *Quaestiones perspectivae*, bkz. Federici Vescovini (haz.), 1961, s. 243.
34 *Quaestiones perspectivae*, bkz. Federici Vescovini (haz.), 1961, s. 226.
35 *Quaestiones perspectivae*, bkz. Federici Vescovini (haz.), 1961, s. 232.
36 *Quaestiones perspectivae*, alıntı: Federici Vescovini, 1965, s. 260, dn. 65.
37 Alıntı: Federici Vescovini, 1980, s. 338.
38 *Quaestiones physicorum*, alıntı: Federici Vescovini, 1980, s. 341.
39 Federici Vescovini, 1980, s. 340 vd ve Barocelli, 1997, s. 49.
40 Barocelli, 1997, s. 37, dn. 30.
41 Federici Vescovini, 1965, s. 231 vd alıntılarla birlikte.
42 *Questiones de generatione*, alıntı: Federici Vescovini, 1980, s. 338.
43 *Quaestiones methaurorum*, alıntı: Federici Vescovini, 1965, s. 245 vd, dn. 14.
44 *Quaestiones methaurorum*, alıntı: Federici Vescovini, 1965, s. 246, dn. 14.
45 *Quaestiones perspectivae*, bkz. Federici Vescovini, 1965, s. 257, dn. 51-53.
46 Bergdolt (haz.), 1988.
47 Bergdolt (haz.), 1988, s. 22.1 ve 40.6.
48 Bergdolt (haz.), 1988, s. 14.6 ve 142.1.
49 Bergdolt (haz.), 1988, s. 24-28 ve 26.12.

50   Krautheimer, 1970, s. 248-253.
51   Sözünü ettiği "casamenti," çok az sayıda resim için geçerli olsa da, çerçeve değil, mimari kulis olsa gerek. Bkz. Krautheimer, 1970 ve bunun teyiti için Spencer, John R. (haz.), *Filarete's Treatise on Architecture*, Cilt I (New Haven, 1965), s. 302 ve fol. 77.
52   Krautheimer, 1970, s. 249 vd ve Tabl. 94, ayr. Diagr. Res. 7. Bkz. özellikle de Kemp, 1990, s. 24 vd.
53   Krautheimer, 1970, s. 9 vd ve Tabl. 136 ve Pope-Hennessy, John, *The Portrait in the Renaissance* (New York, 1966), s. 70 vd, resimlerle.
54   Schlosser, Julius von, *Leben und Meinungen des Florentinischen Bildners Lorenzo Ghiberti* (Münih, 1941), s. 215.
55   Kemp, 1990, s. 27 ve Piero della Francesca, 1998, s. 40 vd. Ayr. bkz. Piero della Francesca, 1942 ve Fasola, Giusta Nicco (haz.), *Piero della Francesca, De prospectiva pingendi* (Floransa, 1984). Ayrıca, Margaret Daly Davis ve özellikle de J. V. Field, Massey (haz.), 2003 içinde, s. 259 vd ve 63 vd.
56   Piero della Francesca, 1998, s. 40.
57   Piero della Francesca, 1998, s. 56.
58   Valentini, Francesco, *Gran Dizionario*, Cilt I (Leipzig, 1831), s. 220: Art. "Commensurabilità."
59   Piero della Francesca, 1998, s. 39 (editörün önsözü).
60   Piero della Francesca, 1998, s. 145.
61   White, 1967, s. 128.
62   Kemp, 1990, s. 27.
63   Kemp, 1990, s. 30-33 ve Res. 39-44.
64   Piero della Francesca, 1998, s. 97.
65   Piero della Francesca, 1998, s. 41, dn. 10.
66   Levenson, Jay Alan, *Jacopo de' Barbari and Northern Art of the 16th Century* (New York, 1978), s. 99 vd ve Katal. No. 52; Mackinnon, Nick, "The Portrait of Fra Luca Pacioli," *The Mathematical Gazette 77* içinde, 1993, s. 130 vd; Contin, Duilio, "Incontro con Luca Pacioli," agy. (haz.), *Gli scacchi di Luca Pacioli* (San Sepolcro, 2007), s. 71 vd.
67   Piero della Francesca, 1998, s. 43.
68   Bergdolt (haz.), 1988, s. 4.
69   Narducci, Enrico, "Intorno ad una traduzione italiana del trattato d'ottica d'Alhazen" (1871), Sezgin et al. (haz.), 2001 içinde, Cilt 34, s. 1-51.
70   Bergdolt (haz.), 1988, s. 6 ve 8.
71   Plinius, *Naturkunde*, haz. Gerhard Winkler, Münih, 1978, s. 65.

72 Ghiberti, 1912, s. 24 vd. Ayr. bkz. Bergdolt (haz.), 1988, s. XXXIII ve Ghiberti, Lorenzo, *I Commentarii*, haz. Lorenzo Bartoli (Rom, yıl belirtilmemiş), s. 73 vd. Plinius metni için bkz. Mainberger, Sabine, "Zu Plinius' Erzählung vom Paragone der Linien," Baader et al. (haz.), 2007 içinde, s. 19 vd.

73 Panofsky, 1998, s. 683 vd.

74 Bergdolt (haz.), 1988, s. XC vd. Bkz. Ghiberti, *I Commentarii* (bkz. dn. 72), s. 95 vd.

75 Bergdolt (haz.), 1988, s. XCIV–XCV, alıntı: s. 564.18-566.237.

76 Rosenfeld, 2003, s. 292 vd ve dn. 74'teki alıntı.

5 Brunelleschi'nin Bakışı Ölçmesi. Matematiksel Perspektif ve Tiyatro

1 Brunelleschi için bkz. Filippo Brunelleschi, 1980; Klotz, Heinrich, *Filippo Brunelleschi* (Stuttgart, 1990); Schedler, 2004.

2 Çeşitli baskıları: Alberti, 1972 ve Alberti, 2000. Albertiiçin bkz. Grafton, 2002 ve Jarzombek, 1989, ayr. Kruft, 1985, s. 44 vd.

3 Saalman, Howard, "Einleitung," Manetti, 1970 içinde, s. 17 vd. Ayr. bkz. Manetti, 1976.

4 Manetti, 1970, s. 43 ve Manetti, 1976, s. 55.

5 Vasari, Giorgio, *Le Vite*, haz. Gaetano Milanesi (Floransa, 1906), Cilt 2, s. 384.

6 Pope-Hennessy, John, *The Portrait in the Renaissance* (New York, 1966), s. 8 ve Res. 7 ve 8.

7 Wolf, 2002, s. 304 ve Res. 1, ayr. Schwarz, Michael V. ve Pia Theis, *Giottus Pictor*, Cilt 1 (Viyana, 2004), s. 387 vd.

8 Pope-Hennessy, John, *Paolo Uccello* (New York, 1969), s. 57 vd. ve Tabl. 107–112. Ayr. bkz. Beyer, Andreas, *Das Porträt in der Malerei* (Münih, 2002), s. 61.

9 Bkz. Damisch, 1994, s. 63.

10 Rotman, 2000, s. 44 vd.

11 Bkz. dn. 2'deki baskılar.

12 Kemp, 1990, s. 23.

13 Bkz. Massey, Lyle, "Configuring Spatial Ambiguity: Picturing the Distance Point," Massey (haz.) içinde, 2003, s. 161 vd.

14 Edgerton, 2002, s. 121.

15 Bkz. Panofsky, 1998, s. 669 vd. ve Kemp, 1990 ve 1997.

16 Manetti, 1970, s. 51 vd ve Manetti, 1976, s. 70 vd.
17 Floransa'daki vaftizhane için bkz. Braunfels, Wolfgang, *Mittelalterliche Stadtbaukunst in der Toskana* (Berlin, 1953), s. 143 vd, daha fazla ayrıntı için bkz. Schedler, 2004, s. III vd.
18 Wittkower, 1969.
19 Bu konudaki bir istisna örn. Klotz'dur (bkz. dn. 1), fakat ortaçağ geleneğinden ayrılır.
20 Leon Battista Alberti, *De re aedificatoria*, bkz. Kruft, 1985, s. 45 vd. Buradaki alıntıyı aldığım baskı: Theuer, Max, *Zehn Bücher über die Baukunst* (Viyana, 1912). Diğer bir baskı için bkz. Orlandi, Giovanni (haz.), Leon Battista Alberti, *L'architettura* (Mailand 1966); farklı bir araştırma için bkz. Biermann, Veronica, *Ornamentum. Studien zum Traktat "De re aedificatoria" des Leon Battista Alberti* (Hildesheim, 1997).
21 Alberti, 1912, s. 5.
22 Alberti, 1912, s. 289.
23 Furno, Martine ve Mario Carpo (haz.), *Leon Battista Alberti. Descriptio Urbis Romae* (Cenevre, 2000), s. 27.
24 Alberti, 1912, s. 14.
25 Alberti, 1912, s. 20.
26 Alberti, 1912, s. 69.
27 Alberti, 1912, s. 518 vd.
28 Alberti, 2000, s. 368.
29 Frommel, Christoph Luitpold, "Sulla nascità del disegno architettonico," Henry A. Millon ve Vittorio Magnago Lampugnani (haz.), *Rinascimento da Brunelleschi a Michelangelo. La rappresentazione dell'architettura* (Venedik, 1994) içinde, s. 101 vd.
30 Rosenfeld, 2003, s. 292 vd.
31 Klotz (bkz. dn. 1), s. 44 vd.
32 Janson, Horst Woldemar, *The Sculpture of Donatello* (Princeton, 1963), Res. 60B ve s. 131 vd.
33 Sayısız kaynak arasında şunları belirtmekle yetineceğim: Borsook, Eve, *The Mural Painters of Tuscany* (Oxford, ²1980), s. 58-63 ve Tabl. Taf. 73-75; Huber, Florian, *Das Trinitätsfresko von Masaccio und Filippo Brunelleschi in Santa Maria Novella zu Florenz* (Münih, 1990), ayr. Schmeiser, 2002, s. 28.
34 Belgeler için bkz. Schmeiser, 2002, s. 28.
35 Bryson, 1983, s. 110.
36 Morolli, Gabriele, "Ortodossie albertiniane nella "brunelleschiana" Cappella dei Cardini a Pescia," *Atti del convegno su Andrea Cavalcanti detto il "Buggiano"*

(Buggiano 1980) içinde, s. 47-60; Gurrieri, Francesco, "La Cappella Cardini di Pescia," *Bollettino d'arte 31/32*, 1985 içinde, s. 97-124; Bulgarelli, Massimo, "La Cappella Cardini a Pescia," Massimo Bulgarelli ve Matteo Ceriana, *All'ombra delle volte. Architettura del Quattrocento a Firenze e Venezia* (Milano, 1996), s. 13-103. Bu literatürü bulmama yardım ettiği için Annette Hoffmann'a (Floransa) teşekkür ederim.

37   Aronberg Lavin, Marion, *Piero della Francesca: The Flagellation* (Londra, 1972); Ginzburg, Carlo, *Indagini su Piero* (Torino, 1981); Bertelli, Carlo, *Piero della Francesca* (Milano, 1991), s. 115-130; Laskowski, Birgit, *Piero della Francesca* (Köln, 1998), s. 81. Piero'nun perspektif üzerine yazdığı nceleme için bkz. Field, J. V., "Piero della Francesca's Perspective Treatise," *Massey*, 2003 içinde, s. 63-77.

38   Roeck, Bernd, *Mörder, Maler und Mäzene. Piero della Francescas "Geißelung"* (Münih, 2007).

39   Hick, 1999, s. 115 vd. Ayr. bkz. Beinlich (haz.), 2002.

40   Tiyatro sahnesinin tarihi için bkz. Brauneck, 1993, özellikle de s. 406 vd: "Das Theater des Humanismus und der Renaissance;" Schöne, 1933; ayr. Pochat, 1990, şimdi özellikle de Haß, 2005. Kulisin ve Barok sahnenin icadı için bkz. Brauneck, 1993, s. 131 vd ve 23 vd, Pozzo için bkz. s. 28 vd.

41   Brauneck, 1993, s. 356.

42   Höfer, Candida, *Opéra de Paris*, metin: Gérard Mortier(Münih, 2006), s. 23. Reprodüksiyon için sanatçıya teşekkür ederim.

43   Frey, 1946, s. 151-223 (s. 176 vd ortaçağ tiyatrosu hakkında, s. 180 Julius C. Scaliger hakkında).

44   Brauneck, 1993, s. 354 vd ve Pochat, 1990, s. 86 vd. Floransa'daki "Sacra rappresentazione" için bkz. Trexler, Richard, *Public Life in Renaissance Florence* (New York, 1980), s. 374 vd.

45   Pochat, 1990, s. 95 vd.

46   Botticini'nin tablosu için bkz. Davies, Martin, *The Earlier Italian Schools*, Cilt II (Londra, 1961), s. 118 vd.

47   Haß, 2005, s. 1 78, Anm. 93 ve 188.

48   Haß, 2005, s. 172 ve 178 vd.

49   Brauneck, 1993, s. 460 vd. ve Pochat, 1990, s. 297.

50   Pochat, 1990, s. 188 ve 197.

51   Pochat, 1990, s. 184 vd. Ayr. bkz. Brauneck, 1993, s. 462 vd.

52   Haß, 2005, s. 189-196.

53   *Regale generali di architettura*, II. Kitap, "Trattato sopra le scene"nin bulunduğu özgün baskıda s. 44 ve 48 vd, trajedi sahnesi ve komedi sahnesi hakkında bilgilerle.

54 Bkz. Pochat, 1990, s. 303 ve Res. 217.
55 Piero'nun Antonio poliptikonu için bkz. Laskowski, Birgit, *Piero della Francesca* (Köln, 1998), s. 97.
56 Serlio, 1996; Frommel, 1998; Rosenfeld, 2003, s. 281-321. Serlio tiyatrosu için ayr. bkz. Brauneck, 1993, s. 462 vd; Pochat, 1990, s. 306 vd ve 313 vd üç farklı sahne türü ile ilgili.
57 Mai, Ekkehard (haz.), *Paris Bordone. Motiv und Bedeutung. Architektur und Perspektive im Bild* (Köln, 1993), s. 17 vd, s. 26 vd sahne dekoru uygulamalarıyla ilgili metni tablonun yapıldığı tarihte yayımlanan Serlio hakkında. Önemli bir yazı için ayr. bkz. Rosand, David, "Theater and Structure in the Art of Paolo Veronese," agy., *Painting in Cinquecento Venice* (New Haven, 1982) içinde, s. 145 vd.
58 Nicoll, Allardyce, *Stuart Masques and the Renaissance Stage* (Londra, 1937), s. 58 vd, tanık raporunun kopyasıyla.
59 Zanchi, Mauro, *Bilder der Bibel von Lorenzo Lotto. Das Intarsienwerk der Ikonostase in der Basilika zu Bergamo* (Bergamo, 2006), s. 54 vd.
60 Brauneck, Manfred, *Die Welt als Bühne*, Cilt II (Stuttgart, 1996).
61 Burda-Stengel, 2001, s. 41 vd; Pozzo'nun metni için özellikle de 46, Sant'Ignazio için s. 87.
62 Buci-Glucksmann, 2002, s. 99.
63 Aubignac, 2001, s. 77 vd, 85 vd ve 355 vd. Ayr. bkz. Rousset, Jean, *L'Intérieur et l'extérieur* (Paris, 1976), s. 169 vd.
64 Hick, 1999, s. 109.
65 Ledoux, Claude-Nicolas, *L'Architecture considerée sous le rapport de l'art, des mœurs et de la législation* (Paris, 1804).
66 Derin bir inceleme için bkz. Krautheimer, 1994, s. 233-257; Biermann, Hartmut, "War L. B. Alberti in Urbino?," *Zeitschrift für Kunstgeschichte* 65 içinde, 2002, s. 493-521; Roeck, Bernd ve Andreas Tönnesmann, *Die Nase Italiens. Federico da Montefeltro, Herzog von Urbino* (Berlin, 2005), s. 172 vd.; ayr. bkz. Damisch, 1994, s. 289 vd. Urbino'daki ahşap kakma işleri için bkz. Elkins, 1994, s. 128 vd.
67 Gamburi, Alessandro, *L'architettura dei pittori nel Quattrocento Italiano* (Floransa, 1994).
68 Aşağıdaki kısım için bkz. Roeck/Tönnesmann (bkz. dn. 66), s. 129 vd ve 171 vd, kaynakçayla birlikte.
69 Harris, 2006, s. 16 ve Res. 7.
70 Kemp, 1997, s. 135.
71 Morolli, 1992, s. 215-230.

72 Grafton, 2002, s. 376 vd.
73 Alberti, 1912, s. 183 vd, 343 vd ve 449.
74 Roeck/Tönnesmann (bkz. dn. 66), s. 173.
75 Kruft, 1985, s. 59.
76 En son Necipoğlu, 1995, s. 231 vd; al-Asad, 1995, s. 349 vd ve Dold-Samplonius, 2003, s. 235 vd, özellikle 254 vd: "Approximating Muqarnas."
77 Dold-Samplonius, 2003, s. 256.
78 Gombek, Lisa ve Donald M. Wilber, *The Timurid Architecture of Iran* (Princeton, 1988), Cilt I, s. XXII.
79 Montesinos, José María, *Classical Tessellations and Three Manifolds* (Madrid, 1987).
80 Bkz. Necipoğlu, 1995, s. 29 vd ve eserdeki resimler.
81 Necipoğlu, 1995, s. 4.
82 Dold-Samplonius, 2003, s. 255.
83 Al-Asad, 1995, s. 351 ve Res. 4.
84 Al-Asad, 1995, s. 350.
85 Necipoğlu, 1995, s. 279.

6 Resimdeki Özne. Simgesel Biçim Olarak Perspektif

1 Bkz. Scher, Stephen K., *The Currency of Fame. Portrait Medals of the Renaissance* (New York, 1994), s. 4 vd, s. 42'deki resim ve s. 66'daki renkli resim.
2 Woods-Marsden, 1998, s. 71 vd; Jarzombek, 1989, s. 63 vd; Grafton, 2002, s. 148 vd ve 155 vd. Yeni bir Latince *De Pictura* (1435) baskısı ve çevirisi için bkz. Alberti, 1992; diğer baskılar için bkz. bu kitabın Kaynakça bölümündeki Alberti maddesi.
3 Alberti, 2003, s. 775. Bu yeni baskıya dikkatimi çeken Hans Aurenhammer'a (Viyana) minnettarım. Ayr. bkz. David Marsh'ın çevirisi: Alberti, 1987, s. 213.
4 Schmidt-Burkhardt, 2002, s. 17 vd.
5 Bexte, 1999, s. 38 ve resimler; Wind, Edgar, *Heidnische Mysterien in der Renaissance* (Frankfurt a. M., 1981), s. 266 ve 382.
6 Schmidt-Burkhardt, 2002, s. 21 ve resimler.
7 Wolf, 2002, s. 267 vd.
8 Bkz. Jarzombek, 1989, s. 64 vd.
9 Çeviri için alıntı: Chastel (haz.), 1990, s. 138.
10 Richter, Jean Paul (haz.), *The Literary Works of Leonardo da Vinci* (Londra, 1883, yeni baskısı 1970), s. 52 vd ve 67.

11 Summers, 1987, s. 34; Kodera, Sergius, *Filone und Sofia in Leone Ebreos Dialoghi d'amore. Liebesphilosophie der Renaissance und Judentum* (Frankfurt a.M., 1995) ve agy.: *Beauty in Leone Ebreo* (baskıda). Verdiği bilgiler için Sergius Kodera'ya teşekkür ederim.
12 Kubovy, 1986, s. 1 vd.
13 Kubovy, 1986, s. 11 vd ve 14.
14 Wood, 1996, s. 11 7 vd ve Res. s. 106.
15 Jaeger, 1976, s. 11 vd, 15 vd, 26; Bexte, 1999, s. 40 vd ve resimler. Ayr. bkz. *Rubens Corpus*, Cilt 21.1, s. 101-105 ve Cilt 21.2, Nr. 55, ayr. Kristine Patz, Baader et al. (haz.), 2007 içinde, s. 382 vd.
16 Cropper, Elizabeth ve Charles Dempsey, *Friendship and the Love of Painting* (Princeton, 1996), s. 204 vd ve Tabl. IV; Rosenberg, Pierre (haz.), *Nicolas Poussin* (sergi kataloğu, Paris, 1994), Nr. 190; Marin, Louis, "Variations on an Absent Portrait. Poussin's Self Portraits," agy., *Sublime Poussin* (Paris, 1995), s. 183 vd
17 Nikolaus Cusanus, 1964, s. 95 vd; Nikolaus Cusanus, *De visione Dei*, haz. Helmut Pfeiffer (Trier, 1985). Metinle ilgili ayr. bkz. Boehm, 1969, s. 137 vd ve Belting, 1990, s. 605 vd ve kendi çevirdiğim pasajlar.
18 Certeau, 1984, s. 70-85.
19 16. yüzyıl için de hâlâ geçerlidir, bkz. örn. Jan van Scorel'in Prado'daki tablosu (Env. 2716); Belting, 1990, Res. 288.
20 Boehm, 1969, s. 137.
21 Boehm, 1969, s. 160 ve 182.
22 Belting, 1990, s. 480 ve Res. 261; Belting/Kruse, 1995, s. 54 vd.
23 Belting/Kruse, 1995, s. 41 ve Tabl. 39; Belting, 2001, s. 127 vd.
24 Belgeler için bkz. Belting/Kruse, 1995, s. 46 vd.
25 Temel bir eser için bkz. Frontisi-Ducroux/Vernant, 1997, s. 307 vd. Ayr. bkz. Bonnet, Gérard, *La Violence du voir* (Paris, 2001), s. 5 vd; Renger, Almut-Barbara, *Mythos Narziss. Texte von Ovid bis Jacques Lacan* (Leipzig, 1999); Orlowsky, Ursula ve Rebekka Orlowsky, *Narziss und Narzissmus im Spiegel von Literatur, bildender Kunst und Psychoanalyse* (Münih, 1992); Quignard, 1996, s. 255 vd ve izleyen notlar.
26 Ayr. özellikle de bkz. Barbieri, 2000, çeşitli kısımlar, Wolf, 2002, s. 215 vd ve Kruse, 2003, s. 307 vd.
27 Alberti, 1992, Kitap 1.4.
28 Ovidius, *Metamorphosen*, Kitap 3.415.
29 Wolf, 2002, s. 222.
30 Quignard, 1994, s. 103 vd; Frontisi-Ducroux, Françoise, *Du Masque au visage* (Paris, 1995), s. 10 vd ve 65 vd; Clair, 1989.

31 Caillois, 1960, s. 129 vd.
32 Quignard, 1994, s. 255.
33 Bkz. Frontisi-Ducroux/Vernant, 1999, s. 143 vd.
34 Quignard, 1994, s. 258 vd.
35 Philostratos, *Die Bilder (Eikones)*, haz. Otto Schönberger (Münih, 1968), I.23.
36 Frontisi-Ducroux/Vernant, 1997, s. 216.
37 Frontisi-Ducroux/Vernant, 1997, özellikle Res. 19.
38 Frontisi-Ducroux/Vernant, 1997, s. 195 ve 232.
39 Frontisi-Ducroux/Vernant, 1997, s. 201 vd.
40 Frontisi-Ducroux/Vernant, 1997, s. 225 ve Philostratos (bkz. dn. 35), s. 144.
41 Engels, Joseph, Études sur l' Ovide moralisé (Groningen, 1945).
42 Dante, *Die göttliche Komödie,* Inferno, 30, 128.
43 Wolf, 2002, s. 233.
44 Wolf, 2002, s. 234 ve 136 vd.
45 Belting, 2005, s. 128.
46 Roma, Galleria Nazionale d'Arte Antica; ayrıntılı bilgi için: Kruse, 2003, s. 340-343 ve Res. 120.
47 Blunt, Anthony, *Nicolas Poussin* (Washington, 1967), s. 79 vd ve Res. 28; Bätschmann, Oskar, "Poussins Narziss und Echo im Louvre: Die Konstruktion von Thematik und Darstellung aus den Quellen," *Zeitschrift für Kunstgeschichte 42*, 1979 içinde, s. 31 vd.
48 Koschorke, 1990.
49 Koschorke, 1990, s. 11.
50 Koschorke, 1990, s. 49 vd.
51 Koschorke, 1990, s. 63 vd.
52 Vitruvius, *De architectura, traslato, commentato et affigurato da Cesare Cesariano* (1521), haz. Arnaldo Bruschi (Milano, 1981), fol. 12.
53 Romanyshyn, 1989, s. 34.
54 Rotman, 2000, s. 44.
55 Rotman, 2000, s. 23.
56 Bryson, 1983, s. 106.
57 Chastel (haz.), 1990, s. 246.
58 Elkins, 1994, s. 46 vd ve alıntı.
59 Elkins, 1994, s. 46 vd.
60 Koschorke, 1990, s. 66 ve 70.
61 Bkz. Belting/Kruse, 1995, burada tüm eski resim çerçeveleri görülebilir. Ayrıca Louvre'daki 1400'lerden kalma Burgonya kökenli Meryem res-

minde pencere çerçevesi çok açık seçiktir (Env. No. R. F. 1942-29, C. de Beisteguy bağışı).

62 Deleuze, Gilles, *Le Pli. Leibniz et le Baroque* (Paris, 1988), s. 38 vd.

63 Bryson, Norman, "The Gaze in the Expanded Field," Hal Foster (haz.), *Vision and Visuality* (New York, 1988), s. 96 vd.

64 Wu, Hung, *The Double Screen. Medium and Representation in Chinese Painting* (Londra, 1996).

65 Alberti, 1912, s. 59.

66 Alberti, 1912, s. 525.

67 Spencer, John R. (haz.), *Filarete's Treatise on Architecture* (New Haven, 1965), s. 302 ve fol. 177 recto-177 verso. 68 Alberti, 1992, s. 147.

68 Alberti, 1992, s. 147.

69 Alberti, 1992, s. 115.

70 Ayrıntılı bilgi için bkz. Belting, Hans, *Giovanni Bellini: Pietà. Ikone und Bilderzählung in der venezianischen Malerei* (Frankfurt a. M., 1985). Tarih için bkz. Aurenhammer, Hans, "Malerei im Horizont von Rhetorik und Poesie," *Rhetorik 24* (2005) içinde, s. 27 vd.

71 Fried, Michael, *Absorption and Theatricality* (Chicago, 1980).

72 Alberti, 1992, s. 175.

73 Brusati, 1995, s. 64 vd ve Res. 41; Ebert-Schifferer (haz.), 2002, s. 85.

74 Belting, 2004, s. 25 vd ve Bryson, 1983, s. 115.

75 Descartes, René, "La Dioptrique," *Descartes* içinde, 1988, s. 710.

76 Descartes, René, "Discours de la méthode," *Descartes* içinde, 1988, s. 579.

77 Descartes, René, *Meditations metaphysiques*, haz. Jean-Marie ve Michelle Beyssade (Paris, 1979), s. 87 vd.

78 Leibniz, Gottfried Wilhelm, *Monadologie*, No. 7 ve 57 ve *Principes de la nature et de la grâce fondés en raison*, No. 4.

79 Deleuze (bkz. dn. 62), s. 39 vd.

80 Kemp, Wolfgang, "Sehsucht. Die Engführung," Uta Brandes (red.): *Sehsucht. Über die Veränderung der visuellen Wahrnehmung* (Göttingen 1995) içinde, s. 60 vd.

81 Steele, 1997, s. 84 vd.

82 Steele, 1997, s. 12.

83 Steele, 1997, s. 84.

84 Bailey/Tawadros (haz.), 2003, s. 25.

85 Steele, 1997, s. 84 vd.

7 Sonsöz: Kültürler Arası Bakış Karşılaştırması

1. Jay, 1993; Levin, David M. (haz.), *Modernity and the Hegemony of Vision* (Berkeley, 1993); Silverman, Katja, *The Threshold of the Visible World* (New York, 1996); Kravagna, Christian (haz.), *Privileg Blick. Kritik der visuellen Kultur* (Berlin, 2000); ve Illich, Ivan, "Die Askese des Blicks im Zeitalter der Show," Klaus Peter Dencker (haz.), *Weltbilder, Bildwelten. Computergestützte Visionen* (Hamburg, 1995) içinde, s. 206 vd.
2. Hick, 1999.
3. Foucault, Michel, Überwachen und Strafen. Die Geburt des Gefängnisses (Frankfurt a. M., 1976).
4. Metz, Christian, *The Imaginary Signifier. Psychoanalysis and Cinema* (New York, 1982).
5. Buci-Glucksmann, 2002.
6. Crary, 1996.
7. Barthes, Roland, *La Chambre claire. Note sur la photographie* (Paris, 1980), s. 28.
8. Belting, 2005.
9. Breidbach, Olaf, *Das Anschauliche oder* über die Anschauung von Welt. Ein Beitrag zur neuronalen Ästhetik (Viyana, New York 2000), s. 101 vd: sunum.
10. Nancy, 2000.
11. Certeau, 1984.
12. Bkz. dn. 1.
13. Bryson, 1983, s. 93.
14. Burada özellikle de Judith Butler ve Mieke Bal'ın çığır açan çalışmalarını kastediyorum.
15. Duerr, Hans Peter, *Nacktheit und Scham* (*Der Mythos vom Zivilisationsprozeß*, Cilt 1) (Frankfurt a. M., 1988) (§ 8 zum indiskreten Blick).
16. Naficy, Hamid, "Poetics and Politics of Veil. The 'Islamic' Averted Look," Bailey/Tawadros (haz.) 2003 içinde, s. 141.
17. Bryson, Norman, "The Gaze in the Expanded Field," Hal Foster (haz.), *Vision and Visuality* (New York 1988) içinde, s. 87 vd ve Jullien, François, *La grande Image n'a pas de forme ou du non-objet par la peinture* (Paris, 2003).

Kaynakça

Abels, Joscijka, *Erkenntnis der Bilder. Die Perspektive in der Kunst der Renaissance* (Frankfurt a.M., 1985).

L'Age d'or des sciences arabes, sergi kataloğu, Institut du Monde Arabe (Paris, 2005).

Alberti, Leon Battista, *Zehn Bücher über die Baukunst (De re aedificatoria)*, der. Max Theuer (Viyana, Leipzig, 1912; tıpkıbasım, Darmstadt, 1991).

Alberti, Leon Battista, *Drei Bücher über die Malerei*, der. Hubert Janitschek (1877; tıpkıbasım Osnabrück, 1970).

Alberti, Leon Battista, *On Painting and Sculpture. The Latin Texts*, der. Cecil Grayson (Londra, 1972).

Alberti, Leon Battista, *Dinner Pieces. A Translation of the Intercenales*, çeviri: David Marsh (Binghamton, N.Y., 1987). Alberti, Leon Battista, *De la Peinture/De Pictura* (1435), der. Jean Schefer (Paris 1992).

Alberti, Leon Battista, *Das Standbild. Die Malkunst. Grundlagen der Malerei*, der. Oskar Bätschmann ve Christoph Schäublin (Darmstadt, 2000).

Alberti, Leon Battista, *Intercenales*, der. Franco Bacchelli (Bologna, 2003).

Alhazen (İbnü'l-Heysem), "Discours de la lumière," çeviren ve yayına hazırlayan Roshdi Rashed, *Revue d'histoire des sciences 21* içinde, 1968, s. 197-224.

Alpers, Svetlana, *The Art of Describing. Dutch Art in the Seventeenth Century* (Chicago, 1983).

Aronberg Lavin, Marilyn (der.), *Piero della Francesca and his Legacy* (Washington, 1995).

al-Asad, Mohammad, "The Muqarnas," Necipoğlu, 1995 içinde, s. 235 vd.

Aubignac, Abbé de, *La Pratique du théâtre* (1657), der. Helene Baby (Paris, 2001).

Auld, Sylvia, *Renaissance Venice, Islam and Mahmud the Kurd. A Metalworking Enigma* (Londra, 2004).

Baader, Hannah et al. (der.), *Im Agon der Künste. Paragonales Denken, ästhetische Praxis und die Diversität der Sinne* (Münih, 2007).

Bacon, Rogerus, bkz. Lindberg, 1983; 1996.

Bailblé, Claude, "Programmation du regard," *Cahiers du Cinéma, 281* (Paris 1977).

Bailey, David A. ve Gilane Tawadros (der.), *Veil. Veiling, Representation and Contemporary Art* (Londra, 2003). Baltrusaitis, Jurgis, *Anamorphoses ou thaumaturgus opticus. Les perspectives dépravées* (Paris, 1984).

Barbieri, Giuseppe, *L'inventore della pittura. Leon Battista Alberti e il mito di Narciso* (Vicenza, 2000).

Barry, Michael, *Figurative Art in Medieval Islam and the Riddle of Bihzad of Heart* (Paris, 2004).

Barocelli, Francesco, "Per Biagio Pelacani," Federici Vescovini/Barocelli (der.), 1992 içinde, s. 21-36.

Barrucand, Marianne, "Les Fonctions de l'image dans la société islamique," Beaugé/Clément (der.), 1995 içinde, s. 59 vd.

Beaugé, Gilbert ve Jean-François Clément (der.), *L'Image dans le monde arabe* (Paris, 1995).

Beinlich, Horst (der.), *Magie des Wissens. Athanasius Kircher 1602-1680* (Dettelbach, 2002).

Belting, Hans, "Das Bild als Text. Wandmalerei und Literatur im Zeitalter Dantes," Hans Belting ve Dieter Blume (der.), *Malerei und Stadtkultur in der Dantezeit* (Münih, 1989) içinde, s. 23-64.

Belting, Hans, *Bild und Kult. Eine Geschichte des Bildes vor dem Zeitalter der Kunst* (Münih, 1990).

Belting, Hans ve Christiane Kruse, *Die Erfindung des Gemäldes. Das erste Jahrhundert der niederländischen Malerei* (Münih, 1995).

Belting, Hans, *Bild-Anthropologie. Entwürfe für eine Bildwissenschaft* (Münih, 2001).

Belting, Hans, "Der Blick durch das Fenster. Fernblick oder Innenraum?," Katharina Corsepius vd (der.): *Opus Tesselatum. Festschrift für P.C. Claussen* (Zürih, 2004) içinde, s. 17-31.

Belting, Hans, "Der Blick im Bild. Zu einer Ikonologie des Blicks," Bernd Hüppauf ve Christoph Wulf (der.), *Bild und Einbildungskraft* (Münih, 2005) içinde, s. 121-144.

Belting, Hans, "Himmelsschau und Teleskop. Der Blick hinter den Horizont," Philine Helas et al. (der.), *Bild/Geschichte. Festschrift für Horst Bredekamp* (Berlin 2007) içinde, s. 205-218.

Bergdolt, Klaus (der.), *Der dritte Kommentar Lorenzo Ghibertis. Naturwissenschaft und Medizin in der Kunsttheorie der Frührenaissance* (Weinheim, 1988).

Bexte, Peter, *Blinde Seher. Wahrnehmung von Wahrnehmung in der Kunst des 17. Jahrhunderts* (Dresden, 1999).

Boehm, Gottfried, *Studien zur Perspektivität. Philosophie und Kunst in der frühen Neuzeit* (Heidelberg 1969).

Boehm, Gottfried (der.), *Was ist ein Bild?* (Münih, 1995).

Boehm, Gottfried, "Eine kopernikanische Wende des Blicks," Uta Brandes (der.), *Sehsucht. Über die Veränderung der visuellen Wahrnehmung* (Bonn 1995) içinde, s. 25-34.

Borchmeyer, Dieter, "Aufstieg und Fall der Zentralperspektive," *Romantische Wissenspoetik. Die Künste und die Wissenschaften um 1800* (Würzburg, 2004) içinde, s. 287-310.

Borsi, Stefano, *Leon Battista Alberti e Roma* (Floransa, 2003).

Brauneck, Manfred, *Die Welt als Bühne. Geschichte des europäischen Theaters*, Cilt I (Stuttgart, 1993).

Bruckstein, Almut Sh., *Vom Aufstand der Bilder. Materialien zu Rembrandt und Midrasch* (Münih, 2007).

Brusati, Celeste, *Artifice and Illusion. The Art and Writing of Samuel van Hoogstraten* (Chicago, 1995).

Bryson, Norman, *Vision and Painting. The Logic of the Gaze* (Londra, 1983).

Buci-Glucksmann, Christine, *La Folie du voir. De l'esthétique baroque* (Paris, 1986).

Buci-Glucksmann, Christine, *La Folie du voir. Une esthétique du virtuel* (Paris, 2002).

Burda-Stengel, Felix, *Andrea Pozzo und die Videokunst. Neue Überlegungen zum barocken Illusionismus* (Berlin, 2001).

Caillois, Robert, *Méduse et compagnie* (Paris, 1960).

Camille, Michael, "Before the Gaze. The Internal Senses and Late Medieval Practices of Seeing," Nelson, 2000, s. 197 vd.

Carboni, Steffano (der.), *Venise et l'Orient. 828-1979* (sergi kataloğu, Paris, 2006).

Cassirer, Ernst, *Philosophie der symbolischen Formen*, 3 cilt (Hamburg 1923, 1925, 1929; 2. baskının tıpkıbasımı Darmstadt, 1997).

Certeau, Michel de, "Nicolas de Cues. Le Secret d'un regard," *Traverses 30/31*, 1984 içinde, s. 70-85.

Chastel, André (der.), *Leonardo da Vinci. Sämtliche Gemälde und die Schriften zur Malerei* (Münih, 1990).

Clair, Jean-Meduse, *Méduse. Contribution à une anthropologie des arts du visuel* (Paris, 1989).

Clark, Stuart, *Vanities of the Eye. Sight in Early Modern European Culture* (Oxford, 2007).

Clausberg, Karl, "Perspektivität als Interface-Problem," Klaus Peter Dencker (der.), *Weltbilder, Bildwelten. Computergestützte Visionen* (Hamburg, 1995), s. 10 vd.

Clément, Jean-François, "L'Image dans le monde arabe: Interdits et possibilités," Beaugé/Clément (der.), 1995 içinde, s. 11-42.

Crary, Jonathan, *Techniken des Betrachters. Sehen und Moderne im 19. Jahrhundert* (Dresden, 1996).

Damisch, Hubert, *Theorie du nuage. Pour une histoire de la peinture* (Paris, 1972).

Damisch, Hubert, *The Origin of Perspective* (Londra, 1994).

Dalai-Emiliani, Marisa (der.), *La prospettiva rinascimentale. Codificazioni e trasgressioni* (Floransa, 1980).

Davillier, M. le Baron, *Arabesques. Decorative Panels of the Renaissance* (Paris, 1995).

Derbes, Anna ve Mark Sandona (haz.), *The Cambridge Companion to Giotto* (New York, 2004).

Descartes, René, *Œuvres philosophiques*, haz. Ferdinand Alquié, Cilt 1 (Paris, 1988).

Dold-Samplonius, Yvonne, "Calculating Surface Areas in Islamic Architecture," Hogendijk/Sabra (der.), 2003 içinde, s. 254 vd.

Duchamp, Marcel, *A l'Infinitif*, haz. Richard Hamilton ve Ecke Bonk (Londra, 1999).

Ebert-Schifferer, Sybille (der.), *Deceptions and Illusions. Five Centuries of Trompe l'Œil Painting* (Washington, 2002). Edgerton, Samuel Y., *Die Entdeckung der Perspektive* (Münih, 2002).

Edgerton, Samuel Y., *Giotto und die Erfindung der dritten Dimension* (Münih, 2004) (özellikle s. 243 vd.: "Die Geometrie und die Jesuiten im Fernen Osten").

Elkins, James, *The Poetics of Perspective* (Ithaca ve Londra, 1994).

Endress, Gerhard, "Mathematics and Philosophy in Medieval Islam," Hogendijk/Sabra (der.), 2003 içinde, s. 121 vd.

Fahr-Becker, Gabriele (der.), *Japanische Farbholzschnitte* (Köln, 1993).

Federici Vescovini, Graziella (der.), "Le questioni di 'perspectiva' di Biagio Pelacani da Parma," *Rinascimento 12*, 1961, s. 163-206 (yorum) ve 207-243 (edisyon).

Federici Vescovini, Graziella, *Studi sulla prospettiva medievale* (Torino, 1965).
Federici Vescovini, Graziella, "Einleitung," *Le quaestiones de anima di Biagio Pelacani da Parma*, haz. Graziella Federici Vescovini (Floransa, 1974), s. 5 vd.
Federici Vescovini, Graziella, "Biagio Pelacani a Firenze, Alhazen e la prospettiva del Brunelleschi," Filippo Brunelleschi, 1980, s. 333-348.
Federici Vescovini, Graziella ve Francesco Barocelli (der.), *Filosofia, scienza e astrologia nel trecento europeo. Biagio Pelacani Parmense* (Padova, 1992).
Federici Vescovini, Graziella, "Biagio Pelacani," Federici Vescovini/Barocelli (der.), 1992 içinde, s. 39-52.
Federici Vescovini, Graziella (der.), *Filosofia e scienza classica, arabo-latina medievale e l'età moderna* (Louvain, 1999). Federici Vescovini, Graziella, "Il vocabulario scientifico de De Pictura," *Paoli*, 1999 içinde, s. 213 vd.
Feldtkeller, Christoph, *Der architektonische Raum. Eine Fiktion. Annäherung an eine funktionale Betrachtung* (Braunschweig, 1989).
Field, Judith Veronica, *Kepler's Geometrical Cosmology* (Londra, 1988).
Field, Judith Veronica, *The Invention of Infinity. Mathematics and Art in the Renaissance* (Oxford 1997).
Field, Judith Veronica: Piero della Francesca. A Mathematician's Art (New Haven 2005).
Filippo Brunelleschi. La sua opera e il suo tempo. Relazioni presentate al convegno internazionale di studi tenutosi a Firenze nel 1977, 2 cilt (Floransa, 1980).
Frangenberg, Thomas, "The Image and the Moving Eye. Jean Pélerin (Viator) to Guidobaldo del Monte," *Journal of the Warburg and Courtauld Institutes, 49*, 1986 içinde, s. 150-171.
Frangenberg, Thomas, *Der Betrachter. Studien zur florentinischen Kunstliteratur des 16. Jahrhunderts* (Berlin, 1990).
Freedberg, David, *The Eye of the Lynx. Galileo, His Friends and the Beginning of Modern Natural History* (Chicago, 2002).
Frey, Dagobert, "Zuschauer und Bühne. Eine Untersuchung über das Realitätsproblem des Schauspiels," agy. (der.): *Kunstwissenschaftliche Grundfragen* (Viyana, 1946, tıpkıbasım Darmstadt, 1992) içinde, s. 151-223.
Frommel, Sabine, *Sebastiano Serlio Architetto* (Milano, 1998).
Frontisi-Ducroux, Françoise ve Jean-Pierre Vernant, *Dans l'Œil du miroir* (Paris, 1997).
Ghiberti, Lorenzo, *Denkwürdigkeiten (I Commentarii)*, haz. Julius Schlosser (Berlin, 1912).
Ghiberti, Lorenzo, ayr. bkz. Bergdolt, 1988.

Gioseffi, Decio, *Giotto architetto* (Milano, 1963).

Gioseffi, Decio, *Perspectiva artificialis* (Trieste, 1957).

Gioseffi, Decio, "Filippo Brunelleschi e la svolta copernicana," *Filippo Brunelleschi* (1980), içinde, s. 81-103.

Gonzalez, Valérie, "Réflexions esthétiques sur l'approche de l'image dans l'art islamique," Beaugé/ Clément (der.), 1995 içinde, s. 69 vd.

Goodman, Nelson, *Languages of Art. An Approach to a Theory of Symbols* (Indianapolis, 1968).

Grabar, Oleg, *The Alhambra* (Londra, 1978).

Grabar, Oleg, *La Formation de l'art islamique* (Paris, 1987).

Grabar, Oleg, *The Mediation of Ornament* (Princeton, 1992).

Grabar, Oleg, *The Shape of the Holy. Early Islamic Jerusalem* (Princeton, 1996).

Grabar, Oleg, *Islamic Art and Beyond. Constructing the Study of Islamic Art* (Adlershot, 2006).

Grafton, Anthony, *Leon Battista Alberti. Baumeister der Renaissance* (Berlin, 2002).

Grayson, Cecil, *Studi su Leon Battista Alberti* (Floransa, 1999).

Harris, Jim, "Whose Perspective? Andrea del Castagno, Paolo Uccello and the Patron's Point of View," *Immediations 3*, 2006, s. 1 vd.

Haß, Ulrike, *Das Drama des Sehens. Auge, Blick und Bühnenform* (Münih, 2005).

Havelange, Carl, *De l'Œil et du monde. Une histoire du regard au seuil de la modernité* (Paris, 1998).

Hick, Ulrike, *Geschichte der optischen Medien* (Münih, 1999).

Hofmann, Werner, *Die Moderne im Rückspiegel. Hauptwege der Kunstgeschichte* (Münih, 1998).

Hogendijk, Jan-Pieter ve Abdelhamid I. Sabra (der.), *The Enterprise of Science in Islam* (Cambridge, Mass. 2003). Hoogstraten, Samuel van, *Inleyding tot de Hooge Schoole der Schilderkonst* (1678; tıpkıbasım: Utrecht, 1969).

Ibric, Almir, *Das Bilderverbot im Islam. Eine Einführung* (Marburg, 2004).

Ibric, Almir, *Islamisches Bilderverbot. Vom Mittel- bis ins Digitalzeitalter* (Viyana, 2006).

Jaeger, Wolfgang, *Die Illustrationen von Peter Paul Rubens zum Lehrbuch der Optik des Franciscus Aguilonius, 1613* (Heidelberg, 1976).

Janhsen, Angeli, *Perspektivregeln und Bildgestaltung bei Piero della Francesca* (Münih, 1990).

Jay, Martin, *Downcast Eyes. The Denigration of Vision in 20th Century Thought* (Berkeley, 1993).

Jarzombek, Mark, *On Leon Battista Alberti. His Literary and Aesthetic Theories* (Cambridge, Mass. 1989).

Kemp, Martin, *The Science of Art. Optical Themes in Western Art* (New Haven, 1990).

Kemp, Martin, *Der Blick hinter die Bilder. Text und Kunst in der italienischen Renaissance* (Köln, 1997).

Kemp, Wolfgang, "Masaccios Trinität im Kontext," *Marburger Jahrbuch für Kunstwissenschaft, 21*, 1986 içinde, s. 45—72.

Kemp, Wolfgang, *Die Räume der Maler. Zur Bilderzählung seit Giotto* (Münih, 1996).

Kepler, Johannes, *Gesammelte Werke*, Cilt 2: *Astronomiae pars optica*, haz. Franz Hammer (Münih, 1939) (özellikle bkz. s. 151 vd.: "Paralipomena ad Vitellionum").

Klein, Robert, *La Forme et l'intelligible* (Paris 1978) (özellikle bkz. s. 237-277: "Pomponius Gauricus et son chapitre 'De la perspective'" ve s. 278-293: "Etudes sur la perspective à la Renaissance).

Kofmann, Sarah, *Camera obscura. De l'Idéologie* (Paris 1973).

Konersmann, Ralf (der.), *Kritik des Sehens* (Leipzig, 1997).

Koschorke, Albrecht, *Die Geschichte des Horizonts. Grenze und Grenzüberschreitung in literarischen Landschaftsbildern* (Frankfurt a.M., 1990).

Krautheimer, Richard ve Trude Krautheimer-Hess, *Lorenzo Ghiberti* (Princeton, 1970).

Krautheimer, Richard, "Le tavole di Urbino. Berlino e Baltimora riesaminate," Henry A. Millon ve Vittorio Magnago Lampugnani (der.), *Il Rinascimento da Brunelleschi a Michelangelo. La rappre sentazione dell'architettura* (Milano 1994) içinde.

Kruft, Hanno Walter, *Geschichte der Architekturtheorie. Von der Antike bis zur Gegenwart* (Münih, 1985).

Kruse, Christiane, *Wozu Menschen malen. Historische Begründungen eines Bildmediums* (Münih, 2003).

Kubovy, Michael, *The Psychology of Perspective and Renaissance Art* (Londra, 1986).

Kühnel, Ernst, *Die Arabeske. Sinn und Wandlung eines Ornaments* (Wiesbaden, 1949).

Lindberg, David C. (der.), *Opticae thesaurus. Alhazeni Arabis libri septem, nunc primum editi. Eiusdem Liber de crepusculis et nubium ascensionibus. Item Vitellonis Thuringopoloni libri X.* (New York ve Londra, 1972); (özellikle bkz. Witelo'nun 1572 tarihki ilk baskısının tıpkıbasımı).

Lindberg, David C. (der.), *Roger Bacon's Philosophy of Nature. A Critical Edition, with English Translation, Introduction and Notes of De Multiplicatione Specierum and De Speculis Combu rentibus* (Oxford, 1983).

Lindberg, David C., *Auge und Licht im Mittelalter. Die Entwicklung der Optik von Alkindi bis Kepler* (Frankfurt, 1987).

Lindberg, David C., *Roger Bacon and the Origins of Perspectiva in the Middle Ages* (Oxford, 1996).

Lindberg, David C., "R. Bacon on Light, Vision and the Universal Emanation of Force," Jeremiah Hackett (der.), *Roger Bacon and the Sciences* (Leiden 1997) içinde, s. 243-276.

Manetti, Antonio, *The Life of Brunelleschi*, haz. Howard Saalman (Londra, 1970).

Manetti, Antonio, *Vita di Filippo Brunelleschi*, haz. Domenico de Robertis (Milano, 1976).

Massey, Lyle (der.), *The Treatise on Perspective. Published and Unpublished* (New Haven, 2003).

Morolli, Gabriele, "Nel cuore del palazzo, la città ideale. Alberti e la prospettiva architettonica di Urbino," Paolo Dal Poggetto (der.), *Piero e Urbino. Piero e le corti rinascimentali* içinde, sergi kataloğu (Venedik, 1992).

Naef, Silvia, *A la Recherche d'une modernité arabe* (Cenevre, 1996).

Naef, Silvia, *Bilder und Bilderverbot im Islam. Vom Koran bis zum Karikaturenstreit* (Münih, 2007).

Nancy, Jean-Luc, *Le Regard du portrait* (Paris, 2000).

Nannoni, Dante, *Geometria, prospettiva, progetto. Il disegno per la scuola media superiore* (Bo logna, 1982).

Nazif Bey, Mustafa, *El-Hasan İbnü'l-Heysem: Buhûtuhû ve-kuşûfuhu l-basarîyye*, 2 cilt (Kahire, 1942, Frankfurt a.M., 2001).

Necipoğlu, Gülru, *The Topkapi Scroll. Geometry and Ornament in Islamic Architecture* (Santa Monica, 1995).

Nelson, Robert s. (der.), *Visuality Before and Beyond the Renaissance* (Cambridge, 2000).

Nikolaus Cusanus, *Philosophisch-theologische Schriften*, haz. Leo Gabriel, çeviri: Dietlind ve Wilhelm Dupré, Cilt III (Viyana, 1967).

Novotny, Fritz, *Cezanne und das Ende der wissenschaftlichen Perspektive* (Viyana, 1938).

Omar, Saleh Beshara, *Ibn al-Haytham's Optics. A Study of the Origins of Experimental Science* (Minneapolis, 1977). Onians, John, *Neuroarthistory. From Aristotle and Pliny to Baxandall and Zeki* (New Haven, Londra, 2007).

Paoli, Michel (der.), *L'Idée de la nature chez Leon Battista Alberti* (Paris, 1999).
Panofsky, Erwin, *Idea. Ein Beitrag zur Begriffsgeschichte der älteren Kunsttheorie* (Hamburg, 1924).
Panofsky, Erwin, "Die Perspektive als symbolische Form," *Vorträge der Bibliothek Warburg 1924/25* içinde, s. 258-330 (ayrıca, Panofsky, Erwin, *Deutschsprachige Aufsätze*, haz. Karen Michels ve Martin Warnke (Berlin, 1998) içinde, s. 664-757).
Parronchi, Alessandro, *Studi su la dolce prospettiva* (Milano, 1964).
Pérez-Gómez, Albertz ve Louise Pelletier, *Architectural Representation and the Perspective Hinge* (New York, 1997). Piero della Francesca, *De prospectiva pingendi*, haz. G. Nicco Fasola (Floransa, 1942).
Piero della Francesca, *De la Perspective en peinture*, haz. Jean-Pierre Le Goff, Hubert Damisch'in önsözüyle ve Daniel Arasse'ın sonsözüyle (Paris, 1998).
Pochat, Götz, *Theater und bildende Kunst im Mittelalter und in der Renaissance in Italien* (Graz, 1990).
Poeschke, Joachim, *Wandmalerei der Giottozeit in Italien 1280-1400* (Münih, 2003).
Puerta Vílchez, José Miguel, *Historia del pensamiento estético árabe. Al-Andalus y la estética árabe clásica* (Madrid, 1997).
Quignard, Paul, *Le Sexe et l'effroi* (Paris, 1996).
Radke, Gary M., "Giotto and Architecture," Derbes/Sandona, 2004 içinde, s. 76-102.
Rakoszy, Thedor, *Böser Blick. Eine Untersuchung zur Kraft des Blicks in der griechischen Literatur* (Tübingen, 1996). Rashed, Roshdi (der.), *Histoire des sciences arabes*. Cilt II: *Mathématiques et physique*. Cilt III: *Technologie, alchimie et sciences de la vie* (Paris, 1997).
Rashed, Roshdi, "De la Géometrie du regard aux mathématiques des phénomènes lumineux," Federici Vescovini, 1999 içinde, s. 43-59.
Renner, Ursula, "Schädelmeditationen. Zur Kulturgeschichte eines Denkmodells," Walburga Hülk (der.), *Biologie, Psychologie, Poetologie. Verhandlungen zwischen den Wissenschaften* (Würzburg 2005) içinde, s. 171 vd.
Romanyshyn, Robert D., *Technology as Symptom and Dream* (Londra, 1989).
Rosenfeld, Myra Nan, "From Bologna to Venice and Paris. The Evolution and Publication of Sebas tiano Serlio's Books I and II, "On Geometry" and "On Perspective," for Architects," Massey (der.), 2003 içinde, s. 281-321.
Rotman, Brian, *Die Null und das Nichts. Eine Semiotik des Nullpunkts* (Berlin, 2000).
Ronchi, Vasco, *Histoire de la lumière* (Paris, 1956).

Sabra, Abdelhamid I., *The Optics of Ibn al-Haytham, Books I-III: On Direct Vision* (Londra, 1989) (Cilt I: metin, Cilt II: yorum) (Kitap IV ve V'in sadece Arapça baskısı var, Kuveyt, 2002).

Sabra, Abdelhamid I., *Optics, Astronomy, and Logic. Studies in Arabic Science and Philosophy* (Aldershot et al. 1994) (özellikle bkz. "Psychology versus Mathematics. Ptolemy and Alhazen on the Moon Illusion").

Sabra, Abdelhamid I., "Ibn Al-Haytham's Revolutionary Project in Optics. The Achievement and the Obstacle," Hogendijk/Sabra (der.), 2003 içinde, s. 85-122.

Saliba, George, *Islamic Science and the Making of the European Renaissance* (Cambridge, Mass., 2007).

Salvemini, Francesca, *La visione e il suo doppio. La prospettiva tra arte e scienza* (Bari, 1990).

Sauvaget, Alfred: Voirs et savoirs. Esquisse d'une sociologie du regard (Paris 1994).

Schaaf, Larry J., "Camera Obscura und Camera Lucida," Bodo von Dewitz ve Werner Nekes (der.), *Sehmaschinen und Bilderwelten* (Köln 2002) içinde.

Schedler, Uta, *Filippo Brunelleschi. Synthese von Antike und Mittelalter in der Renaissance* (Fulda, 2004).

Schmeiser, Leonhard, *Die Erfindung der Zentralperspektive und die Entstehung der neuzeitlichen Wissenschaft* (Münih, 2002).

Schmidt-Burkhardt, Astrit, "The All-Seer. God's Eye as Proto-Surveillance," Thomas Y. Levin, Ursula Frohne ve Peter Weibel (der.), *Rhetorics of Surveillance from Bentham to Big Brother* (Cambridge, Mass., 2002), s. 17 vd.

Schnaase, Leopold, "Alhazen. Ein Beitrag zur Geschichte der Physik" (1890), Sezgin et al. (der.), *Optics. Texts and Studies II*, 2001, s. 26-52.

Schneider, Leo, "Leon Battista Alberti. Some Biographic Implications of the Winged Eye," *The Art Bulletin 72*, 1990, s. 261-270.

Schöne, Günter, *Die Entwicklung der Perspektivbühne von Serlio bis Galli-Bibiena* (Leipzig, 1963).

Schramm, Matthias, *Ibn al-Haythams Weg zur Physik* (Wiesbaden, 1963).

Screech, Timothy, "Rezeption und Interpretation der westlichen Perspektive im Japan des 18. Jahrhunderts," Doris Croissant ve Lothar Ledderose (der.), *Japan und Europa 1543-1929* (Berlin, 1993), s. 128 vd.

Serlio, Sebastiano, *On Architecture*, haz. Vaughan Hart ve Peter Hicks, 2 cilt (New Haven, 1996).

Sezgin, Fuat, *Geschichte des arabischen Schrifttums*, Cilt 5: yakl. 420'ye (hicri) kadar matematik (Leiden, 1974) ve Cilt 6: yakl. 430'a (hicri) kadar astronomi (Leiden, 1978).

Sezgin, Fuat vd. (der.), *Optics. Texts and Studies I-III* (*Natural Sciences in Islam*, Cilt 32-34) (Frankfurt a.M., 2001). Sezgin, Fuat ve Eckhard Neubauer (der.), *Wissenschaft und Technik im Islam*, Bd. 3: *Katalog der Instrumentensammlung des Instituts für Geschichte der Arabisch-Islamischen Wissenschaften: Geographie, Nautik, Uhren, Geometrie, Optik* (Frankfurt a.M., 2003).

Shayegan, Saryush, *Le Regard mutilé. Pays traditionels face à la modernité* (Paris, 1989).

Simon, Gerard, *Der Blick, das Sein und die Erscheinungen in der antiken Optik* (Münih, 1991).

Smith, A. Mark, "What is the History of Medieval Optics Really About?" *Proceedings of the American Philosophical Society 148*, 2004 içinde, s. 180-194.

Smith, Mark, "L'Optique arabe," *L'Age d'or des sciences arabes*, 2005 içinde, s. 229 vd.

Snodin, Michael ve Maurice Howard, *Ornament. A Social History since 1450* (New Haven, 1996).

Somaini, Antonio, "L'immagine prospettiva e la distanza dello spettatore," agy. (der.), *Il luogo dello spettatore* (Milano, 2005), s. 53 vd.

Sorge, Valeria, "L'influenza di Alhazen sulla dottrina della visione in Biagio Pelacani da Parma," Federici Vescovini (1999) içinde, s. 113-127.

Steele, John, *An Architecture for People. The Complete Works of Hassan Fathy* (New York, 1997).

Steffens, Bradley, *Ibn al-Haytham. First Scientist* (Greensboro, NC, 2007).

Stoichita, Victor I., *Das selbstbewußte Bild. Vom Ursprung der Metamalerei* (Münih, 1998).

Summers, David, *The Judgment of Sense. Renaissance Naturalism and the Rise of Aesthetics* (New York, 1987).

Tachau, Katherine H., *Vision and Certitude in the Age of Ockham. Optics, Epistemology and the Foundations of Semantics 1250-1345* (Leiden, 1988).

Trottmann, Christian, *La vision béatifique* (*Bibliothèque des Ecoles françaises d'Athènes et de Rome*, Cilt 289) (Paris, 1995).

Veltman, Kim H., *Literature on Perspective. A Select Bibliography, Marburger Jahrbuch für Kunstwissenschaft 21*, 1986, s. 185-207.

Veltman, Kim ve Kenneth D. Keele (der.), *Studies on Leonardo da Vinci*, Cilt 1: *Linear Perspective and the Visual Dimensions of Science and Art* (Münih, 1986).

Vesely, Dalibor, *Architecture in the Age of Divided Representation. The Question of Creativity in the Shadow of Production* (Cambridge, Mass., 2004) (özellikle s. 109 vd.: "The Perspectival Transformation of the Medieval World").

White, John, *The Birth and Rebirth of Pictorial Space* (Londra, 1957, ²1967).

Wiedemann, Eilhard, *Aufsätze zur arabischen Wissenschaftsgeschichte*, haz. Wolfdietrich Fischer (Hildesheim, 1970).

Wiedemann, Eilhard, *Gesammelte Schriften zur arabisch-islamischen Wissenschaftsgeschichte*, 3 cilt (Frankfurt a.M., 1984).

Wittkower, Rudolf, *Grundlagen der Architektur im Zeitalter des Humanismus* (Münih, 1969).

Wolf, Gerhard, *Schleier und Spiegel. Traditionen des Christusbildes und die Bildkonzepte der Renaissance* (Münih, 2002).

Wood, Christopher, "Une Perspective oblique," *Les Cahiers du Musée National d'Art Moderne 58*, 1996 içinde, s. 107-129.

Woods-Marsden, Joanna, *Renaissance Self-Portraiture. The Visual Construction of Identity and the Social Status of the Artist* (New Haven, 1998).

Wright, Lawrence, *Perspective in Perspective* (Londra, 1983).

Yates, Frances A., *Theatre of the World* (Londra, Chicago 1969).

Resim Kaynakçası

akg-images / Cameraphoto 91
akg-images / Rabatti-Domingie 77
Alinari Archives, Floransa, 48, 62 (Il Fiorino-Alinari)
Aurelio ve Francesca Amendola, Santomanto (PT) 64, 66, 67
Artothek, Peissenberg 17
Bayerische Staatsbibliothek Münih, (Sign. Res 2 Math.A.7a) 33
Black Forest Films GmbH 1
bpk / Gemäldegalerie, Kaiser Friedrich-Museum-Verein, SMB / Jörg P. Anders 77, 78, 99
bpk / Gemäldegalerie, SMB / Jörg P. Anders 93
Bridgeman Berlin 42
Bridgeman / Alinari Archives, Floransa, 65
Bridgeman © Louvre, Paris, Fransa / Giraudon / Bridgeman Berlin 103
Bridgeman © Walters Art Museum, Baltimore, USA / Bridgeman Berlin 77, 79
The British Library, Londra, 10
British Museum, Londra, The Trustees of The British Museum 11
Calouste Gulbenkian Stiftung, Lizbon 7
Chester Beatty Library, Dublin 24, 25, 26
Getty Museum, Los Angeles 43 G
Harvard College Library 44
Harvard University Art Museums, Cambridge / Mass. (1967.23) 22
Candida Höfer / VG Bild-Kunst, Bonn 69
Institut für Geschichte der Arabisch-Islamischen Wissenschaften, Frankfurt 34, 37
Isabella Stewart Gardner Museum, Boston 14
Kunsthistorisches Museum, Viyana, 102
Peter J. Lu 43 A–G, 44

Martin von Wagner Museum der Universität Würzburg 97
Massachusetts Institute of Technology, Cambridge, MA / Yvonne Dold-Samplonius 82
Metropolitan Museum of Art, New York 23
Said Nuseibeh, San Francisco 20, 21
Österreichische Nationalbibliothek (67151-D.NeuMag) Frontispiz, 9
Opera di Santa Maria del Fiore, Floransa, 58, 59
Polo Museale, Gabinetto fotografico, Floransa, 49
Antonio Quattrone 31, 46, 47, 50
Mauro Ranzani 101
Rheinisches Bildarchiv, Köln 73
Sammlung Casa Strozzi, Floransa, 71
Scala Archives, Floransa, 31, 63
Ursula Schulz-Dornburg, Düsseldorf 107
Staatliche Graphische Sammlung, Münih, 8
Topkapı Sarayı Müzesi, İstanbul 6, 16, 18 (Fotoğraf: Hadiye Cangökçe), 39, 45, 83, 84, 85, 86
Ufficio Cultura, Padova 46
Roger Wood / CORBIS 41

David A. Bailey ve Gilane Tawadros (haz.), *Veil. Veiling, Representation and Contemporary Art* (Londra, 2003) 105, 108
Doris Croissant ve Lothar Ledderose (haz.), *Japan und Europa 1543-1929* (Berlin, 1993) 13
Albrecht Dürer, *Œuvre gravé* (Paris, 1996) 12
Oleg Grabar, *The Mediation of Ornament* (Princeton 1992) 27, 28, 29, 106
Wolfgang Jäger, *Die Illustrationen von Peter Paul Rubens zum Lehrbuch der Optik des Franciscus Aguilonius 1613* (Heidelberg, 1976) 92
Martin Kemp, *The Science of Art. Optical Themes in Western Art* (New Haven, 1990) 52, 53
Lyle Massey (haz.), *The Treatise on Perspective. Published and Unpublished* (New Haven, 2003) 3, 4, 5, 54, 56
Allardyce Nicoll, *Stuart Masques and the Renaissance Stage* (Londra, 1937) 74
Piero della Francesca, *De la perspective en peinture*, haz. J.-P. Le Goff (Paris, 1998) 55
Gary M. Radke (haz.), *The Gates of Paradise. Lorenzo Ghiberti's Renaissance Masterpiece* (New Haven, Londra, 2007) 53

Brian Rotman, *Die Null und das Nichts. Eine Semiotik des Nullpunkts* (Berlin, 2000) 61, 100

Sebastiano Serlio, *Tutte le opere d'architettura et prospetiva* (Venedik, 1619) 72

Vitruvius, *De architectura*, haz. Cesare Cesariano (Como, 1521) 98

Frances A. Yates, *Theatre of the World* (Londra, Chicago, 1969) 2

Diğer resimler yazarın ve yayınevinin arşivinden alınmıştır.

Burada kullanılan her resmin telif sahibini bulmak maalesef mümkün olmadı. O nedenle, bilgi verebilecek kişilerin yayıneviyle iletişim kurmasını rica ederiz. Yayınevi hak sahiplerinin bu konudaki taleplerini yerine getirmeye hazırdır.

Resim Listesi

1 Peter Greenaway, *The Baby of Mâcon* (Macon Bebeği), 1993, 39. sahne 28
2 Robert Fludd, *Utriusque cosmi historia*, Cilt 2, 1618, s. 293. Bir sistem olarak perspektif: Kâğıt, kalem, göz, resim düzlemi ve motif 29
3 Sebastiano Serlio, *Livre d'architecture*, Paris, 1545, Cilt I ve II. Perspektif illüstrasyonu 30
4 Jacopo Barozzi da Vignola, *Le due regole della perspettiva practica*. Birinci kuralın illüstrasyonu 31
5 Jean-François Niceron, *La perspective curieuse*, 1651, Tablo 3. Çeşitli perspektif seçenekleri 33
6 Mimari çizim rulosu, İran, 1500 civarı, Topkapı Müzesi, İstanbul (MS H. 1956/Necipoğlu, 1995, No. 114) 40
7 Bursa'da dokunmuş duvar halısı, 16. yüzyıl, Gulbenkian Vakfı, Lizbon 40
8 Lorenz Stoer, *Geometria et Perspectiva*'nın taslak çizimi, 1967, Graphische Sammlung, Münih (Env. No. 21268) 42
9 Cipriano Piccolpasso, *Arte del Vasaio*, 1559. Savaş ganimetleri ve arabeskler 45
10 Vergilius, *Opera*, kitap kapağı, Venedik, 1460 civarı, The British Library, Londra (Env. MS Harley 3963) 46
11 Mahmud el-Kürdî'nin bronz tabağı, 15. yüzyıl sonu 48
12 Albrecht Dürer, *Altı Düğüm*'den biri, 1506, ahşap oyma (B. 140), Staatliche Museen Preussischer Kulturbesitz, Berlin, Gravür Salonu 49
13 Bir çay evindeki kukla gösterisi, Japonya, 18. yüzyıl (Muzeum Narodowe, Varşova) 51
14 Gentile Bellini, bir Osmanlı nakkaşının ya da kâtibinin eskizi, 1479/80 civarı, parşömen üzerine tüy kalem ve guaj, 18 × 14 cm 54
15 Gentile Bellini, *Sultan II. Mehmed'in portresi*, 1480, tuval üzerine yağlıboya, 70 × 52 cm 56
16 Şiblizâde Ahmed (?), *Sultan II. Mehmed gül koklarken*, 1480 civarı, kağıt üzerine suluboya, 39 × 27 cm, Topkapı Müzesi, İstanbul (H. 2153, fol. 10r) 56
17 Verona Okulu, *II. Sultan Selim*, 16. yüzyılın son çeyreği, tuval üzerine yağlıboya, 69 × 54 cm, Alte Pinakothek, Münih 58
18 Nakkaş Osman, *II. Sultan Selim*, fizyonomi kitabı Şemâ'ilnâme'den bir minyatür, 1579, Topkapı Müzesi, İstanbul (H. 1663) 60
19 İstanbul'da bir hatıra eşyası standı (2007) 64
20 Kubbet-üs-Sahra, Kudüs: Sekizgen iç mekândaki mozaikler, kuzey kemerleri, 700 civarı 69
21 Kubbet-üs-Sahra, Kudüs: Kubbe kasnağındaki mozaikler, 700 civarı (1207/08'deki restorasyon tarihinin bulunduğu kitabe) 71
22 "Mavi" Kuran'dan bir sayfa, muhtemelen Tunus, 10. yüzyıl, Harvard University Art Museum, Cambridge/Mass. (1967.23) 76
23 Kadim bir Kuran sayfası, 9. yüzyıl (?), Metropolitan Museum of Art, New York, Rogers Fund (62.152.2) 77
24 İbnü'l-Bevvab, elyazma Kuran, metin sayfası, 1000/01, Chester Beatty Library, Dublin (K. 16, fol. 138v) 78
25 İbnü'l-Bevvab, elyazma Kuran, tezhip sayfası, 1000/01, Chester Beatty Library, Dublin (K. 16, fol. 284v) 79
26 İbnü'l-Bevvab, elyazma Kuran, tezhip sayfası, 1000/01, Chester Beatty Library, Dublin (K. 16, fol. 285r) 79
27 Kuran sayfası, 11. yüzyılın 2. yarısı (?), Topkapı Müzesi, İstanbul (EH 12, fol. 38v) 82

28 Kuran, 8. yüzyıl (?), Sana Ulusal Müzesi, Sana 84
29 Kuran, 8. yüzyıl (?), ilk sayfa (bkz. Res. 28), Grabar'ın eskizi, 1992, s. 159 85
30 Prens Behram Resim Galerisini ziyaret ederken, Nizâmî'nin çizimi (Şiraz, İran, 1410-11), Gulbenkian Museum, Lizbon. 88
31 Domenico Ghirlandaio, *Zekeriya'ya Müjde* (detay), 1490 c., Santa Maria della Novella, Floransa, Tornabuoni Şapeli 94
32 İbnü'l-Heysem'in portresine yer veren Irak banknotu 99
33 Alhazen (İbnü'l-Heysem), *Opticae Thesaurus* (Basel, 1572), başlık sayfası 101
34 İbnü'l-Heysem'in *camera obscura*'sının reprodüksiyonu, Institut für Geschichte der Arabisch-Islamischen Wissenschaften, Frankfurt (Env. No. E 2.oI) 103
35 İbnü'l-Heysem'in gözlerin yapısını gösteren diyagramı; *Kitâbü'l-Menâzır*'ın en eski nüshası olan, İbnü'l-Heysem'in damadının yazdığı elyazmasından alınmıştır, 1083, Fatih Kütüphanesi, İstanbul (MS 3212 fol. 81b): Yuvarlak camsı cismin önünde kornea ve üvea vardır, gözün merkezinde bulunan ve yine yuvarlak *crystalline humour*'dan çıkan göz sinirleri beyne gider. 105
36 İbnü'l-Heysem'in gözdeki görme ışınlarının kırılmasına ilişkin teorisi, Hans Belting'in Sabra'ya (2003, s. 100) dayanan çizimi. 110
37 İbnü'l-Heysem'in sabah ışığını gözlemlemek için kurduğu iki bölmeli düzeneğin rekonstrüksiyonu, Institut für Geschichte der Arabisch-Islamischen Wissenschaften, Frankfurt (Env. No. E2.05) 113
38 İbnü'l-Heysem'in iki bölmeli düzeneğinin (bkz. Resim 37), Sezgin/Neubauer'e (haz., 2003) dayanan çizimi 113
39 Mimari çizimleri olan bir parşömenden ayrıntı, İran 1500 c, Topkapı Sarayı, İstanbul (Necipoğlu, 1995, 109) 119
40 Kuran okulu, Konya, 1260/65 civarı: üzerinde Kuran metni yer alan cephe (ayrıntı) 120
41 İmam Rıza Türbesi'nin içi, Meşhed, İran, 13. yüzyıl (© Roger Woods / CORBIS) 123
42 İki Kız Kardeş Salonunun tonozlu tavanı, Elhamra Sarayı, Granada, İspanya 1230 c. (Bridgeman Art Library) 125
43 Girih çiniler, Peter Lu ve Paul Steinhardt: A'da D'ye kadar olan diyagramlar bir çini deseninin nasıl oluşturulduğunu gösteriyor; E, Gazargah'taki (Afganistan) Hâce Abdullah Ensârî türbesinden bir detay, D'deki desen dikdörtgen içinde vurgulanmıştır; sağda görülebileceği gibi aynı desen diyagram F'deki 5 farklı girih çiniyi birleştirerek elde edilebilir; Diyagram G, mimari çizimlerin olduğu bir parşömenden bir parçadır (şu anda Topkapı Sarayı Müzesi'nde), burada da aynı 5 parça kullanılmıştır. Peter Lu ve Paul Steinhardt, "Decagonal and Quasi-Crystalline Tilings in Medieval Islamic Architecture," Science 315, 1106-10. 128
44 Maraga, İran'daki bir anıt, girih çini desenin renkli bir rekonstrüksüyonu görülüyor, Peter Lu ve Paul Steinhardt (Harvard College Library/Peter Lu: orijinal fotoğraf Harvard College Library Özel Koleksiyonu izniyle) 129
45 Mimari çizimlerin olduğu bir parşömen, İran, 1500 c. (Topkapı Sarayı Müzesi, İstanbul) 130
46 Arena Şapeli, Padova: Giotto'nun *trompe l'oeil* fresklerinin bulunduğu koro bölümü, 1306 civarı. 143
47 Santa Croce Bazilikası, Floransa, Giotto'nun resimlediği koro şapellerine bir bakış, 1320 -1330 143
48 Santa Croce Bazilikası, Floransa, yemekhane: Taddeo Gaddi, *Hayat Ağacı, Son Akşam Yemeği* (detay), 1360 147
49 Santa Croce Bazilikası, Floransa, Baroncelli Şapeli: Taddeo Gaddi, kaide kısmındaki nişli natürmort, 1332 148
50 Santa Croce Bazilikası, Floransa, Baroncelli Şapeli: Taddeo Gaddi, *Meryem'in Tapınağa Takdimi*, 1332-38 149
51 Pietro Lorenzetti, *Meryem'in İsa'yı Doğurması*, Siena Katedrali'ndeki sunak resmi, 1342, Museo dell'Opera del Duomo, Siena 150
52 Pietro Lorenzetti, *Meryem'in İsa'yı Doğurması*, Martin Kemp'in şeması (Kemp, 1990, s. 11, Resim 6) 151
53 Lorenzo Ghiberti, *Yakup ve Ays*, vaftizhane, Floransa, "Cennet Kapısı"nın doğu kanadı, 1430/37, Martin Kemp'in şemasıyla (Kemp, 1990, s. 25, Resim 29). 159

54 Piero della Francesca, "De prospectiva pingendi": Bir sütun başlığı 160

55 Piero della Francesca, "De prospectiva pingendi" içindeki bir kafa çizimi, 15. yüzyıl, İtalya 161

56 Piero della Francesca, "De prospectiva pingendi": Tonoz 163

57 Jacopo de' Barbari (?), Fra Luca Pacioli'nin portresi, 1495, Museo di Capodimento, Napoli 165

58 Giotto'nun anma levhası, 1489, Katedral, Floransa 170

59 Brunelleschi'nin evlatlığı "Buggiano"nun yaptığı anma levhası, 1446'dan sonra, Katedral, Floransa 171

60 Paolo Uccello (?), *Beş Meşhur Floransalı*, 1460 civarı, Louvre, Paris. Resimdeki üstatlar Giotto, Uccello, Donatello, Manetti (ya da Masaccio) ve Brunelleschi, perspektifin avangardı olarak büyük saygı görüyorlardı. 172

61 Brunelleschi'nin ilk perspektif gösterisi: Arka planda Floransa'daki vaftizhane, ortada ise binanın aynadaki görünümü (Şema: Rotman, 2000, s. 42). 174

62 Santa Lorenzo, Floransa: Brunelleschi'nin "Eski Kilise" kubbesi, 1418-28 180

63 Santa Lorenzo, Foransa: Brunelleschi'nin "Eski Kilise"si, 1418-28, koro şapelinden bir görünüm 180

64 Donatello, *Drusiana'nın Dirilişi*, 1434/35, Santa Lorenzo, Floransa, "Eski Kilise" 182

65 Masaccio, Teslis'in tasvir edildiği sahte şapel, 1428 civarı, Santa Maria Novella, Floransa 184

66 S. Francesco, Pescia: Cappella Cardini, 1440 civarı ve 1451, Massacio'nun freskinin replikası 185

67 Santa Francesco, Pescia: Cappella Cardini, 1440 civarı ve 1451, Nero di Bicci'nin 1451 tarihli çarmıhıyla 187

68 Piero della Francesca, İsa'nın Kamçılanması, 1460/65 civarı (?), 67,5×91 cm, Galleria Nazionale, Urbino 188

69 Candida Höfer, *Palais Garnier*, Paris VI, 2004: Eski Opera'nın yangın perdesi 191

70 Francesco Botticini, Meryem'in Göğe Yükselişi, 1474/76, National Gallery, Londra 193

71 Ferrara'da bir tiyatro sahnesi, 1520, Floransa 194

72 Sebastiano Serlio, Perspektif Üzerine (Cilt II): Tragedya sahnesinin arka planı 196

73 Paris Bordone, *Yıkanan Batşeba*, 1545 civarı, Wallraf-Richartz Müzesi, Köln 197

74 Inigo Jones, *Kent Meydanı*, sahne dekoru, Chatsworth, The Duke of Devonshire Koleksiyonu 199

75 Lorenzo Lotto, tiyatroda Kral Davud'un hayatından bir sahne, kakma işi, 1527, Santa Maria Maggiore, Bergamo, koro alanı 200

76 Claude Nicolas Ledoux, *L'Architecture consiederée sous le rapport de l'art, des mœurs et de la l'égislation* (1804): Sahne ve göz 201

77 Urbino'dan üç ideal kent panoraması, 1470 civarı; üst: Galleria Nationale, Urbino; orta: Walters Art Gallery, Baltimore; alt: Staatliche Museen Preußischer Kulturbesitz, Berlin 203

78 Urbino'dan kent panoraması, 1470 civarı, Staatliche Museen Preußischer Kulturbesitz, Berlin 206

79 Urbino'dan kent panoraması, 1470 civarı 208

80 Bir mimari çizim rulosundan bir desen, İran, 1500 civarı, Topkapı Müzesi, İstanbul 210

81 Bir mimari çizim rulosundan bir desen, İran, 1500 civarı, Topkapı Müzesi, İstanbul 210

82 Mukarnas şeması (Dold-Samplonius, 2003, s. 255). 211

83 Mukarnas şeması (el-Asad, 1995, s. 355) 212

84 Mukarnas modeli (el-Asad, 1995, s. 358) 213

85 Topkapı Parşömeni'nden bir desen, İran, 1500 civarı, Topkapı Müzesi, İstanbul 214

86 Topkapı Parşömeni'nden bir desen, İran, 1500 civarı, Topkapı Müzesi, İstanbul 214

87 Leon Battista Alberti, otoportre, 1436, bronz madalyon, National Gallery, Washington, Kress Collection 216

88 Matteo de' Pasti, Leon Battista Alberti'ni anma madalyonu, arka yüz, bronz 217

89 Jan Provost, *Tanrı'nın Gözünün Alegorisi*, 1520 c. 218

90 Jacques de Gheyn II, *Okçu*, 1610, ahşap gravür, Museum Boymans-Van Beuningen, Rotterdam 220

91 Andrea Mantegna, *Christophorus Efsanesi*'nden detay (kralın körleşmesi), 1448-57, Chiesa degli Eremitani, Padova, Cappella Ovetari 222

92 Franciscus Aguilonius, *Optik Ders Kitabı* (1613), kapak resmi: Peter Paul Rubens 225

93 Jan van Eyck, İsa'nın Portresi, 1438, Staatliche Museen Preußischer Kulturbesitz, Berlin 227

94 Jan van Eyck, *Otoportre*, 1433, bir ressamın yaptığı ilk otoportre, National Gallery, Londra 227

95 Narcissus mitosu, fresk, 1. yüzyıl, Cornelius Teges'in evi, Pompei 233

96 Parmiagianino, *Dışbükey Aynada Otoportre*, 1523, Kunsthistorisches Museum, Viyana 238

97 Bernadino Licinio (?), *Bir Mimarın (?) Portresi ve Ressamın Otoportresi*, 1520/30, Martin von Wagner Museum, Würzburg 241

98 Vitrivius, *De achitectura*, haz. Cesare Cesariano (1521), fol.12v: Gezegensel perspektifin görünümü 243

99 Urbino manzarası (Resim 78'den bir detay) 245

100 Jan de Vries, *Perspectiva*, 1604, bakır gravür No.30 246

101 Giulio Romano, duvar resmi (detay), Palazzo del Te, Mantua, "Sala dei Cavalli" (Has Ahır) 250

102 Samuel van Hoogstraten, *Pencere*, 1653, Kunsthistorisches Museum, Viyana 253

103 Samuel van Hoogstraten, İç Mekân, 1658, Louvre, Paris 253

104 Pfullendorf Sunağı'nın üstatları, İki Peygamber, 15. yüzyıl sonu, Staatsgalerie Stuttgart 257

105 (Karşı sayfada) Hasan Fethi, iç mekân, Luksor yakınlarındaki Yeni Gourna köyü, 1950 civarı 259

106 I'timad al-Daula'nın mezarı, Agra, 1628, pencere kafesi 259

107 Ursula Schulz-Dornburg, *Dicle Kıyısında Ev* (*Kayıp Manzaralar* serisi) 1980/2002, fotoğraf 260

108 Henna Nadeem, pencere kafesi (detay), 1997 263

Dizin

A

Abbasiler 9, 73, 78, 122
Abdülmecid, I. 63
Abdülmelik 67-8
Aguilonius, Franciscus 225, 301, 309
Alberti, Leon Battista 10, 23, 141, 152, 158, 167, 169, 175-9, 189, 204-6, 216-8, 222, 225, 230-2, 234, 237-8, 247-9, 287-8, 290-2, 294, 296-8, 301-5
algı teorisi 82, 117
Almanya 21, 226
analog 12, 22, 35, 37, 97, 118, 140
analoji 117, 131, 178, 186, 212, 215, 239
anamorfoz 26, 31, 201
anikonizm 34, 68
antikçağ optiği 13, 106-8
antropomorf 69, 71, 104, 122, 175
arabesk 42, 44-7, 49, 56, 122
Arap
   bilimi 9, 11, 14, 33-4, 97, 101, 107
   kültürü 11-8, 26, 36-9, 42, 49, 63, 65, 108, 118, 129-30, 140, 248, 255-6, 264, 267
   görme teorisi 11-2, 18-9, 34-5, 97, 134, 142, 166-7
Arap süslemeleri 42
Aristoteles 99, 102, 106, 139
Arseven, Celal Esad 53
Ayasofya 63, 64
ayna 91-2, 102, 107-8, 126, 133, 155, 168, 173, 175, 227, 231-2, 235, 236-9, 251, 265-6, 271

B

Bacon, Francis 99, 110, 136-40, 152, 284, 297, 303
bakış 12-3, 16-7, 23-4, 26-7, 29-31, 33, 36-8, 42, 44, 50, 70, 87, 89, 91-4, 97-8, 114, 138-9, 142-3, 148, 152, 158, 175-7, 180, 189, 194, 208, 214-6, 220, 230, 234-6, 239, 241-4, 247-9, 254, 264-9
   bakış geometrisi 226
   bakışın ölçümü 21, 256
   ikonik bakış 22, 232, 265
   mutlak bakış 202, 226-7
   bakış ütopyası 235
Barok 26-7, 133, 189, 202, 218, 225, 255, 266
Baroncelli Şapeli 148-9
Barthes, Roland 17, 266, 295
beden 54
Bellini 54, 56-9, 276, 294
Berenson, Bernhard 160
beyin 37, 105, 111-4, 131-3, 137
Bizans 63, 66, 68, 71, 277
Blickwechsel 12-3, 16, 18-9, 56, 90, 131, 164, 209, 255
Brunelleschi, Filippo 10, 141, 152, 158, 169-78, 180, 186-7, 192-3, 204, 233
Bryson, Norman 16-8, 186, 267, 269, 271, 273

C–Ç

camera obscura 11, 101-3, 131-4, 254
Caravaggio, Michelangelo Merisi da 241
Cesariano, Cesare Cesariano 243-4
Cassirer, Ernst 16, 23, 24, 215
Cizvitler 50, 133, 200, 222

Costanzo da Ferrara 58
Cusanus, Nikolaus 216, 218, 225-7, 230, 292, 303
Çin 46, 50, 52-3, 86, 269
Çin motifleri 46

D
Dante 140, 170, 178, 237
Descartes 11, 33, 131-3, 248, 254
Diderot 93, 249
diyoptrik 132, 254
doğa 71, 76, 86, 97, 102, 109, 112, 115-6, 127, 133-6, 138, 140-3, 152, 154, 157, 162, 166, 177, 179, 193, 232, 237, 242
Donatello 169, 172, 177, 182, 288
Duccio, di Buoninsegna 148
Dürer, Albrecht 21, 47, 49, 122, 164, 245

E
Ebü'l-Vefâ el-Bûzcânî 122
Elhamra 124
Elias, Norbert 268
Endülüs 11, 13, 99
estetik 15, 48, 52, 78-9, 83, 98, 102, 115, 191, 211, 225, 237, 247, 268
Euklides 19, 25, 50, 98, 107, 131, 161, 164, 166, 174
Eyck, Jan van 227, 230-1, 279

F
Fatımiler 85, 98, 102
figüratif resim 53
figürler 17, 72, 116-7, 119, 124, 146-7, 162, 182, 196, 212
Floransa 21, 94, 140-3, 146-9, 152-9, 167, 169-80, 182, 184, 186-8, 192-4, 204, 209, 231, 255, 271
Florenski, Pavel 26
fotoğraf 22, 52, 134, 222, 238, 260, 263, 266, 268
Frankfurt 102-3, 112-3, 270-1
Friedrich, Casper David 255

G
Gaddi,, Taddeo 146-7
Gall, Theodor 222
Galilei 98
geometri 19, 24, 38-40, 42, 44, 49, 82, 120, 123, 127, 153, 160-2, 164, 170, 182, 210-2, 214, 268, 271
geometrik üslup 79, 122
Gestalt 180
Ghiberti, Lorenzo 10, 156-9, 165-6
Giotto di Bondone 141-3, 146, 148, 170-2
girih 46, 79, 122-4, 127-9
görme
   konisi 109, 117
   piramidi 28, 159, 222
   teorisi 10-2, 18-9, 34-5, 37, 78, 97, 120, 134-6, 142, 152-6, 159-60, 175-6, 212, 215, 220, 225, 239
görsellik bağımlılığı 22
göz 13, 16-8, 22-3, 25, 27-8, 40, 47, 53, 59, 61, 72, 90, 96, 101, 104-5, 107-12, 118, 120, 126, 131-3, 136-7, 139, 142, 153-4, 158-9, 161-8, 173, 175, 187, 192, 194, 196, 200-2, 217-8, 220, 222, 225, 232, 235, 254, 256, 260, 268
   bedensiz göz 168, 218
   göz noktası 17, 29-31, 143, 176, 187, 196, 200, 213, 216, 242-3
Grabar, Oleg 79, 82, 85, 124, 270
Greenaway, Peter 27-8

H
Halil Şerif Paşa 53-4
Hasan Fethi 259-60, 263
hayvan 86, 116-7
Hıristiyanlık 36, 66, 74
Hindistan 15, 52
historia 189, 249
Hollanda 47, 50, 92, 226
Hoogstraten, Samuel van 251, 253-4
Höfer, Candina 192, 271

I

Irak 98-9, 263
ışık 18, 34, 36-8, 69, 97, 103-14, 114-5, 118, 120, 122-4, 126, 131-4, 136-9, 154-5, 161-2, 212, 214, 256-7, 259-60, 263-4, 268
   kırılması 99, 102, 108-14, 131
   yansıması 102, 108, 112, 257

İ

İbn Sînâ 138
İbnü'l-Heysem 11, 13-4, 18-9, 34, 37, 47, 72, 79, 82, 97-9, 101-28, 134-9, 151, 153, 155, 158, 164-7, 176, 236, 257, 270-1
   görme teorisi 78, 120, 136, 209
   güzellik kuramı 115
   ışık teorisi 126, 137, 212
İbn Zümrek 124
ikonoklazm 65, 67
imgeler 33, 37-8, 53, 105-8, 117, 132, 143, 166, 235, 244
İncil 77, 94, 188, 198-9, 218
İran 40, 47, 84, 122, 124, 127-8, 210, 214, 268
İsa 65-8, 74, 76-7, 150-1, 160-1, 188-9, 192, 218, 226-7, 230, 237
İslam mimarisi 124, 178, 209, 260, 263
İstanbul 39-40, 53-4, 56, 58-60, 63-4, 82, 105, 128, 210, 214, 270
İtalya 18, 46, 50, 92, 189, 198, 220

J

Japonya 50-2
Jones, Inigo 198-9
Jonson, Ben 198

K

Kâbe 65-7
Kahire 53, 85, 98, 101
kaligrafi 78-9, 117, 120, 122, 211
karanlık oda 101, 103-4, 112, 131, 133-4, 257
katoptrik 102, 133, 239
Kemp, Martin 143, 148, 151, 159, 161, 176, 255
Kepler, Johannes 11, 33, 35, 98-9, 131, 134, 222
Kitâbü'l-Menâzır 98-9, 105, 109, 111, 116
Kodak metodu 134
Konya 120
Kopernikus 11, 13, 275
kristalografi 127
Kubbet-üs-Sahra 68, 122
Kudüs 66, 68-9, 71, 74, 94, 122, 146, 189
Kuran 47, 49, 64, 66-8, 71, 75-9, 82-5, 102, 120
kübizm 27
küreselleşme 22, 56

L

Laplagne, Guillaume 53
Leonardo da Vinci 133, 220
Lodi, Marco da 194
Lorenzetti, Ambrogio 141, 143, 148
Lorenzetti, Pietro 148, 150-1
Londra 46,-9, 52, 56, 58, 101, 193, 217, 227, 230-1, 263
Lotto, Lorenzo 198

M

Makovicy, Emil 127
masque 198
Massacio (Manetti) 170-2, 185-7
meşrebiye 16, 19, 26, 126, 255, 260, 263-4, 268
matematik 9, 11-2, 24, 38-9, 98, 101-2, 106, 122, 124, 126, 128, 151, 162, 164, 169-70, 179, 189, 211-2, 271
   matematiksel perspektif 15, 141, 148
Medici ailesi 179-80, 182
Medine 66
Medusa 225, 234-5
Mehmed, II (Fatih) 56, 58
Mekke 54, 66-7
mercek 97, 99, 131, 133-4, 175
Mısır 53, 67, 263

Michelangelo 239, 288, 302
mimesis 73, 116, 233
minyatür 11, 42, 46, 57-8, 60-1, 84-7, 89, 146
modernizm 53, 276
Moğollar 46, 84-6
Muaviye 66, 68
mukarnas 16, 19, 26, 39, 124, 128
    geometrisi 209-14
Murad, III. 59

N
Narcissus 19, 108, 231-9, 241, 256, 271
Necipoğlu, Gülru 40, 101, 210, 214, 271
Nerval, Gérard de 54, 276
Newton, Isaac 110
Niceron, Jean-François 30-1, 33
Nietzsche, Friedrich 26-7

O
okülersantrizm 216, 247
optik biçim 112, 136-8, 142, 147-8, 154-5, 157, 161
Oryantalizm 53
Osman Hamdi Bey 54
Osmanlı İmparatorluğu 18, 39-40, 53-9, 63, 85, 270
Ovidius 234-7

P
Pamuk, Orhan 18, 54, 56-7, 59, 90
Panofsky, Erwin 15-6, 23-5, 166, 215, 271
panoptikon 31, 202
Paris 12, 30, 52-4, 172, 191-2, 197-8, 218, 253, 270
Parmigianino 238-9, 251
Pascal, Blaise 7, 26, 235
pathos formülü 27
peinture 132, 295, 299
Pelacani, Biagio 11, 19, 25, 42, 151-5, 161-2, 166-7, 271
perspektif
    icadı 24, 49, 63, 87, 90, 142, 151, 155, 175

kuramı 23
Perspectiva 14, 34, 42, 44, 97-9, 136, 165, 176, 246-7, 301, 303
perspektifçiler 136, 139, 141, 152, 155
resmi 33, 52, 117, 131, 168, 232, 249
tiyatrosu 27
Picasso 27
Piero della Francesca 152, 156, 158-4, 188-9, 205
Platon 73, 107-8, 236
Plinius 156, 166, 234
Pompei 25, 157, 233, 235, 251
Porta, Giambattista della 133
portre 16, 25, 45, 54, 56-61, 85, 87, 91-4, 158, 164, 215-7, 238-9, 267
Poussin, Nicolas 225, 241
primitivizm 27
Ptolemaios 98, 107, 111, 236

R
Raffael 167
Rembrandt 134
renkler 61, 110, 116, 124, 129
resim yasağı 34-5, 64-6, 71-2, 74
retina 24-5, 33, 99, 104, 131-2, 222
Rokoko 54
Romano, Giulio 250
Rotman, Brian 17-8, 174, 244, 271, 273
Rönesans 10, 12, 16-7, 19, 23, 25, 29, 34-5, 42, 45, 49, 57, 59, 90, 97, 101, 118, 130, 137, 142, 152, 156, 166, 189-90, 198-9, 205, 222, 264, 271
röportaj 51

S-Ş
sahne 143, 146, 157-8, 166-7, 182, 186-205
Selim, II 58, 60
Serlio, Sebastiano 29-30, 167, 175, 179-80, 190, 194, 196-8, 243, 290, 300, 304-5, 310
sıfır 7, 17-8, 174-5, 244, 271

simgesel biçim 15-6, 18, 21, 23-5, 39, 94, 194, 214,
    215, 225, 231, 249-50, 259-60, 291
süsleme 46, 56, 68-9, 79, 82-3, 86, 116, 118-20,
    126
Şam 46-7, 66, 68, 83

T

Tanrı 65-9, 71, 74-8, 102, 137, 139-40, 215-8, 220,
    225-6, 227, 237
teoloji 11, 74, 135-7
    resim teolojisi 66, 137
    teolojik dünya görüşü 139, 218, 227
tiyatro 25, 182, 189-2, 194, 196, 198-202, 205, 249
trompe l'oeil 143, 200
tuğla mimarisi 119, 122, 127

U

Uccello 171-2, 182, 205, 287
Urbino 45, 160-1, 188, 203-8, 244-5
ütopya 176, 204-5, 235, 244

V

Vasari, Giorgio 94, 171, 239
Venedik 21, 42, 45-9, 57-61, 90, 164, 173
Vignola, Jacopo Barozzi da 30-1, 190, 243
Vilchez, Puerta 101
Vitrivius 24, 29, 152, 156, 164-8, 179-80, 194, 205-6,
    243-4

W

Weyden, Rogier von der 227
Witelo 99, 136, 152, 176
Wotton, Henry 134

Y

Yahudi 13, 36, 66, 220
Yunan 13, 66, 86, 166, 179, 237

www.ingramcontent.com/pod-product-compliance
Lightning Source LLC
Chambersburg PA
CBHW082202220526
45470CB00010B/3015